KB099166

임동석중국사상100

월절서
越絶書

袁康(撰) 吳平(輯錄) / 林東錫 譯註

　　"상아, 물소 뿔, 진주, 옥. 진괴한 이런 물건들은 사람의 이목은 즐겁게 하지만 쓰임에는 적절하지 않다. 그런가 하면 금석이나 초목, 실, 삼베, 오곡, 육재는 쓰임에는 적절하나 이를 사용하면 닳아지고 취하면 고갈된다. 그렇다면 사람의 이목을 즐겁게 하면서 이를 사용하기에도 적절하며, 써도 닳지 아니하고 취하여도 고갈되지 않고, 똑똑한 자나 불초한 자라도 그를 통해 얻는 바가 각기 그 자신의 재능에 따라주고, 어진 사람이나 지혜로운 사람이나 그를 통해 보는 바가 각기 그 자신의 분수에 따라주되 무엇이든지 구하여 얻지 못할 것이 없는 것은 오직 책뿐이로다!"

《소동파전집》(34) 〈이씨산방장서기〉에서 구당(丘堂) 여원구(呂元九) 선생의 글씨

책머리에

옛 월나라 도읍 소흥(紹興, 會稽)도 서너 번 가 보았다. 대우릉大禹陵이며 노신魯迅의 함형주점咸亨酒店, 그리고 서성書聖 왕희지 王羲之의 난정蘭亭에 가서는 〈난정서蘭亭序〉를 외어 보기도 하고, 곡수曲水 가에 앉아 어설픈 시 한 수도 읊어보고는 글씨도 쓸 줄 모르면서 붓과 벼루를 기념으로 샀다. 그런가 하면 오나라 도읍 소주蘇州에서는 호구虎丘며, 졸정원拙政園을 거쳐 한산사寒山寺에 이르러는 장계張繼의 절창 〈풍교야 박楓橋夜泊〉을 외우며 한산사 종루에 올라 종도 쳐보고는 그 시의 족자도 하나 사서 여행 배낭에 삐죽이 넣었다. 오나라, 월나라! 내 여행 기억 속 에는 애절한 고대 왕국이 아니라 살아 있는 합려와 부차, 구천이 신하 오자서와 백비, 범려와 문종을 데리고 곧 나타날 것만 같은 그런 곳이었다.

張繼〈楓橋夜泊〉(啓功 書)

그리하여 《오월춘추》와 《월절서》를 한 번 자세히 들여다보겠노라 늘 생각하고 있었지만 그것이 오히려 짐이었다. 그리하여 《오월춘추》를 얼추 마치고 내친 김에 이 책도 작업에 나섰다.

《월절서》는 중국 많은 고전 중에 복수를 주제로 한 특이한 저술이다. 그러한 책은 흔치 않으며 기술 방법 또한 일반 고전과는 다르다. 춘추시기 끝 무렵 장강長江 남방의 월越나라가 오吳나라를 멸한 일반적 역사 사실을 철저 하게 부각시켜 그 주제를 복수에 초점을 맞추어 서술한 것이다. 《오월춘추》와 쌍벽을 이루고 있으며 마치 표리관계를 형성하고 있는 듯한 착각을 자아내게 한다. 책의 성격은 일국사一國史이며 동시에 연의演義식으로 생동감 있게 기록한 잡저雜著요 방지方志의 일종이다. 다만 '월절'이라는 서명 자체는 아직도 확연하지 않으나 대체로 '월왕越王 구천句踐의 절대적 위대함', '악을 끊고 선으로 되돌림', '그처럼 위대한 월나라 역사에 대한 기록이 끊어짐' 등의 복합적 의미를 지니고 있으며 아울러 편찬자가 자신의 지역인 회계(會稽, 紹興)의 고대사, 월나라에 대한 동경과 우월성에 대한 긍지를 암암리에 담고 있는 것이 아닌가 한다. 이 책은 동한 초 회계會稽 사람 원강袁康이 처음 기록을 시도하고 같은 시기 오평吳平이 마무리한 것으로 되어 있으나 이에 대한 이론異論은 오늘날까지 해결되지 못하고 있다. 오나라와 월나라는 이웃한 나라이면서 애증이 엇갈리고 서로가 서로를 극복하지 못하고는 생존할 수 없는 역사상 특이한 구조로 대립하던 두 나라였다. 오나라는 멀리 주초周初 고공단보古公亶甫의 첫째 아들 태백(泰伯, 太伯)을 시조로 하며 지금의 강소성江蘇省을 중심으로 오(지금의 蘇州)에 도읍을 두고 오왕료吳王僚, 합려(闔閭, 闔廬), 부차夫差로 이어지는 걸출한 지도자와 그 아래 오자서伍子胥, 백비伯嚭라는 신하로 구성되어 있었고, 월나라는 아득한 옛날 우禹임금의 후손 소강少康의 서자庶子 무여(無余, 無餘)를 시조로 하여 지금의 절강성浙江省 소흥(紹興, 옛 지명 會稽)에 도읍하고 구천句踐을 중심으로 범려范蠡와 문종文種이 보필하였다. 이들은 마치 정확하게 대칭을 이루듯이 왕, 보필하는 신하, 그들의 성격, 능력, 문제해결 방식, 고난 극복의 의지 등이 판에 박은 듯 쌍을 이루고 있다가 결국 월나라가 마지막 멸오복구滅吳復仇의 소설같은 대단원을 내리게 된다.

우리가 흔히 알고 있는 고사 '오월동주吳越同舟'니 '와신상담臥薪嘗膽'이니 '서시습보西施顰步'니 하는 수많은 성어는 바로 이 두 나라의 쟁패 과정에 있었던 역사 속의 교훈들이다.

나는 《오월춘추吳越春秋》 역주를 마치고, 아무래도 그와 대칭과 표리를 이루고 있는 이 책을 함께 다루는 것이 합리적이라 여겨 자료를 모아 작업에 나섰다. 그러나 일부 문자의 괴벽乖僻함과 내용의 황당荒唐함 등이 난제로 가로막았으나 고전이란 궐의闕疑는 그대로 두는 편이 원리에도 맞을 것이라는 핑계로 직역에 매달릴 수밖에 없었다.

그럼에도 편자의 편찬 목적, 즉 월왕의 복수에 대한 전체의 흐름에 대해서는 작업을 마치고 나서는 어딘가 애절함과 냉혹함이 지나치다는 생각이 앞서기도 하였다. 즉 승리자 월왕 구천의 피도 눈물도 없는 냉혈적 잔혹함과 오왕 부차의 판단 착오, 범려의 선견지명, 나아가 오자서의 지나친 강직함에 안타까움이 짙은 안개처럼 몽몽濛濛하게 나를 씌우기도 한다. 《오월춘추》에서도 같은 느낌이었지만 어떻게 살아야 하는가의 문제까지 되짚어보게 된다. 승리는 마지막 도달점인지, 성공은 성취감보다 앞서는 것인지 등에 대한 질문과 피도 눈물도 없는 승자가 옳은 것인지, 덕과 은혜란 허황된 교훈적 단어에 멈추고 마는 것인지에 대한 상념도 지워버릴 수가 없었다.

그러나 결론은 있다. 역사 속의 가치를 통해 현재를 배우는 것이며, 과거를 거울로 미래를 예측하는 것. "明者, 因時而變; 智者, 隨事而制"라 하였다. 때와 사례에 의해 변화에 적응하고 스스로 창조하여 제압할 수 있는 원리란 작은 일에도 있다. 역사의 한 가운데에 서 있지는 않더라도 하루하루의 생활이 역사인만큼 그래도 덕과 화합은 지고至高의 가치요, 용서와 화해는 최상最上의 열쇠일 것이라는 강한 믿음이 고맙기 때문이다.

茁浦 林東錫이 醉碧軒에서 적음

일러두기

1. 이 책은 〈四庫全書〉, 〈四部備要〉, 〈四部叢刊〉 등의 《越絶書》를 저본으로 하여 참조·교정을 거쳐 전체를 완역한 것이다.

2. 현대 백화어 역주본도 수집하여 참고하였으며 큰 도움을 받았다. 특히 《新譯越絶書》(劉建國 三民書局 1997 臺北)와 《吳越春秋全譯》(俞紀東 貴州人民 出版社 2008 貴陽) 등은 구체적인 주석이 세밀하여 번역에 많은 참고가 되었음을 밝힌다.

3. 총 247장으로 장을 나누었으나 이는 필자가 임의로 나눈 것이다. 아울러 매 장마다 일련번호를 부여하고 괄호 안에 해당 편별 번호도 제시하여 찾아보기 쉽도록 하였다.

4. 각 장마다 제목을 달았으나 이는 그 장의 전체를 아우를 수 있는 것은 아니며 필자가 임의로 작성하여 읽기에 편하도록 한 것일 뿐이다.

5. 해석은 가능한 한 직역을 위주로 하였으나 일부 의역한 곳도 있다.

6. 원문을 싣고 해석을 실었으며 원문은 줄바꾸기 등을 통하여 시각적으로 순통하도록 구성하였고, 문장 부호는 중국 현대 표점법을 따랐다.

7. 주석은 인명, 지명, 사건명, 역사 내용 등을 위주로 하되 이미 거론한 표제어도 반복하여 실었으며 이는 읽는 자로 하여금 다시 찾는 번거로움을 피하기 위한 것이다.

8. 매 장마다 여러 전적에 전재되거나 혹 이미 알려져 있는 고사, 문장, 내용 등은 여러 사서史書 및 제자서諸子書, 유서類書 등에서 일일이 찾아내어 해당 부분 말미 「참고 및 관련 자료」 난에 실어 대조와 연구에 도움이 되도록 하였다.

9. 부록으로 서발序跋 등 《越絶書》 관련 자료와 《史記》, 《國語》 등의 관련 기록도 함께 실어 연구에 도움을 삼을 수 있도록 하였다.

10. 이 책의 역주에 참고한 문헌은 대략 다음과 같다.

✸ 참고문헌

1. 《越絶書全譯》 俞紀東(譯註) 貴州人民出版社 貴州 1996 貴陽
2. 《新譯越絶書》 劉建國(注譯), 黃俊郎(校閱) 三民書局 1997 臺北
3. 《越絶書》 四庫全書 史部(9) 載記類
4. 《越絶書》 四部備要 史部 臺灣中華書局 印本 1980 臺北
5. 《越絶書》 四部叢刊 初編 史部
6. 《吳越春秋全譯》 張覺(譯) 貴州人民出版社 2008 貴陽
7. 《新譯吳越春秋》 黃仁生(注譯) 三民書局 1996 臺北
8. 《越王勾踐》 梁仁遠(著) 陽明出版社 1960 臺北
9. 《國語》 林東錫(譯注) 東西文化社 2009 서울
10. 《史記》 鼎文書局 標點本
11. 《左傳》 林東錫(譯註) 東西文化社 2013 서울
12. 《帝王世紀》 晉 皇甫謐(撰), 陸吉(校點) 齊魯書社 2010 濟南
13. 《世本》 撰者未詳, 周渭卿(點校) 齊魯書社 2010 濟南
14. 《逸周書》 撰者未詳, 袁宏(點校) 齊魯書社 2010 濟南
15. 《竹書紀年》 撰者未詳, 張潔·戴和冰(點校) 齊魯書社 2010 濟南
16. 《尙書》 十三經注疏本 藝文印書館 印本
17. 《禮記》 十三經注疏本 藝文印書館 印本
18. 《戰國策》 漢 劉向(輯) 林東錫 譯註本 東西文化社. 2009 서울
19. 《論語》 林東錫 譯註本 東西文化社 서울
20. 《藝文類聚》 文光出版社 標點本 1979 臺北

21.《北堂書鈔》學苑出版社 印本 2003 北京

22.《初學記》鼎文書局 標點本 1976 臺北

23.《太平御覽》中華書局 印本 1995 北京

24.《事類賦注》(印本 6冊) 宋, 吳淑(撰) 江蘇廣陵古籍刻印社 1989 江蘇 揚州

25.《三才圖會》上海古籍出版社 印本 2005 上海

26.《水經注疏》後魏 酈道元(注) 楊守敬(疏) 江蘇古籍出版社 1989 邗江

27.《詩經直解》陳子展(選述) 范祥雍(校閱) 復旦大學出版社 1991 上海

28.《穀梁傳》十三經注疏本 藝文印書館印本

29.《公羊傳》十三經注疏本 藝文印書館印本

　　기타 工具書는 기재를 생략함.

해제

I.《越絶書》

《월절서》에서 '越'은 월나라, 특히 越王 勾踐을 가리킨다. 그러나 '絶'의 뜻에 대해서는 세 가지로 보고 있다.

첫째는 본문 〈本事〉편에서 밝히고 있듯이 "越者, 國之氏也." "絶者, 絶也, 以勾踐時也"라 하여 '絶'은 '절대적 우위, 즉 월왕 구천이 절대적으로 뛰어난 시대의 군주였음'을 뜻하는 말이다.

두 번째는 '끊다'의 뜻이다. 역시 〈본사〉편에 다시 "絶者, 絶也. 勾踐之時, 天子微弱, 諸侯皆叛. 於是勾踐抑彊扶弱, 絶惡反之於善"이라 하여 '악을 끊어 이를 선으로 되돌렸다'라 한 것이 그 의미이다.

세 번째는 '끊어지다'의 뜻이다. 〈敍外傳記〉에 "聖人發一隅, 辯士宣其辭; 聖文絶於彼, 辯士絶於此. 故題其文, 謂之《越絶》"이라 하여 이토록 위대한 월왕 구천의 업적에 대한 기록이 "성인의 문장에서도 끊어지고, 변사의 해석에도 끊어져 그 문장이 전하지 않으므로 그 때문에 '월절'이라 하였다"라는 것이다.

이처럼《월절서》는 그 책 제목이 복합적인 의미를 담고 있고 함의는 실제 명확하지도 않다. 중국 고전 중에 서명이 이토록 미묘한 책도 없을 듯하다.

그런가 하면 이 책이 책이름도 실제 많은 이명異名을 가지고 있어 더욱 궁금증을 자아내고 있다. 즉《隋書》에는《越絶記》로,《史記》三家注에는 《越絶書》, 또 많은 곳에는《越絶》로,《北堂書鈔》에는《越記》로 되어 있다. 심지어 王充의《論衡》에 보이는《越紐錄》이라는 것조차 이의 또 다른 서명이 아닌가 하여 田藝蘅는 〈越絶書人姓名字考〉에서 "《越紐》者, 卽《越絶》也.

蓋紐有結束之義, 卽絶之所謂斷滅也, 紐有關紐之義, 卽絶之所謂最絶也. 豈初名《越紐錄》, 而後定爲《越絶》耶?"《留靑日札》 권17)라 하였다.

　내용은 조엽趙曄의 《오월춘추吳越春秋》와 쌍벽을 이루고 있으며 아울러 춘추 말 오나라와 월나라 사이의 역사고사만을 전적으로 다룬 대표적인 잡저雜著이다. 〈사고전서〉에는 史部(九) 載記類로 되어 있으나 실제는 정식 역사서는 아니며 야사의 일종이다. 춘추시대 오나라와 월나라의 쟁패 중에 그 복수극을 적나라하게 표현하고 있어 중국 많은 고전 중에 복수에 관한 일화를 중심으로 한 기이한 책이다.

　그 중에 많은 민간 전설과 인물의 묘사는 문학적 가치까지 인정받고 있으나 역사적 사실은 실제와 연도나 내용이 맞지 않다. 이를테면 공자孔子가 낭야대까지 가서 월왕 구천을 만난 것으로 되어 있으나 낭야대瑯琊臺의 축조는 월왕 구천이 오나라를 멸한 몇 년 뒤이며 공자는 이보다 6~7년전 세상을 떠난 뒤였다. 그리고 태아검泰阿劍의 전설도 실제와는 아주 거리가 있는 묘사이며 인물의 행적도 시간적으로 앞뒤가 맞지 않은 내용도 다수 들어있다.

　아울러 이 책은 월왕 구천의 절대적 우세함과 오왕 부차의 무지와 실책에 초점을 맞추어 이루어짐으로써 편향된 시각으로 서술된 부분도 상당량 차지하고 있다. 이를테면 오왕 부차를 "下愚不移"로 단정하고 월왕 구천은 "一念復仇"의 화신으로 묘사하여 마치 월왕의 성공은 지극히 당연하다는 일관된 취지로 이끌어 나가고 있다. 아울러 두 나라의 대칭을 이루고 있는 모신, 즉 오나라의 오자서伍子胥와 태재太宰 백비伯嚭, 월나라의 범려范蠡와 문종文種을 극단적으로 대비시킴으로써 그 효과를 극대화하고자 한 의도도 드러나고 있다.

그럼에도 이 책은 많은 교훈을 일러주고 있다. 바로 "得道多助, 失道寡助"의 원칙이 그것이다. 즉 오나라는 선조들이 이루어 놓은 성취를 부차가 훼멸함으로써 나라가 망한 것이라는 주장이다. 즉 부차의 숙조부 계찰季札은 외교에 성공하여 중원 여러 나라와 원만한 관계를 이루어 오나라의 지위를 크게 격상시켜 놓은 상태였다. 그리고 합려(闔廬, 闔閭)는 비록 음모를 거쳐 나라를 차지하기는 하였지만 진陳, 채蔡 두 나라와 외교적으로 단결하면서 제齊, 진晉 두 나라와는 대국과 우호관계를 유지 하는 등 발전과 안정의 기틀을 닦아 놓고 있었다. 아울러 아직 약하던 월나라를 겸병하고 대대로 원한 관계를 가졌던 초나라를 공격하는 등 성과를 거두고 있었다. 그러나 부차가 즉위하고 나서는 부친의 원한을 갚는다는 일념아래 월나라를 쳐서 이겼으나 태재 백비의 잘못된 판단에 의해 월나라 합병 기회를 놓쳤으며 아울러 우호관계를 유지하던 제, 진을 적대관계로 바꾸는 등 지나친 세력 과시에 빠지고 말았던 것이다. 그리하여 패자가 되었으나 일단 사방 주위에 적을 만들었고 나아가 복수에만 전념하던 월왕 구천에 의해 처절한 배신과 사직이 파괴되고 자신은 나락의 치욕으로 떨어져 생을 마감하는 國亡身死의 대단원을 내리게 되는 것이다.

그러나 이 책은 단순한 오월의 쟁패만을 다룬 야사는 아니다. 오히려 부수적인 지리, 군사, 산업 등 많은 방면에 걸쳐 주의를 기울일만한 내용을 풍부히 싣고 있는 문헌으로 인정받고 있으며 뒷날 많은 곳에 인용되거나 구체적 근거로 활용되기도 한다.

이 책은 전체가 불과 수만 자에 불과하지만 청말 俞樾은 〈讀越絶書〉에서 다른 문헌과 달리 특이한 풍모를 가진 책으로 여기면서 "有價值的記載頗不少"(《中國近三百年學術史》)라 하였다. 그런가 하면 월절서는 중국 동남지역의 오(강소성)와 월(절강성)을 바탕으로 기록한 방역사의 최초로 알려져 있으며 이것이 바탕이 되어 송대 방지方志의 발달로 이어진 것으로 보고 있다. 이에 양계초 역시 이 《월절서》에 대해 "最古之史, 實爲方志"《中國近三百年學術史》라 하였으며 역시 많은 학자들은 "一方之志, 始於《越絶》"畢沅〈乾隆醴泉縣志序〉)이라 하여 그 가치를 인정하고 있다.

한편 책의 체제는 모두 15권 19편으로 구성되어 있다. (1)本事 (2)荊平王, (3)記吳地傳, (4)吳, (5)計倪, (6)請糴, (7)紀策考, (8)記范伯, (9)陳成恒, (10)記地傳, (11)計倪, (12)記吳王占夢, (13)記寶劍, (14)九術, (15)記軍氣, (16)枕中, (17)春申君, (18)德序, (19)篇敍記 등 모두 19편이며 매 편마다 앞에는 일괄적으로 '越絶'이라는 두 글자가 붙어 있다. 그리고 '外傳'으로 구분된 것은 (1), (3), (7), (8), (10), (11), (12), (13), (15), (16), (17), (18), (19) 등 14편이나 어떤 의미에서 외전으로 명칭을 붙였는지는 전혀 알 수 없다. 더구나 그것도 앞에 부여한 것과 뒤에 표기한 것이 섞여 있어 통일성도 없다. 그리고 '內傳'으로 되어 있는 것은 (2), (4), (6), (9) 등 4편이며 이 역시 '內傳'의 의미가 명확하지는 않다. 또한 '內經'이라 구분한 것은 (5), (14) 등 2편이며 이 역시 '經'의 의미는 드러나지 않고 있다. 그 외 '記'로 되어 있는 것은 (3), (8), (10), (12), (13), (15), (19) 등이 있으나 역시 일관된 제목이라 보기 어렵다. 이처럼 일관된 구분도 되어 있지 않고 분류 기준도 명확하지 않다.

Ⅱ.《越絶書》의 편찬자

일반적으로 이《월절서》는 東漢 袁康이 편찬하고, 같은 시기 吳平이 집록輯錄한 것으로 알려져 있으나 그 이면에는 아주 복잡한 기록이 얽혀 있다. 이를 간단히 정리하면 다음과 같다.

첫째, 공자孔子 제자 子貢(端木賜)이 지었다는 설이다. 이는《隋書》經籍志와《舊唐書》經籍志 및《新唐書》藝文志에 저록되어 있으며 본《월절서》〈本事〉편과 〈篇敍外傳記〉에도 그렇게 기록하고 있음에 근거한 것이다.

둘째, 伍子胥가 지었다는 설이다. 이는《崇文總目》에 "子貢撰"이라 하면서 "或曰子胥"라 하였고, 趙希弁의《郡齋讀書志附志》에도 "或以爲子貢所作, 或疑似子胥所作"이라 한 것에서 시작되었으며 이 역시 본《월절서》〈本事〉편과 〈篇敍外傳記〉에도 그렇게 기록하고 있다.

셋째, 無名氏의 작이라는 설이다. 陳振孫의《直齋書錄解題》에 "《越絶書》十六卷. 無撰人名氏, 相傳以爲子貢者, 非也. 其書雜記吳越事, 下及秦漢, 直至建武二十八年, 蓋戰國後人所爲, 而漢人又附益之耳'라 하여 '戰國 후기 무명씨가 지은 것이며 漢나라 때 사람이 덧붙인 것일 뿐'이라 하였다. 이 주장은 張佳胤, 錢培名, 余嘉錫 등도 모두 인정하고 있다. 그러나《월절서》外傳本事篇에 "問曰:「《越絶》誰所作?」「吳越賢者所作也」問曰:「作事欲以自著, 今但言賢者, 不言姓字, 何?」曰:「是人有大雅之才, 直道一國之事, 不見姓名, 小之辭也. 《越絶》, 小藝之文, 固不能布于四方, 焉有誦述先聖賢者? 所作未足自稱, 載列姓名, 直斥以身者也. 嫌以求譽, 是以不著姓名"이라 하여 賢者가 지은 것이며 명예를 얻기 위해 지었다는 혐의를 피하기 위해 그 이름을 숨긴 것이라 하였다.

넷째, 袁康과 吳平의 합작으로 보는 견해이다. 이는 〈篇敍外傳記〉에 은어隱語로 기록하고 있다. 즉 "記陳厥說, 略有其人. 以去爲姓, 得衣乃成; 厥名有米, 覆之以庚; 禹來東征, 死葬其疆. 不直自斥, 托類自明; 寫精露愚, 略以事類, 俟告

後人. 文屬辭定, 自於邦賢. 邦賢以口爲姓, 丞之以天; 楚相屈原, 與之同名"이라 한 것으로, 파자破字와 미어謎語의 방법으로 그 이름과 지역을 밝히고 있는 것이다. "以去爲姓, 得衣乃成"은 '袁', "厥名有米, 覆之以庚"은 '康'자로 이를 합하면 '袁康'이 된다. 그리고 "禹來東征, 死葬其疆"은 '우임금이 동쪽 순수를 하다가 죽어 묻힌 곳'으로 바로 會稽 사람임을 뜻하며 지금의 浙江 紹興으로 월나라의 도읍이었던 곳이다. 다음으로 이 책의 문사文辭를 촉정屬定한 사람은 같은 곳의 현자이며 그는 "以口爲姓, 丞之以天"이라 하여 성은 '吳', 이름은 "楚相屈原, 與之同名"이라 하여 屈原과 같으니 '平'으로 결국 '吳平'이라는 인명이 되는 것이다.

특히 漢代 王充은 《論衡》 按書篇에서 "東番鄒伯奇, 臨淮袁太伯, 袁文術, 會稽吳君高·周長生之輩, 位雖不至公卿, 誠能知之囊橐, 文雅之英雄也. 觀伯奇之《元思》·太伯之《易章句》·文術之《箴銘》·高君之《越紐錄》·長生之《洞曆》, 劉子政·揚子雲不能過也"라 하여 吳平은 字가 君高이며 이 책의 저술에 관여한 것임을 밝히기도 하였다. 이에 의해 田藝蘅 등은 「其陳厥說」者, 袁創於先, 而「屬文定辭」者, 吳成於後也'라 하여 먼저 원강이 짓고 뒤에 오평이 이를 정리한 것으로 여겼다. 아울러 〈記吳地傳〉의 "勾踐徙瑯琊, 到建武二十八年"의 구절을 근거로 袁康과 吳平은 東漢 초의 사람이라 하면서 이들이 책을 저술한 목적에 대해 "豈斯人之徒, 當建武之末, 追痛中國之亡而勾踐之祀忽諸, 故因《越絶》以成書耶?"라 주장하기도 하였다. 참고로 建武는 東漢 光武帝(劉秀)의 연호(25~55년까지 31년간)이며 28년은 A.D.52년에 해당한다. 明代 이후로는 《월절서》 판본은 대체로 '袁康撰'이나 '袁康·吳平撰'으로 되어 있으며 〈사고전서〉에도 '漢 袁康撰'으로 되어 있고, 현대 많은 역주본도 '袁康撰, 吳平輯錄' 등으로 표시하고 있다.

Ⅲ. 《越絶書》의 판본 및 출간

《월절서》는 南宋 嘉定(寧宗: 1208~1224) 연간에 餘杭의 丁黼에 의해 판각이 이루어졌던 것으로 기록되어 있다. 즉 그의 跋文에 "予於紹興王子遊於吳中, 得許氏本, 訛舛特甚; 嘉定壬申(1212)令餘杭, 又得陳正卿本, 乙亥(1215)官中都, 借本秘閣, 以三本互相參考, 擇其通者從之, 乃粗可讀, 然猶未也. 念前所見者皆謄寫失眞, 不板行則其傳不廣, 傳不廣則私所藏莫克是正, 遂刻之虁門, 以俟來者"라 하여 을해년에 虁門에서 출간하였다. 이렇게 책이 출간되자 그의 친구 汪綱이 이를 근거로 浙江 紹興에서 다시 출간하였으며, 다시 元 大德(成宗: 1279~1307) 연간에 소흥紹興의 지방관이 다시 출간하였다. 그러나 이 두 판본은 모두 사라지고 없으며 지금 전하는 것은 모두가 明刊本이다. 즉 明 正德(武宗: 1506~1521), 嘉靖(世宗: 1522~1566) 이후의 것이며 특히 正德 연간 吉水의 劉以貞본과 嘉靖 연간의 姚江 夏想본, 및 陳塏본, 張佳胤의 〈雙柏堂〉본, 孔文谷본, 趙恒이 宋 汪綱본을 모방한 판본, 그리고 萬曆(神宗: 1573~1619) 연간의 〈古今逸史〉본, 天啓(熹宗: 1621~1627) 연간의 〈漢魏叢書〉본 등이 널리 알려져 있으며, 청대 판본은 더욱 많다. 그러나 명청대의 간본은 거의가 남송 丁黼본을 근거로 하고 있으며 각기 14권, 15권, 16권 등 구분이 다르다. 그럼에도 편수는 모두가 19편으로 일치하고 있다. 현대에 이르러 張宗祥의 校注本이 널리 알려져 있으며 이 책에는 많은 서발을 모았으며 아울러 淸代 錢培名의 《越絶書札記》와 〈逸文〉, 그리고 俞樾의 《越絶書札記》도 함께 싣고 있어 연구와 역주에 가장 큰 도움을 주고 있다. 그 외 樂祖謀의 校點本 《월절서》는 매편마다 校勘記를 싣고 있으며, 앞에 陳橋驛의 장문 〈序〉를 싣고 있어 《월절서》 전체에 대한 연구에 종합적인 참고 자료를 제공해 주고 있다. 한편 현대 역주본으로는 俞紀東譯注의 《越絶書全譯》(貴州人民出版社, 1996 貴陽)와 劉建國(注譯), 黃俊郎(校閱)의 《新譯越絶書》(三民書局, 1997 臺北)이 있다.

Ⅳ. 吳, 越 槪述

⟨1⟩ 吳

춘추 말기에 패자를 이루었던 희성姬姓의 제후국으로 고공단보古公亶父의 아들 태백(泰伯, 太伯)과 중옹(仲雍, 虞仲)이 아우 계력季歷을 통해 문왕(文王, 姬昌)에게 왕통을 잇게 하고자 남쪽으로 도망하여 세운 나라이다. 무왕이 뒤에 그 후손 주장周章을 오군吳君으로 세워 장강長江 하류 일대를 다스리도록 하였다. 그로부터 오나라는 희미하게 이어오다가 춘추 중기에 이르러 비로소 초楚나라와 접촉이 시작되었으며 그 뒤 진晉나라가 초나라를 칠 때 오나라를 연합함으로써 군비를 개혁하기에 이르렀다. 오나라는 이 때부터 급격히 성장하여 그 지역의 풍부한 구리와 주석을 활용 신흥 무기를 개발하고 병제兵制를 개혁, 천하에 무력을 떨치게 되었다. 그러다가 B.C.585년 태백의 19세 손인 수몽壽夢에 이르러 비로소 왕을 칭하게 되었고 그 아들 제번諸樊이 오(吳, 지금의 江蘇 蘇州) 고소성姑蘇城을 도읍으로 하고 합려(闔廬, 闔閭)가 오자서伍子胥와 손무孫武 등을 기용하여 재위 9년째에 초나라와의 싸움에 크게 이겨 초나라 도읍 영郢까지 점령하였으며 이듬해 마침 월나라가 오나라 국경을 들어오고 진秦나라가 초나라를 구원하기에 나섰고, 게다가 합려의 아우 부개왕夫槪王이 반란을 일으키자 할 수 없이 퇴각한 큰 전쟁과 변혁을 치르게 되었다. 그러다가 합려 19년 오나라가 월나라 정벌에 나섰으나 크게 패하여 합려는 상처를 입고 죽었으며 태자 부차夫差가 뒤를 이어 왕위에 올라 절치부심 월나라 보복에 나서게 된다. 오왕 부차는 즉위 2년 (B.C.494) 다시 월나라를 쳐 대승을 거두었으며 회계(會稽, 지금의 浙江 紹興)에서 월왕 구천句踐의 화해를 허락하였다. 부차는 이에 월나라에 대하여 안심을 품고 그를 뒤로한 채 중원으로의 진출을 꾀하여 노魯나라와 제齊나라 정벌에 나서고자 성을 쌓고 장강과 회수淮水를 준설하는 등 공사를 벌였으며 뒤에 황지黃池에서 제후들을 모아 회맹하면서 진晉나라와 패자를 다투는 사이

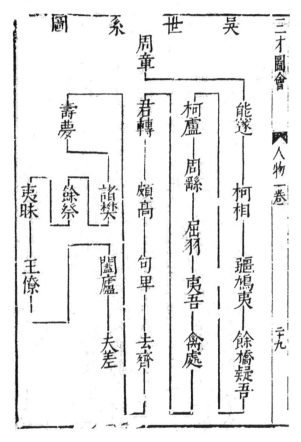

吳나라 世系圖《三才圖會》

월왕 구천 기습을 받아 도읍이 위태로워지고 태자가 포로가 되자 급거
귀국하였으나 결국 23년 도성이 함락되고 부차는 자살하여 나라가 망하고
말았다.

춘추 말기 오나라와 월나라와의 쟁패는 역사상 그 유례를 찾을 수 없을 정도로 극적인 전개와 반전을 거듭하여 수많은 일화와 고사를 남겼으며 춘추오패에도 역시 합려와 구천이 오르내리는 등 신흥 국가의 급격한 부상과 순식간의 멸망을 잘 보여주는 역사적 사례로도 널리 회자되고 있다.

수몽부터 춘추시대 말기까지(B.C.585~B.C.473)의 오나라 임금 세계는 대략 다음과 같다. ( ) 안은 재위 기간.

壽夢(25) → 諸樊(13) → 餘祭(17) → 餘昧(4) → 僚(12) → 闔閭(19) → 夫差(23)

❋《史記》吳太伯世家는 본책 부록을 참조할 것.

〈2〉越

춘추 말기의 회계(會稽, 지금의 浙江 紹興)를 중심으로 크게 떨쳤던 신흥 패국 霸國이다. 《사기》에 의하면 하夏 왕조의 소강少康의 묘예苗裔이며 사성姒姓이라 하였고, 《세본世本》에는 우성芋姓이라 하는 등 그 근원은 자세히 알려져 있지 않다. 춘추 중기에 비로소 초나라와 회맹을 한 사실이 보이며 오나라와 잦은 싸움으로 초나라가 오나라를 제압하기 위해 연맹으로 끌어들인 책략의 대상이기도 하였다. 이에 따라 월나라는 오나라와 대대로 원수지간이 되어 춘추 말기를 극적으로 장식한 나라이기도 하였다. 주로 장강 남쪽 회계를

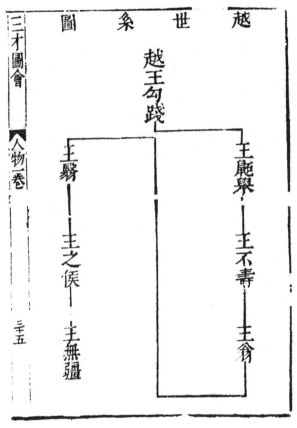

越나라 世系圖《三才圖會》

근거지로 발전하였으며 B.C.506년 오왕 합려闔廬가 오자서伍子胥의 책략에 따라
초나라를 쳐서 도읍 영郢까지 들어가자 월나라는 이 틈을 노려 오나라를 쳐
초나라를 돕기도 하였다. 월왕 구천句踐이 즉위하자(B.C.496) 곧바로 오왕

합려가 월나라를 공격하였으나 오나라는 패하고 합려는 상처를 입고 죽고 말았다. 이에 그 아들 부차夫差는 복수의 뜻을 품고 구천 공격하였다. 3년 구천은 할 수 없이 5천의 군사를 이끌고 회계산會稽山으로 들어가 치욕을 무릅쓰고 살아나 와신상담臥薪嘗膽 끝에 국력을 회복하고 내정을 개혁하였으며 생산을 늘려 15년 뒤 마침내 오나라가 중원으로 진출한 틈을 타서 오나라 도읍 고소姑蘇를 포위하고 태자를 사로잡았다. 부차는 급히 귀국하여 화해를 요청하였지만 이를 들어주지 않은 채, 24년 다시 오나라 도읍을 3년간 포위, 마침내 부차는 자살하고 오나라는 종말을 고하게 된다.

구천은 오나라를 멸한 다음 역시 북상하여 제후국을 넘보았으며 이에 송宋, 정鄭, 노魯, 위衛 등 제후국이 월나라에게 신복하였다. 이에 구천은 도읍을 낭야(琅琊, 지금의 山東 膠南 남쪽)로 옮기고 제齊, 진晉 등과 회맹을 가져 주周 원왕元王이 정식으로 그를 패주霸主로 인정하게 된다. 그러나 전국시대 들어서면서 월나라는 급격히 약화되어 월왕 예翳가 다시 오(지금의 강소 소주)로 되돌아 왔으며 초 위왕威王 때 월왕 무강無彊이 초나라를 쳤다가 대패하고 결국 초나라에 병탄되고 말았다.

✸《史記》越王句踐世家는 본책 부록을 참조할 것.

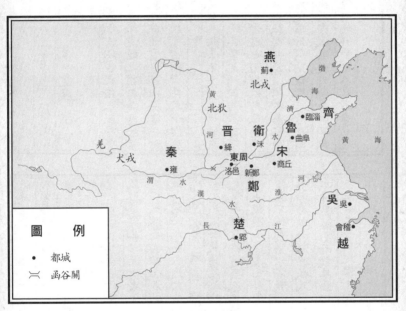

圖　例

- 都城

〉〈 函谷關

春秋時代 形勢圖

越絕書
外傳本事

漢 袁康 撰

問曰何謂越絕越者國之筆也何以言之按春秋序齊
魯皆以國為氏姓是以明之越者絕者絕也謂句踐時也當
齊桓將伐魯孔子恥之故子貢說齊以安魯子貢
一出亂齊破吳興晉疆越其後賢者辯士見夫子作春
秋而曰吳越又見子貢與聖人相去不遠眉之與齒
之與眉益要其意覽史記而述其事也問曰何不稱越
經書記之而言絕乎曰不也絕者絕也句踐之時天子微
弱諸侯皆叛於是句踐抑彊扶弱絕惡反之於善取舍
以道沛歸於宋浮陵以付楚臨沂開陽復之於魯中國
侵伐因斯衰止以其誠在於內威發於外越專其功故
曰越故作此者貴其內能自約外能絕人也賢者所述
不可斷絕故不為記明矣

問曰桓公九合諸侯一匡天下任用賢者誅服彊楚何
不言齊絕乎曰桓公中國兵彊霸世之後威凌諸侯服
彊楚此正宜耳夫越王句踐東垂海濱夷狄文身躬而
自苦任用賢臣轉死為生以敗為成越伐彊吳尊事周
室行霸琅邪躬自省約率道諸侯貴其始微終能以霸
故與越專其功而有之也
問曰然越專其功而有之何不第一而卒本吳太伯為
曰小越而大吳小吳大吳奈何曰吳有子胥之教霸世
甚久北陵齊楚諸侯莫敢叛者乘辭許邪蓋菖旁讒超
走越王句踐屬芻莝養馬諸侯從之若果中之孝反邦
七年焦思苦身克已自責任用賢人越伐彊吳行霸諸
侯故不使越第一者欲以賤大吳顯弱越之功也
問曰吳亡而越興在天與在人乎皆人也夫差失道越
亦賢矣濕易雨饑易助曰何以知獨在人乎子貢與夫
子坐告夫子曰太宰死夫子曰不死也如是者再子貢
再拜而問何以知之夫子曰天生宰嚭者欲以亡吳吳

詳校官編修臣李　潢

侍讀臣孫球覆勘

總校官降調編修臣倉聖脈

校對官中書臣李斯咏

謄錄監生臣呂仲玉

欽定四庫全書

越絕書

外傳本事

　　　　　漢　袁康　撰

問曰何謂越絕越者國之氏也何以言之按春秋序齊
魯皆以國為氏姓是以明之絕者絕也謂句踐時也當
是之時齊將伐魯孔子恥之故子貢說齊以安魯子貢
一出亂齊破吳興晉疆越其後賢者辯士見夫子作春
秋而畧吳越又見子貢與聖人相去不遠脣之與齒表
之與裏蓋要其意覽史記而述其事也問曰何不稱越
經書記而言絕乎曰不也絕者絕也句踐之時天子微
弱諸侯皆叛於是句踐抑彊扶弱絕惡反之於善取舍
以道沛歸於宋浮陵以付楚臨沂開陽復之於魯中國
侵伐因斯止以其誠在於內威發於外越專其功故
曰越故作此者貴其內能自約外能絕人也賢者所述
不可斷絕故不為記明矣

越絕書十
五卷

四部叢刊史部

越絕卷第一

越絕荆平王內傳第二

昔者荆平王有臣伍子奢奢諱罪於王王且殺
之其二子出走伍子尚奔吳伍子胥奔鄭王
召奢而問之曰若召子執來也子奢對曰王
問臣對而畏死不對不知子之心者尚為人
也仁且智奢來之必入胥為人也勇且智來必
不入胥且奢吳邪君王必早開而晏開胥將

使邊境有大憂於是王即使使者召子尚於
吳曰子父有罪子入則免之不入則殺之子
胥聞之使人告子尚於吳吾聞荆平王召子
子必母入胥聞之入者窮出者報仇入者皆
死是不智也死而不報父之讐是非勇也子
尚對曰入則免父之死不入則不仁愛身之
死絕父之望士不同謀不合子
其居尚請入荆平王復使使者召子胥於鄭

越絕書 八卷一

一

越絕書

越絕外傳本事第一

問曰何謂越絕越者國之氏也何以言之按
春秋序齊魯皆以國為氏姓是以明之絕者
絕也謂句踐時也當是之時齊將伐魯孔子
恥之故子貢說齊以安魯子貢一出亂齊破
吳興晉疆越其後賢者辯士見夫子作春秋
而署吳越又見子貢與聖人相去不遠脣之

越絕書

越絕外傳本事第一

問曰何謂越絕越者國之氏也何以言之按春秋序齊魯皆以國為
氏姓是以明之越絕者絕也謂句踐時也當是之時齊將伐魯魯孔子恥
之故子貢說齊以安魯子貢一出亂齊破吳與晉彊越其後彊越者辯
士見之與夫子作春秋而略吳越又見子貢與聖人相去不遠聲之與齒
表之與裏蓋要其意覽史記而述其事也

問曰不稱越經書記而言絕乎曰不也絕者越也句踐之時天子
微弱諸侯皆叛於是句踐抑彊扶弱絕惡反之於善取舍以道佈歸
於宋浮陵以付楚臨沂開陽復之於魯中國侵伐斯衰止以其誠
在於內威發於外越專其功故曰越故作此者貴其內能自約外能
絕人也賢者所述不可斷絕故不為記明矣

問曰桓公一匡天下任用賢者誅服彊楚何不言齊絕乎

問曰桓公九合諸侯

桓公中國兵彊霸世之後威凌諸侯服彊楚此正宜耳夫越王句
踐東垂海濱夷狄文身躬而自苦任用賢臣轉死生以敗為成越
伐彊吳尊事周室行霸琅邪躬自省約率道諸侯貴其始微終能以
霸故與越專其功而有之也

問曰然越專其功而有之何不第一而卒本吳太伯為曰小越而大
吳小越而大吳奈何曰吳有子胥之教霸世甚久北陵齊楚諸侯莫敢
叛者乘薛許邾莒呂旁毆走越王句踐屬芻莝養馬諸侯從之若
果中之李反邦七年焦思吳克己自責任用賢人越伐彊吳行霸

問曰吳亡而越興在天與在人乎皆人也夫差失道越亦賢矣彊易
兩鐵易助曰何以知獨在人乎曰子貢與夫子坐告夫子曰太宰死夫
子曰不死也如是者再子貢再而問何以知之夫子曰天生宰語
者欲以亡吳令未亡宰何病乎後人來言不死聖人不妄言是以

一　中華書局輯　影傲宋版印

四部備要《越絕書》

吳越春秋

後漢　趙曄　撰

吳之前君太伯者，后稷之苗裔也。后稷其母台氏之女姜嫄，為帝嚳元妃。年少未孕，出游於野，見大人跡而觀之，中心歡然喜其形像，因履而踐之，身動意若為人所感。后姙娠，恐被淫泆之禍，遂祭祀以求，謂無子履上帝之跡生子。意惡之，以為不祥，乃棄於阨狹之巷，牛馬過者折易而避之；復置於澤中冰上，眾鳥以羽覆薦之。姜嫄以為神，收而養之，長因名棄。為兒時，好種樹禾黍桑麻五穀。相五土之宜，青赤黃黑，陵水高下，粢稷黍禾，藜麥豆稻，各得其理。堯遭洪水，人民泛濫，遂復

堯聘棄使教民山居。隨地造區，研營種之術。三年餘，行人無饑乏之色，乃拜棄為農師。封之台，號為后稷，姬氏。后稷就國為諸侯。卒子不窋立。遭夏氏世衰，失官奔戎狄之間。其孫公劉，慈仁，行不履生草，運車以避葭葦。公劉避夏桀於戎狄，變易風俗，民化其政。公卒，子慶節立。其後八世而得古公亶甫。修后稷公劉之業，積德行義，為狄人所慕。薰育戎姤而伐之，欲得財物，即與之。已復攻之，欲得地與民。民俱怒，欲戰。古公曰：「君子不以其所以養害其所養。」古公事之以犬馬牛羊，其伐不止，事之以皮幣金玉重寶，而亦伐之不止。古公問何所欲，曰欲其土地。古公曰：「君子不以養

害所養，吾不居也。」古公乃杖策去邠，踰梁山，而處岐山。豳人束邪，老幼扶攜，負釜甑，逾梁山，國於岐山之下。豳人曰：「仁人之君，不可失也。」從之者如歸市。他旁國聞古公仁，亦多歸之。古公卒，

越王勾踐 自作用鐱

越王 句踐 銅劍과 吳王 光의 鑑

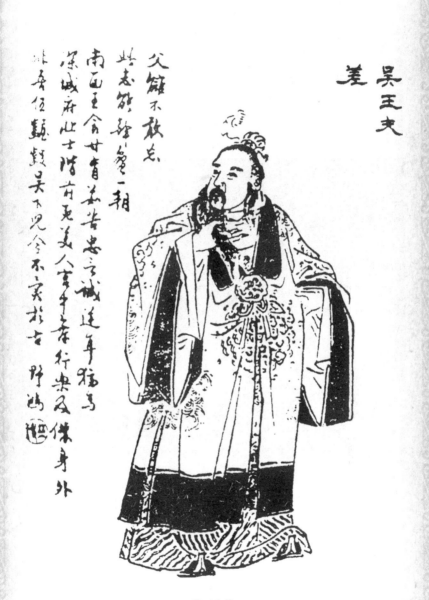

吴王夫差

〈越王句踐臥薪嘗膽圖〉

차례

◈ 책머리에
◈ 일러두기
◈ 해제

《월절서》 세부목차

越絶書 三

卷八

〈10〉越絶 外傳〈記地傳〉第十

卷九

〈11〉越絶 外傳 〈計倪〉 第十一

卷十

〈12〉越絶 外傳〈記吳王占夢〉第十二

卷十一

〈13〉越絶 外傳〈記寶劍〉第十三

卷十五

〈19〉越絶〈篇敍外傳記〉第十九

❀ 부록

越絶書 上

卷一

〈1〉越絶 外傳〈本事〉第一

〈2〉越絶〈荊平王內傳〉第二

卷二

〈3〉越絶 外傳〈記吳地傳〉第三

卷三

〈4〉越絶 〈吳內傳〉第四

卷四

〈5〉越絶 〈計倪內經〉第五

卷五

〈6〉越絶〈請糴內傳〉第六

卷六

〈7〉越絶 外傳〈紀策考〉第七

卷七

〈8〉越絶 外傳 〈記范伯〉第八

〈9〉越絶 內傳 〈陳成恒〉第九

卷 八

〈10〉越絶 外傳〈記地傳〉第十

〈10〉越絶 外傳〈記地傳〉第十

　본편은 월나라(지금의 浙江 紹興 일대) 지역의 산천, 지리, 궁궐 등을 자세히 기록한 것으로 〈吳地傳〉과 대칭을 이루는 방지 方志의 성격을 띠고 있다.

　월나라 조상을 시작으로 진시황의 천하통일, 그리고 회계 (會稽, 紹興) 순행까지의 시간축을 중심으로 구천의 일상생활, 월나라 도읍 근처의 지리, 오나라와의 항쟁을 겪었던 산천 등을 기술하고 있다.

〈七牛虎耳銅貯貝器〉(서한) 1956 雲南 晉寧縣 滇王墓 출토

148(10-1)
월나라 선군 무여無餘

옛날, 월越나라 선군先君 무여無餘는 우禹의 시대에 따로 월 땅을 봉지로 받아 우의 무덤을 지키는 임무를 맡았었다.

어떤 이가 물었다.

"천지天地의 도道와 만물萬物의 기紀는 그 근본을 잃지 않습니다. 신농神農은 온갖 풀, 물과 흙의 감고甘苦를 맛보았고, 황제黃帝는 의상衣裳을 처음 만들었으며, 후직后稷은 농사법을 창안하고 기계器械를 제작하여 사람의 일상생활에 필요한 것들이 모두 갖추어졌습니다. 그런데 밭두둑을 만들고 분뇨를 비료로 삼아 뽕나무와 삼을 기르고 오곡五穀을 파종하는 일이라면 반드시 사람의 손발로 해야 합니다. 그러나 대월大越의 바닷가에 사는 백성들은 유독 조전鳥田으로서 하여 새의 크기에 대소에 차이가 있고 다가오고 물러남에 항오를 이루고 있어 시키지 않아도 스스로 그렇게 하니 그 까닭은 무엇입니까?"

이렇게 설명하였다.

"우는 처음에는 백성들을 근심하여 수재로부터 구제하면서 대월에 이르러 모산茅山에 올라 크게 사람들을 모아 계책을 세우고, 덕이 있는 자에게는 작위를 내리고 공이 있는 자에게는 봉지를 주었지요. 그러면서 그 모산을 회계會稽로 이름을 바꾸었습니다. 그가 왕이 되자 다시 대월을 순수巡狩하면서 기로耆老를 만나보고, 시서詩書를 받아보았으며, 전형銓衡을 잘 살피고, 두곡斗斛을 공평하게 하였습니다. 그리고 병이 들어 사망하자 회계산에 장례를 치렀는데 갈대로 곽槨을 만들고 구리로 관棺을 만들었으며, 무덤의

구덩이 깊이는 7척이었습니다. 위로는 물이
새어 들어가지 못하고 아래로는 물에 닿지
않도록 하였으며 그 앞의 제단 높이는 3척,
흙 계단 셋, 묘역은 1무畝였지요. 그리하여
거기에 묻힌 우는 편안하게 여겼으나 그
무덤을 만들던 자들은 고역이라 여겼지요.

〈禹穴圖〉《三才圖會》

우는 백성들의 그런 공로를 보답할 길이 없어 백성들에게 조전의 농사법을
가르쳐 준 것인데 새들은 때에 따라 많이 몰려오기도 하고 때로는 적게
오기도 하는 것입니다. 우가 살아 있을 때 순舜이 창오蒼梧에서 죽었는데
우는 코끼리로 농사를 짓는 법을 가르쳤었습니다. 우가 이곳 대월에 왔을
때에도 역시 이유가 있었으니 그곳은 솥을 엎어놓은 것과 같은 지형이었
습니다. 솥을 엎어놓은 것이란 그곳 지형을 말하는 것이며 치수의 덕으로써
메워주어야 한다고 여긴 것이며 우는 칭송을 받아 그 지극함을 하늘에
고한 것입니다. 우는 때가 이미 세밑이 되었고 자신의 나이 또한 늙음에
이르렀음을 알고 유훈을 남겨 뒷사람들로 하여금 백마를 희생으로 하여
우정禹井에 제사를 지내도록 한 것입니다. 정井이란 법이며 뒷사람들로 하여금
자신의 무덤은 법도에 따라 마련된 것이며 사람들을 번거롭게 하지 않았
음을 알도록 한 것입니다.”

昔者, 越之先君無餘, 乃禹之世, 別封於越, 以守禹冢.
問:「天地之道, 萬物之紀, 莫失其本. 神農嘗百草·水土
甘苦, 黃帝造衣裳, 后稷産稺, 制器械, 人事備矣. 疇糞
桑麻, 播種五穀, 必以手足. 大越海濱之民, 獨以鳥田,
小大有差, 進退有行, 莫將自使, 其故何也?」
曰:「禹始也, 憂民救水, 到大越, 上茅山, 大會計, 爵
有德, 封有功, 更名茅山曰會稽. 及其王也, 巡狩大越,

見耆老, 納詩書, 審銓衡, 平斗斛. 因病亡死, 葬會稽, 葦槨銅棺, 穿壙七尺; 上無漏泄, 下無卽水; 壇高三尺, 土階三等, 延袤一畝. 尚以爲居之者樂, 爲之者苦, 無以報民功, 敎民鳥田, 一盛一衰. 當禹之時, 舜死蒼梧, 象爲民田也. 禹至此者, 亦有因矣, 亦覆釜也. 覆釜者, 州土也, 塡德也, 禹美而告至焉. 禹知時晏歲暮, 年加申酉, 求書其下, 祠白馬禹井. 井者, 法也. 以爲禹葬以法度, 不煩人衆.」

【先君】越나라 始祖. 선대 임금.

【無餘】無余로도 표기함. 越나라 始祖. 大禹의 6대손 少康의 庶子로 越땅에 봉해졌음. 《吳越春秋》徐天祐 注에 "無余, 禹之六世孫少康之庶子也, 初受封於越. 《越舊經》作無餘"라 함.

【禹】禹. 中國 최초의 왕조 夏나라의 始祖. 夏后氏 부락의 領袖였으며 姒姓. 大禹, 夏禹 등으로도 불리며 이름은 文命. 鯀의 아들. 鯀이 물을 막는 방법으로 治水에 실패하여 죽임을 당한 뒤 禹는 물을 소통시키는 방법으로 성공을 거둔 다음 舜임금으로부터 천하를 물려받아 夏王朝를 세움. 뒤에 천하를 순시하다가 會稽에서 생을 마침. 그는 益에게 천하를 물려주려 하였으나 아들 啓의 무리가 난을 일으켜 益을 죽이고 世襲王朝를 시작함. 이로부터 禪讓(公天下)의 제도가 마감되고 世襲(家天下)의 역사가 시작됨. 이를 "傳子而不傳賢"이라 함. 《史記》에서는 五帝本紀 다음 첫 왕조로 夏本紀가 시작됨. 《史記》夏本紀에 "夏禹, 名曰文命. 禹之父曰鯀, 鯀之父曰帝顓頊, 顓頊之父曰昌意, 昌意之父曰黃帝. 禹者, 黃帝之玄孫而帝顓頊之孫也. 禹之曾大父昌意及父鯀皆不得在帝位, 爲人臣"이라 하였으며, 《十八史略》(1)에 "夏后氏禹: 姒姓, 或曰名文命, 鯀之子, 顓頊孫也. 鯀湮洪水, 舜擧禹代鯀, 勞身焦思, 居外十三年, 過家門不入"이라 함.

【禹冢】禹穴이라고도 하며 大禹陵 지금의 浙江 紹興 동남 會稽山에 있으며 지금은 大禹陵 비석이 있음.

【神農】고대 성왕. 炎帝, 烈山氏. 산과 들을 태워 농사법을 처음 제정하여 神農氏(烈山氏)라 부름. 《呂氏春秋》愛類篇에 "《神農之敎》曰:「士有當年而不耕者,

則天下或受其饑矣; 女有當年而不績者, 則天下或受其寒矣.」라 하였고,《文子》
上義篇에는 "《神農之法》曰:「丈夫丁壯不耕, 天下有受其飢者; 婦人當年不織,
天下有受其寒者.」故身親耕, 妻親織, 以爲天下先. 其導民也, 不貴難得之貨, 不重
無用之物, 是故耕者不强, 無以養生; 織者不力, 無以衣形. 有餘不足, 各歸其身,
衣食饒裕, 奸邪不生, 安樂無事, 天下和平, 智者無所施其策, 勇者無所錯其威"
라 함.

【黃帝】중국 상고시대의 帝王. 中原 각 부족의 共同 先祖. 公孫氏이며 姬水 가에
살아 姬姓으로도 부름. 軒轅의 언덕을 근거지로 발전하여 軒轅氏로도 불리여
나라를 有熊이라 하여 有熊氏로도 부름. 姜姓의 炎帝(神農氏)와 九黎族의 受領
蚩尤를 물리치고 각 부락의 聯盟 首領이 되었으며 土德으로 왕이 되었다 하여
黃帝로 칭함. 道家의 시조로 여겨 黃老術의 원조가 되기도 함. 인용된 구절은
《黃帝書》라는 책에 실린 것으로 여기고 있으나 이는 뒤 구절과 함께 지금의
《路史》後記(5)에 "下匿其私, 用試其主; 上操度量, 以割其下, 上下一日百戰,
故作巾几之銘"이라 실려 있음.

【后稷】周民族의 시조이며 이름은 姬棄. 唐堯 때 后稷이라는 農官을 지냄.《史記》
周本紀에 "周后稷, 名棄. 其母有邰氏女, 曰姜原. 姜原爲帝嚳元妃. 姜原出野, 見巨
人迹, 心忻然說, 欲踐之, 踐之而身動如孕者. 居期而生子, 以爲不祥, 棄之隘巷,
馬牛過者皆辟不踐; 徙置之林中, 適會山林多人, 遷之; 而棄渠中冰上, 飛鳥以
其翼覆薦之. 姜原以爲神, 遂收養長之. 初欲棄之, 因名曰棄. 棄爲兒時, 屹如巨人
之志. 其游戲, 好種樹麻·菽, 麻·菽美. 及爲成人, 遂好耕農, 相地之宜, 宜穀者稼
穡焉, 民皆法則之. 帝堯聞之, 擧棄爲農師, 天下得其利, 有功. 帝舜曰:「棄, 黎民
始飢, 爾后稷播時百穀」封棄於邰, 號曰后稷, 別姓姬氏. 后稷之興, 在陶唐·虞·
夏之際, 皆有令德"이라 함.

【器械】일상생활에 필요한 여러 도구들. 특히 농기구 등을 말함.

【疇糞桑麻】밭을 만들어 분뇨를 비료로 삼아 뽕나무와 삼 등을 기름.

【鳥田】舜과 禹의 德化에 감동한 새와 코끼리가 농사일을 도와주었다는 전설.
《論衡》書虛篇에 "傳書言: 舜葬於蒼梧, 象爲之耕; 禹葬會稽, 鳥爲之田. 蓋以
聖德所致, 天地鳥獸報祐之也. ……鳥田象耕, 報祐舜禹, 非其實也. 實者, 蒼梧
多象之地, 會稽衆鳥所居. 〈禹貢〉曰:「彭蠡旣瀦, 陽鳥攸居.」天地之情, 鳥獸之
行也. 象自蹈土, 鳥自食苹, 土蹶草盡, 若耕田狀, 壤靡泥易, 人隨種之"라 함.
《二十四孝》에도 "虞舜, 瞽瞍之子, 性至孝, 父頑母嚚, 弟象傲. 舜耕於歷山, 有象
爲之耕, 有鳥爲之耘, 其孝感如此. 帝堯聞之, 事以九男, 妻以二女. 遂以天下讓焉.

系詩頌之, 詩曰: 『隊隊耕春象, 紛紛耘草禽. 嗣堯登寶位, 孝感動天心』」이라 함.

【大越】 '大越'은 越나라를 높여 부른 것. 張宗祥 〈校注〉에 "越之名始此. 賀循 《會稽記》云:「少康其少子號於越, 越國之稱始此.」其說未當. 大越者, 《漢書》 地理志, 臣瓚曰:「自交趾至會稽, 七八千里, 百粤雜處, 各有種姓是也.」"라 함.

【茅山】 苗山이라고도 하며 지금의 浙江 紹興 會稽山. 張宗祥 〈校注〉에 "茅山今 名會稽山. 《嘉泰會稽志》: 東縣東南十三里. 《周禮》: 揚州之鎭山曰會稽. 《山海經》 云: 會稽之山四方, 其上多金玉, 其下多砆石, 勻水出焉. 《輿地志》云: 一名衡山, 其山有石, 狀如覆鬴山"이라 함.

【會計】 계책을 모아 논의함. 같은 발음의 '會稽'는 이 때문에 이름이 생긴 것.

【耆老】 노인들. 敬老思想을 발현하였음을 말함.

【詩書】 그곳의 風物, 民謠, 情況 등을 기록하여 그곳을 巡狩하러 온 帝王에게 바치거나 진술함을 뜻함.

【銓衡】 衡量의 輕重의 헤아리는 기구. 도량형 기구. 뜻이 확산되어 "인재를 선발 하다"의 의미로 널리 쓰임.

【斗斛】 곡물 등의 들이를 헤아리는 기구. 고대 10升이 1斗였으며 10斗가 1斛 이었음.

【延袤】 펼쳐 나감. 南北의 길이를 '袤'라 함. 여기서는 墓域의 넓이를 말함. 錢培名 〈札記〉에 "《書鈔》作「周方一里」. 案《史記》夏本紀〈集解〉引《越傳(越絶)》曰:「禹到 大越, 上苗山, 大會計, 爵有德, 封有功, 因而更名苗山曰會稽. 因病死, 葬葦棺, 壙深二尺, 上無瀉泄, 下無邸水, 壇高三尺, 土階三等, 周方一畝」與此文大同小異, 所云《越傳》, 疑卽《越絶》之誤, 故附識於此"라 함.

【一盛一衰】 새들이 모여드는 상황을 설명한 것.

【舜】 고대 五帝의 하나. 有虞氏. 姓은 姚氏, 이름은 重華. 虞舜으로도 부름. 堯임금 으로부터 천하를 물려받아 帝位에 오름. 瞽瞍의 아들로 孝誠이 뛰어났던 분으로 널리 알려져 있으며 儒家에서 聖人으로 추앙함. 《十八史略》(1)에 "帝舜有虞氏: 姚姓, 或曰名重華, 瞽瞍之子, 顓頊六世孫也. 父惑於後妻, 愛少子象, 常欲殺舜. 舜盡孝悌之道, 烝烝乂不格姦"이라 함.

【蒼梧】 蒼梧山. 지금의 湖南 寧遠縣의 九嶷山.

【象爲民田】 코끼리가 밭을 갈아줌. 앞쪽 '鳥田'의 내용을 볼 것.

【覆釜】 覆釜山. 엎어놓은 솥. 覆釜는 覆鬴와 같음. 張宗祥 〈校注〉에 "鬴釜通"이라 함. 《吳越春秋》에 "吾獲覆釜之書, 得以除天下之災, 蓋言得治水書於此山也"라 하였으며, 《輿地志》에 "會稽山有石, 狀如覆鬴, 謂之覆鬴山, 一名釜山"이라 함.

【塡德】治水의 공을 뜻함.

【禹美而告至焉】禹의 治水에 대한 공적이 훌륭하여 그 지극함을 하늘에 고함.

【時晏歲暮】때가 저물어 세밑이 됨.

【申酉】申時는 오후 3~5시, 酉時는 5~7시. 따라서 黃昏이 다가옴을 뜻함. 禹가
이미 늙어 곧 생을 마치게 됨을 알게 되었다는 뜻.

【白馬】고대 會盟이나 祭祀에 흰 말을 사용하며 그 피를 歃血함으로써 믿음을
표시하였음.

【禹井】우물 이름. 會稽山 동쪽 禹廟에서 7리 지점에 있으며 그 깊이를 알 수
없다 함. 《水經注》浙江水에 "會稽山下有禹廟, 山上有禹冢, 山東有硎, 去廟七里,
深不見底, 謂之禹井"이라 함.

浙江 紹興 會稽山 大禹陵 碑

149(10-2)
낭야瑯琊로의 천도

　무여가 처음 대월大越에 봉해졌을 때 진여망산秦餘望山의 남쪽에 도읍을 정하였으며 천여 세가 지나 구천句踐에 이르게 되었다.

　구천은 치소를 산의 북쪽으로 옮겨 동해東海와 이어지게 되었으며 안쪽과 바깥쪽의 월나라가 따로 봉을 받아 영토가 줄어들게 되었다.

　구천이 오吳나라를 쳐서 관동關東을 제패하자 낭야瑯琊로 옮겨 관대觀臺를 지었는데 그 누대는 주위가 7리이며 동해를 바라볼 수 있었다.

　그에게는 죽음을 무릅쓴 용사 8천 명에 전투함이 3백 수艘나 되었다.

　얼마 지나지 않아 그는 몸소 현인이나 성인을 초빙하고자 하였다.

　공자孔子가 따르는 제자 70명과 선왕의 아금雅琴을 들고 예를 갖추어 구천에게 가서 이를 연주해 주고자 하였다.

　구천은 이에 몸에 사이賜夷 갑옷을 입고 보광검步光劍을 차고 물로모物盧矛를 짚고 죽기를 무릅쓴 용사 3백 명을 내어 관대 아래에 진을 치고 있었다.

　공자의 무리가 잠시 후 먼 길을 거쳐 계수하며 월나라에 도착하였다.

　월왕이 물었다.

　"예, 예. 선생께서는 무엇으로 나를 가르쳐주시겠습니까?"

　공자가 대답하였다.

　"저丘는 오제五帝와 삼왕三王의 도를 능히 설명할 수 있습니다. 그 때문에 아금을 받들고 대왕의 처소에 이른 것입니다."

　구천이 위연喟然히 탄식하며 말하였다.

"무릇 월나라 사람들은 성격이 취약하고 우둔하며, 물을 다니는 길로 이용하고 산에 기대어 살아, 배로써 수레를 삼고 노로써 말을 삼지요. 갈 때는 돌개바람처럼 빨라 한 번 떠나면 따라갈 수가 없을 정도이며, 정예의 병사들은 죽음도 마다하지 아니하니 이것이 우리 월나라의 일상 정서입니다 부자께서 그런 것이 아닌 다른 것이라면 들을 필요가 없습니다"

이에 공자는 사양하였고 제자들도 월왕의 뜻을 따르지 않았다!

無餘初封大越, 都秦餘望南, 千有餘歲而至句踐.

句踐徙治山北, 引屬東海, 內外越別封削焉.

句踐伐吳, 霸關東, 從瑯琊起觀臺, 臺周七里, 以望東海.

死士八千人, 戈船三百艘.

居無幾, 躬求賢聖.

孔子從弟子七十人, 奉先王雅琴, 治禮往奏.

句踐乃身被賜夷之甲, 帶步光之劍, 杖物盧之矛, 出死士三百人, 爲陣關下.

孔子有頃姚稽到越.

越王曰:「唯唯, 夫子何以敎之?」

孔子對曰:「丘能述五帝三王之道, 故奉雅琴至大王所.」

句踐喟然嘆曰:「夫越性脆而愚, 水行而山處, 以船爲車, 以楫爲馬, 往若飄風, 去則難從; 銳兵任死, 越之常性也, 夫子異則不可.」

於是孔子辭, 弟子莫能從乎!

【秦餘望】秦餘望山. 지금의 紹興 남쪽 40리 지점에 있으며 秦始皇이 巡狩 중에 이 산에 올라 東海를 관망하였음.《史記》越王句踐世家〈正義〉에《吳越春秋》를 인용하여 "禹周行天下, 還歸大越, 登茅山以朝四方群臣, 封有功, 爵有德, 崩而葬焉. 至少康, 恐禹迹宗廟祭祀之絶, 乃封其庶子於越, 號曰無餘"라 하였고, 다시《越絶記》를 인용하여 "無餘都, 會稽山南故越城是也"라 함. 그러나 지금의《越絶書》에는 이러한 구절이 없음. 한편《水經注》浙江水에 "吳又有秦望山, 在州城正南, 爲衆峰之杰, 陟境便見.《史記》云: 秦始皇登之

會稽圖《三才圖會》

以望南海, 自平地以取山頂七里, 懸嶝孤危, 徑路險絶,《記》云杙夢捫葛, 然後能升, 山上無高木, 當由地迥多風所致. 山南有嶕峴, 峴里有大城, 越王無餘之舊都也. 故《吳越春秋》云: 句踐語范蠡曰: 先君無餘國, 在南山之陽, 社稷宗廟在湖之南"이라 함.

【徙治山北】張宗祥〈校注〉에 "當爲下文'句踐小城(150)', 故曰'山陰'也"라 함.

【關東】函谷關 동쪽. 즉 中原의 霸者가 되었음을 말함.

【從瑯琊起觀臺】'從'은 '徙'의 오기. 錢培名〈札記〉에《後漢書》郡國志 注를 인용하여 '從'은 '徙'의 오류라 하였음.

【瑯琊】秦나라 때 郡이었으며 漢나라 때 縣. '琅邪', '琅琊', '瑯琊', '琅玡' 등 여러 표기가 있으며 지금의 山東 諸城縣 동남쪽. 瑯琊臺가 유명함. 張宗祥〈校注〉에 "《史記》: 句踐已平吳, 乃以兵北渡淮, 與齊晉諸侯會於徐州.《吳越春秋》: 越王既已誅忠臣, 霸於關東, 從瑯琊起觀臺. 宗祥案: 瑯琊, 今山東兗州府滕縣.《水經》濰水注云: 琅邪, 山名也, 越王句踐之故國也. 句踐幷吳, 欲霸中國, 徙都瑯邪, 則知越霸時疆域北至山東"이라 함.

【觀臺】바다를 조망할 수 있는 누대. 瑯琊臺를 가리킴.

【刈船】軍艦, 戰艦, 戰鬪艦.

【孔子】孔丘. 字는 仲尼(B.C.551~B.C.479). 魯나라 사람. 아버지 叔梁紇과 어머니 顔徵在 사이에 태어남. 그 先祖 微子啓는 殷나라 왕족으로 姓은 子氏이며 宋나라에 봉해짐. 6代 煬公(熙) 때 조카 厲公에게 죽음을 당하자 熙의 아들 불보하(弗父何)가 孔子의 直系 조상임. 그 後孫 공보가(孔父嘉)의 처는 미인으로 華督이라는 권력자가 공보가에게 누명을 씌워 죽이고 빼앗음. 그러자 아들 자목금보(子木金父)가 魯나라로 옮겨와 孔氏로 성으로 삼아 공자의 고국이 되었으며 그가 孔子의 五代祖임.

【雅琴】고대 宗廟 祭樂에 쓰이는 악기. 絃樂器. 越나라에게 예악을 가르치기
위해 '求賢士'에 공자가 응한 것임. 그러나 《吳越春秋》徐天祜 注에는 "越滅
吳之明年, 大夫種賜劍以死, 是爲勾踐二十五年, 卽魯哀公二十三年也. 此書謂
已誅忠臣, 居無幾, 求賢士, 孔子聞之, 奉雅琴禮樂奏於越. 皆是年事也. 竊獨以
爲不然, 昔者, 夫子將見趙簡子, 聞竇鳴犢·舜華之死, 臨河而不濟, 爲其殺賢大夫
而諱傷其類也. 至作爲陬操以哀之. 文種非賢大夫歟? 使夫子尙在, 聞種之死,
愚知其不入越也, 而況奏雅琴以干時君乎! 按《春秋》哀公十六年夏四月, 書孔
子卒. 由文種之死, 上距夫子之卒, 已八年矣. 謂夫子以是年入越, 非也"라 하여
공자가 죽은 뒤 8년 후에 문종이 죽은 것으로 이러한 일이 있을 수 없다 하였음.
【賜夷】갑옷 이름. 賜夷는 원래 巧匠의 이름, 혹은 地名이라고도 함. '棠夷', '陽夷',
'暘夷', '唐夷', '腸夷' 등으로도 알려짐. 原注에 "一作陽, 又音唐"이라 하였으며
錢培名 〈札記〉에 "按〈記寶劍〉篇作'腸',《文選》吳都賦'暘夷勃盧之旅'注引此文
作'暘',《吳越春秋》作'唐', 皆因形聲相近, 傳寫互異"라 함. 한편 '棠銕之甲'으로도
표기하며, 棠은 棠谿. 지금의 河南 遂平縣 서북. 棠谿는 楚나라 지명으로 良質의
철이 생산되던 곳. 그 철로 만든 갑옷. '銕'은 '鐵'과 같음.《戰國策》韓策(1)에
"韓卒之劍戟, 皆出於冥山·棠谿·墨陽"이라 하였으며, '棠銕'은 '棠夷'로도 표기함.
【步光劍】명검 이름. 吳王占夢篇에는 "越王撫步光之劍, 杖屈盧之弓, 瞋目謂范
蠡曰: 「子何不早圖之乎?」"라 함.
【物盧】屈盧. 창 이름. 錢培名 〈札記〉에 "〈吳王占夢〉篇作'屈',《吳越春秋》同.
《御覽》三百五十三引《吳越春秋》'屈盧之矛'句注:《越絕書》'勃盧之矛'.《書鈔》
百二十三引《越記》, 亦作'勃'.〈吳都賦〉'暘夷勃盧之旅', 注引《越絕書》作'敉'.
'敉', 卽勃字. 勃·物音近致誤, 屈則其異文也"라 함.
【姚稽】錢培名 〈札記〉에 "原注: '一作爲陣', 不可解"라 하였으나 〈三民本〉에는
'姚'를 '遙'로 보아 "從遙遠處稽首拜見"이라 하여 이에 따라 풀이함.
【五帝】여러 설이 있으나《史記》五帝本紀에는 黃帝(軒轅氏), 顓頊(高陽氏), 帝嚳
(高辛氏), 帝堯(陶唐氏), 帝舜(有虞氏)을 들고 있음. 혹 黃帝는 三皇으로 넣고 대신
少昊(金天氏)를 넣기도 함.
【三王】古代 夏, 殷, 周의 개국군주 禹, 湯, 文王과 武王을 가리킴. 王道를 실현한
세 군주의 훌륭한 시대를 뜻함.
【越性脆而愚】〈四部備要〉본에는 '越性□而愚'로 되어 있음.

1.《吳越春秋》句踐伐吳外傳

越王旣已誅忠臣, 霸於關東, 徙都瑯邪, 起觀臺, 周七里以望東海. 死士八千人, 戈船三百艘. 居無幾, 射求賢士. 孔子聞之, 從弟子奉先王雅琴禮樂奏於越. 越王乃被唐夷之甲, 帶步光之劍, 杖屈盧之矛, 出死士以三百人爲陣關下. 孔子有頃到, 越王曰:「唯唯, 夫子何以敎之?」孔子曰:「丘能述五帝三王之道, 故奏雅琴以獻之大王.」越王喟然歎曰:「越性脆而愚, 水行山處, 以船爲車, 以檝爲馬, 往若飄然, 去則難從, 悅兵敢死, 越之常也. 夫子何說而欲敎之?」孔子不答, 因辭而去.

2.《太平御覽》(160)

越王勾踐二十五年, 徙都瑯 邪, 立觀臺, 周旋七里, 以望東海.

150(10-3)
월나라 계보

월왕越王 부심夫鐔 이상에서 무여無餘에 이르기까지는 오래 되에 그 세대를 제대로 기록할 수 없다.

부심의 아들은 윤상允常이며, 윤상의 아들은 구천句踐으로 크게 패자가 되어 왕王을 칭하였으며, 낭야瑯琊로 옮겨 그곳을 도읍으로 하였다.

구천의 아들은 여이與夷이며 한 때 패자가 되었다.

여이의 아들은 자옹子翁이며 한 때 패가가 되었다.

자옹의 아들은 불양不揚이며 한 때 패자가 되었다.

불양의 아들은 무강無疆이며 한 때 패자가 되어, 초楚나라를 쳤으나 초 위왕威王이 무강을 멸망시켜 버렸다.

무강의 아들은 지후之侯였으며 몰래 자립하여 군장君長이 되었다.

지후의 아들은 존尊으로 한 때 군장이 되었다.

존의 아들은 친親으로 무리를 잃자 초나라가 쳐서 남산南山으로 달아났다.

친 이상으로부터 구천까지는 모두 8명의 임금이며 모두가 낭야에 도읍을 두었고 224년간이었다.

무강 이상은 패자로서 왕을 칭하였고, 지후 이후로는 미약하여 군장을 칭하였다.

越王夫鐔以上至無餘, 久遠, 世不可紀也.

夫鐔子允常, 允常子句踐, 大霸稱王, 徙瑯琊都也.

句踐子與夷, 時霸.

與夷子子翁, 時霸.

子翁子不揚, 時霸.

不揚子無疆, 時霸, 伐楚, 威王滅無疆.

無疆子之侯, 竊自立爲君長.

之侯子尊, 時君長.

尊子親, 失衆, 楚伐之, 走南山.

親以上至句踐, 凡八君, 都瑯琊二百二十四歲.

無疆以上, 霸, 稱王; 之侯以下微弱, 稱君長.

【夫鐔】越王 句踐의 조부. 夫鐔 이상의 세계는 확실치 않음.
【允常】《吳越春秋》에는 '元常'으로 되어 있음. 越나라 군주. 越王 句踐의 아버지. 《左傳》과 《史記》에는 모두 '允常'으로 표기되어 있음. 越나라는 《史記》越王 句踐世家에 "其先禹之苗裔而夏后帝少康之庶子也"라 함. 姒姓으로 지금의 浙江 紹興(옛 會稽)을 중심으로 발전하기 시작함. 《左傳》宣公 8년 孔穎達 疏에 "濱在 南海, 不與中國通. 後二十餘世至於允常, 魯定公五年始伐吳. 允常卒, 子句踐立, 是爲越王. 越王元年, 魯定公之十四年也. 魯哀公二十二年, 句踐滅吳, 霸中國, 卒. 春秋後七世, 大爲楚所破, 遂微弱矣"라 함. 楚나라에게 망함. 元常이 죽자 闔閭는 越나라 國喪을 틈타 越를 쳤으나 句踐에게 敗하여 후퇴하던 중 陘에서 죽었음. 한편 "臣聞越王元常~故去無道而就有道"까지의 117자에 대해 顧觀光의 校正에는 《吳越春秋》원문은 이렇지 않았다고 하며 "越王允常聘歐冶子作爲劍 五枚, 三大二小: 一曰純鈞(鉤), 二曰湛盧, 三曰豪曹, 或曰磐郢, 四曰魚腸, 五曰巨 (鉅)闕. 秦客薛燭善相劍, 王取豪曹示之, 薛燭曰:「非寶劍也. 夫寶劍, 五色幷見. 今豪曹, 五色黯然無華, 已殞其光·亡其神, 此劍不登斬而辱, 則墮於飮中矣.」王曰: 「寡人置劍竹盧之上, 過而墮之, 斷金獸之頭, 飮濡其刃, 吾以爲利也.」而服不舍. 王復取鉅闕示之, 薛燭曰:「非寶劍也. 夫寶劍, 金錫和同, 氣如雲煙. 今其光已離矣.」 王復取魚腸示之, 薛燭曰:「夫寶劍者, 金精從理, 至本不逆, 鍔中生光, 從文不起.

今魚腸倒本從末, 逆理之劍也. 服此者臣弑其君·子弑其父.」王取純鉤示之, 薛燭
髦然而望之, 曰:「光乎如湖陽之華, 沈沈如芙蓉始生於湖. 觀其文, 如列星之行;
觀其光, 如水之溢於塘; 觀其斷割, 嚴如鑲石之芒; 觀其色, 渙如冰將釋見日之光.
此純鉤也?」王曰:「是也. 客有買此劍者, 有市之鄉三十, 駿馬千匹, 萬戶之都二,
其可與乎?」薛燭曰:「不可. 臣聞王之初造此劍, 赤堇之山破而出錫, 若耶之溪
涸而出銅, 吉日良時, 雨師灑道, 雷公鼓橐, 蛟龍捧爐, 天帝裝炭, 太一下觀, 天精
下降. 於是歐冶子因天地之精, 悉其伎巧, 造化此劍. 吉者宜王, 凶者可以遺人.
凶者尚直萬金, 況純鉤者也?」取湛盧示之, 薛燭曰:「善者! 銜金鐵之英, 吐銀錫
之精, 寄氣託靈, 有游出之神. 服此劍者, 可以折衝伐敵. 人君有逆謀, 則去之他國.」
允常乃以魚腸·湛盧·豪曹獻吳王僚」라 함.

【句踐】越王 句踐. '勾踐'으로도 표기함. B.C.496~B.C.465년까지 재위하였으며
　范蠡와 文種을 등용하여 吳越抗爭에서 승리, 南方의 패자가 됨.《史記》越王
　句踐世家 및《國語》越語 등을 참조할 것. 한편 1965년 湖北 江陵 楚墓에서
　越王 鳩淺의 靑銅劍이 발견되었으며 鳥篆文의 銘文이 있었음. '鳩淺'은 '句踐'의
　다른 표기.

【稱王】춘추시대는 종주국 周나라의 天子만이 王을 칭하였으며 제후국은 모두
　公侯伯子男을 칭하였으나 楚나라가 먼저 王을 참칭하였고 춘추 말 吳와 越이
　왕을 칭하였음.

【徙瑯琊都也】〈四部備要〉본에는 '徙瑯琊□也'로 되어 있음.

【與夷】句踐의 아들.《史記》越王句踐世家에는 '鼫與'로,《竹書紀年》에는 '鹿郢'
　으로 되어 있음.

【子翁】《史記》에는 '不壽'로 되어 있음.

【不揚】《史記》에는 不壽의 아들이 '翁'으로, 翁의 아들이 '翳'로 되어 있음.

【無彊】여기에는 句踐의 4세손으로 되어 있으나《史記》에는 구천의 6세손이라
　하였으며 '無彊'으로 표기되어 있음.

【威王】戰國시대 楚나라 군주. 이름은 熊商. 宣王의 아들이며 懷王의 아버지.
　B.C.339~B.C.329년까지 11년 동안 재위하였으며 월나라 후손을 마지막으로
　멸망시킴.

【之侯】《史記》에는 無彊의 아버지로 되어 있음.

【君長】아주 작은 제후국의 우두머리.《史記》에 "越以此散, 諸族子爭立, 或爲王,
　或爲君, 濱於江南海上, 服朝於楚"라 함.

【尊】《史記》에는 그 이름이 보이지 않음.

【親】역시 그 이름의 실려 있지 않음.

【二百二十四年】'一百二十四年'이어야 함. 錢培名〈札記〉에《史記》越世家:
「句踐卒, 子王鼫與立. 王鼫與卒, 子王不壽立. 王不壽卒, 子王翁立. 王翁卒, 子王
翳立. 王翳卒, 子王之侯立. 王之侯卒, 子王無彊立.」自句踐至無彊, 已歷七君.
翁子不揚, 史名翳, 字義相近, 疑卽一人, 而此以爲句踐曾孫, 史以爲元孫. 又之侯·
無彊世次相反, 未知孰是. 按句踐後諸君年代, 惟《竹書紀年》記之最詳, 而今本
《紀年》屬亂不足據. 今參合〈越世家〉索隱·《路史》夏后紀注所引考之: 句踐以
晉出公十一年卒, 當周定王四年; 次鹿郢立, 是爲鼫與, 六年卒; 不壽立, 是爲盲姑,
十年見殺; 次朱句立, 是爲王翁, 三十七年卒; 王翳立, 三十六年, 太子諸咎弑之;
諸枝立, 是爲孚錯枝, 一年, 大夫寺區定亂; 立初無余, 是爲莽安, 十二年, 寺區之
弟弑之; 立無顓, 是爲菼蠋卯, 八年薨, 當周顯王十四年. 鼫與卽史之鼫與, 傳寫
互異. 無不揚·之後等名. 自鼫與至無顓, 更七君, 首尾百有十年. 無顓之後, 世次
不著.〈越世家〉云: 無彊北伐齊, 齊使人說越伐楚, 楚威王興兵伐之, 大敗越, 殺無彊,
盡取故吳地, 至浙江, 北破齊於徐州.〈索隱〉云: 無彊蓋無顓之弟. 又云: 按《紀年》,
無顓薨後十年, 楚伐徐州, 遂無楚敗越殺無彊之語, 是無彊爲無顓之後,《紀年》
不得錄此.〈楚世家〉云: 威王七年, 齊田嬰欺楚, 楚威王伐齊, 敗之於徐州. 徐廣曰:
時楚已滅越而伐齊也, 齊說越伐楚, 故云欺楚.〈六國表〉: 楚威王七年, 圍齊於
徐州, 當周顯王三十六年. 按〈楚世家〉以欺楚圍齊皆繫此年, 或類舉之, 以見一事
之終始, 然相去當不甚遠. 徐廣於〈楚世家〉, 旣云時楚已滅越而伐齊, 而其注
〈越世家〉楚威王伐齊下, 乃云周顯王四十六年, 相隔十年, 蓋四乃三字之誤. 此年
上距無顓薨之歲, 凡二十二年.《史記》·《越絶》皆云楚威王滅越殺無彊, 當得其眞.
若如《紀年》所稱, 無顓薨後十年而楚伐徐州, 則爲周顯王二十四年, 當楚宣王
二十五年, 非威王時矣. 前〈記吳地傳〉云: 越王句踐徙瑯琊, 凡二百四十年, 楚考
烈王幷越於瑯琊; 後四十餘年, 秦幷楚. 而此文與《吳越春秋》皆云越都瑯琊
二百二十四年, 二文不同. 今自周顯王崩十六年, 上溯周元王四年滅吳之歲, 相距
百四十年. 又却後七十四年, 爲周赧王五十三年, 是年秦滅楚, 然則二百四十年,
'四十二'字當倒. 後四十餘年, '餘'字乃衍文. 此云二百二十四年, '二十'當作'十一'.
其云考烈王幷越於瑯琊者,〈越世家〉云: 楚威王殺無彊, 越以此散, 諸族子爭立,
或爲王, 或爲君, 濱於江南海上.《吳越春秋》云: 親從皆失而去, 瑯琊徙於吳. 至考
烈初年, 乃驅幷其瑯琊及在吳之衆, 皆歸之於越故地, 其後乃以吳封春申君邪.
'幷越於瑯琊', 或當作'幷瑯琊於越'. 前文亦有烈王歸於越之語, 未知卽此事否?"
라 하였고, 錢穆의《先秦諸子繫年考辨》(3. 淳于髠考, 附辨越絶書吳越春秋記越年)

에는 "其謂二百二十四年者, 特爲一百二十四年之字訛. 其謂八世, 幷不誤, 而特
不得其世代傳受之詳. 至謂皆居瑯琊, 固失之. 大抵越人自王翳徙吳, 而淮泗地
猶未全失. 至是徐州之役, 而後自江淮北不復爲越人之有耳"라 하여 자세히 분석
하고 있음.

┌─────────────────────┐
│ 참고 및 관련 자료 │
└─────────────────────┘

1.《史記》越王句踐世家

句踐卒, 子王鼫與立. 王鼫與卒, 子王不壽立. 王不壽卒, 子王翁立. 王翁卒, 子王
翳立. 王翳卒, 子王之侯立. 王之侯卒, 子王無彊立. 王無彊時, 越興師北伐齊,
西伐楚, 與中國爭彊. 當楚威王之時, 越北伐齊, 齊威王使人說越王曰:「越不
伐楚, 大不王, 小不伯. 圖越之所爲不伐楚者, 爲不得晉也. 韓·魏固不攻楚. 韓之
攻楚, 覆其軍, 殺其將, 則葉·陽翟危; 魏亦覆其軍, 殺其將, 則陳·上蔡不安. 故
二晉之事越也, 不至於覆軍殺將, 馬汗之力不效. 所重於得晉者何也?」越王曰:
「所求於晉者, 不至頓刃接兵, 而況于攻城圍邑乎? 願魏以聚大梁之下, 願齊之
試兵南陽莒地, 以聚常·郯之境, 則方城之外不南, 淮·泗之間不東, 商·於·析·
酈·宗胡之地, 夏路以左, 不足以備秦, 江南·泗上不足以待越矣. 則齊·秦·韓·
魏得志於楚也, 是二晉不戰分地, 不耕而穫之. 不此之爲, 而頓刃於河山之間以
爲齊秦用, 所待者如此其失計, 柰何其以此王也!」齊使者曰:「幸也越之不亡也!
吾不貴其用智之如目, 見豪毛而不見其睫. 今王知晉之失計, 而不自知越之過,
是目論也. 王所待於晉者, 非有馬汗之力也, 又非可與合軍連和也, 將待之以分
楚衆也. 今楚衆已分, 何待於晉?」越王曰:「柰何?」曰:「楚三大夫張九軍, 北圍
曲沃·於中, 以至無假之關者三千七百里, 景翠之軍北聚魯·齊·南陽, 分有大此
者乎? 且王之所求者, 鬭晉楚也; 晉楚不鬭, 越兵不起, 是知二五而不知十也.
此時不攻楚, 臣以是知越大不王, 小不伯. 復讎·龐·長沙, 楚之粟也; 竟澤陵,
楚之材也. 越窺兵通無假之關, 此四邑者不上貢事於郢矣. 臣聞之, 圖王不王,
其敝可以伯. 然而不伯者, 王道失也. 故願大王之轉攻楚也.」於是越遂釋齊而
伐楚. 楚威王興兵而伐之, 大敗越, 殺王無彊, 盡取故吳地至浙江, 北破齊於徐州.
而越以此散, 諸族子爭立, 或爲王, 或爲君, 濱於江南海上, 服朝於楚. 後七世,
至閩君搖, 佐諸侯平秦. 漢高帝復以搖爲越王, 以奉越後. 東越, 閩君, 皆其後也.

151(10-4)
구천소성句踐小城

구천소성句踐小城은 산음성山陰城이다.

둘레는 2리 223보이며 육문陸門이 넷, 수문水門이 하나이다.

지금의 창고는 구천의 궁대宮臺가 있던 곳으로 둘레가 620보, 기둥의 길이는 3장 5척 3촌이며 물받이 처마의 높이는 1장 6척이다.

궁궐에는 백 개의 문이 있었으며 높이는 1장 2척 5촌이다.

대성大城의 둘레는 20리 72보였으며 북쪽은 축성하지 않았다.

오나라를 멸한 뒤 구천은 치소를 고서대姑胥臺로 옮겼다.

句踐小城, 山陰城也.

周二里二百二十三步, 陸門四, 水門一.

今倉庫是其宮臺處也, 周六百二十步, 柱長三丈五尺三寸, 霤高丈六尺.

宮有百戶, 高丈二尺五寸.

大城周二十里七十二步, 不築北面.

而滅吳, 徙治姑胥臺.

【句踐小城】范蠡가 B.C.494년 축조한 內城. 지금의 紹興 府山 남쪽에 있었으며 지금도 遺址가 남아 있음.

【山陰】지금의 浙江 紹興市.

【宮臺】宮闕의 基層

【大城】山陰大城을 가리킴

【姑胥臺】지금의 江蘇 蘇州 姑蘇城.

152(10-5)
산음대성山陰大城

산음대성山陰大城은 범려范蠡가 축조한 것으로 지금은 여성蠡城이라 전해
지고 있다.

육문陸門이 셋이며, 수문水門이 셋으로 서북쪽은 비워두었는데 이는
역시 오吳나라에게 빌미를 주지 않기 위한 것이었다.

왕망王莽의 시건국始建國 때에 여성은 완전히 허물어지고 말았다.

山陰大城者, 范蠡所築治也, 今傳謂之蠡城.

陸門三, 水門三, 決西北, 亦有事.

到始建國時, 蠡城盡.

【決西北】 '決'은 '缺'과 같으며 서북은 吳나라 쪽의 방위.

【有事】 錢培名 〈札記〉에 "此文有脫誤,《吳越春秋》云:「外郭築城而缺西北, 示服
事吳也.」決·缺古通"이라 함. 吳나라에게 의심을 받지 않기 위해 서북쪽은 축성
하지 않은 것.

【始建國】 西漢 말 王莽의 新나라 연호. A.D.9~13년까지 5년 동안이었음.

1.《吳越春秋》句踐歸國外傳

陵門四達, 以象八風. 外郭築城而缺西北, 示服事吳也, 不敢壅塞; 內以取吳,
故缺西北, 而吳不知也. 北向稱臣, 委命吳國, 左右易處, 不得其位, 明臣屬也.

2.《太平御覽》(193)

范蠡乃觀天文, 法於紫宮, 築作小城. 周千一百二十二步, 一員三方. 西北立飛
翼之樓, 以象天門; 東南服漏石竇, 以象地戶. 陵門四達, 以象八風. 外郭築城
而缺西北, 示服事吳也, 不敢壅塞; 內以取吳, 故缺西北, 而吳不知也.

153(10-6)
직산稷山과 구산龜山

직산稷山은 구천이 재계齋戒하던 누대이다.

구산龜山은 구천이 세운 괴유대怪游臺이다.

동남쪽의 사마문司馬門은 거북을 태워 점을 보던 곳이며, 또한 천문 기상을 쳐다보고 하늘의 괴이한 현상 유무를 관찰하는 곳이기도 하다.

높이는 46장 5척 2촌이며 둘레는 5백 32보, 지금의 동무리東武里에 있다.

구산은 일명 괴산怪山이라고도 하며, 괴산이란 지난 옛날 하룻밤에 이 산이 저절로 온 것으로 백성들이 괴이히 여겨 그 때문에 괴산이라 부르게 된 것이다.

稷山者, 句踐齋戒臺也.

龜山者, 句踐起怪游臺也.

東南司馬門, 因以焰龜, 又仰望天氣, 觀天怪也.

高四十六丈五尺二寸, 周五百三十二步, 今東武里.

一曰怪山, 怪山者, 往古一夜自來, 民怪之, 故謂怪山.

【稷山】張宗祥〈校注〉에 "《寶慶會稽縣志》: 在縣東五十三里, 亦名齋臺山.《十道志》: 一名椶山"이라 함.

【齋戒】고대 祭祀나 큰 일이 있을 때 沐浴하고 새 옷을 입고 敬虔한 마음가짐
으로 묵상하는 것을 말함.

【龜山】張宗祥〈校注〉에 "《吳越春秋》作怪山. 宗祥案: 在府東南二里, 一名飛來,
一名寶林"이라 함.

【句踐起怪游臺也】錢培名〈札記〉에 "句有誤. 徐天祜引作「句踐所起游臺也.」"라
하여 '游臺'여야 함.

【炤龜】고대 점을 칠 때 龜甲을 지져 그 터진 무늬로서 길흉을 점치는 것.

【怪山】지금의 山東 瑯琊 東武里에서 저절로 옮겨온 산.《搜神記》를 볼 것.

참고 및 관련 자료

1.《吳越春秋》句踐歸國外傳

於是范蠡乃觀天文, 擬法於紫宮, 築作小城. 周千一百二十二步, 一圓三方. 西北
立飛翼之樓, 以象天門; 爲兩螭繞棟, 以象龍角. 東南伏漏石竇, 以象地戶. 陵門
四達, 以象八風. 外郭築城而缺西北, 示服事吳也, 不敢壅塞; 内以取吳, 故缺
西北, 而吳不知也. 北向稱臣, 委命吳國, 左右易處, 不得其位, 明臣屬也. 城旣成,
而怪山自至. 怪山者, 琅琊東武海中山也, 一夕自來, 百姓怪之, 故名怪山; 形似
龜體, 故謂龜山. 范蠡曰:「臣之築城也, 其應天矣. 崑崙之象存焉.」越王曰:
「寡人聞崑崙之山, 乃天地之鎮柱也. 上承皇天, 氣吐宇内; 下處后土, 稟受無外.
滋聖生神, 嘔養帝會. 故五帝處其陽陸, 三王居其正地. 吾之國也, 扁天地之壤,
乘東南之維, 斗去極北, 非糞土之城? 何能與王者比隆盛哉?」范蠡曰:「君徒
見外, 未見於内. 臣乃承天門制城, 合氣於后土, 嶽象已設, 崑崙故出, 越之霸也.」
越王曰:「苟如相國之言, 孤之命也.」范蠡曰:「天地卒號, 以著其實.」名東武,
起游臺其上, 東南爲司馬門, 立增樓冠其山巓以爲靈臺. 起離宮於淮陽, 中宿臺
在於高平, 駕臺在於成丘, 立苑於樂野, 燕臺在於石室, 齋臺在於襟山. 句踐之
出游也, 休息石臺, 食於冰廚.

2.《搜神記》(6)「論山徙」

夏桀之時, 厲山亡. 秦始皇之時, 三山亡. 周顯王三十二年, 宋大邱社亡. 漢昭
帝之末, 陳留昌邑社亡. 京房《易傳》曰:「山默然自移, 天下兵亂, 社稷亡也.」
故會稽山陰瑯邪中有怪山. 世傳本瑯邪東武海中山也. 時天夜, 風雨晦冥, 旦而
見武山在焉. 百姓怪之, 因名曰怪山. 時東武縣山, 亦一夕自亡去. 識其形者, 乃知

其移來. 今怪山下見有東武里, 蓋記山所自來, 以爲名也.

3.《藝文類聚》(8)

范蠡作城訖, 怪山自至. 怪山者, 琅耶東武海中山也. 一夕自來, 百姓怪之, 故曰怪山.

4.《太平御覽》(47)

○《越絕書》曰: 稷山者, 勾踐齋戒臺也.

○《吳越春秋》曰: 怪山者, 琅邪東武海中山也. 一夕自來, 百姓怪之, 故曰怪山. 形似龜體, 故謂龜山.

5.《太平御覽》(177)

范蠡於東武山起游臺, 其上東南爲司馬門, 立增樓冠其山巓以爲靈臺. 起離宮於淮陽, 中宿臺在於高平, 駕臺在於成丘, 立苑於樂野, 燕臺在於石室, 齊(齋)臺在於禁山, 句踐之出遊也, 休息石臺, 食於冷廚.

6.《文選》(22) 顏延年〈應詔觀北湖田收〉注

越王曰:「崐崘, 乃天地之鎮柱也. 五帝處其陽陸.」

154(10-7)
가대駕臺와 이대離臺

가대駕臺는 둘레가 6백 보이며 지금의 안성리安城里에 있다.
이대離臺는 둘레가 5백 60보이며 지금의 회양리淮陽里 언덕에 있다.

駕臺, 周六百步, 今安城里.

離臺, 周五百六十步, 今淮陽里丘.

【駕臺】구체적으로 알 수 없음.
【離臺】離宮. 지금의 紹興 동남쪽 2리 지점에 있던 궁궐. 兪樾〈讀越絶書〉에
"《吳越春秋》句踐歸國外傳:「起離宮於淮陽」, 是離宮非離臺也. 此書作離臺, 與
《吳越春秋》異. 今案: 上文「稷山者, 句踐齋戒臺也」, 卽《吳越春秋》所謂「齋臺在
於襟山者也」. 又曰「龜山者, 句踐起怪游臺也」, 卽《吳越春秋》所謂「東武起游臺其
上也」. 又曰「駕臺, 周六百步, 今安城里」, 卽《吳越春秋》所謂「駕臺在於成丘也」.
又曰「中指臺馬丘, 周六百步, 今高平里丘」, 卽《吳越春秋》所謂「中宿臺在於高平
者也」. 而《吳越春秋》又有靈臺, 所謂「冠其山巓以爲靈臺者」, 此書不載.《水經》
浙江水篇注:「怪山, 越起靈臺於山上.」據本書云: 龜山「一曰怪山」, 則所謂怪游
臺卽是靈臺矣.《吳越春秋》又有燕臺, 所謂「燕臺在於石室是也」, 此書亦不載.
《吳越春秋》云:「越王雖有五臺之游, 未嘗一日登玩」, 計所謂五臺者, 靈臺也, 中宿
臺也, 駕臺也, 燕臺也, 齋臺也. 若離宮是離臺, 則臺六而非五矣, 然則彼作'離宮'
不誤也. 此書無燕臺, 則以離宮爲離臺, 仍合五臺之數"라 함.

1.《吳越春秋》句踐歸國外傳

起離宮於淮陽, 中宿臺在於高平, 駕臺在於成丘, 立苑於樂野, 燕臺在於石室, 齋臺在於襟山. 句踐之出游也, 休息石臺, 食於冰廚.

155(10-8)
서시西施와 정단鄭旦

미인궁美人宮은 둘레가 5백 9십 보이며 육문陸門이 둘, 수문水門이 하나이며 지금의 북단리리北壇利里 언덕 위의 토성으로, 구천이 미녀 서시西施와 정단鄭旦을 교습시키던 궁대이다.

두 여인은 저라산苧蘿山 출신으로 오왕에게 바치고자 하였으나 스스로 동쪽 구석의 벽처 누추한 곳에서 났다하여 여인들이 질박하고 촌스럽다 여길까하여, 그 때문에 대로변 가까이 하여 시골티를 벗게 한 것으로 현에서 5리 지점에 있었다.

美人宮, 周五百九十步, 陸門二, 水門一, 今北壇利里丘土城, 句踐所習敎美女西施·鄭旦宮臺也.

女出於苧蘿山, 欲獻於吳, 自謂東垂僻陋, 恐女樸鄙, 故近大道居, 去縣五里.

【美人宮】西施山, 土城山이라고도 하며 지금의 紹興 五雲門 밖에 있었음. 西施와 鄭旦에게 歌舞와 步行을 연습시키던 곳. 근래 이곳에서 대량의 陶器와 靑銅器, 鐵器 등의 유물이 출토되기도 하였음.
【北壇利里】지금은 허물어져 遺址만 남아 있음.

【西施】西子, 先施 등으로도 불리며 중국 고대 四大 美女의 하나.《莊子》齊物論에
"毛嬙·西施, 人之所美也; 魚見之深入, 鳥見之高飛, 麋鹿見之決驟"라 하였고
天運篇에는 "西施病心而矉其里, 其里之醜人見之而美之, 歸亦捧心而矉其里.
其里之富人見之, 堅閉門而不出, 貧人見之, 挈妻子而去走. 彼知矉美, 而不知矉之
所以美"라 함. 越王 句踐이 苧蘿山에서 찾아 훈련을 시킨 다음 吳王 夫差에게
보내어 美人計로 활용한 여인. 이름은 夷光. 苧蘿山 아래 施姓의 두 집성촌이
있었으며 그 중 서쪽 마을 여인이었으므로 西施라 불렀다 함. 뒤에 范蠡의 愛人
으로도 알려짐. 지금의 浙江 諸暨縣 남쪽 浣紗溪가 있으며 苧蘿山 아래에
浣紗石이 있음. 전설에 西施가 빨래하던 돌이라 하며 王羲之 글씨로 '浣紗'
두 글자, 그리고 바위 위에 浣紗亭, 안에는 西施에 관련된 碑碣 등이 있음.

【鄭旦】西施와 함께 발탁된 여인으로 보이나 구체적 사적은 더 이상 알려져
있지 않음. 역시 나무꾼의 딸이라 함.

【苧蘿山】蘿山이라고도 하며 지금의 浙江 諸暨縣에 있음. 徐天祐 注에《會稽志》:
「苧蘿山在諸暨縣南五里」《輿地志》:「諸暨縣苧蘿山, 西施·鄭旦所居」《十道志》:
「句踐索美女以獻吳王, 得之諸暨苧蘿山, 賣薪女也.」라 함.

【樸陋】질박하고 촌스러움.

【近大道居】張宗祥〈校注〉에《吳越春秋》作:「越王使相者國中, 得苧蘿山鬻薪之
女曰西施·鄭旦, 習於土城, 臨於都巷, 三年學服而獻於吳.」《名勝志》: 今五雲門
外有土城村, 西施里, 是其遺蹟"이라 함.

┌─────────────────┐
│ 참고 및 관련 자료 │
└─────────────────┘

1.《吳越春秋》句踐陰謀外傳

十二年, 越王謂大夫種曰:「孤聞吳王淫而好色, 惑亂沉湎, 不領政事, 因此而謀,
可乎?」種曰:「可破. 夫吳王淫而好色, 宰嚭佞以曳心, 往獻美女, 其必受之.
惟王選擇美女二人而進之.」越王曰:「善」乃使相者索國中, 得苧蘿山鬻薪之女,
曰西施·鄭旦. 飾以羅縠, 教以容步, 習於土城, 臨於都巷, 三年學服, 而獻於吳.
乃使相國范蠡進曰:「越王句踐竊有二遺女. 越國洿下困迫, 不敢稽留. 謹使臣
蠡獻之大王. 不以鄙陋寢容, 願納以供箕箒之用.」吳王大悅, 曰:「越貢二女,
乃句踐之盡忠於吳之證也.」子胥諫曰:「不可, 王勿受也. 臣聞:『五色令人目盲,
五音令人耳聾.』昔桀易湯而滅, 周易文王而亡. 大王受之, 後必有殃. 臣聞越王

朝書不倦, 晦誦竟夜, 且聚敢死之士數萬, 是人不死, 必得其願. 越王服誠行仁,
聽諫進賢, 是人不死, 必成其名. 越王夏被毛裘, 冬御絺綌, 是人不死, 必爲對隙.
臣聞:『賢士, 國之寶; 美女, 國之咎.』夏亡以妹喜, 殷亡以妲己, 周亡以褒姒.」
吳王不聽, 遂受其女. 越王曰:「善哉! 第三術也.」

2.《太平御覽》(305)

越王句踐請大夫種曰:「孤聞吳王淫而好色, 因此而壞其謀, 可也?」大夫種曰:
「可, 唯君王選擇美女二人而進之.」於是越王曰:「善哉!」乃使相工色國中, 得苧
羅山賣薪之女, 名曰西施·鄭旦, 而獻於吳.

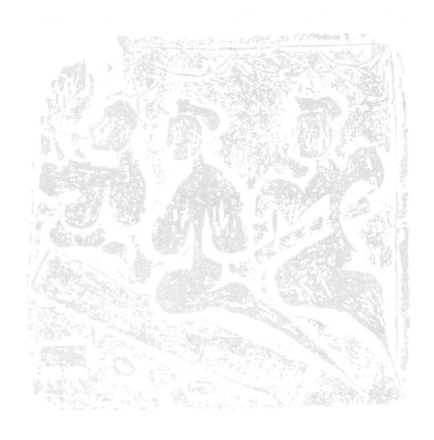

156(10-9)
월왕의 사냥터 낙야樂野

낙야樂野는 월왕이 사냥을 하던 곳으로 월왕이 아주 즐거워하여 그
때문에 낙야라 한 것이다.

그 산 위에 석실石室이 있어 구천이 쉬면서 모책을 세우던 곳이며 현으로
부터 7리 지점에 있다.

樂野者, 越之弋獵處, 大樂, 故謂樂野.
其山上石室, 句踐所休謀也, 去縣七里.

【樂野】지금의 浙江 紹興 동쪽 7리 지점에 있음.
【弋獵處】'弋'은 화살 끝에 실을 매어 잡는 사냥법. 한편 錢培名〈札記〉에 "徐天
祜引作'越王', '之'字疑誤"라 하였고, 張宗祥〈校注〉에는 《十道志》: 樂野, 句踐
以此野爲苑, 今有樂瀆村"이라 함.

> **참고 및 관련 자료**

1.《吳越春秋》句踐歸國外傳
名東武, 起游臺其上, 東南爲司馬門, 立增樓冠其山巓以爲靈臺. 起離宮於淮陽,
中宿臺在於高平, 駕臺在於成丘, 立苑於樂野, 燕臺在於石室, 齋臺在於襟山.
句踐之出游也, 休息石臺, 食於冰廚.

157(10-10)
마구馬丘와 빙실冰室

중지대中指臺의 마구馬丘는 둘레가 6백 보이며 지금의 고평리高平里 언덕에 있다.

동곽東郭 밖의 남소성南小城은 구천의 얼음 저장고였으며 현으로부터 3리 지점에 있다.

中指臺馬丘, 周六百步, 今高平里丘.
東郭外南小城者, 句踐氷室, 去縣三里.

【中指臺】紹興 동쪽 7리에 있으며 錢培名〈札記〉에 "按下文云:「興樂中宿」, 今
　改與《吳越春秋》合"이라 하여 '中宿臺'여야 한다고 보았음.
【高平里丘】張宗祥〈校注〉에 "《吳越春秋》作「中宿臺於高平」.《越舊經》:「在會
　稽縣東七里.」"라 함.

> 참고 및 관련 자료

1.《吳越春秋》句踐歸國外傳
起離宮於淮陽, 中宿臺在於高平, 駕臺在於成丘, 立苑於樂野, 燕臺在於石室,
齋臺在於襟山. 句踐之出游也, 休息石臺, 食於冰廚.

158(10-11)
구천의 유락遊樂 일정

　구천의 출입에는 직산稷山에서 재계하고, 전리田里로부터 떠나 북곽문北郭門을 가서, 구산龜山에서 거북 점을 치며, 다시 가대駕臺를 지나 이구離丘에서 말을 달리고, 미인궁美人宮에서 놀다가, 중숙대中宿臺에서 흥을 돋우고, 마구馬丘를 거쳐, 낙야樂野의 거리에서 사냥을 하고 낙야산若耶山에서 사냥개를 풀어놓았다가, 석실石室에서 휴식을 취하면서 모책을 세우고, 빙주冰廚에서 식사를 하였다.

　논공행상을 하고 선비를 전형하는 일은 이미 창사대昌士臺에서 하되 그곳은 숨겨두었으니 이는 패권의 꿈을 은폐하기 위한 것이었다.

　혹은 빙실冰室은 식재료를 갖추어 두기 위한 곳이라고도 한다.

　句踐之出入也, 齊於稷山, 往從田里, 去從北郭門, 炤龜龜山, 更駕臺, 馳於離丘, 遊於美人宮, 興樂中宿, 過歷馬丘, 射於樂野之衢, 走犬若耶, 休謀石室, 食於冰廚.

　領功銓土, 已作昌士臺, 藏其形, 隱其情.

　一曰: 冰室者, 所以備膳羞也.

【齊】‘齋’와 같음.《論語》述而篇 “子之所愼: 齊, 戰, 疾”의 朱熹 注에 “齊之爲言
齊也, 將祭而齊其思慮之不齊者, 以交於神明也. 誠之至與不至, 神之享與不享,
皆決於此. 戰則衆之死生·國之存亡繫焉, 疾又吾身之所以死生存亡者, 皆不可
以不謹也”라 함.
【若耶】若耶山. 지금의 浙江 紹興 남쪽 40리 지점에 있으며 采蓮田이 있음.
【銓土】원문에는 ‘銓土’로 잘못 표기되어 있음. 勇士를 銓衡함.
【昌士臺】戰士를 길러내며 銓衡하던 곳으로 은밀한 곳에 설치되어 있음.
【膳羞】식재료. ‘羞’는 ‘饈’와 같음.

1. 《吳越春秋》句踐歸國外傳
起離宮於淮陽, 中宿臺在於高平, 駕臺在於成丘, 立苑於樂野, 燕臺在於石室,
齋臺在於襟山. 句踐之出游也, 休息石臺, 食於冰廚.

159(10-12)
포양浦陽과 부산夫山

포양浦陽은 구천이 군대는 패하고 무리를 잃은 채 이곳에서 실의에
빠졌던 곳으로 현으로부터 50리 지점에 있다.

부산夫山은 구천이 먹을 것이 떨어져 곤액을 당하던 곳이다.

그 산 위에는 큰 무덤이 있는데 구천의 서자 무덤으로 현으로부터 15리
지점에 있다.

浦陽者, 句踐軍敗失衆, 懣於此, 去縣五十里.

夫山者, 句踐絶糧, 困也.

其山上大冢, 句踐庶子冢也, 去縣十五里.

【浦陽】지금의 蕭山 浦陽江. 張宗祥〈校注〉에 "卽今蕭山浦陽江. 吳越之爭, 首在
　嘉興, 次則蕭山. 蕭山城山, 則以越人立城以守得名可證. 自浦陽再退, 棲於會稽矣"
　라 하여 오나라와 싸울 때 도읍을 임시고 가흥으로 옮겨 소산에 머물고 있었
　으며 浦陽은 그곳에 가까운 蕭山 浦陽江이라 하였음.
【懣】煩悶과 失意에 빠짐.
【夫山】夫山이라는 산 이름은 없음.〈三民本〉에는 "句踐絶糧於會稽山, 會稽山
　有茅山, 苗山, 衡山, ……諸異名, 而無稱夫山者, 疑文章有脱誤"라 하였고, 張宗祥
　〈校注〉에도 "以「去縣十五里」證之, 此當指會稽山而言.《嘉泰會稽志》: 會稽山

在縣東南十三里.《史記》:「敗之夫椒, 越王乃以餘兵五千人, 保棲於會稽, 吳王追而圍之.」正此山也, 故云「絶糧, 困也」. 惟會稽山有茅山, 衡山, 覆黼山, 苗山, 塗山, 防山, 鎭山, 棟山諸異名, 無夫山之名, 疑有脫誤"라 함.

160(10-13)
절강浙江 전투에서의 석매石買

구천이 오나라와 절강浙江가에서 전투를 벌일 때 석매石買를 장수로 삼았다.

그러자 기로耆老와 장년壯長들이 나서서 이렇게 간언하였다.

"무릇 석매는 남과 원한 진 일이 많고 다른 가문과도 원수지간이며, 탐욕스러워 이익을 좋아하는 하찮은 인물인데다가 뛰어난 책략도 없습니다. 왕께서 그런 자를 등용하시면 나라가 틀림없이 뜻을 이룰 수 없을 것입니다."

월왕은 듣지 않고 마침내 그를 파견하였다.

석매는 군사를 출발시켜 절강 가에 이르러 죄없는 자를 죽여 오로지 군중을 위엄으로 복종시키려 하였으며 장수와 군졸을 움직이되 자신의 권한으로서 독단하려 하였다.

병사들은 두려움에 떨며 스스로도 어디에 살아날 길이 없었다.

《병법兵法》에는 "백성을 보기를 어린 아이 돌보듯 하라. 그래야 가히 함께 깊은 냇물을 건널 수 있다"라 하였다.

병사들은 물고기 썩듯이 무너지고 있었지만 석매는 이를 알지 못한 채 도리어 더욱 준엄한 군법과 무서운 형벌만 고집하였다.

오자서伍子胥는 홀로 상대를 이길 수 있는 증거를 알아차리고 기이한 모책의 변화를 써서 혹 북쪽으로, 혹 남쪽으로 치고, 밤에는 불을 들고 북을 울리다가도 낮이면 군사를 진만 치도록 하는 등 월나라 군사를 속였다.

월나라 군사는 궤멸하고 무너져, 군법도 실행되지 않아 배반하여 흩어지고 말았다.

이런 소식이 왕에게 보고되자 왕은 석매를 죽이고 군사들에게 사과하였으며 이런 환호성이 오나라 진영까지 들려졌다.

오왕이 이를 듣고 두려워하자 오자서는 사사롭게 즐거워하면서 이렇게 말하였다.

"월나라 군사는 무너집니다! 제가 듣기로 여우가 장차 죽음을 당할 때는 입술을 깨물고 이빨을 드러낸 채 숨을 들이쉰다 하더이다. 지금 월왕 구천은 이미 패배하였으니 왕께서는 안심하십시오. 월나라는 쉽게 겸병할 수 있습니다."

이에 사람을 파견하여 월나라 진영에 들어가 물어보도록 하자 과연 월나라 군사가 항복을 청해왔지만 오자서는 이를 허락하지 않았다.

월나라는 어쩔 수 없이 회계산會稽山으로 들어가 버티자 오나라 군사는 추격하여 이를 포위하였다.

구천은 위연히 문종文種과 범려范蠡의 계책을 써서 결굴 죽음을 돌려 패자가 되었다.

한 사람의 존재가 길흉을 바꾸어 다가오도록 하기도 하고 성쇠와 존망이 신하를 어떻게 쓰느냐에 달려 있으며, 치도의 만 가지 발단이 현인을 얻는데 그 요체가 있는 것이다.

월나라는 회계산에 머물러 있을 때 오나라에게 화해를 성사시켜 오나라가 병사를 이끌고 퇴각하였다.

구천은 장차 항복을 하고자 서쪽으로 절강에 이르러 오나라의 조서를 기다려 오나라로 들어갔는데 그 때문에 계명허鷄鳴墟라는 곳이 있는 것이다.

그가 오나라에 들어가면서 이렇게 말하였다.

"패망한 이 몸 구천은 옛 장수와 사졸들을 모두 포로로 들여보냅니다. 백성은 모두 부릴 수 있으며 땅은 모두 차지하십시오."

오왕이 허락하자 오자서가 크게 노하여 눈빛이 마치 밤에 빛을 발하는 듯 하였고 목소리는 호랑이가 울부짖는 듯하였다.

"이번에 월나라는 싸움도 하지 않고 항복하였으니 이는 하늘이 우리 오나라에게 내리는 것인데 하늘의 뜻을 거역하십니까? 저는 오직 임금께서 서둘러 그의 목을 베시기를 바랍니다!"

오왕은 듣지 아니하고 드디어 구천으로 하여금 절강을 건너 오나라에
복역하도록 허락하였다.

句踐與吳戰於浙江之上, 石買爲將.

耆老, 壯長進諫曰:「夫石買, 人與爲怨, 家與爲仇, 貪以
好利, 細人也, 無長策. 王而用之, 國必不遂.」

王不聽, 遂遣之.

石買發行至浙江上, 斬殺無罪, 欲專威服軍中, 動搖將率,
獨專其權.

士衆恐懼, 人不自聊.

《兵法》曰:「視民如嬰兒, 故可與赴深溪.」

士衆魚爛而買不知, 尚猶峻法隆刑.

子胥獨見可奪之證, 變爲奇謀, 或北或南, 夜擧火擊鼓,
晝陳詐兵.

越師潰墜, 政令不行, 背叛乖離.

還報其王, 王殺買, 謝其師, 號聲聞吳.

吳王恐懼, 子胥私喜:「越軍敗矣! 胥聞之: 狐之將殺,
嚌胥吸齒. 今越句踐其已敗矣, 君王安矣, 越易兼也.」

使人入問之, 越師請降, 子胥不聽.

越棲於會稽之山, 吳退而圍之.

句踐喟然用種・蠡計, 轉死爲霸.

一人之身, 吉凶更至; 盛衰存亡, 在於用臣; 治道萬端,
要在得賢.

越棲於會稽日, 行成於吳, 吳引兵而去.

句踐將降, 西至浙江, 待詔入吳, 故有鷄鳴墟.

其入辭曰:「亡身孤句踐, 故將士衆, 入爲臣虜. 民可得使, 地可得有.」

吳王許之, 子胥大怒, 目若夜光, 聲若哮虎:「此越未戰而服, 天以賜吳, 其逆天乎? 臣唯君王急剸之!」

吳不聽, 遂許之浙江是也.

【浙江】물 이름. 上流는 新安江, 남쪽은 蘭溪이며 이 두 물이 合水하여 建德縣 동남쪽으로 흘렀다가 동북 桐廬縣 이르러 桐江이 되며, 다시 富陽縣에 이르러 富春江, 錢塘縣에 이르러 錢塘江으로 불림. 지금의 太湖와 杭州 사이의 運河와 杭州 아래의 錢塘江이 고대 浙江이었음.

【石買】월왕 구천의 대장. 오나라 전투에 장수로 명을 받았으나 본 장의 내용처럼 제대로 처리하지 못하여 죽임을 당함.

【人不自聊】스스로 생명에 어떤 보장도 받을 수 없음.

【王殺買】〈外傳記范伯〉에는 "其後使將兵於外, 遂爲軍士所殺"이라 하여 군사에게 죽임을 당한 것으로 되어 있음.

【嚼脣吸齒】입술을 개물로 이빨 사이로 가뿐 숨을 몰아쉼.

【吳退而圍之】퇴는 추의 오류로 보임. 張宗祥 〈校注〉에 "退, 疑追字之訛"라 함.

【用種蠡計】文種과 范蠡는 치욕을 참고 일단 吳나라에게 신복하였다가 그의 환심을 사서 풀려난 다음, 계책을 세워 나중에 복수할 것을 모책을 내놓았으며 越王 句踐이 이를 수용함.

【剸】'단'으로 읽으며 '剬'과 같음. '砍斷'의 뜻. 베어버림. 죽임.

161(10-14)
범려와 문종이 살던 곳

양성리陽城里는 범려范蠡가 살던 성이다.

서쪽으로는 수로水路에 이르며 수문이 하나, 육문이 둘이다.

북양리성北陽里城은 대부 문종文種이 살던 성이다.

서산西山의 흙으로 파서 옮겨 쌓은 것으로 직경이 1백 94보이다.

혹 남안성南安城이라고도 한다.

陽城里者, 范蠡城也.

西至水路, 水門一, 陸門二.

北陽里城, 大夫種城也.

取土西山以濟之, 徑百九十四步.

或爲南安.

【陽城里】張宗祥〈校注〉에 "《萬曆紹興府志》: 山陰陽里城, 地名陽城里"라 함.

【北陽里城】錢培名〈札記〉에 "里城, 似倒"라 함.

【濟】흙으로 메워 축대를 높임. '濟'는 원래 '해결하다'의 뜻.

【徑】南北의 도로나 토지의 길이를 '徑'이라 함. 〈貴州本〉에는 '經'으로 되어 있음.

162(10-15)
의성義城

부양리富陽里는 외월外越에게 내려주었던 의성義城이다.

이문里門에 처해 있으며 그들을 훌륭하다 여겨 연당練塘의 농토를 준
것이다.

富陽里者, 外越賜義也.

處里門, 美以練塘田.

【外越】 멀리 남쪽에서 이주해온 이들을 부르는 칭호.
'外粵'이라고도 칭함.
【賜義】 歸順을 장려하여 내려주는 땅이나 농지.
【練塘】 당시 금속을 冶鍊하던 땅으로 지금의 紹興
동쪽 55리에 있으며 현재 지명은 鍊塘里임.

〈擊鼓說唱陶俑〉(東漢) 明器
1957 四川 成都 天回山 출토

163(10-16)
고고高庫

안성리安城里의 고고高庫는 구천이 오나라를 벌하고 부차夫差를 사로 잡고 만든 것으로 오나라와 싸웠을 때의 무기들을 훌륭한 보배로 여겨 창고를 높이 지어 비치한 것이다.

둘레는 2백 3십 보이며 지금의 안성리이다.

安城里高庫者, 句踐伐吳, 禽夫差, 以爲勝兵, 築庫高閣之.

周二百三十步, 今安城里.

【高庫】 높게 지은 武器庫.
【勝兵】 '兵'은 兵器. 오나라와 싸워 이길 수 있었던 무기들.
【閣之】 '閣'은 '擱'과 같음. '置'의 뜻. 비치함.

164(10-17)
우禹의 종묘宗廟

원래 선조였던 우禹의 종묘宗廟는 소성小城의 남문 밖 대성大城 안에 있으며 우임금 때의 농직지관農稷之官 사당은 우묘의 서쪽에 있다. 지금의 남리南里이다.

故禹宗廟, 在小城南門外大城內, 禹稷 在廟西, 今南里.

【禹宗廟】 大禹를 위한 神廟. 大禹는 越王 句踐의 선조.
【禹稷】 우임금 때의 農稷之官.

〈大禹像〉 山東 嘉祥縣
武梁祠(東漢 畫像石)

165(10-18)
독산대총獨山大冢

독산대총獨山大冢은 구천이 스스로 자신의 무덤을 만든 것이다.

낭야瑯琊로 도읍을 옮기면서 무덤이 완성되지 않았으며 현으로부터 9리 지점에 있다.

獨山大冢者, 句踐自治以爲冢.

徙瑯琊, 冢不成, 去縣九里.

【獨山大冢】지금의 紹興 남쪽 9리 지점에 있음. 그러나 지금의 獨山은 紹興 서쪽 35리에 있음.

【自治以爲冢】兪樾〈讀越絶書〉에 "此生壙之始, 秦始皇初卽位, 卽穿治酈山冢, 亦有所本也"라 함.

【徙瑯琊】越王 句踐이 吳나라를 쳐서 이긴 뒤 도읍을 瑯琊로 옮김.

166(10-19)
마림산麻林山

마림산麻林山은 일명 다산多山이라고도 한다.

구천이 오나라를 치고자 삼을 심어 이로써 활의 현絃을 만들고자, 제齊나라 사람들로 하여금 이를 지키도록 하였는데, 월나라 사투리로 제나라 사람을 '다多'라 하여 그 때문에 마림다麻林多라 하며 오나라를 방비하고자 한 것이었다.

산 아래의 농토는 공신들에 봉하였으며 현으로부터 20리 지점이다.

麻林山, 一名多山.

句踐欲伐吳, 種麻以爲弓絃, 使齊人守之, 越爲齊人「多」, 故曰麻林多, 以防吳.

以山下田封功臣, 去縣十二里.

【麻林山】소흥 서남쪽 15리에 있음.
【絃】삼 줄로 활의 시위줄을 만듦.

167(10-20)
목어지目魚池

회계산會稽山 산성上城은 구천이 오나라와 싸워 패하여 그 안에서 버티던 곳이다.

그 아래 못을 목어지目魚池라 하여 그곳에서 나는 이익에는 세금을 부과하지 않았다.

會稽山上城者, 句踐與吳戰大敗, 棲其中.

因以下爲目魚池, 其利不租.

【會稽山】《水經注》浙江水에 "又有會稽之山, 古防山也, 亦謂之爲茅山, 又曰棟山. 《越絶》云:「棟, 猶鎭也.」蓋《周禮》所謂揚州之鎭矣"라 하였으나 今本에는 이 구절이 없음. 한편 張宗祥 校注에는 "《圖經》: 在縣東南十里, 句踐爲夫差所敗, 以甲楯五千, 保於此城也"라 함.

【目魚池】물고기는 밤에도 눈을 감지 않음으로, 오나라 병사들의 습격을 지켜보다는 의미를 상징하였던 것으로 여겨짐.

168(10-21)
회계산 북성北城

회계산 북성北城은 오자서伍子胥가 물을 불려 배를 떠오르도록 하여 이로써 병사들을 이동시켜 지키던 성이다.

會稽山北城者, 子胥浮兵以守城是也.

【北城】張宗祥〈校注〉에 "《嘉泰會稽志》: 吳王城會稽縣東十里, 夫差圍句踐於 會稽山, 伍員築此城以屯兵"이라 함.
【浮兵】배로 군사를 이동시켜 회계산에 있는 월왕을 포위하여 지킴. 그러나 駐兵, 屯兵, 혹 派兵의 오류가 아닌가 함.

169(10-22)
약야대총若耶大冢

약야대총若耶大冢은 구천이 자신의 선군 부심夫鐔을 이장하여 만든 무덤으로 현으로부터 25리 지점에 있다.

若耶大冢者, 句踐所徙葬先君夫鐔冢也, 去縣二十五里.

【若耶大冢】紹興 남쪽 20리 지점 若耶溪 부근에 있음.
【夫鐔】越王 句踐의 조부.
【去縣二十五里】張宗祥〈校注〉에 "今若耶山, 據《雲門志略》, 在府南四十四里. 若耶溪, 據《明一統志》, 在府南二十里. 此當指溪"라 함.

170(10-23)
갈산葛山

갈산葛山은 구천이 오나라를 피폐시키고자 칡을 심고 월나라 여인들로
하여금 갈포葛布를 짜서 오왕 부차夫差에게 바치던 곳이다. 현으로부터 7리
지점이다.

葛山者, 句踐罷吳, 種葛, 使越女織治葛布, 獻於吳王
夫差, 去縣七里.

【葛山】紹興 동쪽 10리에 있으며 葛布를 만들기 위해 칡을 채취하던 산.
【罷吳】'罷'는 疲弊시킴. 사치에 빠져 吳王 夫差로 하여금 政事를 제대로 볼 수
없도록 하기 위한 작전. 張宗祥〈校注〉에 "罷, 爲困極罷弊, 見《周禮》秋官大司
寇疏. 此言越爲吳敗而罷弊也"라 함.

참고 및 관련 자료

1.《吳越春秋》句踐歸國外傳

越王曰:「吳王好服之離體, 吾欲采葛, 使女工織細布獻之, 以求吳王之心, 於子
何如?」群臣曰:「善!」乃使國中男女入山采葛, 以作黃絲之布, 欲獻之. 未及遺使,
吳王聞越王盡心自守, 食不重味, 衣不重綵, 雖有五臺之游, 未嘗一日登翫.「吾欲

因而賜之以書, 增之以封. 東至於勾甬, 西至於檇李, 南至於姑末, 北至於平原, 縱橫八百餘里.」越王乃使大夫種賷葛布十萬·甘蜜九党·文笋七枚·狐皮五雙, 晉竹十廋, 以報增封之禮. 吳王得之, 曰:「以越僻狄之國無珍, 今舉其貢貨而以復禮. 此越小心念功·不忘吳之效也. 夫越, 本興國千里, 吾雖封之, 未盡其國」子胥聞之, 退臥於舍, 謂侍者曰:「吾君失其石室之囚, 縱於南林之中. 今但因虎豹之野而與荒外之草. 於吾之心, 其無損也?」吳王得葛布之獻, 乃復增越之封, 賜羽毛之飾·机杖·諸侯之服. 越國大悅. 采葛之婦傷越王用心之苦, 乃作〈苦之詩〉, 曰:『葛不連蔓菜台台, 我君心苦命更之. 嘗膽不苦甘如飴, 令我采葛以作絲. 飢不遑食四體疲, 女工織兮不敢遲. 弱於羅兮輕霏霏, 號絺素兮將獻之. 越王悅兮忘罪除, 吳王歡兮飛尺書. 增封益地賜羽奇, 机杖茵褥諸侯儀. 群臣拜舞天顏舒, 我王何憂能不移!』

2.《文選》(20) 曹子建〈應詔詩〉李善 注

《吳越記》: 采葛婦人詩曰:「飢不遑食四體疲.」

3.《藝文類聚》(85)

越王允常, 使民男女入山採葛, 作黃絲布, 獻之吳王.

4.《太平御覽》(198)

吳王聞勾踐盡心自守, 增之以封. 越王乃使大夫種, 賷葛布十萬, 甘蜜九檻, 文笋七枚, 狐皮五雙, 以報增封之禮.

5.《太平御覽》(995)

採葛之婦人, 傷越王用心之苦也. 作苦何之歌, 其辭曰:「葛不連蔓葉台台, 嘗膽不苦味苦飴, 令我采葛以作絲」

6.《太平御覽》(963)

吳王聞越王盡心自守, 賜之以書, 增之以封. 越王乃使大夫賷葛布十萬, 狐皮五雙, 晉竹十庾, 以苔封禮.

7.《太平御覽》(759)

越以甘蜜九檻, 報吳王增封之禮.

171(10-24)
고중산姑中山

고중산姑中山은 월나라 동관銅官의 산으로 월나라 사람들은 이를 동고독銅姑瀆이라 부른다.

길이는 2백 5십 보이며 현으로부터 25리에 있다.

姑中山者, 越銅官之山也, 越人謂之銅姑瀆.

長二百五十步, 去縣二十五里.

【姑中山】 지금의 銅牛山. 張宗祥 〈校注〉에 "乃今銅牛山.《水經注》: 山有銅穴
　　三十許丈, 山上有冶官, 山北湖下有練塘里.《吳越春秋》云: 句踐煉冶銅錫之處.
　　《嘉泰會稽志》云: 在縣東南五十八里"라 함.
【銅官】 採鑛과 煉銅의 맡은 기구의 관리.
【銅姑瀆】 姑中山에서 鑄浦에 이르는 도랑.

> 참고 및 관련 자료

1. 吳越春秋 佚文
練塘里, 句踐練冶銅錫之處.(《水經注》浙江水 注)

172(10-25)
부중대당富中大塘

부중대당富中大塘은 구천이 의전義田으로 만들어 놓은 곳으로 비옥하고 기름진 땅으로 부중富中이라 불렀다.
현으로부터 2십리 22보 지점이다.

富中大塘者, 句踐治以爲義田, 爲肥饒, 謂之富中.
去縣二十里二十二步.

【義田】 귀화하거나 귀순한 다른 나라 사람을 위해 마련해 주는 농토. 또는
그곳의 조세는 오직 빈민 구제를 위해 쓰기 위해 마련한 농토. 錢培名〈札記〉에
"《寰宇記》九十六作「句踐修爲義田, 田肥美, 故曰富中.」《文選》吳都賦注'謂'上
有'故'字"라 함.
【肥饒】 비옥하여 수확이 풍성함.

173(10-26)
견산犬山과 견정犬亭

  견산犬山은 구천이 오나라를 피폐시키고자 하던 산으로 개를 길러 남산南山의 흰 사슴을 잡아 오나라에 바치고자 하였다.

  신이 흰 사슴을 보호하여 잡을 수 없어 그 때문에 견산이라 불렀다.

  그 산 가장 높은 곳에는 견정犬亭을 만들어 놓았으며 현으로부터 25리 지점이다.

犬山者, 句踐罷吳, 畜犬獵南山白鹿, 欲得獻吳.

神不可得, 故曰犬山.

其高爲犬亭, 去縣二十五里.

【犬山】吼山, 犬亭山으로도 불리며 지금의 山陰 동남쪽 30리에 있음.

【罷吳】'罷'는 피폐하게 함. 奢侈나 玩娛에 빠져 政事에 게으르도록 하는 작전.

【神不可得】神이 白鹿을 보호하여 이를 사냥할 수 없음.

174(10-27)
백록산白鹿山

백록산白鹿山은 견산의 남쪽에 있으며 현으로부터 29리 지점이다.

白鹿山, 在犬山之南, 去縣二十九里.

【白鹿山】 지금의 寶山. 紹興 동남쪽 25리에 있으며 산이 뾰족하여 마치 백록과 같으며 南宋시대 皇室의 陵墓가 많이 있음.

175(10-28)
계산雞山과 시산豕山

계산雞山과 시산豕山은 구천이 닭과 돼지를 길러 장차 오나라를 벌할 때 병사들에게 먹이려던 곳이었다.

계산은 석산錫山 남쪽으로 현으로부터 5십리 지점이며, 시산은 민산民山 서쪽으로 현으로부터 63리 지점이다.

원강洹江으로부터 이곳은 월나라에 속하는 땅으로 시산은 여기현餘暨縣 경계에 있었던 것이 아닌가 한다.

雞山·豕山者, 句踐以畜雞豕, 將伐吳, 以食士也.

雞山在錫山南, 去縣五十里; 豕山在民山西, 去縣六十三里.

洹江以來屬越, 疑豕山在餘暨界中.

【雞山】지금의 紹興 동남 60리 康家湖의 북쪽. 지금은 金鷄山이라 부름.
【食士】錢培名 〈札記〉에 "「食」下《類聚》八·《御覽》九百零三·《事類賦》注幷有 「死」字.《御覽》四十七作「越將伐吳, 養鷄豕於此, 以食死士」, 蓋隱括此文, 亦有 '死'字. 今本幷脫"이라 함.
【錫山】지금의 山陰縣 동쪽 50리 지점으로 朱錫을 채광하던 곳.

【疑豕山在餘暨界中】張宗祥〈校注〉에 "《名勝志》云: 與苧蘿山相對,《越絕書》「鷄山豕山, 句踐以畜鷄豕者」, 俗訛鷄山爲金鷄. 宗祥按: 今在諸暨縣北界. 洹, 洹流也, 見《廣雅》釋川, 此江當卽今錢淸江"이라 함.

【洹江】지금의 錢淸江. 山陰 서쪽 50리 지점.

【餘暨】지금의 諸暨縣. 山陰縣 서남쪽.

참고 및 관련 자료

1.《藝文類聚》(8)

《越絕書》曰: 鷄山, 豕山者, 勾踐以畜鷄豕, 將伐吳, 以食死士.

2.《太平御覽》(903)

《越絕書》曰: 鷄山, 豕山者, 勾踐以畜鷄豕, 將伐吳, 以食死士也.

3.《太平御覽》(47)

《越絕書》曰: 鷄豕山者, 越將伐吳, 養鷄豕於此山, 以食死士.

176(10-29)
연당練塘과 탄취炭聚

연당練塘은 구천이 당시 석산을 채굴하여 숯을 굽던 곳으로 '탄취'炭聚라고도 부른다.

탄독炭瀆으로부터 연당까지 숯을 실어 나르던 각지의 지명은 그런 일과 연관되어 이름이 생긴 것이며 현으로부터 50리 지점이다.

練塘者, 句踐時采錫山爲炭, 稱「炭聚」.
載從炭瀆至練塘, 各因事名之, 去縣五十里.

【練塘】지금의 鍊塘里. 紹興 동남쪽 55리. 銅牛山의 북쪽.
【炭聚】숯을 쌓아놓은 무더기. 숯을 聚積해 두던 곳.
【炭瀆】숯을 실어 나르던 물길. 도랑. 人工 運河. 炭浦라고도 하며, 물 이름이며 지명. 會稽에서 동쪽으로 60리 지점이었다 함. 徐天祜는 《越舊經》:「炭瀆在會稽縣東六十里」《越絶》曰:「句踐稱炭聚載, 從炭瀆至煉塘」《會稽志》作「炭浦」라 함. 한편 張宗祥〈校注〉에는 "《嘉泰會稽志》: 錫山在縣東五十里,《舊經》云: 越王采錫於此.《水經注》:《吳越春秋》云: 練塘「句踐煉冶銅錫之處, 采炭於南山, 故其間有炭瀆, 句踐臣, 吳王封句踐於越百里之地, 東至炭瀆是也.」"라 함.

1. 《吳越春秋》句踐歸國外傳

吳封之百里於越, 東至炭瀆, 西止周宗, 南造於山, 北薄於海.

177(10-30)
목객대총木客大冢

목객대총木客大冢은 구천의 아버지 윤상允常의 무덤이다.

당초 낭야琅邪로 도읍을 옮길 때 누선樓船의 사졸 2천 8백 명으로 하여금 소나무와 잣나무를 벌채하여 뗏목을 만들도록 하여 그 때문에 목객木客이라 부른 것이다.

현으로부터 15리 지점이다.

일설로는 구천이 좋은 목재를 벌채하여 여기에 무늬와 조각을 넣어 오왕에게 바쳤는데 그 때문에 목객이라 한다고도 한다.

木客大冢者, 句踐父允常冢也.

初徙瑯琊, 使樓船卒二千八百伐松柏以爲桴, 故曰木客.

去縣十五里.

一曰: 句踐伐善材, 文刻獻於吳, 故曰木客.

【木客大冢】紹興 서남쪽 27리 木客山 위에 있음.

【允常】元常. 越나라 군주. 越王 句踐의 아버지. 《左傳》과 《史記》에는 모두 '允常'으로 표기되어 있음. 《左傳》宣公 8년 孔穎達 疏에 "濱在南海, 不與中國通. 後二十餘世至於允常, 魯定公五年始伐吳. 允常卒, 子句踐立, 是爲越王. 越王

元年, 魯定公之十四年也. 魯哀公二十二年, 句踐滅吳, 霸中國, 卒. 春秋後七世, 大爲楚所破, 遂微弱矣"라 함. 楚나라에게 망함. 元常이 죽자 吳王 闔閭는 越나라 國喪을 틈타 越을 쳤으나 句踐에게 敗하여 후퇴하던 중 陘에서 죽었음.

【樓船卒】水兵. 水軍. 樓船은 2층 이상의 큰 軍艦.

【桴】뗏목. 목재를 엮어 임시로 만든 배. 큰 것을 '筏', 작은 것을 '桴'라 함.

【故曰木客】張宗祥〈校注〉에 "《吳越春秋》云:「吳王好起宮室, 用工不輟, 王選名山神材奉而獻之. 越王乃使木工三千餘人, 入山伐木, 一年師無所幸, 作士思歸, 皆有怨望之心, 而歌木客之吟.」宗祥按: 此書以敍伐木作桴爲主, 而獻木於吳次之, 與《吳越春秋》略有不同.《山陰縣》志: 木客山, 去縣西南二十七里."라 함.

[참고 및 관련 자료]

1.《吳越春秋》句踐陰謀外傳

種曰:「吳王好起宮室, 用工不輟. 王選名神材, 奉而獻之.」越王乃使木工三千餘人, 入山伐木. 一年, 師無所幸, 作士思歸, 皆有怨望之心, 而歌〈木客之吟〉. 一夜, 天生神木一雙, 大二十圍, 長五十尋, 陽爲文梓, 陰爲楩柟. 巧工施校, 制以規繩, 雕治圓轉, 刻削磨礱, 分以丹靑, 錯畫文章, 嬰以白璧, 鏤以黃金, 狀類龍蛇, 文彩生光. 乃使大夫種獻之於吳王, 曰:「東海役臣, 臣孤句踐, 使臣種, 敢因下吏聞於左右: 賴大王之力, 竊爲小殿, 有餘材, 謹再拜獻之」吳王大悅. 子胥諫曰:「王勿受也. 昔者, 桀起靈臺, 紂起鹿臺, 陰陽不和, 寒暑不時, 五穀不熟, 天與其災, 民虛國變, 遂取滅亡. 大王受之, 必爲越王所戮」吳王不聽, 遂受而起姑蘇之臺. 三年聚材, 五年乃成, 高見二百里. 行路之人, 道死巷哭, 不絶嗟嘻之聲, 民疲士苦, 人不聊生. 越王曰:「善哉! 第二術也」

178(10-31)
관독官瀆

관독官瀆은 구천의 공관工官이 거처하던 곳으로 현으로부터 14리에 있다.

官瀆者, 句踐工官也, 去縣十四里.

【官瀆】 山陰 서북 14리 지점.
【工官】 工匠 사무를 管掌하던 관리.

고죽성苦竹城

고죽성苦竹城은 구천이 오나라를 치고 돌아와 범려의 아들에게 봉해준 성이다.

그곳은 편벽된 곳으로 도로의 지름이 겨우 6십 보에 불과하다.

범려의 아들은 백성들이 농사짓기에 편리하도록 제방을 축조하였는데 그 길이가 1천 5백 3십 보였다.

거기에 무덤이 있어 이름을 토산土山이라 한다.

범려는 고생하고 부지런히 하였으며 공이 높아 그 때문에 그의 아들을 여기에 봉해준 것이며 현으로부터 18리 떨어진 곳이다.

苦竹城者, 句踐伐吳還, 封范蠡子也.

其僻居, 徑六十步.

因爲民治田, 塘長千五百三十三步.

其冢名土山.

范蠡苦勤功篤, 故封其子於是, 去縣十八里.

【苦竹城】越王城, 苦竹城 두 가지로 불리며 지금의 柯橋 서남쪽 古城村에 있음. 지금도 높이 7m의 土城 담장이 있음. 전설에 의하면 그 언덕에 옛날 苦竹을

많이 심었던 곳이라 함. 張宗祥〈校注〉에 "《水經注》: 山陰縣南有苦竹里, 里有 舊城, 句踐封范蠡子之邑.《嘉泰會稽志》: 在山陰縣之西南二十九里"라 함.

【范蠡子】范蠡의 아들은 뒤에 아버지를 따라 山東 陶 땅으로 가서 함께 大商人 이 됨.

180(10-33)
고종궁鼓鍾宮

북곽北郭 밖, 대로大路 남쪽 냇물 북쪽의 성은 구천이 축조하였던 고종궁 鼓鍾宮으로 현으로부터 7리 지점이다.

그 읍에는 공씨龔氏와 전씨錢氏들이 살았다.

北郭外·路南溪北城者, 句踐築鼓鍾宮也, 去縣七里.
其邑爲龔·錢.

【鼓鍾宮】지금의 鍾鼓樓. 종과 북을 마련해 놓고 시간을 알리던 곳. '鍾'은 '鐘'과
같음.
【龔錢】龔氏姓과 錢氏姓의 집성촌으로 여김.

181(10-34)
주실舟室

주실舟室은 구천의 선궁船宮이 있던 곳으로 현으로부터 50리 지점이다.

舟室者, 句踐船宮也, 去縣五十里.

【船宮】 배를 만들던 造船所가 있던 곳.

182(10-35)
민서대총民西大冢

민서대총民西大冢은 구천의 문객으로 거북점을 잘 보던 진이秦伊의 무덤이며, 그 무덤으로 인해 진이산秦伊山으로 불린다.

民西大冢者, 句踐客秦伊善炤龜者冢也, 因名冢爲秦伊山.

【民西】張宗祥〈校注〉에 "在民山之西, 故云民西"라 함.
【秦伊】句踐의 문객 이름. 占術에 뛰어났던 인물로 보임.

183(10-36)
사포射浦와 진음산陳音山

사포射浦는 구천이 병사들을 교습시키던 곳으로 지금의 사포는 현으로
부터 5리 지점에 있다.

활의 명수 진음陳音이 죽어 민서民西에 장례를 치렀으며 그 때문에 그
곳을 진음산陳音山이라 부른다.

射浦者, 句踐敎習兵處也, 今射浦, 去縣五里.

射卒陳音死, 葬民西, 故曰陳音山.

【射浦】일명 射瀆이라고도 하며 산음 남쪽 5리 지점.

【陳音】원래 楚나라 출신으로 활에 뛰어나 范蠡가 이를 구천에게 추천하여 병사
들에게 활쏘기를 교습시킴.

【陳音山】지금의 山陰 서남쪽 4리 지점. 張宗祥
〈校注〉에《吳越春秋》: 於是范蠡復進善射
者陳音; 音, 楚人也.《嘉泰會稽志》: 在縣西南
四里.《太平御覽》: 昔有善射者陳音, 越王使
簡士習射於郊外, 因死爲冢. 今開冢, 壁悉畫
作騎射之象, 因以名山"이라 함.

會稽圖 《三才圖會》

1.《吳越春秋》句踐陰謀外傳

於是, 乃使陳音教士習射於北郊之外. 三月, 軍士皆能用弓弩之巧. 陳音死, 越王
傷之, 葬於國西山上, 號其葬所曰陳音山.

184(10-37)
문종의 무덤 종산種山

종산種山은 구천이 대부 문종文種을 묻어준 곳이다.

누선樓船 병졸 2천 명이 정족형鼎足形의 묘도가 있는 무덤을 만든 것이며 삼봉三蓬 아래에 묻었다.

문종이 죽으면서 스스로 이렇게 계책을 내놓았다.

"뒤에 어진 자가 있어 백 년이 지나면 나타나리라. 나를 삼봉 아래에 묻어줄 것이며 그 빛이 저절로 훗날 드날리리라."

구천이 그의 말대로 그곳에 묻어준 것이며 그의 제사는 세 사람 현인에게 이어져 내려오고 있다.

種山者, 句踐所葬大夫種也.

樓船卒二千人, 鈞足羨, 葬之三蓬下.

種將死, 自策:「後有賢者, 百年而至. 置我三蓬, 自章後世.」

句踐葬之, 食傳三賢.

【種山】지금은 府山, 臥龍山으로 불리며 紹興 서남쪽에 있음. 文種墓, 越王墓, 望海亭 등이 있어 명승지가 되었음.

【鈞足羨】세 개의 墓道가 있는 무덤 형태. 그러나《吳越春秋》에는 '鼎足之羨'으로 되어 있음. '羨'은 '埏'과 같으며 '연'으로 읽음. 羨道, 墓道의 뜻.

【三蓬】《吳越春秋》에는 '三峰'으로 되어 있음. 張宗祥〈校注〉에 "三蓬者,《漢書》賈山傳「曾不得蓬顆蔽冢而托葬焉」, 注引晉灼曰:「東北人名土塊爲蓬顆, 此言葬之苟簡也.」《吳越春秋》作「越王葬種於國之西山, 樓船之卒三千餘人, 造鼎足之羨, 或入三峰之下」, 是以'三蓬'爲'三峰', 其葬至厚, 恐不然"이라 함.

【自章後世】'章'은 '彰'과 같음.

【食傳三賢】祭祀가 세 사람 賢人에게까지 이어짐.

> [참고 및 관련 자료]

1.《吳越春秋》句踐伐吳外傳

越王復召相國, 謂曰:「子有陰謀兵法, 傾敵取國. 九術之策, 今用三, 已破彊吳; 其六尙在子所, 願幸以餘術爲孤前王於地下, 謀吳之前人.」於是種仰天歎曰:「嗟乎! 吾聞:『大恩不報, 大功不還.』其謂斯乎! 吾悔不隨范蠡之謀, 乃爲越王所戮. 吾不食善言, 故哺以人惡.」越王遂賜文種屬盧之劍. 種得劍, 又歎曰:「南陽之宰而爲越王之擒」自笑曰:「後百世之末, 忠臣必以吾爲喩矣.」遂伏劍而死. 越王葬種於國之西山, 樓船之卒三千餘人, 造鼎足之羨, 或入三峰之下. 葬一年, 伍子胥從海上穿山脅而持種去, 與之俱浮於海. 故前潮水潘候者, 伍子胥也; 後重水者, 大夫種也.

185(10-38)
무리巫里

무리巫里는 구천이 무사巫師들을 함께 옮겨 살도록 한 하나의 마을이며 현으로부터 25리 지점이다.

그곳의 정사亭祠는 지금 화공군和公郡의 사직社稷이 있던 터이다.

巫里, 句踐所徙巫爲一里, 去縣二十五里.

其亭祠今爲和公群社稷墟.

【巫】고대 降神의 임무를 맡았던 직책. 巫師.
【亭祠】마을 사당. 마을의 안녕을 기원하는 서낭당 祠廟.
【和公群】'群'은 '郡'의 오류. 錢培名 〈札記〉에 〈漢魏叢書〉를 인용하여 '群'은 '郡'의 오류라 함. 지명으로 보임.

186(10-39)
무산巫山

무산巫山은 월편越魋이라는 신무神巫가 살던 곳으로, 그가 죽은 뒤 그 산에 장례를 치렀으며 현으로부터 13리쯤에 있다.

巫山者, 越魋, 神巫之官也, 死葬其上, 去縣十三里許.

【巫山】紹興 북쪽 15리에 있음. 일명 梅山이라고도 하며 梅福이 은거하던 곳이었음.
【魋】음과 뜻을 알 수 없음. 잠정적으로 '편'으로 읽음.《漢語大辭典》에 "音義未詳"이라 함.
【神巫之官】'神巫之宮'이 아닌가 함. 錢培名〈札記〉에 "官, 疑當作宮"이라 함.
【許】'쯤'. 거리나 시간의 짐작을 뜻하는 依存名詞.

187(10-40)
육산六山

육산六山은 구천이 구리를 주조하던 곳으로 구리를 주조할 때 녹지 않은 것은 동쪽 비탈에 묻었다.

그 위에는 말채찍으로 사용하는 대나무가 자랐는데 구천은 사신을 파견하여 이를 남사南社에서 캐어 육산에 옮겨 심도록 하고는 이를 잘 다듬어 말을 채찍을 만들어 오왕에게 바쳤다.

현으로부터 35리 지점이다.

六山者, 句踐鑄銅, 鑄銅不爍, 埋之東坂.

其上馬箠, 句踐遣使者取於南社, 徙種六山, 飾治爲馬箠, 獻之吳.

去顯三十五里.

【六山】 지금은 六峰山으로 부르며 張宗祥〈校注〉에 "《紹興府志》有六峰山, 在府城西南三十里, 當卽是山"이라 함. 한편 그 山麓은 楊梅의 産地로 유명함.

【不爍】 '爍'은 '鑠'과 같음. 제대로 녹지 않음. 품질이 좋지 않은 구리.

【馬箠】 말의 채찍용으로 쓰는 대나무.

【南社】 남쪽에 세운 社廟.

188(10-41)
무당 무두無杜

강동江東 중간의 무신 무덤 터는 월나라 유명한 무당 무두無杜의 자손들을 안장하던 곳이다.

무두가 죽자 구천이 그를 강 가운데에 장례를 치러주었으며, 그 무신巫神이 오나라의 배들을 전복시켜 그들에게 재앙을 안겨주고자 한 것이다.

현으로부터 30리 지점이다.

江東中巫葬者, 越神巫無杜子孫也.

死, 句踐於中江而葬之, 巫神, 欲使覆禍吳人船.

去縣三十里.

【無杜】 구천 때의 유명한 巫師의 이름인 듯함.
【中江】 강의 가운데. 무당이 신이 되어 오나라 배를 전복시켜주기를 기원한 것.
【巫神】 巫師가 죽어서 된 귀신.

189(10-42)
석당石塘, 방오防塢, 항오杭塢

석당石塘은 월나라가 오나라 군선을 파괴하고자 하던 곳이다.

석당의 너비는 65보, 길이는 3백 53보이며 현으로부터 40리 지점이다.

방오防塢는 월나라가 오나라 군사를 막기 위해 만들어놓은 곳으로 현으로부터 40리 지점이다.

항오杭塢는 구천이 배를 정박시켜 두는 곳으로 2백 척의 길이이며, 인원 70인을 동원하여 만들었다. 회이會夷로 건널 수 있고 현으로부터 40리 지점이다.

石塘者, 越所害軍船也.

塘廣六十五步, 長三百五十三步, 去縣四十里.

防塢者, 越所以遏吳軍也, 去縣四十里.

杭塢者, 句踐杭也, 二百石長, 員卒七十人, 度之會夷, 去縣四十里.

【石塘】菁江의 石塘. 紹興 동쪽 60리 저점. 그러나 張宗祥 〈校注〉에 "疑卽承上 文所謂「欲使覆禍吳人船」, 傷害敵船之處"라 함.
【防塢】오나라를 방어하기 위한 언덕.

【杭塢】산 이름. 蕭山縣 동쪽 40리 지점. 그러나 杭은 航과 같으며 渡船의 定泊을
　뜻하는 것으로도 봄.

【二百石】‘石’은 ‘尺’의 오류가 아닌가 함.

【七士人】‘七千人’의 오류로 여겨짐. 그러나 錢培名〈札記〉에 “士, 疑當作十”이라
　하여 ‘七十人’으로 보았음.

【會夷】會稽의 별칭.

190(10-43)
도산塗山

도산塗山은 우禹가 아내를 얻었던 산으로 현으로부터 50리 지점이다.

塗山者, 禹所取妻之山也, 去縣五十里.

【塗山】지명. 지금의 安徽 懷遠縣 동남쪽, 혹은 지금의 重慶市 巴縣, 혹은 浙江
紹興 등 여러 설이 있음. 徐天祐는 "《會稽志》:「塗山在山陽縣西北四十五里.」
蘇鶚《演義》:「塗山有四: 一會稽, 二渝州巴南舊江州, 三濠州, 四當塗縣.」按
《左氏》昭公四年:「穆有塗山之會」哀公七年傳:「禹合諸侯於塗山」杜預解幷云:
「在壽春東北」說者曰:「今濠州也.」柳宗元〈塗山銘序〉曰:「周穆遐追遺法, 復會
於是山」然則禹與穆王皆嘗會諸侯於塗山矣. 然非必皆壽春也. 若禹之所娶, 則未
詳何地.《水經注》:「江州縣水北岸有塗山, 南有夏禹廟·塗君祠. 廟銘存焉」常據·
庾仲雍幷言禹娶於此.《越絶》等書乃云:「禹娶於會稽塗山」應劭曰:「在永興北」
永興, 今蕭山縣也, 又與郡志所載不同. 蓋會稽實禹會侯計功之地, 非所娶之國,
下文兼載白狐九尾之異, 尤爲可疑"라 함.
【取】'娶'와 같음.

참고 및 관련 자료

1.《吳越春秋》越王無余內傳

禹三十未娶, 行到塗山, 恐時之暮, 失其度制, 乃辭云:「吾娶也, 必有應矣.」乃有

白狐九尾造於禹, 禹曰:「白者, 吾之服也. 其九尾者, 王之證也. 塗山之歌曰:『綏綏白狐, 九尾厖厖. 我家嘉夷, 來賓爲王. 成家成室, 我造彼昌. 天人之際, 於茲則行.』明矣哉!」禹因娶塗山女, 謂之女嬌, 取辛・壬・癸・甲. 禹行, 十月, 女嬌生子啓. 啓生不見父, 晝夕呱呱啼泣.

2.《呂氏春秋》音初篇

禹行功, 見塗山之女, 禹未之遇而巡省南土. 塗山氏之女乃命其妾候禹于塗山之陽, 女乃作歌, 歌曰「候人兮猗」, 實始作爲南音. 周公及召公取風焉, 以爲〈周南〉・〈召南〉.

3.《太平御覽》(909)

禹年三十未娶, 行塗山, 恐時暮失辭, 曰:「吾之娶也, 必有應已矣.」乃有白狐九尾而造於禹, 禹曰:「白者, 吾服也; 九尾者, 王證也.」於是塗山人歌曰:「綏綏白狐, 九尾龐龐, 成于家室, 我都彼昌.」禹乃娶塗山女.

4.《太平御覽》(571)

禹年三十未娶, 有行塗山, 恐時日暮:「吾娶必有應也.」乃有白狐九尾而造禹, 禹曰:「白者, 吾服也; 九尾, 其證也.」塗山人歌曰:「綏綏白狐, 九尾龐龐, 成家成室, 我都彼昌.」禹因娶塗女.

5. 기타 참고 자료

《初學記》(29)

191(10-44)
주여朱餘

주여朱餘는 월나라 염관鹽官이 있던 곳이다.
월나라 사람들은 소금을 '여餘'라 하며 현으로부터 35리 지점이다.

朱餘者, 越鹽官也.
越人謂鹽曰「餘」, 去縣三十五里.

【鹽官】 소금의 생산, 유통 등을 관리하던 직책.
【餘】 '朱餘'의 '餘'는 월나라 方言으로 소금이라는 뜻. 따라서 '朱餘'는 붉은 소금
이라는 뜻의 지명.

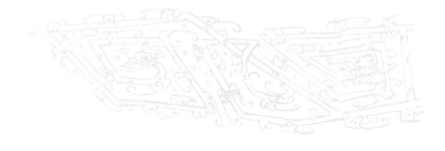

192(10-45)
오당吳塘

구천이 오나라를 멸망시키고 오나라 사람들을 시켜 오당吳塘을 수축하도록 하였는데 동서 1천 보의 길이이며 이름을 벽수辟首라 하였으나 뒤에 이로 인해 이름을 당塘이라 한 것이다.

句踐已滅吳, 使吳人築吳塘, 東西千步, 名辟首, 後因以爲名曰塘.

【吳塘】소흥 서쪽 35리에 있음.
【辟首】'머리를 자르다'의 뜻. 句踐은 吳王 夫差를 증오하여 '吳'자에서 'ㅁ'를 없애버리고 '天'으로 불렀다 함.

193(10-46)
독부산獨婦山

독부산獨婦山은 구천이 오나라를 치고자 하면서 과부들을 모두 독산獨山 위로 옮겨 살도록 하여 이를 죽기를 무릅쓴 병사들에게 보여 오로지 한 마음으로 하도록 하기 위한 것이었다.

현으로부터 40리 거리에 있다.

뒤에 사람들은 이는 대체로 구천이 군사들의 유락 장소로 삼기 위한 것이라고도 말한다.

獨婦山者, 句踐將伐吳, 徙寡婦致獨山上, 以爲死士示, 得專一也.

去縣四十里.

後說之者, 蓋句踐所以遊軍士也.

【獨婦山】《吳越春秋》에는 '獨女山'으로 되어 있으며 지금은 '獨阜山'으로 부름. 紹興 서북 45리에 있음. 張宗祥〈校注〉에 "《嘉泰會稽志》:「獨阜山在縣北 三十五里.」《舊經》云:「山自獨飛來, 帶兒婦二十餘人, 善織美錦, 自言家在西蜀.」 《十道志》云:「句踐以寡婦居此, 令軍人遊焉, 一名獨婦山.」宗祥案: 獨阜, 當是 獨婦之訛, 而《舊經》又造飛來之說以實之"라 함.

【死士示】죽기를 무릅쓴 병사들에게 이들을 보여주어 "당신이 전장에 나가 죽더라도 당신의 아내는 이처럼 수절하며 지켜낼 것이니 안심하고 나가 싸울 수 있도록 하다"의 뜻.

【遊軍士】군사들의 遊廓 장소로 사용되었던 것이 아닌가 함.《太平御覽》참조.

참고 및 관련 자료

1.《吳越春秋》佚文

獨女山者, 諸寡婦女淫泆犯過皆輸此山上. 越王將伐吳, 其士有憂思者, 令游山上, 以喜其意.

2.《太平御覽》(47))

《吳越春秋》曰: 獨女山者, 諸寡婦女淫泆犯過皆輸此山上. 越王將伐吳, 其士有憂思者, 令游山上, 以喜其意.

194(10-47)
마호馬嗥

마호馬嗥는 오나라가 월나라를 칠 때 길에서 큰 바람을 만나 수레는 깨어지고 말은 달아나고 기사騎士는 떨어져 죽고 말들은 울부짖던 곳이다. 이 사건은 《오사吳史》를 보라.

馬嗥者, 吳伐越, 道逢大風, 車敗馬失, 騎士墮死, 疋馬 嗁嗥.
事見吳史.

【馬嗥】 '嗥'는 '嗓'로도 표기하며, 지금의 海鹽縣 동남쪽. 張宗祥 〈校注〉에 《名 勝志》: 馬嗥在海鹽縣治東南三百步'라 함.
【事見吳史】 다른 판본에는 '吳矣'로 되어 있음. 이에 대해 錢培名 〈札記〉에는 "吳史"여야 한다고 하였고, 兪樾 〈讀越絶書〉에는 "太史公〈六國年表序〉曰: 秦燒 天下詩書, 諸侯史記尤甚. 此《吳史》當亦在秦所燒之列矣"라 함.

195(10-48)
고릉固陵

절강남로浙江南路의 서성西城은 범려가 군사들을 둔병시켰던 곳이다.
그 구름은 견고하여 가히 지킬 수 있어 그 때문에 고릉固陵이라 불렀다.
그런 까닭은 큰 군함들이 배치되어 있어 서로 호응을 이루어 방어할 수
있기 때문이다.

浙江南路西城者, 范蠡敦兵城也.

其陵固可守, 故謂之固陵.

所以然者, 以其大船軍所置也.

【西城】 蕭山 서쪽 10리쯤에 있음. 그곳에는 西陵湖가 있으며 이를 西城湖로도
부르며, 그 서쪽에는 湖城山이 있음. 호수는 錢塘江으로 흘러들며 吳나라와
越나라 사이 水上交通의 요지임. 張宗祥 〈校注〉에 "《水經注》: 范蠡築城於浙江
之濱, 言可以固守, 謂之固陵. 今之西陵也. 《寶慶會稽續志》: 西城在蕭山縣十二里.
吳越吳肅王以陵非吉語, 改曰西興"이라 함.
【敦兵】 敦은 屯과 같음. 屯兵. 張宗祥 〈校注〉에 "宗祥案: 敦, 當讀屯. 《後漢書》
馬融傳注: 敦者屯, 亦積聚也"라 함.

196(10-49)
양춘정陽春亭

  산음山陰의 고대 원래 육로는 동쪽 외곽을 출발하여 직독直瀆을 따라 양춘정陽春亭으로 간다.

  산음의 고대 수로 또한 동쪽 외곽을 출발하여 군의 물길로 양춘정으로 통한다.

  양춘정은 산음현으로부터 50리 거리이다.

山陰古故陸道, 出東郭, 隨直瀆陽春亭.

山陰故水道, 出東郭, 從郡陽春亭.

去縣五十里.

【直瀆】물길 이름.
【陽春亭】지명 지금의 紹興 서북 錢淸鎭 부근.
【從郡】'郡'은 '郡河'여야 함. 군을 흐르는 물길.

197(10-50)
어아향語兒鄉

어아향語兒鄉은 옛 월나라의 국경으로 지명은 취리就李이다.

오나라가 월나라 땅을 침범하여 자신의 강역으로 하고 전쟁터로 삼은 곳이며 시벽정柴辟亭까지 이어진다.

語兒鄉, 故越界, 名曰就李.

吳疆越地以爲戰地, 至於柴辟亭.

【語兒鄉】지금의 嘉興 서남 45리 지점. 원래 越나라 땅이었으나 吳越사이의 古戰場이 되었음. 越王 句踐이 吳나라를 이기고 就李를 語兒鄉으로 바꾼 것. 지금의 桐鄉縣 濮院鎭. 張宗祥〈校注〉에는 "語兒鄉, 卽就李.《公羊》作醉李,《史記》作檇李也. 杜預曰: 今吳郡嘉興縣西南有檇李城, 卽其地也.《弘治嘉興府志》: 在桐鄉濮院之西. 濮院卽古檇李墟也, 其地有范蠡塢"라 함.《國語》에는 '御兒'로 되어 있음.

【就李】'檇里', '檇李', '醉李' 등 여러 표기가 있으며 越나라 地名. 지금의 浙江 嘉興市 서남쪽.《左傳》定公 14年(B.C.496)년 經에 "五月, 於越敗吳于檇李. 吳子 光卒"이라 하였고, 傳에는 "吳伐越, 越子句踐禦之, 陳于檇李. 句踐患吳之整也, 使死士再禽焉, 不動. 使罪人三行, 屬劍於頸, 而辭曰: 「二君有治, 臣奸旗鼓. 不敏 於君之行前, 不敢逃刑, 敢歸死.」 遂自到也. 師屬之目, 越子因而伐之, 大敗之.

靈姑浮以戈擊闔廬, 闔廬傷將指, 取其一屨. 還, 卒於陘, 去檇李七里. 夫差使人
立於庭, 苟出入, 必謂己曰: 「夫差! 而忘越王之殺而父乎?」 則對曰: 「唯. 不敢忘!」
三年乃報越이라 함.

【柴辟亭】 지금의 嘉興 서남쪽에 있는 지명.

198(10-51)
여양정女陽亭

여양정女陽亭은 구천이 오나라에 입신하여 들어갈 때 부인이 따라가면서 이 곳에서 길을 가다가 딸을 낳아 이향李鄕에서 길렀다.

뒤에 구천이 오나라를 이기고 이름을 여양으로 바꾸었으며 취리就李도 어아향語兒鄕으로 바꾸었다.

女陽亭者, 句踐入官於吳, 夫人從, 道産女此亭, 養於李鄕.

句踐勝吳, 更名女陽, 更就李爲語兒鄕.

【女陽亭】就李의 한 정자. 혹은 亭은 아주 작은 마을 단위를 일컫는 행정 단위. 張宗祥〈校注〉에 "《秀水縣志》: 學繡堰, 在縣西九里, 下塘上有塔, 塔東有女陽亭, 後改爲種玉亭"이라 함.
【入官】入臣과 같음. 越王 句踐이 吳나라 신하를 자처하고 들어가 服役함.

199(10-52)
대월大越의 국경

오왕 부차夫差가 월나라를 정벌하고 그 땅을 다 차지하자 구천은 오나라의 신하가 되어 복역하였다.

3년이 지나고 오왕은 구천을 되돌려 보내주면서 월 땅을 봉해주었는데 동서는 1백리이며 북쪽을 향해 오나라를 섬기도록 하였으며 동쪽을 오른쪽으로 서쪽을 왼쪽으로 삼았다.

대월大越의 옛 경계는 절강浙江으로부터 취리就李까지였으며, 남쪽은 고말姑末과 사간寫干까지였다.

근향覲鄉은 그 북쪽에 무원武原이 있었고, 무원은 지금의 해염海鹽이며, 고말은 지금의 대말大末이며, 사간은 지금 예장豫章에 속하는 곳이다.

吳王夫差伐越, 有其邦, 句踐服爲臣.

三年, 吳王復還封句踐於越, 東西百里, 北鄉臣事吳, 東爲右, 西爲左.

大越故界, 浙江至就李, 南姑末·寫干.

覲鄉, 北有武原; 武原, 今海鹽; 姑末, 今大末; 寫干, 今屬豫章.

【北鄕】'北向'과 같음. 남쪽에 있는 越나라가 북쪽 위치의 吳나라를 섬김.

【姑末】姑蔑. 지금의 浙江 衢州 동북의 龍游鎭《吳越春秋》徐天祜 注에 "卽春秋
越姑蔑之地. 姑蔑地名有二: 魯國卞縣南有姑蔑城, 越之姑蔑至秦屬會稽, 爲太
末縣, 金衢州"라 함.

【寫干】지금의 江西省. 張宗祥〈校注〉에 "此爲句踐臣吳返國始封之地.《吳越春秋》
所謂「吳封地百里於越, 東至炭瀆, 西止周宗, 南造於山, 北薄於海」者是也. 其後
又增封,《吳越春秋》所謂「增之以封, 東至於甬東, 西至於檇李, 南至姑末, 北至
於平原, 縱橫八百里」者是也. 姑末卽《左傳》姑蔑, 秦屬會稽, 爲太末縣, 今衢州.
寫干, 今江西境,《國語》作「句踐之地, 南至於句無, 北至於御兒, 東至御鄞, 西至
於姑蔑」, 亦指增封時疆域而言. 又《水經注》「句踐百里之封, 西至朱室.」《嘉泰
會稽志》: 今爲朱室塢, 在浙江西, 與《吳越春秋》所云「西止周宗」, 二地今不詳"
이라 함.

【觀鄕】지금의 觀縣.

【武原】지금의 浙江 海鹽縣.

【豫章】군 이름. 秦나라 때 두었음. 지금의 江西 南昌.

1.《吳越春秋》句踐歸國外傳

越王曰:「吳王好服之離體, 吾欲采葛, 使女工織細布獻之, 以求吳王之心, 於子
何如?」群臣曰:「善!」乃使國中男女入山采葛, 以作黃絲之布, 欲獻之. 未及遺使,
吳王聞越王盡心自守, 食不重味, 衣不重綵, 雖有五臺之游, 未嘗一日登翫.「吾欲
因而賜之以書, 增之以封. 東至於勾甬, 西至於檇李, 南至於姑末, 北至於平原,
縱橫八百餘里.」

2.《吳越春秋》句踐歸國外傳

吳封之百里於越, 東至炭瀆, 西止周宗, 南造於山, 北薄於海.

200(10-53)
매리梅里

무여無餘가 처음 월 땅을 봉지로 받은 이래로 전해오기로는 월왕의 자손들은 단양丹陽의 고향皐鄕에 살면서 성을 매梅씨로 바꾸었으며 매리梅里가 그곳이라 한다.

自無餘初封於越以來, 傳聞越王子孫, 在丹陽皐鄕, 更姓梅, 梅里是也.

【無餘】 '無余'로도 표기하며 越나라 始祖.《吳越春秋》에는 '無余'로 표기되어 있음. 大禹의 6대손 少康의 庶子로 越 땅에 봉해졌음.《吳越春秋》徐天祜 注에 "無余, 禹之六世孫少康之庶子也, 初受封於越.《越舊經》作無餘"라 함.
【丹陽】 지금의 江蘇 丹陽.
【皐鄕】 구체적으로 알 수 없음.

201(10-54)
진秦나라로부터 한고조漢高祖까지

진秦나라가 들어선 이래 진 원왕元王에 이르기까지 기년紀年이 없었다.

원왕은 21년 동안, 평왕平王은 23년 동안, 혜문왕惠文王은 27년 동안, 무왕武王은 4년 동안, 소양왕昭襄王은 역시 56년 동안 재위하고 주周 난왕赧王을 멸망시켜 주나라는 여기서 끊어지고 말았다.

그리고 효문왕孝文王은 1년간, 장양왕莊襄王은 태상황제太上皇帝로 칭호를 바꾸고 3년 동안 재위하였다.

진시황제秦始皇帝는 37년 동안 재위하였으며 호를 조정趙政이라 하였는데, 정政은 조趙나라 외손外孫이었다.

호해胡亥는 2년 동안, 자영子嬰은 6개월 동안 재위하였다.

진 원왕으로부터 자영에 이르기까지 모두 10왕, 1백 70년이었다.

이를 한漢 고조高帝가 멸망시키고 함양咸陽을 도성으로 삼아 천하를 통일하였다.

自秦以來, 至秦元王不絶年.

元王立二十年, 平王立二十三年, 惠文王立二十七年, 武王立四年; 昭襄王亦立五十六年, 而滅周赧王, 周絶於此.

孝文王立一年, 莊襄王更號太上皇帝, 立三年.

秦始皇帝三十七年, 號曰趙政, 政, 趙外孫.

胡亥立二年, 子嬰立六月.

秦元王至子嬰, 凡十王, 百七十歲.

漢高帝滅之, 治咸陽, 壹天下.

【秦元王】秦나라는 元王이라는 王號가 없음. 世系에 의하면 秦獻公이어야 함.
獻公은 이름은 師隰이며, B.C.384~B.C.362년까지 23년 동안 재위함.
【不絶年】'不紀年'이어야 함. 錢培名 〈札記〉에 "絶, 疑當作紀"라 함.
【元王立二十年, 平王立二十三年】錢培名 〈札記〉에 "案《史記》秦本紀, 惠文王
以前, 獻公二十三年, 孝公二十四年, 無所謂元王・平王, 亦幷未聞秦有追尊獻・
孝二公爲王之事, 不足據"라 함. 平王은 孝公이며 이름은 渠梁. 商鞅을 임용하여
개혁을 실시, 강력한 法治國家를 이룩한 임금.
【惠文王】秦 孝公(渠梁)의 아들이며, 이름은 駟. 商鞅을 처단하고 張儀를 재상
으로 임명하여 그의 連橫說에 따라 山東 六國에 대해 이간정책을 실시, 齊楚의
聯盟을 와해시킴. B.C.337~B.C.311년까지 27년 동안 재위하였으며 惠文王 14년
(B.C.324)에 처음으로 稱王하였음.
【武王】秦 武王. B.C.310~B.C.307년까지 4년 동안 재위함. 이름은 蕩.
【昭襄王亦立五十六年】'亦'자는 衍文. 錢培名 〈札記〉에 "立上原本誤衍亦字, 今刪"
이라 함. 昭襄王은 秦 昭王. 이름은 則. 武王의 異腹동생이며 惠文王의 庶子.
范雎를 재상으로, 白起를 장군으로 삼아 東進政策을 강하게 실시하여 많은
성과를 거두었으며 秦나라 천하통일의 기반을 이룩. B.C.306~B.C.251년까지
56년 동안 재위함.
【周赧王】戰國시대 명의상 天子國이었던 周나라 임금. 이름은 姬延(誕). B.C.314~
B.C.256년까지 59년 동안 재위하고 나라의 명맥이 끊어짐.
【孝文王】昭王의 뒤를 이어 B.C.250년 1년 동안 재위함. 이름은 柱.
【莊襄王】秦始皇의 아버지. 이름은 子楚. B.C.249~B.C.247년까지 3년 동안 재위
하였으며 秦始皇이 皇帝를 칭하고 아버지 莊襄王을 太上皇帝로 추존함.

【秦始皇帝】이름은 嬴政. 呂不韋의 애첩이 임신한 채로 趙나라 邯鄲에 와 있던 子楚(莊襄王)에게 가서 낳은 아들이며 莊襄王을 이어 B.C.246~B.C.210년까지 37년 동안 재위하였으며 재위 26년째인 B.C.221년 天下統一의 위업을 이룬 뒤 첫 皇帝가 되었음.

【趙政】趙나라 邯鄲에 있던 子楚를 통해 들어왔으며 어머니가 趙나라 출신이며 呂不韋의 핏줄임을 직접 거론하지 못하고 趙나라와 그의 이름 政을 넣어 趙政이라 칭한 것.

【胡亥】秦始皇의 막내아들. 진시황이 巡狩 중에 죽자 재상 趙高가 李斯와 함께 계략을 꾸며 첫째 아들 扶蘇를 자결토록 하고 胡亥를 옹립하여 二世皇帝라 칭함. B.C.209~B.C.207년까지 3년 동안 재위하였으나 끝내 趙高에 의해 핍박을 당하여 자결함.

【子嬰】胡亥의 아들로 趙高가 胡亥를 자결토록 한 뒤 어린 胡亥를 세웠으나 얼마 뒤 漢 高祖 劉邦에게 항복하여 諡號가 없음. B.C.207년 8월에 즉위하여 10월에 항복하여 나라가 끊어짐.

【百七十歲】錢培名〈札記〉에 "按秦自獻公迄子嬰, 共百七十八年, 卽依此所稱「元王二十年, 平王二十三年」, 核計之, 亦得百七十三年. 此云「百七十年」, 不合"이라 함.

【漢高祖】漢나라 건국자 劉邦. 秦末 평민의 신분으로 일어나 秦나라를 무너뜨리고 다시 項羽와의 楚漢戰을 승리로 이끌고 漢나라를 세움. B.C.206~B.C.195년까지 12년 동안 재위함.《史記》漢高帝本紀를 참조할 것.

【咸陽】원래 秦나라 도읍. 지금의 陝西 西安 일원. 劉邦은 다시 그곳을 도읍으로 하여 長安이라 불렀음.

202(10-55)
진시황秦始皇의 천하통일

진왕秦王 정政은 장군 위사魏舍와 내사內史 교教로 하여금 한韓나라를 공격토록 하여 한왕韓王 안安을 사로잡았다.

진왕 정은 다시 장군 왕분王賁으로 하여금 위魏나라를 공격토록 하여 위왕魏王 헐歇을 사로잡았다.

진왕 정은 다시 장군 왕섭王涉으로 하여금 조趙나라를 공격토록 하여 조왕趙王 상尙을 사로잡았다.

진왕 정은 다시 장군 왕분으로 하여금 초楚나라를 공격토록 하여 초왕楚王 성成을 사로잡았다.

진왕 정은 다시 장군 사오史敖로 하여금 연燕나라를 공격하여 연왕燕王 희喜를 사로잡았다.

진왕 정은 다시 장군 왕섭으로 하여금 제齊나라를 공격토록 하여 제왕齊王 건建을 사로잡았다.

진왕 정은 다시 호를 진시황제秦始皇帝로 바꾸고 재위 37년 되던 해 동쪽으로 회계會稽를 순유巡遊하였다.

길은 우도牛渚를 건너 동안東安으로 향하였으며, 동안은 지금의 부춘富春이다. 그리고 단양丹陽, 율양溧陽, 장고鄣故, 여항餘杭을 거쳐 가정軻亭의 남쪽에 이르렀다가 다시 동쪽으로 근두槿頭를 지나 제기諸曁를 건너 대월大越로 길을 정했다.

정월正月 갑술甲戌날에 대월에 도착하여 회계의 도정都亭에 숙사를 마련하여 머물렀다.

그리하여 전당절강錢塘浙江의 잠석岑石을 얻었는데 그 돌은 길이 1장 4척, 남북의 바닥 너비가 6척, 서면 너비가 1척 6촌이었다.

그 돌에 문자를 새겨 월의 동산東山 위에 세웠는데 세운 곳까지 가는 길은 아홉 구비나 되었으며 현으로부터 21리 지점이다.

이때에 대월의 백성들을 여항, 이공伊攻, □고장□故鄣으로 이주시켰다.

천하에 죄인과 귀양왔던 관리 등을 바다 남쪽 옛 대월 지역으로 이주시켜 동해東海 외월外越을 방비하도록 하고 이에 대월의 이름도 산음山陰으로 바꾸었다.

이윽고 그곳을 떠나 다시 제기, 전당을 거쳐 오吳나라 땅이었던 지역으로 향하여, 고소대姑蘇臺에 올랐다가 택정宅亭과 가정賈亭 북쪽에서 사례射禮를 치렀다.

그 해에 영구靈口에 이르렀으나 그곳에서는 사례를 하지 않고 떠났으며, 다시 아곡曲阿과 구용句容으로 향하여 우도를 건너 서쪽 함양咸陽에 이르러 죽었다.

政使將魏舍·內史敎攻韓, 得韓王安.

政使將王賁攻魏, 得魏王歇.

政使將王涉攻趙, 得趙王尙.

政使將王賁攻楚, 得楚王成.

政使將史敖攻燕, 得燕王喜.

政使將王涉攻齊, 得齊王建.

政更號爲秦始皇帝, 以其三十七年, 東遊之會稽.

道度牛渚, 奏東安, 東安, 今富春, 丹陽, 溧陽, □鄣故, 餘杭軻亭南, 東奏槿頭, 道度諸暨, 大越.

以正月甲戌到大越, 留舍都亭.

取錢塘浙江「岑石」; 石長丈四尺, 南北面廣六尺, 西面
廣尺六寸.

刻文立於越東山上, 其道九曲, 去縣二十一里.

是時, 徙大越民置餘杭·伊攻·故鄣.

因徙天下有罪適吏民, 置海南故大越處, 以備東海外越,
乃更名大越曰山陰.

已去, 奏諸暨·錢塘, 因奏吳, 上姑蘇臺, 則治射防於
宅亭·賈亭北.

年至靈, 不射, 去.

奏曲阿·句容, 度牛渚, 西到咸陽, 崩.

【政】秦王政. 秦始皇 嬴政. 본장은 秦始皇의 六國併吞과 그 뒤 동남쪽 巡狩를
 압축하여 서술한 것임.
【內史敎】內史는 秦나라 관직 이름. 敎는 그의 이름. 그러나《史記》秦始皇本紀
 에는 "秦王政十七年, 內史騰攻韓, 得韓王安, 盡納其地, 以其地爲郡, 名曰潁川"
 이라 하여 '騰'으로 되어 있음.
【韓王安】'安'은 전국시대 韓나라 마지막 군주 이름. 韓惠王의 아들이며 B.C.238~
 B.C.230년까지 9년 동안 재위하고 秦始皇에게 완전히 망함.
【王賁】秦始皇 때의 秦나라 장군. 王翦의 아들로 魏, 燕, 齊를 공격하여 멸함.
【魏王歜】'歜'은 전국시대 魏나라 군주 이름. 그러나《史記》에는 "魏王假三年,
 秦灌大梁, 虜王假, 遂滅魏以爲郡縣"이라 하여 '假'로 되어 있음. '假'는 景湣王을
 이어 B.C.227~B.C.225년까지 3년 동안 재위하고 이 해에 秦始皇에게 완전히
 망함.
【王涉攻趙】王涉은 王翦의 오류. 王翦은 戰國시대 명장으로 趙, 燕, 楚를 멸하고
 武成侯에 봉해진 장군.《史記》王翦白起列傳 참조.
【趙王尙】趙나라는 趙王 遷 때에 이미 망하였고(B.C.228) 이 때에는 公子 嘉가
 다시 代땅으로 들어가 代王 嘉가 되어 B.C.228~B.C.222년까지 6년 동안

버렸음. 錢培名〈札記〉에 "按〈秦始皇本紀〉: 時趙已亡, 趙公子自立於代, 使王
賁攻之, 得代王嘉"라 함.

【王賁攻楚】王賁은 역시 王翦의 오류.《史記》秦始皇本紀와 楚世家에 모두
王翦과 蒙武가 楚나라를 공격하여 멸망시킨 것으로 되어 있음.

【楚王成】楚나라는 戰國末 考烈王을 이어 幽王을 거쳐 負芻 때에 망하였음
(B.C.223년). 負芻는 아우 哀王 郝을 弑害하고 자립하여 5년을 재위, 이때에
망하였음. 따라서 成은 負芻의 오류.

【史敇攻燕】《史記》秦始皇本紀에 "使王賁將, 攻燕遼東, 得燕王喜"라 하여
燕나라를 멸한 장수는 史敇가 아님.

【燕王喜】喜는 燕나라 마지막 군주. B.C.254~B.C.222년까지 33년 동안 재위하고
이때에 王賁에 의해 포로가 됨.

【王涉攻齊】《史記》秦始皇本紀에 "秦使將軍王賁從燕南攻齊, 得齊王建"이라 함.

【齊王建】戰國시대 田齊의 마지막 군주. B.C.264~B.C.221년까지 44년 동안 재위
하고 이때에 포로가 되고 나라는 망함.

【牛渚】산 이름. 지금의 安徽 當塗縣 서북에 있으며 長江이 휘돌아 흘러 험난한
곳이며 그곳 采石磯는 군사 요충지임.

【奏】'走'와 같으며 '방향을 정하여 行路로 삼다'의 뜻.

【富春】漢나라 때 두었던 현. 지금의 浙江 富陽縣.

【丹陽】漢나라 때 두었던 현. 지금의 江蘇 丹陽市.

【溧陽】秦나라 때 두었던 현. 지금의 江蘇 溧陽縣.

【鄣故】故鄣이어야 함. 秦나라 때 두었던 縣으로 지금의 浙江 長興縣 서남 故鄣城.
張宗祥〈校注〉에 "《史記》貨殖列傳: 秦置鄣郡.〈正義〉: 在湖州長城縣西南
八十里, 鄣郡故城是也. 宗祥按: 今屬安吉. 鄣郡故地,《文獻通考》云: 今宣城新安·
新定·丹陽郡之西境, 及吳興郡之西境皆是. 薛應旂《通志》云: 會稽郡領縣
二十四, 而在今之浙者, 錢塘·富春·餘杭·山陰·諸暨·餘暨·剡·餘姚·上虞·大末·
句章·鄮·鄞·烏程·由拳·海鹽·烏傷, 凡十七縣, 又鄣郡之故鄣一縣. 今按尙有
回浦一縣, 在浙實十八縣. 丹陽郡在浙者, 於潛·故鄣二縣"이라 함.

【餘杭】秦나라 때 두었던 縣. 지금의 浙江 餘杭縣.

【軻亭】지명. 구체적으로는 알 수 없음.

【橫頭】역시 구체적으로는 알 수 없음.

【諸暨】秦나라 때 두었던 縣. 지금의 浙江 諸暨市.

【都亭】秦나라 제도에 1里마다 1亭을 두었으며, 郡縣의 治所를 都亭이라 함.

【西面廣尺六寸】'西'자 앞에 '東'자가 누락된 것으로 보임. 錢培名〈札記〉에 "《書鈔》作「南北面廣六尺三寸」, 下有「東面廣四尺」一句, 按'東'下似亦脫'西'字" 라 함.

【錢塘浙江】錢塘縣의 錢塘江. 옛날 錢塘江을 浙江이라 불렀음.

【刻文立於越東山上】다른 판본에는 '刻丈六於越東山上'으로 되어 있으며 이에 대해 錢培名〈札記〉에는 "原本'文'·'立'二字作'丈'·'東', 并誤.《書鈔》作'刻立於 大越棟山上', 疑《書鈔》脫'文'字. 此脫'大'字, 或此'文'字卽'大'字之譌, 又錯簡在 '立'字上耳.《水經注》浙江水注: 會稽山, 又稱棟山.《越絶》云「棟猶」句, 疑當在此. 棟, 鎭也. 今本《越絶》無此字, 與《書鈔》合. 作東, 非也, 今幷據改"라 함. 한편 《史記》秦始皇本紀 始皇 37년에는 "上會稽, 祭大禹, 望於南海, 而立石刻頌秦德" 이라 하였고〈正義〉에는 "其碑見在會稽山上, 其文及書皆李斯, 其字四寸, 畫如 小指, 圓鐫"이라 함.

【伊攻】구체적으로는 알 수 없음.

【□故鄣】□는 述語로 여겨지나 알 수 없음.

【有罪適吏民】張宗祥〈校注〉에 "餘杭縣秦置, 故鄣縣漢置. 故鄣秦爲鄣郡, 今之 長興. 今敍秦徙越民, 不應闌入漢代縣名. 疑當時所徙越民, 不止居餘杭一處, 兼入 鄣郡. 蓋今於潛·長興·安吉, 均秦時鄣郡故地, 與餘杭相去不遠也. '伊攻□故鄣' 五字, 當有脫誤. '罪適', '適'字讀曰'謫',《漢書》中屢見之. 又按:《漢書》地理志臣 瓚曰:「自交趾至會稽七八千里, 百粵雜處, 各有種姓.」顧棟高曰:「允常始與吳 相戰伐, 見於經傳.」然封域極隘,《國語》與《越絶書》所載不同. 其北向所至曰御兒, 曰平原, 皆在今嘉興一府之地. 其西南至於姑蔑, 則在今衢州府龍海縣. 然昔人 稱餘汗爲越地, 淮南王安謂:「越人欲爲變, 必先由餘汗界中.《通典》亦謂爲越 之餘, 則自江西廣信至饒州, 皆越之西界.《國語》所云姑蔑, 蓋未盡矣, 其地全有 浙之紹興·寧波·金華·衢·溫·臺·處七府之地. 其杭·嘉·湖三府, 則與吳分界. 由衢歷江西廣信府, 至饒之餘干縣, 與楚分界. 就以上二說而言, 則知越之西南 境, 其盛時所屆之域, 如此其廣, 而秦滅楚得越之後, 徙越民於餘杭·鄣郡, 又徙 天下罪適吏民於海南故大越處, 以備東海外越. 所謂外越者, 卽今南粵可知也" 라 함.

【海南】지금의 福建, 廣東 일대를 지칭함.

【東海】지금의 江蘇와 浙江 앞쪽 黃海 및 東中國海 일대를 가리킴.

【姑蘇臺】지금의 江蘇 蘇州 姑蘇臺.

【治射防於宅亭賈亭】'治射'는 射禮를 치름. '防'은 衍字. 宅亭과 賈亭은 지금의

杭州 西湖 근처.

【至靈】 '至靈口'의 '口'자가 누락된 것임.

【句容】 漢나라 때 두었던 縣. 지금의 南京 동남쪽.

【到咸陽, 崩】《史記》秦始皇本紀에 始皇은 "還過吳, 從江乘渡. 幷海上, 北至琅邪"라 하였고, 다시 "自琅邪北至榮成山"이라 하였으며, 다시 "至之罘"라 하였고, "遂幷海西"라 한 뒤 "至平原津而病", "崩於沙丘平臺"라 하여 咸陽에 이르러 죽은 것이 아님.

参고 및 관련 자료

1.《史記》秦始皇本紀

十三年, 桓齮攻趙平陽, 殺趙將扈輒, 斬首十萬. 王之河南. 正月, 彗星見東方. 十月, 桓齮攻趙. 十四年, 攻趙軍於平陽, 取宜安, 破之, 殺其將軍. 桓齮定平陽·武城. 韓非使秦, 秦用李斯謀, 留非, 非死雲陽. 韓王請爲臣. 十五年, 大興兵, 一軍至鄴, 一軍至太原, 取狼孟. 地動. 十六年九月, 發卒受地韓南陽假守騰. 初令男子書年. 魏獻地於秦. 秦置麗邑. 十七年, 內史騰攻韓, 得韓王安, 盡納其地, 以其地爲郡, 命曰潁川. 地動. 華陽太后卒. 民大饑. 十八年, 大興兵攻趙, 王翦將上地, 下井陘, 端和將河內, 羌瘣伐趙, 端和圍邯鄲城. 十九年, 王翦·羌瘣盡定取趙地東陽, 得趙王. 引兵欲攻燕, 屯中山. 秦王之邯鄲, 諸嘗與王生趙時母家有仇怨, 皆阬之. 秦王還, 從太原·上郡歸. 始皇帝母太后崩. 趙公子嘉率其宗數百人之代, 自立爲代王, 東與燕合兵, 軍上谷. 大饑. 二十年, 燕太子丹患秦兵至國, 恐, 使荊軻刺秦王. 秦王覺之, 體解軻以徇, 而使王翦·辛勝攻燕. 燕·代發兵擊秦軍, 秦軍破燕易水之西. 二十一年, 王賁攻(薊)[荊]. 乃益發卒詣王翦軍, 遂破燕太子軍, 取燕薊城, 得太子丹之首. 燕王東收遼東而王之. 王翦謝病老歸. 新鄭反. 昌平君徙於郢. 大雨雪, 深二尺五寸. 二十二年, 王賁攻魏, 引河溝灌大梁, 大梁城壞, 其王請降, 盡取其地. 二十三年, 秦王復召王翦, 彊起之, 使將擊荊. 取陳以南至平輿, 虜荊王. 秦王游至郢陳. 荊將項燕立昌平君爲荊王, 反秦於淮南. 二十四年, 王翦·蒙武攻荊, 破荊軍, 昌平君死, 項燕遂自殺. 二十五年, 大興兵, 使王賁將, 攻燕遼東, 得燕王喜. 還攻代, 虜代王嘉. 王翦遂定荊江南地; 降越君, 置會稽郡. 五月, 天下大酺. 二十六年, 齊王建與其相后勝發兵守其西界, 不通秦. 秦使將軍王賁從燕南攻齊, 得齊王建. 秦初幷天下,

令丞相・御史曰:「異日韓王納地效璽, 請爲藩臣, 已而倍約, 與趙・魏合從畔秦, 故興兵誅之, 虜其王. 寡人以爲善, 庶幾息兵革. 趙王使其相李牧來約盟, 故歸其質子. 已而倍盟, 反我太原, 故興兵誅之, 得其王. 趙公子嘉乃自立爲代王, 故舉兵擊滅之. 魏王始約服入秦, 已而與韓・趙謀襲秦, 秦兵吏誅, 遂破之. 荊王獻青陽以西, 已而畔約, 擊我南郡, 故發兵誅, 得其王, 遂定其荊地. 燕王昏亂, 其太子丹乃陰令荊軻爲賊, 兵吏誅, 滅其國. 齊王用后勝計, 絕秦使, 欲爲亂, 兵吏誅, 虜其王, 平齊地. 寡人以眇眇之身, 興兵誅暴亂, 賴宗廟之靈, 六王咸伏其辜, 天下大定. 今名號不更, 無以稱成功, 傳後世. 其議帝號」丞相綰・御史大夫劫・廷尉斯等皆曰:「昔者五帝地方千里, 其外侯服夷服諸侯或朝或否, 天子不能制. 今陛下興義兵, 誅殘賊, 平定天下, 海內爲郡縣, 法令由一統, 自上古以來未嘗有, 五帝所不及. 臣等謹與博士議曰: '古有天皇, 有地皇, 有泰皇, 泰皇最貴.' 臣等昧死上尊號, 王爲'泰皇'. 命爲'制', 令爲'詔', 天子自稱曰'朕'」王曰:「去'泰', 著'皇', 采上古'帝' 位號, 號曰'皇帝'. 他如議.」制曰:「可」追尊莊襄王爲太上皇. 制曰:「朕聞太古有號毋謚, 中古有號, 死而以行爲謚. 如此, 則子議父, 臣議君也, 甚無謂, 朕弗取焉. 自今已來, 除謚法. 朕爲始皇帝. 後世以計數, 二世三世至于萬世, 傳之無窮」……三十七年十月癸丑, 始皇出游. 左丞相斯從, 右丞相去疾守. 少子胡亥愛慕請從, 上許之. 十一月, 行至雲夢, 望祀虞舜於九疑山. 浮江下, 觀籍柯, 渡海渚. 過丹陽, 至錢唐. 臨浙江, 水波惡, 乃西百二十里從狹中渡. 上會稽, 祭大禹, 望于南海, 而立石刻頌秦德.

卷九

<11> 越絶 外傳 <計倪> 第十一

⟨11⟩ 越絶 外傳 ⟨計倪⟩ 第十一

　'계예'는 수수께끼와 같은 인물이며 동시에 책이름이 아닌가
한다. 인물로는 計然⟪史記⟫, 計硯⟪吳越春秋⟫ 등 표기가 다르며,
범려의 스승이라는 설도 있으며, 심지어 문종을 가리킨다고도
한다. 그런가 하면 이는 범려가 지은 책이름이라고도 하는 등
미궁에 싸여 있다.

　본편은 주로 계연을 인물로 다루어 그의 진언과 책략을 기록
하고 있으며 특히 그의 부국富國과 임현任賢에 대한 주장은 월왕
구천으로 하여금 패자가 될 준비를 공고히 하는 데에 큰 영향을
주었음을 부각시키기 위한 것이 아닌가 한다.

　한편 본 책 19편 중에 계예에 관련된 것이 2편이나 되어 상대적
으로 비중이 높아 기록의 균형에 의문을 제기하기도 한다.

⟨嵌貝鹿形銅鎭⟩⟨서한⟩ 1957 河南 陝縣 출토

203(11-1)
계예計倪

옛날, 월왕 구천句踐이 가까이는 강한 오吳나라의 침략을 받고, 멀리는 제후들에게 치욕을 당하였으며, 무기는 모두 흩어지고 나라는 장차 망하려는 지경에 이르자 이에 여러 신하들을 위협하여 신하들과 맹세를 하고자 하였다.

"내 오나라를 치려하는데 어찌해야 성공을 거둘 수 있겠소?"

신하들은 묵연히 아무런 대답을 하지 않는 것이었다.

왕이 말하였다.

"무릇 임금이 근심에 차면 신하는 치욕을 느껴야 하며, 임금이 치욕을 당하면 신하는 죽어야 하는 것이오. 그런데 어찌하여 대부들은 만나보기는 쉬우나 부리기는 이리도 어렵다는 것이오?"

그 때 계예計倪는 직위는 낮고 나이는 어려서 가장 뒤에 있다가 머리를 들고 일어나 이렇게 말하는 것이었다.

"위태롭군요! 대부는 만나기는 쉬우나 부리기가 어려운 것이 아니라 대왕께서 능히 신하들을 부리지 못하는 것이지요."

왕이 말하였다.

"무슨 뜻이오?"

계예가 대답하였다.

"무릇 관직과 지위, 재물과 예물 등은 왕께서 별것 아닌 것으로 여기는 것이며, 죽음이란 선비로서 중히 여기는 것입니다. 그런데 왕께서는 가벼이 여길 바는 아끼시면서 선비가 중히 여기는 바는 요구하시니 어찌 어렵지 않겠습니까!"

昔者, 越王句踐近侵於彊吳, 遠媿於諸侯, 兵革散空, 國且滅亡, 乃脅諸臣而與之盟:「吾欲伐吳, 奈何有功?」

群臣黙然而無對.

王曰:「夫主憂臣辱, 主辱臣死. 何大夫易見而難使也?」

計倪官卑年少, 其居在後, 擧首而起曰:「殆哉! 非大夫易見難使, 大王不能使臣也.」

王曰:「何謂也?」

計倪對曰:「夫官位財幣, 王之所輕; 死者, 是士之所重也. 王愛所輕, 責士所重, 豈不艱哉!」

【兵革】무기와 갑옷. 여기서는 군대가 무너졌음을 말함.

【媿於諸侯】제후들에게 부끄러움을 당함. '媿'는 '愧'와 같음.

【脅諸臣而與之盟】신하들을 협박하여 목숨을 바쳐 자신의 의도를 관철하고자 더불어 맹약을 맺고자 함. 그러나 '脅'은 《吳越春秋》에는 '召'로 되어 있음. 錢培名 〈札記〉에 "脅, 《吳越春秋》作召, 義較優"라 함.

【計倪】越나라 인물. 성은 辛, 이름은 文子. 范蠡의 스승이며 句踐을 도와 훌륭한 모책을 마련해 주었던 謀臣으로 알려짐. 그러나 《史記》貨殖列傳에는 '計然'으로, 《吳越春秋》에는 '計硯', '計兒'로 되어 있음. 《史記》集解에는 "計然者, 范蠡之師也. 名研, 故諺曰:「研, 桑心算.」裴案:《范子》曰:「計然者, 葵丘濮上人, 姓辛, 字文子. 其先晉國亡公子也, 嘗南游於越, 范蠡師事之.」"라 함. 한편 《漢書》食貨志 顏師古 注에는 蔡謨의 말을 인용하여 "《計然》者, 范蠡所著書篇名耳, 非人也. 謂之計然者, 所計而然也. 群書所稱句踐之賢佐, 種·蠡爲首, 豈聞復有姓計名然者乎? 若有此人, 越但用半策, 便以致霸, 是功重於范蠡, 蠡之師也, 焉有如此而越國不記其事, 書籍不見其名, 史遷不述其傳乎?"라 함. 錢穆의 《先秦諸子繫年考辨》의 '計然乃范蠡著書篇名非人名辨'에서도 10가지 근거를 들어 計然은 人名이 아니라 著書名이라 하였음.

【擧首而起】《吳越春秋》에는 "乃擧手而趨, 踏席而前"으로 되어 있음.

【死者, 士之所重】 죽음에 대한 문제는 선비라면 아주 신중히 생각함. 이는《戰國策》 齊策(4)의 管燕,《韓詩外傳》(7)의 陳饒,《설원》尊賢篇의 田饒,《新序》(2)의 燕相 고사와 매우 흡사함.

1.《吳越春秋》句踐陰謀外傳

越王卽鳴鍾驚檄而召群臣, 與之盟, 曰:「寡人獲辱受恥, 上愧周王, 下慙晉·楚. 幸蒙諸大夫之策, 得返國修政, 富民養士. 而五年未聞敢死之士·雪仇之臣, 奈何 而有功乎?」群臣黙然, 莫對者. 越王仰天歎曰:「孤聞:『主憂臣辱, 主辱臣死.』 今孤親被奴虜之厄, 受囚破之恥, 不能自輔, 須assistance任仁, 然後討吳, 重負諸臣, 大夫何易見而難使也?」於是, 計硯年少官卑, 列坐於後, 乃擧手而趨, 蹈席而 前進, 曰:「謬哉! 君王之言也. 非大夫易見而難使, 君王之不能使也.」越王曰: 「何謂?」計硯曰:「夫官位·財幣·金賞者, 君之所輕也. 操鋒履刃·艾命投死者, 士之所重也. 今王易財之所輕, 而責士之所重, 何其殆哉!」

204(11-2)
계예의 진언進言

왕이 스스로 읍을 하고 계예를 앞으로 나오도록 하면서 물었다.

그러자 계예가 이렇게 대답하였다.

"무릇 인의仁義란 다스림의 문이며, 사민士民이란 임금의 뿌리와 줄기입니다. 문을 열되 근본을 견고히 함에는 자신을 바로잡는 것 만한 것이 없습니다. 그리고 자신을 바로잡는 방법은 삼가 좌우 신하를 잘 선택하는 데에 있습니다. 좌우 신하가 잘 선택되면 임금의 권위는 날로 상승될 것이요, 잘 선택하지 않으면 임금의 권위는 날로 하락할 것입니다. 이 두 가지 그 바탕이 점차 영향을 받도록 함을 귀히 여깁니다. 원컨대 임금께서는 무리 속에 공정하게 선택하시고 좌우를 정밀하게 연마시키시되, 군자나 지성의 선비가 아닌 자라면 조정의 높은 자리에 앉을 수 없도록 하시고, 사벽邪僻한 기운을 가진 자는 더 이상 점점 자라나지 못하도록 하십시오. 인의의 실천은 계단이 있으니 인의는 그의 능력으로써 알아내어야 하며, 관직은 그의 치적으로써 알아내어야 합니다. 작위와 포상, 그리고 형벌은 한결같이 임금 한 사람에게서만 나오도록 하면 신하는 감히 훼예毁譽를 말도 꺼내지 못할 것이며 공적이 없는 자는 감히 정치에 간여할 수 없게 될 것입니다. 그가 어디 출신인지에 얽매이지 않으며, 그 선조가 누군지 묻지도 말 것이며 좋아하는 것과 선발하는 것에 일관성이 있어야 합니다. 이 까닭으로 주周 문왕文王과 제齊 환공桓公은 현능한 이를 임용하는 데에 몸소 나섰고, 태공太公과 관중管仲은 사람을 알아보는 데에 명철하였던 것입니다. 지금은 그렇지 않으니 저는 그 때문에 위태롭다고 말한 것입니다!"

王自揖, 進計倪而問焉.

計倪對曰:「夫仁義者, 治之門; 士民者, 君之根本也.
闓門固根, 莫如正身. 正身之道, 謹選左右. 左右選, 則
孔主日益上; 不選, 則孔主日益下. 二者貴質浸之漸也.
願君王公選於眾, 精鍊左右, 非君子至誠之士, 無與居
家; 使邪僻之氣, 無漸以生. 仁義之行有階, 仁知其能,
官知其治. 爵賞刑罰, 一由君出, 則臣下不敢毀譽以言,
無功者不敢干治. 故明主用人, 不由所從, 不問其先, 說
取一焉. 是故周文·齊桓, 躬於任賢; 太公·管仲, 明於
知人. 今則不然, 臣故曰殆哉!」

【闓門】'闓'는 '開'와 같음.
【孔主日益上】孔은 大, 甚의 뜻. 여기서는 임금의 권위를 의미함. 張宗祥〈校注〉에
"孔, 甚也, 見《書》皋陶謨注. 此蓋言甚其主之日益賢, 或日益不肖也"라 함.
【說取一焉】'說'은 '悅'과 같음. 임금의 언행이나 감정, 선택 등이 일관성이 있어야 함.
【周文】周 文王. 周나라 건국의 聖王. 姬昌. 后稷(姬棄)의 후손으로 季歷의 아들
이며 古公亶甫의 손자. 商나라 말 紂임금 때 西伯이 되어 인정을 베풀었으며
紂의 미움을 받아 羑里(牖里, 지금의 河南 湯陰縣)의 감옥에 갇히는 등 고초를
겪기도 하였으며 그 아들 武王(姬發)에 이르러 紂를 牧野에서 멸하고 周나라를
일으킴.《史記》周本紀 참조.
【齊桓】齊桓公. 春秋五霸의 첫 首長. 이름은 小白. 齊나라에 난이 일어나자 鮑叔이
모시고 莒나라로 피신, 管仲은 公子 糾를 모시고 魯나라로 피신함. 뒤에 난이
진압되고 먼저 귀국하는 자가 왕이 될 수 있는 기회에 小白이 오는 길을 管仲
일행이 막고 활을 쏘아 소백의 허리띠 고리에 맞추자 소백은 죽은 척 쓰러져
있다가 지름길로 귀국하여 왕위에 오름. 뒤에 포숙의 추천으로 관중을 등용
하여 제나라를 부강하게 하여 九合諸侯, 一匡天下하여 첫 패자가 됨. B.C.685~
B.C.643년까지 43년 동안 재위함.《史記》齊太公世家를 참조할 것.

【太公】姜太公. 呂氏이며 姜姓. 이름은 望, 혹은 尙. 자는 子牙. 西周 초 太師가
되어 師尙父로도 불림. 나이 70에 渭水의 潘溪에서 낚시질을 하던 중 周 文王을
만나 太師에 올랐으며 文王의 아들 武王을 도와 殷(商)을 멸함. 뒤에 齊나라에
봉을 받아 춘추시대 齊나라 시조가 됨.《史記》齊太公世家 참조.
【管仲】춘추시대 齊나라 인물. 管夷吾는 이름이며 仲은 그의 字. 齊 桓公을 첫
霸者로 성취시킨 인물. 처음 齊나라에 난이 일어나 公子들이 뿔뿔이 흩어질 때
管仲은 公子 糾를 모시고 魯나라로 피신하였으며 鮑叔은 小白을 모시고
莒나라로 피신함. 뒤에 난이 끝나고 먼저 귀국하는 자가 왕위에 오르게 되어
있었으며 이 때 管仲은 小白 일행이 오는 길목을 지키다가 활로 小白을 쏘았
으나 小白이 허리띠 고리에 맞고 죽은 척 쓰러져 있다가 지름길로 들어가 먼저
왕위에 올랐으며 이가 환공임. 이에 공자 규와 관중 일행은 귀국하지 못하고
처벌을 기다렸으나 鮑叔의 추천으로 환공의 재상이 되어 제나라를 부강하게
만들었으며 재상에 오름. 환공이 그를 높여 仲父라 칭하였음.《史記》管晏列傳
및《列子》등을 참조할 것. '管鮑之交' 등의 많은 고사를 남겼으며 그의 사상과
언행을 기록한《管子》가 전함.

참고 및 관련 자료

1.《吳越春秋》句踐陰謀外傳
於是, 越王默然不悅, 面有愧色, 卽辭群臣, 進計硯而問曰:「孤之所得士心者
何等?」計硯對曰:「夫君人, 尊其仁義者, 治之門也; 士民者, 君之根也. 開門
固根, 莫如正身. 正身之道, 謹左右. 左右者, 君之所以盛衰者也. 願王明選左右,
得賢而已.」

205(11-3)
훌륭한 신하

월왕 구천이 발연勃然히 말하였다.

"내 듣기로 제齊 환공桓公은 하고 싶은 대로 다하면서도 구합제후九合諸侯하고 일광천하一匡天下할 수 있었던 것은 관중管仲의 힘 덕분이었을 것이오. 내 비록 어리석기는 하나 오직 대부에게 의지하고 있는 것이오."

계예가 대답하였다.

"제 환공이 관중의 죄를 용서해주고 큰 임무를 맡긴 것은 지극히 쉬운 일이었지요. 이 까닭으로 남양南陽의 창구蒼句였지요. 태공太公은 아흔이 되도록 아무런 자랑거리가 없는 반계磻溪의 굶주린 사람이었습니다. 그런데 성스러운 군주가 그의 욕됨을 생각지 아니하고 현능한 인물이라 여겼습니다. 하나도 중보仲父요, 둘도 중보에게 맡겼으니 이렇게 하면 왕도도 이룰 수 있었을 것인데 단지 패자가 된 것만으로 어찌 대단하다 말하겠습니까! 환공은 그를 중보라 불렀고, 문왕文王은 그를 태공이라 불렀으니 이 두 사람을 생각하건대 일찍이 반 걸음의 노고도 없었고, 크게 한 번 소리친 공적도 없었음에도 황공은 궁시弓矢로 자신을 죽이려 했던

〈齊桓公〉

원한을 잊고 그를 상경上卿에 앉혔습니다. 전傳에 '단지 삼공을 맡을 능력만 있으면 그만'이라 하였습니다. 그런데 지금 신하를 배치하고도 존중하지 아니하고, 어진 이를 부리면서도 그를 등용하지 않고 있으니 이는 비유컨대

문에다 거짓 화상을 걸어놓고 거기에 기대어 사람을 속이는 것과 같으니 대체로 지혜로운 선비는 수치로 여기는 바요, 현능한 자는 부끄럽게 여기는 바입니다. 왕께서는 잘 살피시기 바랍니다."

越王勃然曰:「孤聞齊威淫泆, 九合諸侯, 一匡天下, 蓋管仲之力也. 寡人雖愚, 唯在大夫.」

計倪對曰:「齊威除管仲罪, 大責任之, 至易. 此故南陽蒼句. 太公九十而不伐, 磻溪之餓人也. 聖主不計其辱, 以爲賢者. 一乎仲, 二乎仲, 斯可致王, 但霸何足道! 桓稱仲父, 文稱太公, 計此二人, 曾無跬步之勞·大呼之功, 乃忘弓矢之怨, 授以上卿. 傳曰:『直能三公.』今置臣而不尊, 使賢而不用, 譬如門戶像設, 倚而相欺, 蓋智士之所恥, 賢者之所羞, 君王察之.」

【齊威】齊 桓公. 宋代 版本에 '桓'자를 '威'자로 고쳐 쓴 것은 宋 欽宗의 趙桓의 이름을 諱한 것임. 樂祖謀 〈校勘記〉에 "威, 據史當作桓, 各本皆作威, 當仍宋本避宋欽宗諱改之故"라 함.
【南陽蒼句】이 구절은 완전하지 못함. '蒼句'는 의미를 알 수 없음. 張宗祥 〈校注〉에 "此句未詳"이라 하였고, 樂祖謀 〈校勘記〉에는 "南陽蒼句, 當爲人稱謂, 下必有脫文, 以對「太公九十」句"라 함.
【太公九十而不伐】錢培名 《札記》에 "上文以周文·齊桓·太公·管仲幷提, 此於太公只二句, 未竟其說, 似有脫誤.《吳越春秋》云: 昔太公九聲而足, 磻溪之餓人也, 西伯任之而王; 管仲魯之亡囚, 有貧分之毀, 齊桓得之而霸. 義較完備"라 하였고, 張宗祥 〈校注〉에 "伐, 功也. 不伐, 不見有功也"라 함.
【磻溪】지금의 陝西 寶鷄市 동남쪽 溪水. 북쪽으로 흘러 渭水와 합류함. 姜太公이 낚시하던 곳이며 뒤의 隱居處.

【一乎仲, 二乎仲】《新序》(雜事), 韓非子(難二), 呂氏春秋(任數), 論衡(自然) 등에
실려 있는 고사를 비유한 것으로 보임.

【跬步之勞】반 걸음 정도 움직이는 노고로움.

【大呼之功】한 번 크게 소리쳐 부르는 정도의 힘을 들인 공로.

【忘弓矢之怨】小白(桓公)이 귀국할 때 公子 糾를 모시던 管仲이 자신을 활로
쏘아 죽이려 했던 일에 대한 원한.

【上卿】제후국의 제후 다음 가장 높은 직위.

【直能三公】'直'은 '職', 혹은 '値'의 뜻. 三公은 太師, 太傅, 太保의 높은 직위. 임금을
보좌하는 가장 높은 세 직위.

참고 및 관련 자료

1.《吳越春秋》句踐陰謀外傳

「昔太公, 九聲而足, 磻溪之餓人也, 西伯任之而王. 管仲, 魯之亡囚, 有貪分之毀,
齊桓得之而霸. 故傳曰：『失士者亡, 得士者昌.』願王審於左右, 何患群臣之不
使也?」越王曰：「吾使賢任能, 各殊其事. 孤虛心高望, 冀聞報復之謀. 今咸匿
身隱形, 不聞其語, 厥咎安在?」計硯曰：「選賢實士, 各有一等. 遠使以難, 以效
其誠; 內告以匿, 以知其信; 與之論事, 以觀其知; 飲之以酒, 以視其亂; 指之
以使, 以察其能; 示之以色, 以別其態. 五色以設, 士盡其實, 人竭其智. 知其智,
盡實, 則君臣何憂?」越王曰：「吾以謀士效實・人盡其智, 而士有未盡進辭有益
寡人也.」計硯曰：「范蠡明而知內, 文種遠以見外. 願王請大夫種與深議, 則霸王
之術在矣.」

2.《呂氏春秋》任數篇

有司請事於齊桓公. 桓公曰：「以告仲父.」有司又請, 公曰：「告仲父.」若是三.
習者曰：「一則仲父, 二則仲父, 易哉爲君.」桓公曰：「吾未得仲父, 則難已. 得仲
父之後, 曷爲其不易也!」桓公得管子, 事猶大易, 又況於得道術乎!

3.《韓非子》難二

齊桓公之時, 晉客至, 有司請禮, 桓公曰告仲父者三. 而優笑曰：「易哉爲君! 一曰
仲父, 二曰仲父.」桓公曰：「吾聞君人者, 勞於索人, 佚於使人. 吾得仲父已難矣.
得仲父之後, 何爲不易乎哉!」

4.《論衡》自然篇

或復於齊桓公 公曰:「以告仲父」左右曰:「一則仲父, 二則仲父, 爲君乃易乎?」桓公曰:「吾未得仲父, 故難? 已得仲父, 何爲不易?」夫桓公得仲父, 任之以事, 委之以政, 不復旅知. 皇天以至優之德, 與王政而譴告人, 則天德不若桓公, 而霸君之操過上帝也.

5.《新序》雜事(4)

有司請吏於齊桓公, 桓公曰:「以告仲父」有司又請, 桓公曰:「以告仲父」若是者三. 在側者曰:「一則告仲父, 二則告仲父, 易哉爲君!」桓公曰:「吾未得仲父則難, 已得仲父, 曷爲其不易也.」故王者勞於求人, 佚於得賢. 舜擧衆賢在位, 垂衣裳, 恭己無爲, 而天下治. 湯文用伊·呂, 成王用周·召, 而刑措不用, 兵偃而不動, 用衆賢也. 桓公用管仲則小也, 故至於霸, 而不能以王. 故孔子曰:『小哉, 管仲之器!』蓋善其遇桓公, 惜其不能以王也. 至明主則不然, 所用大矣. 詩曰:『濟濟多士, 文王以寧.』此之謂也.

206(11-4)
감추고 있어야 할 이기利器

월왕이 말하였다.

"진실한 자는 능히 그 말을 숨기지 않는 것이니 대부들은 모두 이 자리에 있으니 어찌 말을 기다리겠는가!"

계예가 대답하였다.

"제가 듣기로 지혜로운 자는 말을 마구하지 않은 채 그 공로를 성취시키며, 현능한 자는 현능한 자는 시작은 움직이기 어려우나 마침내는 성취가 있다 하더이다. 전傳에 '《역易》의 겸괘謙卦는 겸손하게 지난 허물을 질문하고 자신의 위세를 억제하고 형세를 잘 저울질 하되 이기利器는 남에게 드러내어 보이지 않는다'라 하였습니다. 상벌이 임금으로부터 나와야 한다고 말한 것은 이를 두고 하는 말입니다. 그러므로 현명한 군주가 신하를 등용함에는 뛰어난 일에는 약간의 책임만 물음으로써 이를 직책에 시행하여 그 공적을 이루도록 하고, 멀리 사신으로 부려보아 그 진실함을 바치도록 하며, 안으로 들어가 그 간특함을 말하도록 하여 그의 미더움을 알아내고, 그에게 일을 설명할 기회를 주어 그의 지혜를 관찰하며, 그에게 술을 주어 그의 태도를 관찰하는 것입니다. 선비를 선발하여 대비하되 불초한 자는 그런 자리에 있지 않도록 해야 합니다."

월왕은 크게 부끄러워하며 이에 못을 허물어 버리고 참호를 메워버리고, 곡식창고를 열어 가난하고 궁핍한 자를 크게 구제하였다. 그리고 여러 군신들을 파견하여 직접 나서서 병든 자를 위문하고 죽거나 다친 사람을 살피도록 하며, 궁벽함을 당하지 않도록 하고 덕 있는 자를 높여주며 백성들과 고락을 함께 하며 제방을 쌓아 격랑을 막아주고 샘을 파서 함께 사용하는 등 절대로 홀로 차지하지 않을 것임을 보여주었다.

이렇게 행한지 6년이 지나자 사민土民들은 한 마음이 되어 도모하지 않아도 같은 말을 하며 부르지 않아도 스스로 모여들어 모두가 오吳나라를 치겠다고 나서는 것이었다.

드디어 큰 공을 세워 제후들을 제패하게 된 것이다.

공자孔子가 "관대히 하면 무리를 얻을 수 있다"라 하였으니 이를 두고 한 말이다.

越王曰: 「誠者不能匿其辭, 大夫旣在, 何須言哉!」

計倪對曰: 「臣聞智者不妄言, 以成其勞; 賢者, 始於難動, 終於有成. 傳曰: 『《易》之謙, 遜對過問, 抑威權勢, 利器不可示人.』言賞罰由君, 此之謂也. 故賢君用臣, 略責於絶, 施之職而成其功; 遠使, 以效其誠; 內告以匿, 以知其信; 與之講事, 以觀其智; 飮之以酒, 以觀其態. 選士以備, 不肖者無所置.」

越王大媿, 乃壞池塡塹, 開倉穀, 大貧乏; 乃使群臣身問疾病, 躬視死喪; 不厄窮僻, 尊有德; 與民同苦樂, 激河泉井, 示不獨食.

行之六年, 士民一心, 不謀同辭, 不呼自來, 皆欲伐吳.

遂有大功而霸諸侯.

孔子曰: 「寬則得衆.」此之謂也.

【易之謙】《周易》제 15번 째 謙卦. 地山謙(艮下坤上: ☷下☶上)으로 이루어져 있으며, "謙: 亨, 君子有終. 象曰: 謙, 亨. 天道下濟而光明, 地道卑而上行. 天道虧盈而益謙, 地道變盈而流謙, 鬼神害盈而福謙, 人道惡盈而好謙, 謙尊而光, 卑而不可踰: 君子之終也. 象曰: 地中有山, 謙; 君子以裒多益寡, 稱物平施. 初六, 謙謙君子, 用涉大川, 吉. 象曰: 「謙謙君子」, 卑以自牧也. 六二, 鳴謙, 貞吉. 象曰: 「鳴謙貞吉」, 中心得也. 九三, 勞謙君子, 有終, 吉. 象曰: 「勞謙君子」, 萬民服也. 六四, 无不利, 撝謙. 象曰: 「无不利撝謙」, 不違則也. 六五, 不富, 以其鄰, 利用侵伐, 无不利. 象曰: 「利用侵伐」, 征不服也. 上六, 鳴謙, 利用行師征邑國. 象曰: 「鳴謙」, 志未得也; 「可用行師」, 征邑國也"라 함.

【利器不可示人】《老子》(36)에 "國之利器不可以示人"이라 함. 나라의 秉權을 남에게 보여주어서는 위험함.

【賞罰由君】張宗祥〈校注〉에 "《吳越春秋》作「故傳曰: 失士者亡, 得士者昌, 願王審於左右, 何患群臣之不使也?」此處有誤"라 함.

【遠使】錢培名〈札記〉에 "《吳越春秋》作「遠使以難以效其誠」. 此脫二字"라 함.

【內告以匿】'匿'은 '慝'과 같음.

【飲之以酒】錢培名〈札記〉에 "《吳越春秋》作「飲之以酒, 以視其亂; 指之以使, 以察其能; 示之以色, 以別其態」, 此似有脫文"이라 함.

참고 및 관련 자료

1.《吳越春秋》句踐陰謀外傳

越王曰:「吾使賢任能, 各殊其事. 孤虛心高望, 冀聞報復之謀. 今咸匿身隱形, 不聞其語, 厥咎安在?」計硯曰:「選賢實士, 各有一等. 遠使以難, 以效其誠; 內告以匿, 以知其信; 與之論事, 以觀其知; 飲之以酒, 以視其亂; 指之以使, 以察其能; 示之以色, 以別其態. 五色以設, 士盡其實, 人竭其智. 知其智, 盡實, 則君臣何憂?」

207(11-5)
회계산會稽山에 갇힌 구천

무릇 밖으로 용맹을 보이는 자는 반드시 안으로 인자함을 가지고 있다.

오자서伍子胥가 취리就李에서 전투를 벌여 그 때 합려閤廬가 상처를 입어 군대는 패한 채 돌아왔다.

이 때 사상자는 그 수를 헤아릴 수 없을 정도였는데 그렇게 된 이유는 너무 지쳐서 어쩔 수 없었기 때문이었다.

오자서는 내심 이렇게 걱정하였다.

"남의 신하가 되어 위로는 임금을 영예롭게 해드리지 못하고 아래로는 백성들로 하여금 전쟁의 피해를 입도록 한 허물을 뒤집어쓰고 말았구나."

스스로 안으로 상심을 하고 있었지만 아무도 이를 알아차리지 못하였다.

이에 오자서는 스스로 나서서 죽은 자를 보살피고 다친 자와 전투로 피해를 입은 자를 잡아주어 오자서의 손에 의해 보살핌을 받지 못하는 자가 없게 되자 그들은 눈물을 떨구며 울면서 월나라를 치고 나서야 죽겠노라 하는 것이었다.

3년을 스스로 허물을 인정하면서 처자도 가까이 하지 아니하고 배가 고파도 배불리 먹지 아니하며 아무리 추워도 겹비단의 따뜻한 옷은 입지 않았으며 오로지 월나라를 칠 마음만 다잡은 채 그 원한을 갚고야 말겠다고 마음을 모았다.

그는 월공越公을 스승으로 삼아 모시며, 그가 일러주는 방법을 기록하여, 하늘의 징조, 즉 견우牽牛와 남두南斗를 살피며, 불같이 타오르는 분노를 가진 채 하늘과 함께 일어서기로 하였다.

그리하여 명령을 내려 백성에게 고하기만 하면 그들은 마치 부모에게 달려오듯 하였으며 오자서의 말이라면 자신만 뒤쳐지면 어쩌나 할 정도였다.

군사와 무리들은 한 마음이 되어 하늘의 뜻을 얻게 되자 드디어 월나라를 향해 군대를 일으켜 그들과 서강西江에서 전투를 벌였다.

두 나라의 쟁투는 존망을 알 수 없었으나, 오자서는 시변時變을 알고, 속임수의 병법을 써서 군사를 두 날개로 만들어 밤에 불을 들고 서로 응하도록 하였다.

그러자 구천이 크게 놀라 군사들이 떨면서 항복하고자 하였다.

오나라는 이들을 진격하여 월나라 회계會稽의 전산嶺山에서 포위하였다.

오자서의 은미한 책략은 가히 신비롭다 할 만하며 몇 년을 지키는 전투방법으로 하자 구천은 화청을 청하여 왔다.

오자서는 이를 받아들이지 않도록 다투어 부차에게 간언하였으나 결국 그의 의견이 용납되지 않았고, 태재太宰 백비伯嚭가 허락해 주어 군대를 이끌고 귀환하고 말았다.

이처럼 부차는 태재 백비의 말을 듣고 원수를 죽이지 않았고, 십만 병사를 일으켜놓고는 그들과 더불어 대적하지도 않은 셈이 되었다.

성인聖人이 이를 기롱하였으며 이 때문에 《춘추春秋》에 그 문장을 기록하지도 않은 것이다.

그러므로 전傳에 "오자서는 똑똑하였음에도 오히려 취리의 치욕을 입고 말았다"라 하였으니 이를 두고 한 말이다.

夫有勇見於外, 必有仁於內.

子胥戰於就李, 闔廬傷焉, 軍敗而還.

是時死傷者不可稱數, 所以然者, 罷頓不得已.

子胥內憂:「爲人臣, 上不能令主, 下令百姓被兵刃之咎.」

自責內傷, 莫能知者.

故身操死持傷及被兵者, 莫不悉於子胥之手, 垂涕啼哭,
欲伐而死.

三年自咎, 不親妻子, 饑不飽食, 寒不重綵, 結心於越,
欲復其仇.

師事越公, 錄其述, 印天之兆, 牽牛南斗; 赫赫斯怒,
與天俱起.

發令告民, 歸如父母, 當胥之言, 唯恐爲後.

師眾同心, 得天之中, 越乃興師, 與戰西江.

二國爭彊, 未知存亡, 子胥知時變, 爲詐兵, 爲兩翼, 夜
火相應.

句踐大恐, 振旅服降.

進兵圍越會稽塡山.

子胥微策可謂神, 守戰數年, 句踐行成.

子胥爭諫, 以是不容; 宰嚭許之, 引兵而還.

夫差聽嚭, 不殺仇人; 興師十萬, 與不敵同.

聖人譏之, 是以《春秋》不差其文.

故傳曰:「子胥賢者, 尙有就李之恥.」此之謂也.

【夫有勇見於外】錢培名〈札記〉에 "此傳以'計倪'名篇, 而此節專言子胥, 與上文
略無關涉, 當是他篇錯簡, 誤置於此"라 함. 혹 〈7〉紀策考에 있어야 하는 것이
아닌가 함.

【罷頓】'罷'는 疲와 같음. '頓'은 頓絕함. 지극히 피로에 지침.

【上不能令主】'令'은 '아름답다'의 뜻. 위로는 임금을 영예롭게 해 주지 못함.
그러나 〈三民本〉에는 "令主, 應爲全主之誤"라 하여 '令'은 '全'자의 오류로

보았음. 즉 '임금을 온전히 보전해주다'의 뜻. 한편 錢培名 〈札記〉에는 "句下
疑有脫文"이라 함.

【綵】채색을 넣은 훌륭한 비단으로 짠 의류.

【越公】公孫聖의 스승. 210을 볼 것.

【印天之兆】'印'은 '印證하다. 合致하다. 符合하다'의 뜻.

【牽牛】牽牛星, 河鼓. 牛郎星. 銀河水를 사이에 두고 織女星과 대칭으로 있는
별자리로 天帝의 미움을 받아 매년 7월 7일 한 차례만 만나도록 되어 있음. 여기
서는 이들의 움직임을 통해 天時의 변화를 점쳐 越나라를 공격하겠다는 뜻.

【南斗】역시 별자리의 하나. 두수(斗宿). 南斗 六星.

【赫赫斯怒】《詩經》大雅 皇矣篇에 "王赫斯怒, 爰整其旅, 以按徂旅, 以篤于周祜,
以對于天下"라 함.

【西江】夫差가 越나라와 전투를 벌인 곳. 구체적으로 알 수는 없음. 그러나
《史記》에는 夫椒山으로 되어 있음.

【振旅服降】'振'은 '震'과 같음. '두려움에 떨다'의 뜻. 그러나 〈三民本〉에는 '旅'를
'집합, 집결'의 뜻으로 보았음.

【會稽塡山】會稽는 會稽山. 塡山은 구체적으로 알 수 없음.

【子胥微策可謂神】錢培名 〈札記〉에 "句下疑脫'乎'字"라 함.

【聖人】《春秋》를 정리한 孔子를 가리킴.

【不差】'差'는 '격상시켜 기록하다'의 뜻. 여기서는 夫差와 伍子胥의 이런 전투에
대해 공자가 《春秋》를 쓰면서 자세히 기록하지 않았음을 말한 것.

208(11-6)
경성경국傾城傾國의 미색

안타깝도다! 부차는 오자서를 믿지 않고 태재 백비를 신임하였으니 이는 진晉나라를 혼란에 빠뜨렸던 여희驪姬나 주周나라를 망하게 한 포사襃姒와 같은 예이다.

그들은 모두가 요염하고 아름답기는 도화지 그림보다 더 하건만 사람의 도리에서 흉패凶悖한 짓은 극에 달할 정도였다.

경성傾城과 경국傾國의 미색은 뒷날 왕들에게 그 아름다움을 그리워하도록 밝게 보여주는 짓을 하지만, 아름다운 바탕과 잘 꾸며진 용모라면 임금으로서는 마땅히 옛 역사 속에서 거울로 삼겠노라 찾아야 하는 것이다.

옛사람은 "쓴 약은 병 치료에 이롭고, 쓴 소리는 행동에 이롭다"라 하였다.

그러니 편안할 때는 엎드려 위험을 깊이 생각하여 날마다 삼가고 삼가야 하는 것이다.

《역易》에는 "나갈 줄만 알면서 물러날 줄 모르고, 존재할 줄만 알았지 망하리라는 것은 모르며, 얻는 것만 알았지 잃는 것은 모른다"라 하였고, 또 "진퇴와 존망에 대해 그 정도를 잃지 않는 자는 오직 성인뿐!"이라 하였다.

이로 말미암아 말하건대 나간다는 것은 물러선다는 뜻이며, 존재한다는 것은 망함의 기미幾微이며 얻는다는 것은 잃는다는 원리라고 할 수 있으리라.

사랑하기를 마치 부모 대하듯 하고, 우러러보기를 마치 해와 달 쳐다보듯 하며, 공경하기를 마치 신명神明을 공경하듯 하고 두려워하기를 마치 우레를 두려워해야 하는 것이니, 이것이 그 복을 길이 이어가는 것이며 재앙과 혼란을 일으키지 않는 근본이로다.

哀哉! 夫差不信伍子胥, 而任太宰嚭, 此乃禍晉之驪姬, 亡周之褒姒.

盡妖妍於圖畫, 極凶悖於人理.

傾城傾國, 思昭示於後王; 麗質冶容, 宜求監於前史.

古人云:「苦藥利病, 苦言利行.」

伏念居安思危, 日謹一日.

《易》曰:「知進而不知退, 知存而不知亡, 知得而不知喪.」

又曰:「進退存亡, 不失其正者, 唯聖人乎!」

由此而言, 進有退之義, 存有亡之幾, 得有喪之理.

愛之如父母, 仰之如日月, 敬之如神明, 畏之如雷霆, 此其可以卜祚遐長, 而禍亂不作也.

【驪姬】春秋시대 晉 獻公(詭諸)의 부인. 獻公이 驪戎을 치자 驪戎이 이 여자 자매를 바쳐 모두 헌공의 총애를 입음. 그리하여 驪姬는 奚齊를 낳고 여희의 여동생은 卓子를 낳음. 여희는 총애를 믿고 태자 申生을 죽이고 공자 重耳(뒤의 文公)와 夷吾 등을 국외로 축출함. 이리하여 晉나라 내란이 일어났으며 重耳는 19년간 망명생활을 거쳐 돌아와 惠公(夷吾)을 이어 군주에 올라 春秋五霸의 하나가 됨. 《左傳》莊公 28년 및 《國語》晉語, 《史記》晉世家 등을 참조할 것.

【褒姒】西周 말 幽王의 후비. 褒나라 여자로 褒나라가 이를 바치자 幽王의 총애를 입어 伯服을 낳음. 유왕이 포사의 꾐에 빠져 태자 宜臼와 의구의 어머니(嫡妃) 申后를 폐하자 申侯(申后의 친정나라 아버지)가 犬戎과 결맹을 맺고 周를 공격, 驪山 아래에서 幽王을 죽이고 周나라를 멸망시킴. 한편 褒姒는 웃지를 않아 유왕이 그를 웃게 하고자 자주 봉화를 올렸으며 마지막 망할 때 봉화를 올렸으나 그 동안 속아온 제후들이 거짓인 줄로 알고 救援에 나서지 않아 망하게 된 것임. 또한 이렇게 西周나라가 망하고 태자 宜臼는 도읍을 洛邑으로 옮겨 새 왕조를 열어 이것이 東周이며 의구는 平王이 됨. 이런 東周는 곧 이어 春秋,

戰國을 거쳐 주왕실의 王權은 완전히 추락하고 말았음.

【圖畫】이들 미녀들은 그림 속의 미녀보다 더 곱고 아름다움.

【傾城傾國】성을 무너뜨리고 나라를 기울게 할 미색.《漢書》外戚傳에 "李延年
善歌, 侍武帝, 歌曰:「北方有佳人, 絶世而獨立. 一顧傾人城, 再顧傾人國. 寧不
知傾城與傾國, 佳人難再得!」上嘆息曰:「善! 世豈有此人乎?」平陽主因言延年
有女弟, 上乃召見之. 實妙麗善舞, 由是得幸"이라 하여 자신의 여동생을 무제
에게 추천한 말에서 비롯됨.

【冶容】아름답게 꾸민 용모. 미인을 뜻함.

【求監於前史】'監'은 '鑑'과 같음. 옛 역사에서 그 거울됨을 찾음.

【苦藥利病】《孔子家語》(六本篇)에 "孔子曰:「良藥苦於口而利於病, 忠言逆於耳
而利於行. 湯武以諤諤而昌, 桀紂以唯唯而亡. 君無爭臣, 父無爭子, 兄無爭弟,
士無爭友, 無其過者, 未之有也.」"라 하였고,《韓非子》(外儲說左上)에는 "夫良
藥苦於口, 而智者勸而飮之, 知其入而已己疾也; 忠言拂於耳, 而明主聽之, 知其
可以致功也"라 하였으며,《說苑》(正諫篇)에는 "孔子曰:「良藥苦於口, 利於病;
忠言逆於耳, 利於行. 故武王諤諤而昌, 紂嘿嘿而亡, 君無諤諤之臣, 父無諤諤之子,
兄無諤諤之弟, 夫無諤諤之婦, 士無諤諤之友; 其亡可立而待.」"라 하였고,《漢書》
(劉安傳)에는 "毒藥苦口利病, 忠言逆耳利行"이라 함. 그 외에도《昔時賢文》에는
"良藥苦口利於病, 忠言逆耳利於行"이라 하였고,《增廣賢文》에도 "良藥苦於口
而利於病, 忠言逆於耳而利於行"이라 하였으며,《明心寶鑑》(正己篇)에는 "子曰:
「良藥苦於口而利於病, 忠言逆於耳而利於行.」"이라 하는 등 아주 널리 알려진
格言임.

【居安思危】《左傳》襄公 11년에 "《書》曰: 居安思危. 思則有備, 有備無患"이라
하였고,《昔時賢文》에도 "得寵思辱, 居安思危"라 하였으며,《增廣賢文》에는
"得寵思辱, 居安思危. 念念有如臨敵日, 心心常似過橋時"라 함.

【易曰】《周易》乾卦 文言傳에 "知進而不知退, 知存而不知亡, 知得而不知喪.
其唯聖人乎! 知進退存亡, 而不失其正者, 其唯聖人乎!"라 함.

【卜兆遲長】國運이 길이 이어감.

卷 十

⟨12⟩ 越絶 外傳 ⟨記吳王占夢⟩ 第十二

〈12〉越絶 外傳〈記吳王占夢〉第十二

　　본편은 오왕 부차의 흉몽에 대한 해몽, 그리고 그로 인한 재앙의 결과를 소설처럼 기록한 내용이 주를 이루고 있다. 태재비와 공손성이 등장하여 부차의 길흉에 대한 지나친 정신적 불안감을 표출하고 있으며, 특히 공손성이 불길한 예조를 사실대로 풀이함으로써 도리어 죽음을 당할 수밖에 없었고, 이로써 오왕 부차의 멸망이 시작되며 그 결과는 참혹했다는 내용이다.

　　이는 정해진 오나라 멸망 과정의 순서를 부각시킴으로써, 일종의 역사 교훈을 삼고자 한 것이라 볼 수 있다.

〈彩繪陶舞俑〉(동한) 1954 陝西 長安 출토

209(12-1)
오자서伍子胥의 보필을 받은 합려閶廬

지난 날, 오왕 부차夫差 때에 그 백성들은 풍족하고 수도 많았으며, 곡식들은 잘 익어 풍년을 이루었고, 무기는 견고하고 날카로웠으며, 그 백성들은 전투에 익숙하였다.

합려閶廬가 오자서伍子胥의 가르침을 오로지 시행한 것이 시일이 흐르자 과연 그 효과가 이렇게 드러난 것이었다.

그러던 어느 날, 부차가 고서姑胥의 문을 나서서 고서대姑胥臺에 이르러 낮잠을 즐겼는데, 잠에서 깨어 일어났더니 그 마음이 추창惆悵하여 마치 어떤 후회스러운 일이 있는 듯하였다.

이에 곧바로 태재 백비를 불러 점을 쳐 보도록 하면서 이렇게 말하였다.

"방금 낮잠을 잤는데 꿈에 장명궁章明宮으로 들어갔소. 문에 들어섰더니 두 개의 솥에 불을 때고 있었으나 김이 나지 않는 것이 보였고, 두 마리 검은 개가 북쪽을 향해 짖다가 남쪽을 향해 짖어대는 것이 보였으며, 두 개의 가래가 서로 내 궁궐에 의지하여 기대어 세워놓은 것이 보였으며, 흐르는 물이 넘실대면서 우리 궁궐 담을 넘어 들어오는 것이 보였으며, 앞쪽 정원에 옆으로 비스듬히 오동나무가 자라고 있는 것이 보였고, 뒷방에서 철공 일을 하는 자가 불집게를 잡고 풀무질을 살살 하고 있는 것이 보였소. 그대는 나를 위해 정밀하게 점을 쳐 보아 길하면 길하다고 말하고 흉하면 흉하다고 일러주시오. 내 마음을 안심시키기 위해 아첨하는 말을 하지 마시오."

그러자 태재 백비는 이렇게 대답하였다.

"훌륭하십니다! 대왕께서 군사를 일으켜 제齊나라를 치라는 것입니다. 무릇 장명章明이란 제나라를 쳐서 이겨 천하에 그 밝음을 드러낸다는 것입니다. 두 개의 솥에 불을 때었으나 김이 나지 않았다는 것은 대왕의 성스러운 기운에 여유가 있음을 말하는 것이며, 두 마리 검은 개가 북쪽을 향해 짖다가 남쪽을 향해 짖어대었다는 것은 사이四夷가 이미 복종하고 제후들이 대왕께 조알을 온다는 것입니다. 그리고 두 개의 가래가 우리 궁실에 기대어 서 있다는 것은 농부들이 서로 합해 농사를 잘 짓는다는 것이며, 흐르는 물이 넘실대며 우리 궁궐 담을 넘어왔다는 것은 바쳐 오는 물건들이 이미 이르러 여유가 있다는 것이요, 앞뜰에 비스듬히 오동나무가 자라고 있다는 것은 악부樂府에서 기교가 뛰어난 연주를 한다는 것이요, 뒷방 철공 장인이 불집게를 잡고 풀무질을 살살 하고 있다는 것은 궁녀들이 음악을 연주한다는 뜻입니다."

오왕은 크게 기꺼워하며 태재 백비에게 잡색의 비단 40필을 하사하였다.

昔者, 吳王夫差之時, 其民殷衆, 禾稼登熟, 兵革堅利, 其民習於鬪戰.

闔廬□, 劓子胥之敎: 行有日, 發有時.

道於姑胥之門, 晝臥姑胥之臺, 覺寤而起, 其心惆悵, 如有所悔.

卽召太宰而占之, 曰:「向者, 晝臥, 夢入章明之宮. 入門, 見兩鬵炊而不蒸; 見兩黑犬嘷以北、嘷以南; 見兩鍤倚吾宮堂; 見流水湯湯, 越吾宮牆; 見前園橫索生樹桐; 見後房鍛者扶挾鼓小震. 子爲寡人精占之, 吉則言吉, 凶則言凶, 無諛寡人之心所從.」

太宰嚭對曰:「善哉! 大王興師伐齊. 夫章明者, 伐齊克,
天下顯明也. 見兩鬵炊而不蒸者, 大王聖氣有餘也. 見兩
黑犬嗥以北、嗥以南, 四夷已服, 朝諸侯也. 兩鏵倚吾宮堂,
夾田夫也. 見流水湯湯, 越吾宮牆, 獻物已至, 則有餘也.
見前圍橫索生樹桐, 樂府吹巧也. 見後房鍛者扶挾鼓小
震者, 宮女鼓樂也.」

　吳王大悅, 而賜太宰嚭雜繒四十四.

【殷衆】'殷'은 '많다, 부유하다'의 뜻.
【剬】'단'으로 읽으며 '劗'과 같음. '오로지 하다'의 뜻으로 봄. 그러나 〈四部備要〉
　본에는 이 구절 앞뒤가 "闔廬□剬子胥之敎"로 되어 있으며, 〈三民本〉에는 '□'를
　'卒'자로 보아 "闔廬卒, 剬子胥之敎"로 처리하여 '闔廬가 죽고 子胥의 가르침을
　단절시키다'로 풀이하였음. 여기서는 잠정적으로 〈귀주본〉의 풀이를 따름.
【惆帳】'惆悵'과 같음. 雙聲連綿語.
【章明宮】吳나라 궁궐 이름.
【鬵】'鬲'과 같음. 솥. 음식을 쪄내는 솥. 시루의 일종이기도 함.
【炊而不蒸】錢培名〈札記〉에 "《吳越春秋》作「蒸而不炊」, 下并同. 按: 據下太宰
　解爲「氣有餘」, 公孫聖解爲「不得火食」, 則「蒸而不炊」義較近"이라 함.
【鏵】농기구의 일종. 가래. 犁鏵.
【橫索生樹桐】'索'은 衍字.《吳越春秋》에는 "橫生梧桐"으로 되어 있음.
【後房鍛者】錢培名〈札記〉에 "按:「鍛者扶挾鼓小震」, 疑卽鍛工鼓韛, 故公孫聖
　解爲「太息」.《吳越春秋》作「後房鼓震簇簇有鍛工」"이라 함.
【挾】'鋏'이어야 함. 불집게. 鉗子.
【心所從】'희망 사항'을 뜻함.
【夾田夫也】錢培名〈札記〉에 "似有脫誤.《吳越春秋》作「農夫就成, 田夫耕也」,
　亦有誤"라 하여 오류가 있는 것으로 여김.
【樂府】악기를 연주함을 뜻함. 그러나 궁중 음악을 담당한 부서로도 볼 수 있음.

1.《吳越春秋》夫差內傳

吳王果興九郡之兵, 將與齊戰. 道出胥門, 因過姑胥之臺, 忽晝假寐於姑胥之臺而得夢, 及寤而起, 其心恬然悵焉. 乃命太宰嚭, 告曰:「寡人晝臥有夢, 覺而恬然悵焉. 請占之, 得無所憂哉? 夢入章明宮, 見兩鬵蒸而不炊, 兩黑犬嗥以南·嗥以北, 兩鋘殖吾宮牆, 流水湯湯越吾宮堂, 後房鼓震篋篋有鍛工, 前園橫生梧桐. 子爲寡人占之.」太宰嚭曰:「美哉! 王之興師伐齊也. 臣聞: 章者, 德鏘鏘也. 明者, 破敵聲聞, 功朗明也. 兩鬵蒸而不炊者, 大王聖德氣有餘也. 兩黑犬嗥以南·嗥以北者, 四夷已服, 朝諸侯也. 兩鋘殖宮牆者, 農夫就成, 田夫耕也. 湯湯越宮堂者, 鄰國貢獻, 財有餘也. 後房篋篋鼓震有鍛工者, 宮女悅樂, 琴瑟和也. 前園橫生梧桐者, 樂府鼓聲也.」吳王大悅, 而其心不已.

210(12-2)
공손성公孫聖

그러나 왕은 마음속으로 안심이 되지 않아 왕손락王孫駱을 불러 이를 고하였다.

그러자 왕손락은 이렇게 대답하였다.

"저는 지혜가 얕고 능력이 얇으며 방술方術에 대한 것도 몰라 능히 대왕의 점을 풀이 할 수가 없습니다. 제가 알기로 동액문東掖門 정장亭長 월공越公의 제자인 공손성公孫聖이란 자가 있는데 그는 사람됨이 어려서 학문을 좋아하고 자라서는 널리 유람하기를 좋아하였으며, 널리 듣고 많이 익혀 장차다가올 일에 대해 통달하고 있다 하더이다. 가히 대왕의 점을 풀이할 수 있을 것입니다. 제가 청컨대 그를 불러보겠습니다."

오왕이 말하였다.

"좋소."

왕손락은 이렇게 이기移記를 보냈다.

"오늘 임오壬午날, 좌교사마左校司馬 왕손락은 교시를 받아 동액문 정장 공손성에게 고하노라. 오왕께서 낮잠을 자다가 깨어나 슬픈 기분에 마치 후회할 일이 있는 듯하다 하시니 이 글이 도착하는 대로 수레를 몰아 고서대姑胥臺로 오라."

공손성이 이 이기를 받아 펼쳐서 읽어보고는 땅에 엎드려 한참을 일어서지를 못하는 것이었다.

그의 아내 대군大君이 곁에서 그를 부축해 일으키며 이렇게 말하였다.

"어찌 그대 생각대로 이렇게 큰 일이 벌어진 것일까! 임금 만나기를 그토록 바라더니 갑자기 이렇게 공문이 왔는데 눈물을 그치지 않다니요."

공손성은 하늘을 우러러 이렇게 탄식하였다.

"아, 슬프도다! 이는 진질로 그대가 능히 알 수 있는 일이 아니오. 오늘 임오날, 시운은 남방에 가해졌고, 운명은 창천蒼天에 속해졌으니 피해 도망할 수가 없소이다. 땅에 엎드려 우는 이유는 스스로 불쌍함을 어쩔 수 없어서라오. 다만 오왕의 마음에 아첨하여 말을 해 준다면 이는 스승의 가르침을 밝히는 것이 아니며, 바른 말로 곧은 간언을 하면 내 몸은 아무런 공도 없이 헛되이 죽고 말 것이오."

공손성이 아내 대군에게 이렇게 부탁하였다.

"그대는 억지라도 밥이나 잘 먹고 몸을 아끼시오. 삼가 서로 잊지나 맙시다."

그리고는 땅에 엎드려 글을 써서 이윽고 글이 완성되자 곧바로 아내와 팔을 잡고 결별의 인사를 나누었는데 눈물이 비처럼 쏟아졌다.

그리고는 수레에 올라 뒤도 돌아보지 않은 채 드디어 고서대에 이르러 오왕을 알현하였다.

王心不已, 召王孫駱而告之.

對曰:「臣智淺能薄, 無方術之事, 不能占大王夢. 臣知有東掖門亭長越公弟子公孫聖, 爲人幼而好學, 長而憙遊, 博聞彊識, 通於方來之事, 可占大王所夢. 臣請召之.」

吳王曰:「諾.」

王孫駱移記曰:「今日壬午, 左校司馬王孫駱, 受教告東掖門亭長公孫聖: 吳王晝臥, 覺寤而心中惆悵也, 如有悔. 記到, 車馳詣姑胥之臺.」

聖得記, 發而讀之, 伏地而泣, 有頃不起.

其妻大君從旁接而起之, 曰:「何若子性之大也! 希見

人主, 卒得急記, 流涕不止.」

公孫聖仰天歎曰:「嗚呼, 悲哉! 此固非子之所能知也.
今日壬午, 時加南方, 命屬蒼天, 不可逃亡. 伏地而泣者,
不能自惜. 但吳王諓心而言, 師道不明; 正言直諫, 身死
無功.」

大君曰:「汝彊食自愛, 愼勿相忘.」

伏地而書, 旣成篇, 卽與妻把臂而決, 涕泣如雨.

上車不顧, 遂至姑胥之臺, 謁見吳王.

【王孫駱】吳나라 大夫. 당시 左校司馬벼슬이었음.《國語》越語(下)에는 '王孫雒'
　으로 되어 있으며 注에 "雒, 吳大夫; 王孫, 姓也"라 함.《史記》越王句踐世家
　에는 '公孫雄'으로,《說苑》에는 '公孫雒'으로 표기되어 있음.

【方術之事】方術은 神仙, 占卜, 觀相 등에 관한 일.

【東掖門亭長】東掖門을 지키는 亭長. 亭은 10리마다 설치한 행정 단위로 정장을
　두어 치안을 담당하였음. 혹 亭長 은 秦漢 때에　宮門을 관리하는 책임자도
　亭長이라 불렀음. 東掖門은 동쪽의 掖門. 掖門은 正門 곁에 있는 작은 門.《漢書》
　高后紀 "入未央宮掖門"의 注에 "非正門而在兩旁, 若人之臂掖也"라 함.

【公孫聖】越公의 제자이며 方術에 뛰어났던 인물. 오왕 夫差의 꿈을 해몽해주고
　죽임을 당함.

【憙遊】'憙'는 '好'와 같음. 遊覽하기를 좋아함.

【博聞彊識】博聞强記와 같음.

【方來之事】곧 다가올 일. 미래의 일에 대해 통달함.

【移記】移文과 같음. 公文의 일종. 俞樾 〈讀越絕書〉에 "此古公牘文字, 雖未必
　春秋時格式如此, 要亦漢人之遺"라 함.

【壬午】60甲子의 干支. 고대는 날짜를 간지로 표기하였음.

【大君】公孫聖의 아내 이름.

【何若子性之大也】이는 文義가 통하지 않음. 錢培名 〈札記〉에 "大字疑誤.《吳越
　春秋》作「子何性鄙」"라 함.

【時加南方】壬午에서 壬은 北方, 水, 黑色에 속하며, 午는 南方, 火, 赤色에 속함. 따라서 水와 火의 不調和로 인해 凶日임을 뜻함. 한편 '時加南方'은 해가 正午에 이름. 고대 陰陽家는 十二支를 넷으로 나누어 동서남북 방위에 연결시켰으며 그 중 巳, 午, 未 셋은 南方 火에 속함. 午는 지금의 11~1시까지의 한낮에 해당함. '加'는 '그러한 불길함에 加重하여 해가 正南이 되는 시간이 겹침'의 뜻.

【命屬蒼天】자신과 오왕 부차의 목숨이 하늘에 속함. 즉 죽음. 고대 陰陽家의 〈六壬法〉에 의한 풀이임.《淮南子》天文訓에 "午爲定, 未爲執, 主陷"이라 하여 임오에 정오까지 겹쳐 화가 겹쳤음을 뜻함.《吳越春秋》에는 '命屬上天'으로 되어 있음.

【諛心而言】오왕의 마음에 아첨하여 사실이 아닌 말을 하는 경우를 말함.

【大君曰】원래는 아내 大君이 말한 것이 아니라 公孫聖이 아내 대군에게 한 말로 '謂大君曰'이어야 함. 錢培名〈札記〉에 "大君上似脫謂字"라 함.

【把臂而決】팔을 잡고 진정시키고 결별함. '決'은 '訣'과 같음.

참고 및 관련 자료

1.《吳越春秋》夫差内傳

吳王大悅, 而其心不已. 復召王孫駱, 問曰:「寡人忽晝夢, 爲予陳之」王孫駱曰: 「臣鄙淺於道, 不能博大. 今王所夢, 臣不能占. 其有所知者, 東掖門亭長, 長城公弟公孫聖. 聖爲人, 少而好游, 長而好學, 多見博觀, 知鬼神之情狀, 願王問之」王乃遣王孫駱, 往請公孫聖, 曰:「吳王晝臥姑胥之臺, 忽然感夢, 覺而悵然, 使子占之, 急詣姑胥之臺」公孫聖伏地而泣, 有頃而起, 其妻從旁謂聖曰:「子何性鄙! 希睹人主, 卒得急召, 涕泣如雨」公孫聖仰天嘆曰:「悲哉! 非子所知也. 今日壬午, 時加南方, 命屬上天, 不得逃亡, 非但自哀, 誠傷吳王」妻曰:「子以道自達於主, 有道當行, 上以諫王, 下以約身. 今聞急召, 憂惑潰亂, 非賢人所宜」公孫聖曰:「愚哉! 女子之言也. 吾受道十年, 隱身避害, 欲紹壽命. 不意卒得急召, 中世自棄, 故悲. 與子相離耳」遂去, 詣姑子胥.

211(12-3)
공손성의 해몽解夢

오왕이 공손성의 노고를 칭하며 말하였다.

"월공의 제자 공손성이시군요. 과인이 고서대에서 낮잠을 자다가 꿈에 장명궁으로 들어갔소. 그런데 문에 들어서자 두 개의 솥에 불을 때고 있었으나 김이 나지 않고 있는 것을 보았고, 두 마리 검은 개가 북쪽을 향해 짖다가 남쪽을 향해 짖는 것을 보았소. 다시 두 개의 가래가 내 궁궐에 서로 기대어 있는 것을 보았고, 흐르는 물이 넘실넘실하더니 나의 궁궐 담을 넘어서는 것을 보았고, 다시 앞쪽 정원에 오동나무가 옆으로 자라고 있는 것을 보았고, 또 뒷방 쇠를 단련하는 곳에서 철장이 풀무질을 조금씩 하는 것을 보았소. 그대는 과인을 위해 정밀하게 점을 쳐 주시오. 길하면 길하다고 말해야 하며 흉하면 흉하다고 말하시오. 나의 마음 가고 싶은 바에 따라 아첨하는 말을 해서는 안 되오."

공손성은 땅에 엎드려 한 참을 있다가 일어나 하늘을 우러러보며 이렇게 탄식하였다.

"안타깝습니다! 무릇 배를 좋아하는 자는 물에 빠져 죽고, 말타기를 좋아하는 자는 말에서 떨어져 죽는 것이니 군자는 각기 자신이 좋아하는 바에 따라 재앙을 만나게 되는 것이지요. 아첨하는 말로 풀이하여 일러드리는 것은 우리 선생님의 도를 밝히지 않는 것이요, 바른 말로 간절히 간언을 하면 제 몸은 죽고 아무런 공도 남기지 않는 것이 됩니다. 제가 땅에 엎드려 우는 것은 스스로 애석함을 어쩔 수 없어서가 아니라 대왕을 안타깝게 여기기 때문입니다. 무릇 장명궁의 장彰이란 전투를 해도 이기지 못한 채 도망치기에 정신이 없다는 뜻이며, 명明은 광명한 곳을 버리고 흑암의 세상으로 간다는 뜻입니다. 두 개의 솥에 불을 지피고 있는데도 김이 나지 않는 것을 보았다는 것은 왕께서 장차 익힌 음식을 먹지 못한다는 뜻이며, 두 마리 검은 개가 북쪽을 향해 짖다가 남쪽을 향해 짖는 것을 보았다는 것은 대왕은 몸은 죽고 혼백은 미혹하게 된다는 뜻입니다. 그리고 두 개의 가래가 궁궐 마당에 서로 기대어 있음을 보았다는 것은 월나라가 오나라 국경으로 들어와 종묘를 정벌하고 사직을 파헤친다는 뜻이며, 흐르는 물이 넘실거리다가 우리 궁궐 담을 넘어서는 것을 보았다는 것은 대왕의 궁실이 폐허가 된다는 뜻입니다. 앞쪽 정원에 오동나무가 옆으로 자라고 있다 하였으니 오동나무는 기용으로는 쓸 수 없고 다만 허수아비를 만드는 것으로 의당 사람과 함께 순장됨을 뜻합니다. 뒷방 공방에서 철을 다루는 장인이 작게 풀무질을 하고 있다는 것은 크게 탄식할 일이 있다는 뜻입니다. 왕께서는 어떤 일도 직접 행하지 마시고 신하를 시키심이 옳을 줄 압니다.”

태재 백비와 왕손락은 두려움에 떨며 모자와 두건을 벗고 어깨를 드러내며 부차에게 사죄하였다.

오왕은 상서롭지 못하다는 공손성의 말에 분함을 참지 못하고 이에 공손성이 스스로 그 재앙을 입도록 하였다.

왕은 이에 역사力士 석번石番으로 하여금 쇠몽둥이로 공손성을 쳐서 중간을 끊어 머리를 두 동강이 내도록 하였다.

공손성은 하늘을 우러러 이렇게 탄식하였다.

“창천은 이 원통함을 아십니까? 직언과 정간을 하였건만 몸은 죽고 공도 없음을! 우리 집에 명하여 나를 장례를 치르지 말고 나를 산 속으로 끌고 가 버려 후세에 내가 메아리가 도록 해 달라고 하시오.”

오왕은 사람을 시켜 그를 진여항산秦餘杭山에 버리도록 하면서 이렇게 말하였다.

“범과 이리가 그 육신을 파먹고, 들불이 그 뼈를 태워 동풍이 불어와 너의 재까지 다 날려버리면 네가 다시 어찌 소리를 낼 수 있겠는가!”

태재 백비가 앞으로 나서서 재배하며 말하였다.

“거역하는 말은 이미 소멸되었고 참유讒諛하는 말도 이미 사라졌습니다.

이를 바탕으로 잔치 술잔을 돌리십시오. 때는 가히 행동을 옮길 차례입니다."

　오왕이 말하였다.

　"좋소."

吳王勞曰：「越公弟子公孫聖也. 寡人晝臥姑胥之臺,
夢入章明之宮. 入門, 見兩鑪炊而不蒸; 見兩黑犬嘷以北·
嘷以南; 見兩鋛倚吾宮堂; 見流水湯湯 越吾宮牆; 見前園
橫索生樹桐; 見後房鍛者扶挾鼓小震. 子爲寡人精占之,
吉則言吉, 凶則言凶, 無諜寡人心所從.」

　公孫聖伏地, 有頃而起, 仰天歎曰：「悲哉! 夫好船者溺,
好騎者墮, 君子各以所好爲禍. 諛讒申者, 師道不明; 正言
切諫, 身死無功. 伏地而泣者, 非自惜, 因悲大王. 夫章者,
戰不勝, 走偉偉; 明者, 去昭昭, 就冥冥. 見兩鑪炊而不
蒸者, 王且不得火食. 見兩黑犬嘷以北·嘷以南者, 大王
身死, 魂魄惑也. 見兩鋛倚吾宮堂者, 越人入吳邦, 伐宗廟,
掘社稷也. 見流水湯湯, 越吾宮牆者, 大王宮堂虛也. 前園
橫索生樹桐者, 桐不爲器用, 但爲甬, 當與人俱葬. 後房
鍛者鼓小震者, 大息也. 王毋自行, 使臣下可矣.」

　太宰嚭·王孫駱惶怖, 解冠幘, 肉袒而謝.

　吳王忿聖言不祥, 乃使其身自受其殃.

　王乃使力士石番, 以鐵杖擊聖, 中斷之爲兩頭.

　聖仰天歎曰：「蒼天知冤乎? 直言正諫, 身死無功! 令吾
家無葬我, 提我山中, 後世爲聲響.」

吳王使人提於秦餘杭之山:「虎狼食其肉, 野火燒其骨, 東風至, 飛揚汝灰, 汝更能爲聲哉!」

太宰嚭前再拜, 曰:「逆言已滅, 讒諛已亡, 因酌行觴, 時可以行矣.」

吳王曰:「諾.」

【勞】노고를 치하함.

【越公弟子公孫聖也】〈四部備要〉본에는 ‘公弟子公孫聖也’로 되어 있음. 錢培名〈札記〉에는 "句首公字, 〈漢魏叢書〉本作越, 疑皆有脫字, 當作「子越公弟子公孫聖耶」, ‘耶’·‘也’古通用"이라 함.

【偉偉】 ‘偉偟’의 오류. 疊韻連綿語.《吳越春秋》에는 ‘偉偟’으로 되어 있음.

【甬】 ‘俑’과 같음. 고대 殉葬할 때 사용하는 木偶나 陶俑.《孟子》梁惠王(上)에 "仲尼曰:「始作俑者, 其無後乎!」爲其象人而用之也"라 함.

【肉袒】 어깨를 드러내어 사죄함. 자신의 잘못을 인정하여 죄를 기다릴 때 쓰는 말.

【石番】 人名. 吳나라 力士.《文選》注에는 ‘石蕃’으로 되어 있음.

【中斷之爲兩頭】 錢培名〈札記〉에 "或說: 頭字當在中下. 中, 去聲"이라 함.

【聲響】 메아리.

【秦餘杭之山】 秦餘杭山은 일명 陽山, 萬安山이라고도 함. "於是吳王乃使門人提之蒸丘"라 하였고, 徐天祜 注에는 "一名蒸山, 又名陽山, 在吳縣西北三十里"라 함.

【行觴】 宴會, 잔치를 뜻함. 기쁨을 즐김.

참고 및 관련 자료

1.《吳越春秋》夫差內傳

吳王曰:「寡人將北伐齊救魯, 道出胥門, 過姑胥之臺, 忽然晝夢. 子爲占之, 其言吉凶.」公孫聖曰:「臣不言, 身名全; 言之, 必死百段於王前. 然忠臣不顧其軀.」乃仰天嘆曰:「臣聞:『好船者必溺, 好戰者必亡.』臣好直言, 不顧於命, 願王

圖之. 臣聞: 章者, 戰不勝敗走偉偟也; 明者, 去昭昭, 就冥冥也. 入門見鑼蒸而不炊者, 大王不得火食也. 兩黑犬嗥以南・嗥以北者: 黑者, 陰也; 北者, 匿也. 兩鋘殖宮牆者, 越軍入吳國・伐宗廟・掘社稷也. 流水湯湯越宮堂者, 宮空虛也. 後房鼓震篋篋者, 坐太息也. 前園橫生梧桐者, 梧桐心空, 不爲用器, 但爲盲僮與死人俱葬也. 願大王按兵修德, 無伐於齊, 則可鎖也. 遣下吏太宰嚭・王孫駱解冠幘, 肉袒徒跣, 稽首謝於句踐, 國可安存也, 身可不死矣.」吳王聞之, 索然作怒, 乃曰:「吾天之所生, 神之所使.」顧力士石番以鐵鎚擊殺之. 聖乃仰頭向天而言曰:「吁嗟! 天知吾之冤乎? 忠而獲罪, 身死無辜. 以葬我, 以爲直者, 不如相隨? 爲柱, 提我至深山, 後世相屬爲聲響.」於是吳王乃使門人提之蒸丘:「豺狼食汝肉, 野火燒汝骨, 東風數至, 飛揚汝骸, 骨肉糜爛, 何能爲聲響哉?」太宰嚭趨進曰:「賀大王喜, 災已滅矣. 因舉行觴, 兵可以行.」

2.《文選》〈七命〉注

夫差使王孫聖占夢, 聖曰:「占之不吉」王怒, 使力士石蕃以鐵椎椎殺聖.

3.《太平御覽》(483)

吳王伐齊, 請公孫聖告之, 聖諫:「願大王勿伐齊.」大王怒曰:「吾天之所生, 神之所助」使力士石番, 擊以鐵槌, 身絕爲五.

212(12-4)
오나라의 처참한 최후

왕손락王孫駱을 좌교사마左校司馬로, 태재 백비伯嚭를 우교사마右校司馬로 삼고 오왕 부차는 기마병 3천을 따르며, 깃발에 깃털을 꽂고 스스로 중군中軍의 위치에 처하여 제齊나라 정벌에 나서 크게 승리를 거두었다.

병사들은 석 달 동안 제나라를 떠나지 않고 있다가 오는 길에 진晉나라를 공격하였는데, 진나라는 그들 병사들이 피로에 지쳐 있고 식량도 바닥이 났음을 알고 군사를 일으켜 이들을 공격하여 오나라 군사를 크게 패배시키고 말았다.

오나라 군사들은 강을 건너며 피가 흐르고 물에 뜬 시신이 그 수를 헤아릴 수 없을 정도였다.

오왕 부차는 견뎌내지 못하고 나머지 병사들을 인솔하여 함께 장차 진여항산秦餘杭山으로 가고 있었다.

주리고 배가 고팠으며 도보로 가면서 식량도 다 떨어졌고, 눈은 보이지 않았으며 땅에 손을 짚고 물을 마셔야 할 정도였다.

그러다가 농도籠稻라는 벼를 훑어 이를 먹으면서 좌우를 돌아보고 물었다.

"이 이름이 무엇이냐?"

신하들이 대답하였다.

"이는 농도라는 것입니다."

오왕이 말하였다.

"슬프도다! 이것이 공손성公孫聖이 말한 바의 '왕은 장차 익힌 음식을 먹지 못할 것'이라는 것이구나."

태재 백비가 말하였다.

"진여항산 서쪽 언덕은 조용하고 편한 곳으로 잠시 쉴만 합니다. 대왕께서는 어서 드시고 떠나시지요. 아직도 십 수리 남았습니다."

오왕이 말하였다.

"내 일찍이 공손성을 이 산에서 죽였는데 그대는 시험삼아 나를 위해 앞서가면서 불러보시오. 아직도 있는지. 있다면 마땅히 메아리가 들릴 것이오."

태재 백비가 곧바로 산에 올라 세 번을 소리쳐 불러보았더니 공손성의 메아리가 세 번 응하는 것이었다.

오왕은 크게 공포를 느껴 발이 마치 썩은 것처럼 땅에 붙어버렸고 얼굴은 죽은 사람처럼 잿빛으로 변하면서 이렇게 말하는 것이었다.

"공손성, 과인으로 하여금 이 땅을 그대로 가질 수 있게만 해 준다면 진실로 세세토록 그대를 받들어 모시겠노라!"

말이 미처 끝나기도 전에 월왕이 추격하여 이르러 병사들이 오나라 무리를 세 겹으로 포위하였고 대부 문종文種이 그 가운데 처하고 있었다.

범려范蠡가 오왕 부차에게 이렇게 따졌다.

"왕께서는 잘못이 다섯 가지가 있는데 알고나 있는가? 충신 오자서伍子胥와 공손성을 죽였는데, 오자서는 사람됨이 사건을 미리 알아내는 능력과 충성, 믿음이 있었건만 몸 중간을 잘라 강에 버렸고, 공손성은 바른 말에 직간을 하였음에도 그 몸은 죽고 아무런 공은 남기지 못한 것이 되고 말았다. 이것이 바로 큰 잘못의 첫째가 아니겠는가? 무릇 제나라는 아무런 죄가 없건만 헛되이 다시 공격하여 그들 조상 귀신들로 하여금 혈식血食도 받아먹지 못하고, 사직은 폐허가 되도록 하였고, 부자는 이산하며 형제는 함께 살지 못하도록 하였다. 이것이 큰 잘못 두 번째가 아니겠는가? 무릇 우리 월왕 구천은 비록 동쪽에 치우쳐 있었으나 그래도 역시 천자가 내려준 지위를 얻은 신분이요, 게다가 아무런 죄도 없는데 그대는 항상 그를 말에게 꼴이나 먹이는 일을 시켜 마치 노예나 포로처럼 괴롭혔다. 이것이 큰 잘못의 네 번째가 아니겠는가? 태재 백비는 아첨으로 가득한 자로서 왕의 세대를 단절시킨 자임에도 그의 의견을 듣고 등용하였으니 이것이 큰 잘못 다섯 번째가 아니겠는가?"

〈流民圖〉(明) 周臣 미 하와이 호놀룰루 미술대학 소장

오왕 부차가 말하였다.

"오늘 명령을 모두 듣겠습니다."

월왕 구천은 보광검步光劍을 어루만지며 굴로궁屈盧弓을 짚은 채 눈을 부릅뜨고 범려에게 말하였다.

"그대는 어찌 서둘러 결단을 내리지 않는 것이오?"

범려가 말하였다.

"신하로서 감히 군주를 죽일 수 없습니다. 제가 그대로 존재하도록 두어도 저 군주는 이미 죽은 것과 같습니다. 오늘 이미 겸손과 공경을 이 정도 보여주었으니 하늘의 보답에 미약하나마 공을 돌립니다."

월왕 구천이 오왕에게 말하였다.

"세상에는 천년을 산 사람이란 없으니 죽음이란 별것 아닌 것이오."

범려가 왼손에는 북을 잡고 오른 손에는 북채를 들고 울리며 이렇게 말하였다.

"높은 하늘은 푸르고 푸르러 마치 있는 듯도 하고 없는 듯도 한데, 어찌 군사가 그대의 목을 쳐 주고 그대의 해골을 부러뜨리기를 기다리리오?

그렇게 한다면 역시 어긋난 일이 아니겠소?"

오왕이 말하였다.

"명령을 듣겠습니다! 세 치 비단으로써 내 두 눈을 가려주시오. 죽은 자가 아는 것이 있다면 나는 오자서와 공손성을 보기 부끄러울 것이요, 아는 것이 없다고 해도 살아있는 자에게 부끄러워 그렇다오."

월왕이 허리띠를 풀어 그의 눈을 가려주자 부차는 드디어 칼에 엎어져 죽고 말았다.

월왕은 태재 백비를 죽이고 그의 처자도 죽여버렸는데 충성과 믿음이 없어 오나라의 세대를 단절시켰다는 이유에서였다.

王孫駱爲左校司馬, 太宰嚭爲右校司馬, 王從騎三千, 旌旗羽蓋, 自處中軍, 伐齊, 大剋.

師兵三月不去, 過伐晉, 晉知其兵革之罷倦, 糧食盡索, 興師擊之, 大敗吳師.

涉江, 流血浮尸者, 不可勝數.

吳王不忍, 率其餘兵, 相將至秦餘杭之山.

饑餓, 足行乏糧, 視瞻不明, 據地飲水.

持籠稻而湌之, 顧謂左右曰:「此何名?」

羣臣對曰:「是籠稻也.」

吳王曰:「悲哉! 此公孫聖所言:『王且不得火食.』」

太宰嚭曰:「秦餘杭山西坂閒燕, 可以休息, 大王亞湌而去, 尚有十數里耳.」

吳王曰:「吾嘗戮公孫聖於斯山, 子試爲寡人前呼之, 卽尚在耶, 當有聲響.」

太宰嚭卽上山三呼, 聖三應.

吳王大怖, 足行屬腐, 面如死灰色, 曰:「公孫聖, 令寡人得邦, 誠世世相事!」

言末畢, 越王追至, 兵三圍吳, 大夫種處中.

范蠡數吳王曰:「王有過者五, 寧知之乎? 殺忠臣伍子胥‧公孫聖. 胥爲人先知‧忠信, 中斷之入江; 聖正言直諫, 身死無功. 此非大過者二乎? 夫齊無罪, 空復伐之, 使鬼神不血食, 社稷廢蕪, 父子離散, 兄弟離居. 此非大過者三乎? 夫越王句踐, 雖東僻, 亦得繫於天皇之位, 無罪, 而王恆其芻莖秩馬, 比於奴虜. 此非大過者四乎? 太宰嚭讒諛佞諂, 斷絕王世, 聽而用之. 此非大過者五乎?」

吳王曰:「今日聞命矣.」

越王撫步光之劍, 杖屈盧之弓, 瞋目謂范蠡曰:「子何不早圖之乎?」

范蠡曰:「臣不敢殺主. 臣存主若亡, 今日遜敬, 天報微功」

越王謂吳王曰:「世無千歲之人, 死一耳.」

范蠡左手持鼓, 右手操枹而鼓之, 曰:「上天蒼蒼, 若存若亡, 何須軍士, 斷子之頸, 挫子之骸? 不亦繆乎?」

吳王曰:「聞命矣! 以三寸之帛, 冥吾兩目, 使死者有知, 吾慙見伍子胥‧公孫聖, 以爲無知, 吾恥生.」

越王則解綬以冥其目, 遂伏劍而死.

越王殺太宰嚭, 戮其妻子, 以其不忠信, 斷絕吳之世.

【羽蓋】깃털로 장식한 수레의 지붕.

【中軍】諸侯는 三軍을 두도록 되어 있으며 左軍, 右軍, 中軍이었음. 그 중 中軍은 주력부대이며 王이나 將軍의 최고 지휘자가 맡아 총괄하였음.

【罷俗】'罷'는 '疲'와 같음.

【大敗吳師】晉나라가 吳나라 군사를 대패시킴. 張宗祥〈校注〉에 "《左傳》哀公十一年, 卽夫差十二年, 有艾陵之役; 夫差十四年, 而有黃池之會. 其間未聞有晉敗吳師事"라 하여 사실여부를 알 수 없다고 하였음.

【籠稻】아직 완전히 여물지 않은 벼이삭.《吳越春秋》에는 '生稻'로 되어 있음.

【吳王不忍】뒤에 문장이 탈락된 것으로 보임. 錢培名〈札記〉에 "此下當有脫文"이라 함.

【相將】'함께'의 뜻.

【湌】'餐'과 같음. '음식을 먹다'의 뜻.

【足行屬腐】다리의 걸음걸이가 마치 썩은 것과 같아 걸음을 뗄 수 없음.

【相事】받들어 모심. 사당을 세워 계속 제사를 올림.

【數】'책임이나 죄목을 따지고 열거하다'의 뜻.

【血食】조상이나 신에게 제사를 올릴 때의 희생을 뜻함. 여기서는 '제사를 받다'의 뜻.

【芻莝秩馬】張宗祥〈校注〉에 "上文作莝, 此疑誤"라 함. '秩馬'는 말을 관리하는 관직을 뜻함.

【步光劍】越王 句踐의 寶劍.

【屈盧弓】《吳越春秋》에는 '屈盧矛'로 되어 있으며 屈盧는 창을 잘 만들던 匠人의 이름.

【死一耳】일찍 죽는 것과 늦게 죽는 것은 똑같은 것임을 말함.

【吾耻生】錢培名〈札記〉에 "生下〈越世家〉正文有'者'字, 此誤脫"이라 함.

참고 및 관련 자료

1.《吳越春秋》夫差內傳

二十三年, 十月, 越王復伐吳. 吳國困不戰, 士卒分散, 城門不守, 遂屠吳. 吳王率群臣遁去, 晝馳夜走, 三日三夕, 達於秦餘杭山. 胸中愁憂, 目視茫茫, 行步猖狂, 腹餒口饑, 顧得生稻而食之, 伏地而飲水, 雇左右曰:「此何名也?」對曰:「是生稻也.」吳王曰:「是公孫聖所言『不得火食』·『走偉偟』也.」王孫駱曰:「飽食

而去, 前有胥山, 西坂中可以匿止.」王行, 有頃, 因得自生瓜, 已熟, 吳王掇而食之.
謂左右曰:「何冬而生瓜? 近道人不食, 何也?」左右曰:「謂糞種之物, 人不食也.」
吳王曰:「何謂糞種?」左右曰:「盛夏之時, 人食生瓜, 起居道傍, 子復生, 秋霜
惡之, 故不食.」吳王歎曰:「子胥所謂『旦食』者也.」謂太宰嚭曰:「吾戮公孫聖,
投胥山之巓. 吾以畏責天下之慚, 吾足不能進, 心不能往.」太宰嚭曰:「死與生,
敗與成, 故有避乎!」王曰:「然! 曾無所知乎? 子試前呼之, 聖在, 當卽有應.」
吳王止秦餘杭山, 呼曰:「公孫聖!」三反呼, 聖從山中應曰:「公孫聖!」三呼三應,
吳王仰天呼曰:「寡人豈可返乎? 寡人世世得聖也.」須臾, 越兵至, 圍吳三重.
大夫文種相拜, 范蠡在中行, 左手提鼓, 右手操枹而鼓之. 吳王書其矢而射種·
蠡之軍, 辭曰:「吾聞:『狡兔以死, 良犬就烹; 敵國如滅, 謀臣必亡.』今吳病矣,
大夫何慮乎?」大夫種·相國蠡急而攻. 大夫種書矢射之, 曰:「上天蒼蒼, 若存
若亡. 越君句踐下臣種敢言之: 昔天以越賜吳, 吳不肯受, 是天所反. 句踐敬天
而功, 旣得返國. 今上天報越之功, 敬而受之, 不敢忘也. 且吳有大過六, 以至
於亡, 王知之乎? 有忠臣伍子胥忠諫而身死, 大過一也. 公孫聖直說而無功, 大過
二也. 太宰嚭愚而佞言, 輕而讒諛, 妄語恣口, 聽而用之, 大過三也. 夫齊·晉無
返逆行, 無僭侈之過, 而吳伐二國, 辱君臣, 毀社稷, 大過四也. 且吳與越同音
共律, 上合星宿, 下共一理, 而吳侵伐, 大過五也. 昔越親戕吳之前王, 罪莫大焉,
而幸伐之, 不從天命而棄其讎, 後爲大患, 大過六也. 越王謹上刻靑天, 敢不如命?」
大夫種謂越君曰:「中冬氣定, 天將殺戮. 不行天殺, 反受其殃.」越王敬拜, 曰:
「喏. 今圖吳王, 將爲何如?」大夫種曰:「君被五勝之衣, 帶步光之劍, 仗屈盧之矛,
瞋目大言以執之.」越王曰:「諾.」乃如大夫種辭吳王曰:「誠以今日聞命.」言有頃,
吳王不自殺. 越王復使謂曰:「何王之忍辱厚恥也! 世無萬歲之君, 死生一也.
今子尙有遺榮, 何必使吾師衆加刃於王?」吳王仍未肯自殺. 句踐謂種·蠡曰:
「二子何不誅之?」種·蠡曰:「臣, 人臣之位, 不敢加誅於人主. 願主急而命之:『天誅
當行, 不可久留.』」越王復瞋目怒曰:「死者, 人之所惡. 惡者, 無罪於天, 不負於人.
今君抱六過之罪, 不知愧辱而欲求生, 豈不鄙哉?」吳王乃太息, 四顧而望, 言曰:
「諾!」乃引劍而復之死. 越王謂太宰嚭曰:「子爲臣, 不忠無信, 亡國滅君.」乃誅
嚭幷妻子. 吳王臨欲伏劍, 顧謂左右曰:「吾生旣慚, 死亦愧矣. 使死者有知, 吾羞
前君地下, 不忍睹忠臣伍子胥及公孫聖. 使其無知, 吾負於生. 死必連縶組以罩
吾目, 恐其不蔽, 願復重羅繡三幅, 以爲掩明. 生不昭我, 死勿見我形. 吾何可哉!」
越王乃葬吳王以禮於秦餘杭山卑猶. 越王使軍士集於我戎之功, 人一隖土以葬之.
宰嚭亦葬卑猶之旁.

2.《史記》越王句踐世家

其後四年, 越復伐吳. 吳士民罷弊, 輕銳盡死於齊·晉. 而越大破吳, 因而留圍之
三年, 吳師敗, 越遂復棲吳王於姑蘇之山. 吳王使公孫雄肉袒膝行而前, 請成
越王曰:「孤臣夫差敢布腹心, 異日嘗得罪於會稽, 夫差不敢逆命, 得與君王成
以歸. 今君王舉玉趾而誅孤臣, 孤臣惟命是聽, 意者亦欲如會稽之赦孤臣之罪乎?」
句踐不忍, 欲許之. 范蠡曰:「會稽之事, 天以越賜吳, 吳不取. 今天以吳賜越,
越其可逆天乎? 且夫君王蚤朝晏罷, 非爲吳邪? 謀之二十二年, 一旦而棄之,
可乎? 且夫天與弗取, 反受其咎. '伐柯者其則不遠', 君忘會稽之戹乎?」句踐曰:
「吾欲聽子言, 吾不忍其使者.」范蠡乃鼓進兵, 曰:「王已屬政於執事, 使者去,
不者且得罪」吳使者泣而去. 句踐憐之, 乃使人謂吳王曰:「吾置王甬東, 君百家」
吳王謝曰:「吾老矣, 不能事君王!」遂自殺. 乃蔽其面, 曰:「吾無面以見子胥也!」
越王乃葬吳王而誅太宰嚭.

3. 기타 참고 자료

《國語》越語, 吳語

卷十一

〈13〉越絶 外傳〈記寶劍〉第十三

검劍에 대한 전설과 집착은 역대 많은 고사와 문학 속에 등장한다. 그 중 간장干將, 막야莫邪, 어장魚腸, 용연龍淵 등은 모두 오월두 나라 항쟁 속에 이름이 보이며 두고두고 입에 오르내리는 보검이다. 아울러 이를 만들어내는 검장劍匠 간장, 막야, 풍호자風胡子, 구야자歐冶子 등의 일화도 역시 흥미와 신비로움을 자아내는 전설로 널리 알려져 있다. 본편은 이에 얽힌 오월과 초나라 사이이의 갈등, 그리고 남방 제국의 고사를 단편적으로 싣고 있다.

〈靑瓷四繫螭耳天雞尊〉(隋) 1956 湖北 武漢 隋墓 출토

213(13-1)
구천의 보검과 설촉薛燭

옛날, 월왕 구천에게 보검 다섯 자루가 있어 천하에 널리 알려졌다.

객客 중에 능히 검을 감정하는 자가 있어 이름을 설촉薛燭이라 하였다.

월왕이 그를 불러 물어보았다.

"나에게는 보검 다섯 자루가 있는데 청컨대 보시고 감정해주시오."

설촉이 대답하였다.

"저는 이치에 어리석어 말씀 드리기에 부족하나 대왕께서 청하시니 어쩔 수 없이 그렇게 해보겠습니다."

이에 칼을 관리하고 있는 자를 불러 왕은 그에게 호조毫曹를 꺼내오도록 하였다.

설촉이 대답하였다.

"호조는 보검이 아닙니다. 무릇 보검이란 다섯 가지 색깔이 함께 드러나 보이되 서로 다른 색을 이겨내지 못합니다. 호조는 비록 세상에 그 이름이 널리 알려졌으나 보검은 아닙니다."

왕이 말하였다.

"거궐巨闕을 꺼내오시오."

설촉이 말하였다.

"이 역시 보검이 아닙니다. 보검이란 금과 주석이 구리와 조화를 이루되 서로 구분되지 않아야 하는 것입니다. 지금 거궐은 이미 서로 구분되어 보이고 있으니 보검이 아닙니다."

왕이 말하였다.

"그러나 거궐을 처음 만들었을 때 나는 노단露壇에 앉아 있었는데, 궁녀들이 백록白鹿 네 마리가 끄는 수레를 타고 지나가다가 수레가 너무 빨리 내닫고 사슴이 놀라기에 내가 거궐을 당겨 그것을 가리켰더니 네 필 백록은 나는 듯이 솟구쳐 날아올랐고, 알지도 못하는 사이에 그 수레는 두 동강이 나더이다. 그런가 하면 그 거궐로 구리 솥은 찌르거나 쇠솥을 자르면 중간이 갈라지거나 잘라지는 것이 마치 곡물을 자르듯 하더이다. 그 때문에 거궐이라 이름한 것이지요."

왕이 이번에는 순균純鈞을 꺼내오도록 하자 설촉은 이를 듣고 갑자기 마치 무너지는 모습을 하며 움츠려드는 것이었다.

잠시 뒤 두려워하면서 깨어나 계단 아래로 내려가서 깊이 생각에 잠기더니 옷깃을 가다듬고 앉아서 바라보는 것이었다.

손을 떨면서 칼을 흔들어보았더니 그 화려한 떨림은 마치 부용芙蓉이 처음 꽃잎을 내밀 때와 같았고, 그 새겨진 무늬를 관찰하였더니 찬란하기가 마치 여러 별이 줄을 선 것 같았으며, 그 광채를 보았더니 혼혼渾渾하기가 마치 물이 못에서 넘쳐나는 것 같았고, 그 칼날의 단면을 보았더니 암암巖巖하기가 마치 쇄석瑣石과 같았으며, 그 재질을 보았더니 환환煥煥하기가 마치 얼음 갈라놓은 것과 같았다.

"이것이 소위 말하는 순균입니까?"

왕이 말하였다.

"그렇소. 어떤 객이 그 값을 말하는데 시장이 있는 고을 둘, 준마駿馬 천 필, 천호千戶의 도시 둘에 해당한다 하던데 그 정도 될까요?"

설촉이 대답하였다.

"안 됩니다. 의당 이 검을 만들 때에는 적근산赤菫山을 파서 주석을 캐내고, 약야계若耶溪 물을 모두 다 퍼내고 구리를 캐내어, 우사雨師가 물을 뿌려 씻고, 뇌공雷公이 풀무질을 하고, 교룡蛟龍이 고로를 받들어 올리고, 천제天帝가 숯을 장착하고, 태일太一이 내려와 살피며, 하늘의 정기가 내려와 만들어진 것입니다. 구야자歐冶子가 이에 하늘의 정신精神을 근거로 하고, 자신의 기교伎巧를 다 모아, 큰 형태의 칼 셋, 작은 형태의 칼 둘을 만들었으니 바로 첫째 담로湛盧, 둘째 순균, 셋째 승사勝邪, 넷째 어장魚腸,

다섯째 거궐입니다. 오왕 합려閣廬 때에 승사, 어장, 담로를 얻었지만 합려가
무도하였고, 그 딸이 죽었을 때 살아있는 사람을 죽여 순장시키자 담로검이
그를 버리고 물처럼 사라졌습니다. 그 칼은 진秦나라로 갔다가 초楚나라를
지나고 있을 때 초왕楚王이 누워 잠을 자다가 깨어나 오왕의 이 담로검을
발견하고 가장 귀중한 첫째 보물로 표시하여 보관하고 있었습니다. 진왕
秦王이 이를 듣고 달라고 요구하였으나 얻지 못하자 군대를 일으켜 초나라를
치면서 이렇게 말하였지요. '나에게 담로검을 주면 군대를 되돌려 그대를
떠나겠소'라고 하였지요. 그래도 초왕이 주지 않았습니다. 당시 합려는 다시
어장검으로 오왕 요僚를 찔렀는데, 사람을 시켜 요가 입고 있던 장이腸夷
라는 갑옷을 세 번 찔렀습니다. 합려는 전저專諸로 하여금 구운 생선을
올리도록 하면서 어장검을 꺼내어 마침내 왕료를 찔러 죽일 수 있었던 것
입니다. 이것은 적수에게 작게 시험해 본 것일 뿐, 천하게 크게 써 본 것이
아니지요. 지금 적근산은 이미 원상태로 복원되었고, 약야계도 물이 차서
깊이를 헤아릴 수 없으며, 여러 신들도 내려오지 않고, 구야자도 죽고 없으니
비록 다시 성城을 기울일 정도의 황금을 모으거나 물을 가득 채울 주옥이
있다 해도 오히려 이런 물건은 얻을 수 없습니다. 그런데 겨우 시장이 있는
고을 둘, 준마 천 필, 천호의 도시 둘 정도가 어찌 족히 말이 되겠습니까!"

昔者, 越王句踐有寶劍五, 聞於天下.

客有能相劍者, 名薛燭.

王召而問之, 曰:「吾有寶劍五, 請以示之.」

薛燭對曰:「愚理不足以言, 大王請, 不得已.」

乃召掌者, 王使取毫曹.

薛燭對曰:「毫曹, 非寶劍也. 夫寶劍, 五色並見, 莫能
相勝. 毫曹已擅名矣, 非寶劍也.」

王曰:「取巨闕.」

薛燭曰:「非寶劍也. 寶劍者, 金錫和銅而不離. 今巨闕已離矣, 非寶劍也.」

王曰:「然巨闕初成之時, 吾坐於露壇之上, 宮人有四駕白鹿而過者, 車奔鹿驚, 吾引劍而指之, 四駕上飛揚, 不知其絕也. 穿銅釜, 絕鐵鍋, 胥中決如粢米, 故曰巨闕.」

王取純鈞, 薛燭聞之, 忽如敗.

有頃, 懼如悟, 下階而深惟, 簡衣而坐望之.

手振拂揚, 其華捽如芙蓉始出; 觀其�, 爛如列星之行; 觀其光, 渾渾如水之溢於塘; 觀其斷, 巖巖如瑣石; 觀其才, 煥煥如冰釋.

「此所謂純鈞耶?」

王曰:「是也. 客有直之者, 有市之鄉二·駿馬千匹·千戶之都二, 可乎?」

薛燭對曰:「不可. 當造此劍之時, 赤堇之山, 破而出錫; 若耶之溪, 涸而出銅; 雨師掃灑, 雷公擊橐; 蛟龍奉鑪, 天帝裝炭; 太一下觀, 天精下之. 歐冶乃因天之精神, 悉其伎巧, 造為大刑三·小刑二: 一曰湛盧, 二曰純鈞, 三曰勝邪, 四曰魚腸, 五曰巨闕. 吳王闔廬之時, 得其勝邪·魚腸·湛盧. 闔廬無道, 子女死, 殺生以送之, 湛盧之劍去之如水. 行秦過楚, 楚王臥而寤, 得吳王湛盧之劍, 將首魁漂而存焉. 秦王聞而求, 不得, 興師擊楚, 曰:『與我湛盧之劍, 還師去汝.』楚王不與. 時闔廬又以魚腸之劍刺

吳王僚, 使披腸夷之甲三事. 闔廬使專諸爲奏炙魚者, 引劍而刺之, 遂弒王僚. 此其小試於敵邦, 未見其大用於天下也. 今赤堇之山已合, 若耶溪深而不測, 群神不下, 歐冶子卽死, 雖復傾城量金, 珠玉竭河, 猶不能得此一物, 有市之鄉二·駿馬千匹·千戶之都二, 何足言哉!」

【寶劍五】 본문에서의 湛盧, 純鈞, 勝邪, 魚腸, 巨闕 이 중 흉한 징조를 가진 세 자루, 즉 魚腸, 湛盧, 豪曹(磐郢)는 吳王 僚에게 헌납하여 그가 대신 재앙을 입도록 함.

【薛燭】 春秋時代 秦나라 사람으로 劍의 감정에 뛰어났던 인물. 혹 齊나라 薛땅 사람으로 庸氏의 아들이라 함.

【毫糟】 磐郢劍의 다른 이름. 실제 보검 다섯에는 들지 않음. 그 때문에 짐짓 이 칼부터 꺼내어 감정을 받아본 것임.

【巨闕】 《千字文》에는 "金生麗水, 玉出崑岡. 劍號巨闕, 珠稱夜光"이라 함.

【金錫和銅而不離】 張宗祥 〈校注〉에 "寶劍爲五金合冶而成, 故上言「五色幷見, 莫能相勝」, 此又言「金石和銅而不離」. 凡火力不齊, 五金不合, 則劍不成"이라 함.

【露壇】 遮陽幕이나 지붕이 없는 단상.

【胥中決如粢米】 '胥'는 '皆'의 뜻. '粢米'는 粢盛의 쌀. 종묘에 바치는 갓 여문 쌀이나 곡물. 칼에 의해 쉽게 잘라짐을 뜻함.

【純鈞】 純鈞. 명검 이름. 錢培名 〈札記〉에 "鈞, 〈漢魏叢書〉本作鉤, 與《博物志》合"이라 함. 《文選》吳都賦 注와 《藝文類聚》(84)에도 純鉤로 되어 있음.

【簡衣】 '簡'은 옷깃을 여밈. 엄숙하고 경건한 태도를 취함을 말함.

【手振拂揚】 손으로 칼을 잡고 흔들어 치켜 올려봄.

【華捽】 화려한 모습이 솟구쳐 오름.

【鈲】 '벽'으로 읽으며 '鎃'과 같음. 고대 양검에서 정밀하게 冶鍊을 할 때 나타나는 문채를 뜻함. 그러나 전배명과 장종상은 모두 '鈲'(고)자로 보았고 뜻을 '鍔'(칼날)으로 보았음. 張宗祥은 이를 다시 '칼이 부딪칠 때 나는 소리'로 풀이하였음.

【渾渾】 滾滾과 같음. 물이 넘실대는 모습.

【溢於塘】 錢培名의 〈札記〉에 "塘, 原誤溏, 依〈漢魏叢書〉本改"라 하여 '塘'자로 고쳤음.

【璅石】〈三民本〉에는 '峭石의 오류'라 하였음.

【赤堇山】鄞城山, 鑄浦山이라고도 하며 지금의 浙江 奉化縣 동쪽에 있으며 산에 赤堇이라는 풀이 있어 이름을 얻었으며 주위가 鄞縣이 되었다 함. 歐冶子가 鐵(錫)을 캐느라 이 산이 모두 합해졌다 함. 張宗祥〈校注〉에 《戰國策》曰: 「涸若耶而取銅, 破堇山而取錫.」宗祥按: 若耶溪在會稽縣南二十五里, 旁卽赤堇山, 一名鑄浦山, 歐冶子鑄劍處"라 함.

【若耶溪】若邪溪로도 표기하며 지금의 浙江 紹興 동남쪽 若邪山 아래를 흐르는 냇물 이름. 혹 五雲溪라고도 함. 구리를 캐느라 그 물이 깊어져서 깊이를 잴 수 없을 정도였다 함.《吳越春秋》徐天祜의 注에는 "若耶溪在會稽縣南二十五里, 溪傍卽赤堇山, 一名鑄浦山, 歐冶子鑄劍之所.《戰國策》曰: 「涸若耶而取銅, 破堇山而取錫.」張景陽〈七命〉曰: 「邪溪之鋋, 赤山之精.」皆謂此也"라 함.

【雨師】고대에 비를 담당하던 신. '玄冥'이라고도 하며 원래 북방을 관장하는 신. 북방(水, 黑色, 冬, 坎方)을 다스린다 함.(《風俗通》祀典)

【雷公擊橐】雷公은 우레를 담당하는 신. 탁은 쇠붙이를 녹일 때 바람을 불어 넣는 풀무. 風箱.

【蛟龍奉鑪】'鑪'는 '爐'로도 표기하며 鎔鑛爐. 蛟龍이 이를 받치고 있음.

【天帝裝炭】天帝는 원래 하느님. 숯을 裝置함.

【太一】'太乙', '泰一'로도 표기하며, 고대 天神으로 出征 전에 단을 만들어 그 위에 무기를 진열하고 祭를 올려 승리를 기원하였다 함.《兵法》에 "古者出師, 必列武備, 祭於太乙之壇. 龍盾蛇矛"라 함. 한편《史記》封禪書 "天神貴者太一"의 〈索隱〉에 "宋均云: 天一, 太一, 北極神之別名"이라 함.

【天精】천지만물의 精氣.

【歐冶】歐冶子, 區冶子로도 표기하며 춘추시대 越나라 劍匠.《淮南子》覽冥訓 "區冶生而淳鉤之劍成" 注에 "區, 越人, 善冶劍工冶"라 함. 한편 越나라에는 '光步劍', '屈盧之矛' 등 이름난 창검이 있는 것으로 보아 당시 吳越은 양질의 鐵이 생산되었으며 製鐵冶金 기술이 발달했던 것으로 보임.

【大刑】'刑'은 '形'과 같음. 張宗祥〈校注〉에 "言成大小形五劍也"라 하였고, 錢培名 〈札記〉에는 "刑, 疑當作劍"이라 하여 혹 大劍, 小劍의 오류가 아닌가 함.

【湛盧】보검 이름.

【勝邪】검 이름. 錢培名〈札記〉에 "〈吳都賦〉注作莫邪,《吳郡志》作鏌邪"라 함.

【魚腸】越나라 歐冶子가 만들었던 명검으로 公子 光(闔閭)이 專諸로 하여금 吳王 僚를 살해하는 데에 사용하였음.

【子女死】闔廬의 딸 滕玉이 죽자 산 사람을 죽여 함께 순장함.《吳越春秋》闔廬
內傳에 "吳王有女滕玉. 因謀伐楚, 與夫人及女會蒸魚, 王前嘗半而與女, 女怨曰:
「王食我殘魚, 辱我, 不忍久生.」乃自殺. 闔閭痛之甚, 葬於國西閶門外. 鑿地爲池,
積土爲山, 文石爲椁, 題湊爲中, 金鼎·玉杯·銀樽·珠襦之寶, 皆以送女. 乃舞白
鶴於吳市中, 令萬民隨而觀之, 遂使男女與鶴俱入羨門, 因發機以掩之. 殺生以
送死, 國人非之"라 함.

【楚王】《吳越春秋》에는 구체적으로 '楚昭王'이라 하였음.

【首魁漂而存焉】'魁首'는 最高, 第一의 뜻. '漂'는 '標'가 아닌가 함. 標를 하여
識別함. 張宗祥〈校注〉에 "漂, 疑標字之訛. 標, 標識也"라 함.

【秦王聞而求】錢培名〈札記〉에 "求下《吳郡志》有之字"라 함.

【吳王僚】오나라 왕. 州于. 州于는 吳王 僚가 왕이 되기 전의 이름. 吳나라는
시호를 쓰지 않아 吳子 勝은 壽夢, 諸樊은 遏(謁), 光은 闔閭(闔廬) 등으로 부름.
州于(僚)는《史記》吳世家에 夷末의 아들이라 하였으나《公羊傳》(29)에는 "以爲
壽夢庶子"라 하여 壽夢의 庶長子라 하였음. 僚는 B.C.526~B.C.515년까지 12년간
재위하고 孔子 光(闔閭)에게 시해를 당하여 생을 마침. 그 뒤를 闔閭가 이음.

【腸夷之甲】吳王僚가 입고 있던 갑옷 이름. 그러나 본《越絶書》外傳記地傳에는
'賜夷之甲'이라 하였고, 樂祖謀〈校勘記〉에는 "賜夷, 原本賜作賜. 據〈正德本〉
等改. 于各本賜下均有注:「一作陽, 又音唐.」"이라 함.

【三事】'事'는 '傳'와 같음. '찌르다'의 뜻.

【專諸】吳나라 勇士. 伍子胥가 몰래 사귀었다가 공자 光에게 천거한 인물. 전저는
뒤에 생선구이에 匕首(魚腸劍)를 넣어 吳王 僚를 죽이고 자신도 자결하였음.
'諸'는 反切로 '章魚切' '저'로 읽음.《左傳》에는 '專設諸'로 되어 있음.

【敵邦】敵手와 같음. 여기서는 吳王僚를 가리킴.

【傾城量金】城이 기울 정도의 많은 양의 금.

【珠玉竭河】錢培名〈札記〉에 "竭,《吳郡志》作滿"이라 함. 혹 '遏'자로도 볼 수 있음.

참고 및 관련 자료

1.《吳越春秋》闔廬內傳

湛盧之劍惡闔閭之無道也, 乃去而出, 水行如楚. 楚昭王臥而寤, 得吳王湛盧之
劍於床. 昭王不知其故, 乃召風湖子而問曰:「寡人臥覺而得寶劍, 不知其名,
是何劍也?」風湖子曰:「此謂湛盧之劍」昭王曰:「何以言之?」風湖子曰:「臣聞

吳王得越所獻寶劍三枚, 一曰魚腸, 二曰磐郢, 三曰湛盧. 魚腸之劍, 已用殺吳王僚也, 磐郢以送其死女, 今湛盧入楚也」昭王曰:「滄盧所以去者, 何也?」風湖子曰:「臣聞越王元常使歐冶子造劍五枚, 以示薛燭, 燭對曰:『魚腸劍逆理不順, 不可服也, 臣以殺君, 子以殺父.』故闔閭以殺王僚. 一名磐郢, 亦曰豪曹, 不法之物, 無益於人, 故以送死. 一名湛盧,『五金之英, 太陽之精, 寄氣託靈, 出之有神, 服之有威, 可以折衝拒敵. 然人君有逆理之謀, 其劍卽出.』故去無道以就有道. 今吳王無道, 殺君謀楚, 故湛盧入楚」昭王曰:「其直幾何?」風湖子曰:「臣聞此劍在越之時, 客有酬其直者:『有市之鄉三十, 駿馬千匹, 萬戶之都二, 是其一也.』薛燭對曰:『赤菫之山已合無雲, 若耶之溪深而莫測, 群神上天, 歐冶死矣. 雖傾城量金, 珠玉盈河, 猶不能得此寶, 而況有市之鄉・駿馬千匹・萬戶之都, 何足言也?』」昭王大悅, 遂以爲寶.

2.《太平御覽》(343)

越王允常聘歐冶子作爲劍五枚, 三大二小: 一曰純鈞(鉤), 二曰湛盧, 三曰豪曹, 或曰盤郢, 四曰魚腸, 五曰鉅闕. 秦客薛燭善相劍, 王取豪曹示之, 薛燭曰:「非寶劍也. 夫寶劍, 五色並見. 今豪曹, 五色黯然無華, 殞其光・亡其神矣」王復取鉅闕示之, 薛燭曰:「非寶劍也. 夫寶劍, 金錫和同, 氣如雲煙. 今其光已離矣」王復取魚腸示之, 薛燭曰:「夫寶劍者, 金精從理, 至本不逆. 今魚腸倒本從末, 逆理之劍也. 服此者, 臣弑其君・子弑其父」王取純鈞示之, 薛燭矍然而望之, 曰:「光乎如屈陽之華, 沈沈如芙蓉始生於湘. 觀其文, 如列星之芒; 觀其光, 如水之溢塘; 觀其色, 渙如冰將釋見日之光. 此純鈞也者?」王曰:「是也. 客有買此劍者, 有市之鄉三十, 駿馬千疋, 千戶之都二, 其可與乎?」薛燭曰:「不可. 臣聞王之初造此劍, 赤菫之山破而出錫, 若耶之溪涸而出銅, 雨師灑道, 雷公發鼓韛, 蛟龍捧爐, 天帝壯炭, 太一下觀. 於是歐冶子曰:『天地之精, 悉其伎巧, 造爲此劍.』吉者宜王, 凶者可以遺人. 凶者尙直萬金, 況純鈞者耶?」取湛盧, 薛燭曰:「善哉! 銜金鐵之英, 吐銀錫之精, 奇氣託靈, 有遊出之神. 服此劍者, 可以折衝伐敵. 人君有逆謀, 則去之他國」允常乃以湛盧獻吳. 吳公子光殺吳王僚, 湛盧去如楚, 昭王寤而得之, 召風胡子問之:「此劍直幾何?」對曰:「赤菫之山, 已合若耶之溪, 深而不測, 群神上天. 歐冶已死, 雖有傾城, 量金珠玉不可與, 況駿馬萬戶之都乎?」

3.《太平御覽》(803)

越王允常聘歐冶子造五劍. 秦客薛燭善相劍, 示之, 燭曰:「雖傾城量珠玉, 猶未可與也」

4.《藝文類聚》(60)

越王允常, 聘區冶子作名劍五枚: 一曰純鉤, 二曰湛盧, 三曰豪曹, 或曰盤郢,
四曰魚腸, 五曰巨闕. 秦客薛燭善相劍, 王取純鉤示之, 薛燭矍然望之曰:「沉沉
如芙蓉始生於湖, 觀其文, 如列星之行; 觀其光, 如水之溢塘; 觀其文色, 渙渙
如冰將釋, 見日之光.」王曰:「客有賣此劍者, 有市之鄉三十, 駿馬千疋, 千戶之
都二, 其可與乎?」薛燭曰:「不可. 臣聞王之造此劍, 赤堇之山, 破而出錫. 若耶
之溪, 涸而出銅. 吉日良時, 雨師洒道, 雷公發鼓, 蛟龍捧鑪, 天帝壯炭, 太一下觀.
於是區冶子因天地之精, 造爲此劍.」取湛盧視之, 薛燭曰:「善哉! 銜金鐵之英,
奇氣託靈. 服此劍者, 可以折衝伐敵, 人君有逆謀則去之」允常以魚腸·湛盧·
豪曹, 獻吳王僚. 後闔閭爲一女. 殺生以送死, 湛盧之劍惡其無道, 乃去如楚.
昭王寐而得之, 召風胡子問之:「此劍直幾何?」對曰:「赤堇之山已合, 若耶之溪,
深而不測. 群神上天. 區冶子已死, 雖有傾城量金珠玉, 猶不可與, 況駿馬萬戶之
都乎?」

5. 기타 참고 자료

《初學記》(22),《北堂書鈔》(122),《白孔六帖》(95),《事類賦注》(13)

214(13-2)
풍호자風胡子, 간장干將, 구야자歐冶子

초왕楚王이 풍호자風胡子를 불러 물었다.

"과인이 듣기로 오吳나라에는 간장干將이라는 자가 있고, 월越나라에는 구야자歐冶子라는 자가 있어, 이들 두 사람은 세상에 가장 뛰어난 자로 태어났으며 천하에 그런 사람이 일찍이 없었다 하더이다. 그들의 정성은 위로 하늘과 통하고 아래로 열사烈士가 되었다 하오. 과인은 나라의 중한 보물을 모두 실어 그대에게 줄 테니 그대는 이를 오왕吳王을 통해 두 사람에게 청하여 철검鐵劍을 만들어 달라고 해 주시오. 그렇게 할 수 있겠소?"

풍호자가 말하였다.

"좋습니다."

이에 풍호자는 오나라로 가서 구야자와 간장을 만나 그들로 하여금 철검을 만들도록 하였다.

구야자와 간장은 자산茨山을 파고, 그곳의 시냇물을 새어나가게 하여 철영取鐵英을 구하여 철검 세 자루를 만들었는데, 첫째는 용연龍淵, 둘째는 태아泰阿, 셋째는 공포工布라 하였다.

이렇게 일이 끝나 풍호자가 초왕에게 이를 바쳤으며, 초왕은 이 세 자루 칼의 정신精神을 보고 풍호자를 보자 크게 기꺼워하면서 이렇게 물었다.

"이 세 자루 검은 무슨 물건을 상징하는 것이오? 그 이름은 어떻게 되오?"

풍호자가 대답하였다.

"첫째는 용연, 둘째는 태아, 셋째는 공포라 합니다."

초왕이 물었다.

"무엇을 일러 용연, 태아, 공포라 합니까?"

풍호자가 대답하였다.

"용연에 대해 아시고자 하면 그 상태를 보시면, 마치 높은 산에 오르고, 깊은 못에 임한 듯할 것입니다. 태아를 알고자 하시면, 그 칼날을 보시면, 높고 높으며 옆으로 날개처럼 펼쳐진 모습이 마치 흐르는 물의 파도와 같을 것입니다. 그리고 공포를 아시고자 하면, 칼날의 무늬가 시작되어 등에 이르러 그치는 모습이 마치 진주가 옷에 꿰매어 달아도 그 광채를 고정시킬 수 없는 것과 같고, 무늬는 마치 흐르는 물처럼 끊어지지 않는 모습일 것입니다."

楚王召風胡子而問之曰:「寡人聞吳有干將, 越有歐冶子, 此二人甲世而生, 天下未嘗有. 精誠上通天, 下爲烈士. 寡人願齎邦之重寶, 皆以奉子, 因吳王請此二人作鐵劍, 可乎?」

風胡子曰:「善.」

於是乃令風胡子之吳, 見歐冶子‧干將, 使人作鐵劍.

歐冶子‧干將鑿茨山, 洩其溪, 取鐵英, 作爲鐵劍三枚: 一曰龍淵, 二曰泰阿, 三曰工布.

畢成, 風胡子奏之楚王, 楚王見此三劍之精神, 大悅風胡子, 問之曰:「此三劍何物所象? 其名爲何?」

風胡子對曰:「一曰龍淵, 二曰泰阿, 三曰工布.」

楚王曰:「何謂龍淵‧泰阿‧工布?」

風胡子對曰:「欲知龍淵, 觀其狀, 如登高山‧臨深淵; 欲知泰阿, 觀其鈲, 巍巍翼翼, 如流水之波; 欲知工布, 鈲從文起, 至脊而止, 如珠不可衽, 文若流水不絕.」

【風胡子】風湖子. 당시 명검에 대한 감정에 뛰어났던 인물.《吳越春秋》에는 '風湖子'로 되어 있음.

【干將】春秋時代 吳나라의 유명한 劍匠. 그 아내 莫耶(莫邪)와 함께 만든 칼을 흔히 이름을 취하여 干將, 鏌鋣라 함. 張宗祥〈校注〉에《吳越春秋》曰:「干將者, 吳人也, 與歐冶子同師, 俱能爲劍.」又曰:「莫耶, 干將之妻子.」又曰:「三月不成.」「干將妻乃斷髮剪爪, 投於爐中, 使童女童男三百人鼓槖裝炭, 金鐵乃濡, 遂以成劍, 陽曰干將, 陰曰莫耶.」라 함.

【歐冶子】歐冶, 區冶子로도 표기하며 춘추시대 越나라 劍匠.《淮南子》覽冥訓 "區冶生而淳鈞之劍成" 注에 "區, 越人, 善冶劍工冶"라 함.

【甲世】세상에 으뜸이 됨. '稱甲於世'의 뜻. 才藝가 絶世함.

【烈士】세상에 공훈을 세우겠노라 큰 뜻을 가진 장부. 죽음을 겁내지 않는 선비.

【齎】실어 보냄. 줌.

【茨山】具茨山이어야 함. 일명 泰隗山이라고도 하며 지금의 河南 禹縣 북쪽에 있음.

【鐵英】가장 질이 좋은 철의 精華.

【泰阿】'太阿'로도 표기함.

【工布】'工市'의 오류. 錢培名〈札記〉에 "原注:「一作市.」按《初學記》·《書》 一百二十二·《文選》東京賦注·《御覽》·《事類賦注》幷作工市, 與《博物志》合. 一本是也, 金作布, 誤"라 함.

【畢成】錢培名〈札記〉에 "畢,《御覽》·《事類賦注》幷作劍"이라 하여 '劍成'이어야 함.

【大悅風胡子】"大悅見風胡子"여야 함. 錢培名〈札記〉에 "大悅下《御覽》有見字, 是"라 함.

【鈲】〈三民本〉에는 '䯏(고)의 오류'라 함. 그러나 원의대로 칼날로 보아도 될 것으로 여김.

【珠不可衽】眞珠는 옷에 붙들어 매어도 그 光彩를 고정시킬 수 없는 것과 같음.

참고 및 관련 자료

1.《史記》蘇秦傳〈集解〉

楚王召風胡子而告之曰:「寡人聞吳有干將, 越有歐冶. 寡人欲因子請此二人作劍, 可乎?」風胡子曰:「可.」爲往見二人, 作劍, 一曰龍淵, 二曰太阿.

215(13-3)
태아검泰阿劍

진정왕晉鄭王이 이를 듣고 요구하였으나 역시 얻지 못하자 군사를 일으켜 초나라의 성을 포위하고 3년을 풀어주지 않았다.

창고의 곡식은 바닥이 나고 무기고에는 무기가 없었다.

좌우의 여러 신하들과 똑똑한 자들이라 해도 능히 이를 저지할 수가 없었다.

이에 초왕이 이런 사정을 듣고 태아검泰阿劍을 들고 성에 올라 직접 지휘를 하였다.

그러나 진날 삼군이 대패하여 물러섰으며 그들 사병은 미혹하여 천 리나 피를 흘리며 달아나자 맹수들이 달려와 이를 구경하였고 강물도 돌던 구비를 꺾어 돌 정도였으며 진정왕의 머리카락이 모두가 희어지고 말았다.

초왕은 이에 크게 기꺼워하며 이렇게 말하였다.

"이는 검의 위력이냐? 아니면 과인의 힘이냐?"

그러자 풍호자風胡子가 대답하였다.

"검의 위력에 대왕의 신력이 이를 바탕으로 한 것입니다."

초왕이 말하였다.

"무릇 검이란 쇠붙이일 뿐이다. 진실로 능히 정신精神이 있음이 이런 것인가?"

풍호자가 대답하였다.

"시대가 각각 그렇게 하도록 한 것입니다. 헌원씨軒轅氏, 신농씨神農氏, 혁서씨赫胥氏의 시대에는 돌로 무기를 삼았고, 나무를 잘라 궁실을 지었으며, 사람이 죽으면 흙을 쌓아 묻었습니다. 무릇 신성한 군주들이 그렇게 하도록 가르친

것이지요. 그러다가 황제黃帝 때에 이르러서는 옥玉으로 무기를 만들고 나무를
베어 궁실을 지었으며 땅을 파고 묻었지요. 무릇 옥이란 신성한 물건이기에
신성한 군주를 만나 그렇게 하도록 일러준 것이며
죽은 뒤에는 흙을 쌓아 묻었지요. 우禹가 물을
다스리던 시대에는 구리로 무기를 만들었고 이궐
伊闕을 파서 용문龍門과 소통시켰으며, 강수江水를
트고 하수河水을 유도하여 동해東海로 흘러가도록
하였습니다. 이렇게 천하가 소통되고 평평해지자
나라를 다스려 궁실을 지었으니 어찌 성스러운
군주의 힘이 아니겠습니까? 지금 이 시대에는
철로 무기를 만들어 삼군을 위복威服시키셨으니,
천하가 이를 듣고 감히 복종하지 아니하는 자가

〈銅啄〉(부분, 戰國) 兵器
雲南 江川縣 출토

없게 되었습니다. 이 역시 철로 만든 무기의 정신이며 대황의 성스러운
덕입니다."

초왕이 말하였다.

"과인은 그대의 가르침을 듣겠소!"

晉鄭王聞而求之, 不得, 興師圍楚之城, 三年不解.

倉穀粟索, 庫無兵革.

左右羣臣賢士, 莫能禁止.

於是楚王聞之, 引泰阿之劍, 登城而麾之.

三軍破敗, 士卒迷惑, 流血千里, 猛獸歐瞻, 江水折揚,
晉鄭之頭畢白.

楚王於是大悅, 曰:「此劍威耶? 寡人力耶?」

風胡子對曰:「劍之威也, 因大王之神.」

楚王曰:「夫劍, 鐵耳, 固能有精神若此乎?」

風胡子對曰:「時各有使然. 軒轅·神農·赫胥之時, 以石爲兵, 斷樹木爲宮室, 死而龍臧. 夫神聖主使然. 至黃帝之時, 以玉爲兵, 以伐樹木爲宮室, 鑿地. 夫玉, 亦神物也, 又遇聖主使然, 死而龍臧. 禹穴之時, 以銅爲兵, 以鑿伊闕·通龍門, 決江導河, 東注於東海. 天下通平, 治爲宮室, 豈非聖主之力哉? 當此之時, 作鐵兵, 威服三軍; 天下聞之, 莫敢不服. 此亦鐵兵之神, 大王有聖德.」

楚王曰:「寡人聞命矣!」

【晉鄭王】 가설로 세운 인물. 실제 이러한 일은 있지 않았음.

【索】 삭막해짐. 모두 소비하고 남은 것이 없음.

【莫能禁止】 그들의 포위를 풀어낼 수 없음. 포위의 계속을 중지시킬 수 없음.

【麾之】 '麾'는 '揮'와 같음. 指揮함.

【歐瞻】 몰려와서 구경함.

【折揚】 흐르던 물굽이가 다른 곳으로 돌아 흐름.

【精神】 事物의 神靈한 힘.

【軒轅】 黃帝 軒轅氏. 중국 상고시대의 帝王. 中原 각 부족의 共同 先祖. 公孫氏이며 姬水 가에 살아 姬姓으로도 부름. 軒轅의 언덕을 근거지로 발전하여 軒轅氏로도 불리여 나라를 有熊이라 하여 有熊氏로도 부름. 姜姓의 炎帝(神農氏)와 九黎族의 受領 蚩尤를 물리치고 각 부락의 聯盟 首領이 되었으며 土德으로 왕이 되었다 하여 黃帝로 칭함. 道家의 시조로 여겨 黃老術의 원조가 되기도 함. 인용된 구절은 《黃帝書》라는 책에 실린 것으로 여기고 있으나 이는 뒷구절과 함께 지금의 《路史》後記(5)에 "下匿其私, 用試其主; 上操度量, 以割其下, 上下一日百戰, 故作巾几之銘"이라 실려 있음.

【神農】 고대 성왕. 炎帝, 烈山氏. 산과 들을 태워 농사법을 처음 제정하여 神農氏(烈山氏)라 부름. 《呂氏春秋》愛類篇에 "《神農之敎》曰:「士有當年而不耕者,

則天下或受其饑矣; 女有當年而不績者, 則天下或受其寒矣.」라 하였고,《文子》
上義篇에는 "《神農之法》曰:「丈夫丁壯不耕, 天下有受其飢者; 婦人當年不織,
天下有受其寒者」故身親耕, 妻親織, 以爲天下先. 其導民也, 不貴難得之貨, 不重
無用之物, 是故耕者不强, 無以養生; 織者不力, 無以衣形. 有餘不足, 各歸其身,
衣食饒裕, 奸邪不生, 安樂無事, 天下和平, 智者無所施其策, 勇者無所錯其威"
라 함.

【赫胥】고대 전설상 帝王의 하나. 赫赫한 德이 있어 사람들이 胥附하여 이름을
赫胥氏라 함.《莊子》馬蹄篇에 "夫赫胥氏之時, 民居不知所爲, 行不知所之, 含哺
而熙, 鼓腹而游"라 하였고, 〈疏〉에 "赫胥, 上古帝王也. 亦言有赫然之德, 使民
附胥, 故曰赫胥. 蓋炎帝也"라 함.

【龍臧】龍과 같은 형상의 무덤을 만들어 그 안에 안장함. '臧'은 '藏'과 같음. 그러나
龍은 壠과 같으며 臧은 藏, 葬과 같은 뜻으로 해석함이 마땅할 것으로 보임.

【鑿地】의미가 통하지 않음. 이에 〈貴州本〉에는 "句不可解. 似應爲「至皇帝之時,
以玉爲兵, 以伐樹木爲宮室, 死而鑿地龍臧. 夫玉, 亦神物也, 又遇聖主使然,"이라 함.

【禹穴】'禹決'이어야 함. 禹가 治水를 하면서 소통의 방법으로 물길을 터서 흘러
가도록 하였음을 말함. 그러나 會稽山에 禹穴이 있어 禹임금이 살던 곳이며
그 당시를 뜻하는 말로 보임.

【伊闕】龍門山. 지금의 洛陽 남쪽 伊川의 峽谷으로 전설에 禹가 이를 파서 소통
시켰다 함.《水經注》伊水에 "伊水又北入伊闕. 昔大禹疏以通水, 兩山相對, 望之
若闕, 伊水歷其間北流, 故謂之伊闕矣"라 함.

【龍門】伊闕 근처의 지명. 지금의 洛陽市 남쪽.《漢書》溝洫志에 "昔大禹治水,
山陵當路者毀之, 故鑿龍門, 辟伊闕"이라 함.

【大王有聖德】張宗祥〈校注〉에 "此節紋用石用玉用銅至於用鐵, 用鐵而又講求治
鑄之術, 他書所無, 乃知干將·莫邪·歐冶·風胡, 吳越時硏求鑄鐵大有人在"라 함.

卷十二

〈14〉 越絶 內經 〈九術〉 第十四

　　월나라로서 오나라를 이길 수 있는 아홉 가지 술책을 기술한
것으로 문종이 건의한 것이다. 장기간에 걸쳐 이 술책을 하나씩
실천하였고, 그것이 적중하여 결국 오나라를 멸망시켰다는
것이다. 복수를 위한 치밀한 준비와 미세한 계획까지 놓치지
않은 작전은 오월항쟁이 얼마나 소설적이며 가공을 넘어선
것인지 단적으로 보여주는 예이다.
　　그러나 《오월춘추》에 실려 있는 것만큼 자세하지는 않으며
여기서는 세 가지가 매우 구체적으로 기술되어 있다.

〈白瓷雙腹龍柄傳瓶〉(隋) 1957 陝西 西安 李靜訓묘 출토

216(14-1)
문종의 구술九術

옛날 월왕 구천句踐이 대부 문종文種에게 물었다.

"내 오吳나라를 정벌하고자 하는데 어떻게 해야 능히 성공을 거둘 수 있을까요?"

대부 문종이 대답하였다.

"오나라를 정벌하는 데는 구술九術이 필요합니다."

왕이 말하였다.

"무엇을 일러 구술이라 하오?"

문종이 대답하였다.

"첫째 천지를 존경하고 귀신을 섬기는 것이요, 둘째 재물을 중히 여겨 이를 그 임금에게 보내는 것이요, 셋째 오나라의 곡식과 말 먹이를 비싼 값으로 사들여 그 나라를 텅 비게 하는 것이요, 넷째 아름다운 미녀를 보내어 그들의 의지를 해이하게 하는 것이요, 다섯째 기교에 뛰어난 장인을 보내어 그들로 하여금 궁실과 높은 누대를 짓느라 그 재물을 다 탕진하고 그 힘을 피로하게 하는 것이요, 여섯째 아첨하는 신하를 보내어 쉽게 칠 수 있도록 하는 것이요, 일곱째 그들의 간언하는 신하를 더욱 강직하게 하여 스스로 자살하도록 하는 것이요, 여덟째 우리나라를 집집마다 더욱 부유하게 하고 무기를 갖추도록 하는 것이요, 아홉째 우리나라 군비를 더욱 견고하게 하고 군사들을 훈련시켜 저들의 피폐한 틈을 노리는 것입니다. 그러므로 이 아홉 가지를 갖추기만 하면 걱정할 것이 없어질 것이니 소문을 조심하여 밖으로 전해지지 않도록 하면 천하를 취하는 것도 어렵지 않을 것인데 하물며 오나라 쯤 취하는 것이겠습니까?"

월왕이 말하였다.

"좋소!"

昔者, 越王句踐問大夫種曰:「吾欲伐吳, 奈何能有功乎?」

大夫種對曰:「伐吳有九術.」

王曰:「何謂九術?」

對曰:「一曰尊天地, 事鬼神; 二曰重財幣, 以遺其君; 三曰貴糴粟槀, 以空其邦; 四曰遺之好美, 以爲勞其志; 五曰遺之巧匠, 使其宮室高臺, 盡其財, 疲其力; 六曰遺其諛臣, 使之易伐; 七曰彊其諫臣, 使之自殺; 八曰邦家富而備器; 九曰堅厲甲兵, 以承其弊. 故曰九者勿患, 戒口勿傳, 以取天下不難, 況於吳乎?」

越王曰:「善!」

【九術】 아홉 가지 술책. 俞樾〈讀吳越春秋〉에 "徐注曰:《史記》作七術, 下文「越王曰善」, 乃行第一術, 又云「越王曰善哉」, 第二術也, 又云「越王曰善哉」, 第三術也. 越王於九術止行三, 故〈伐吳外傳〉云:「九術之策, 今用三, 已破强吳, 其六尙在子」.《史記》則云「子教寡人伐吳七術, 寡人用其三而敗吳, 其四在子」. 雖有九術·七術之異, 而以爲用其三術則同.《越絶書》以'九術'名篇, 疑《史記》誤也. 惟下文請糴之擧實卽九術中所謂貴糴粟槀以虛其國者, 而吳王之殺子胥則又所謂强其諫臣使之自殺者. 越王所用實五術, 而不止三術. 疑《史記》本作「子教寡人伐吳九術, 寡人用其五而敗吳, 其四者在子」. 後人據《吳越春秋》改「用其五」爲「用其三」, 又以「其四在子」, 不得爲九, 因又改「九術」爲「七術」也"라 함.

【槀】 '藁', '稿', '槁' 등으로 混淆하고 있으나 볏짚을 가리키며 구체적으로는 말 먹이를 뜻함.

【勞其志】그 의지를 피로하게 함. '여색에 빠져 정사를 해이하게 하다'의 뜻. 그러나 錢培名 〈札記〉에는 "句不可通. 〈正義〉無'爲'字, '勞'作'熒'. 按《吳越春秋》作'遺美女以惑其心, 而亂其謀'. 疑此文'好'卽'女'字, 誤多子旁, 又倒置其文; '爲'字衍, '勞'當爲'熒', 熒卽惑也, 勞與熒, 形近致誤, 熒, 則形聲俱近"이라 하여 '勞'는 '熒'의 오기라 하였음.

【備器】'備利器'의 '利'자가 누락됨. 錢培名 〈札記〉에 "器下〈正義〉有利字,《吳越春秋》作「君王國富而備利器.」"라 함.

【堅厲甲兵】錢培名 〈札記〉에 "〈正義〉作「堅甲利兵」,《吳越春秋》作「利甲兵」"이라 함.

참고 및 관련 자료

1.《吳越春秋》句踐陰謀外傳

越王乃請大夫種而問曰:「吾昔日受夫子之言, 自免於窮厄之地. 今欲奉不羈之計, 以雪吾之宿讎, 何行而功乎?」大夫種曰:「臣聞:『高飛之鳥, 死於美食; 深川之魚, 死於芳餌.』今欲伐吳, 必前求其所好, 參其所願, 然後能得其實.」越王曰:「人之所好, 雖其願, 何以定而制之死乎?」大夫種曰:「夫欲報怨復讎·破吳滅敵者有九術, 君王察焉?」越王曰:「寡人被辱懷憂, 內惡朝臣, 外愧諸侯, 中心迷惑, 精神空虛. 雖有九術, 安能知之?」大夫種曰:「夫九術者, 湯·文得之以王, 桓·穆得之以霸. 其攻城取邑, 易於脫屣. 願大王覽之.」種曰:「一曰尊天事鬼, 以求其福; 二曰重財幣以遺其君, 多貨賂以喜其臣; 三曰貴糴粟槀以虛其國, 利所欲以疲其民; 四曰遺美女以惑其心而亂其謀; 五曰遺之巧工良材, 使之起宮室以盡其財; 六曰遺之諛臣, 使之易伐; 七曰强其諫臣, 使之自殺; 八曰君王國富而備利器; 九曰利甲兵以承其弊. 凡此九術, 君王閉口無傳, 守之以神, 取天下不難, 而況於吳乎?」越王曰:「善!」

2.《史記》越王句踐世家

范蠡遂去, 自齊遺大夫種書曰:「蜚鳥盡, 良弓藏; 狡兔死, 走狗烹. 越王爲人長頸鳥喙, 可與共患難, 不可與共樂. 子何不去?」種見書, 稱病不朝. 人或讒種且作亂, 越王乃賜種劍曰:「子教寡人伐吳七術, 寡人用其三而敗吳, 其四在子, 子爲我從先王試之.」種遂自殺.

217(14-2)
오왕에게 바친 순楯

이에 아름다운 순楯을 만들어 이를 흰 구슬로 묶고 황금을 박아 넣었는데 마치 용과 뱀이 기어가고 있는 모습이었다.

그러자 대부 문종文種으로 하여금 이를 오나라에 바치면서 이렇게 말하도록 하였다.

"동해東海의 역신役臣 저 구천은 사신 문종을 시켜 감히 아래 관리의 신분으로서 대왕의 좌우에게 아뢰도록 하였습니다. 천하 힘의 도움으로 몰래 우리가 작은 전각을 하나 지었는데 남은 재목들이 있어 이를 두 번 절하며 대왕께 바치나이다."

오왕 부차는 크게 기꺼워하였다.

그러자 신서申胥가 이렇게 간언하였다.

"안 됩니다. 왕께서는 받지 마십시오. 옛날 걸桀이 영대靈臺를 짓고, 주紂가 녹대鹿臺를 짓자, 음양이 조화를 이루지 못하고, 오곡이 때를 맞추지 못하는 등 하늘이 이와 함께 재앙이 되어 나라가 공허해졌고 드디어 이 때문에 망하고 말았습니다. 대왕께서 이를 받으셨다가는 뒤에 틀림없이 재앙이 있을 것입니다."

오왕 부차는 듣지 않고 드디어 이를 받아 고서대姑胥臺를 지었다.

3년 동안 자재를 모아 5년만에 완성하였다.

그 높이는 2백리 밖까지 보일 정도였으나 백성들은 이로 인해 길을 가는 사람들은 길에서 죽고 골목에서 곡을 하는 등 고통을 겪었다.

於是作爲策楯, 嬰以白璧, 鏤以黃金, 類龍蛇而行者.

乃使大夫種獻之於吳, 曰:「東海役臣孤句踐, 使者臣種, 敢修下吏, 問於左右. 賴有天下之力, 竊爲小殿, 有餘財, 再拜獻之大王.」

吳王大悅.

申胥諫曰:「不可, 王勿受. 昔桀起靈門, 紂起鹿臺, 陰陽不和, 五穀不時, 天與之災, 邦國空虛, 遂以之亡. 大王受之, 是後必有災.」

吳王不聽, 遂受之而起姑胥臺.

三年聚材, 五年乃成.

高見二百里, 行路之人, 道死尸哭.

【策楯】 '策'은 '榮'의 오류. 錢培名 〈札記〉에 "策, 〈吳都賦〉注作榮', 與《吳越春秋》合. 《水經》浙江水注亦云:「句踐使工人伐榮楯, 欲以獻吳.」라 함. '楯'은 欄杆. 건축물의 발코니. 따라서 '榮楯'은 아름답게 꾸민 건축물의 난간.

【嬰】 '묶다. 엮어 장식하다'의 뜻.

【申胥】 伍子胥. 伍員. 伍擧(椒擧)의 손자이며 伍奢의 아들. 伍尙의 아우. 楚 平王과 아버지 伍奢가 太子 建의 혼인 문제에 비열함을 저지른 費無極(費無忌)의 참언으로 인해 멸족을 당하자 陳나라를 거쳐 吳나라로 망명하여 합려를 도와 원수를 갚음. 뒤에 吳楚戰鬪, 吳越鬪爭 등의 주역으로서 많은 일화와 사건을 남겼으며 끝내 오왕 부차에게 죽음을 당함.《國語》吳語에는 '申胥'라 하였으며 申은 氏, 자는 子胥, 혹은 申 땅을 祿邑으로 받았던 것으로 여겨짐.《史記》伍子胥 列傳 참조. 한편 '員'은 '員音云'이라 하여 '운'으로 읽어야 하나 일반적인 관례에 의해 그대로 '오원'(伍員)으로도 읽음. 한편 본 책에서는 '伍胥', '子胥', '伍員', '伍君' 등 여러 가지로 불리고 있음.

【桀】 夏나라 末王. 이름은 癸(履癸). 妹喜에게 빠져 무도한 짓을 저질렀으며 殷의

湯王에게 망함. 殷나라 末王 紂와 함께 '桀紂'라 하여 폭군의 전형으로 거론됨.
《史記》夏本紀를 참조할 것.《十八史略》(1)에 "孔甲之後, 歷王皐·王發·王履癸.
號爲桀, 貪虐, 力能伸鐵鉤索. 伐有施氏, 有施以末喜女焉, 有寵, 所言皆從, 爲傾
宮瑤臺, 殫民財. 肉山脯林, 酒池可以運船, 糟堤可以望十里, 一鼓而牛飮者三千人,
末喜以爲樂. 國人大崩, 湯伐夏, 桀走鳴條而死"라 함.

【靈門】《吳越春秋》에는 '靈臺'로 되어 있음. 桀이 지은 화려한 누대. 山東 莒縣
북쪽에 세웠던 대형 궁전이라 함.

【紂】殷의 末王. 폭군으로 널리 알려짐. 帝辛, 商辛으로도 부르며 帝乙의 아들.
姐己에게 빠져 '炮烙之刑'과 '酒池肉林' 등의 악한 고사를 가지고 있으며 周 文王
(姬昌)을 羑里(牖里)에 가두는 등 周나라와 대립하다가 武王(姬發)에게 망함.

【鹿臺】紂가 지금의 河南 淇縣에 세웠던 보물 창고.

【道死尸哭】'道死巷哭'이어야 함. 錢培名〈札記〉에 "尸字疑誤,《吳越春秋》作巷'
이라 함.

┌─────────────────┐
│ 참고 및 관련 자료 │
└─────────────────┘

1.《吳越春秋》句踐陰謀外傳

種曰:「吳王好起宮室, 用工不輟. 王選名神材, 奉而獻之.」越王乃使木工三千
餘人, 入山伐木. 一年, 師無所幸, 作士思歸, 皆有怨望之心, 而歌〈木客之吟〉.
一夜, 天生神木一雙, 大二十圍, 長五十尋, 陽爲文梓, 陰爲楩柟. 巧工施校, 制以
規繩, 雕治圓轉, 刻削磨礱, 分以丹靑, 錯畫文章, 嬰以白璧, 鏤以黃金, 狀類龍蛇,
文彩生光. 乃使大夫種獻之於吳王, 曰:「東海役臣, 臣孤句踐, 使臣種, 敢因下
吏聞於左右: 賴大王之力, 竊爲小殿, 有餘材, 謹再拜獻之.」吳王大悅. 子胥諫曰:
「王勿受也. 昔者, 桀起靈臺, 紂起鹿臺, 陰陽不和, 寒暑不時, 五穀不熟, 天與
其災, 民虛國變, 遂取滅亡. 大王受之, 必爲越王所戮.」吳王不聽, 遂受而起姑
蘇之臺. 三年聚材, 五年乃成, 高見二百里. 行路之人, 道死巷哭, 不絶嗟嘻之聲,
民疲士苦, 人不聊生. 越王曰:「善哉! 第二術也.」

2.《太平御覽》(177)

越得生神木一雙, 大二十圍, 長五十尋, 陽爲文梓, 陰爲楩柟. 巧工施校, 制以
規繩, 雕治圓轉, 刻削磨礱, 分以丹靑, 錯畫文章, 嬰以白璧, 鏤以黃金, 狀類龍虵,
文彩生光. 乃使大夫種獻之於吳王, 曰:「東海役臣, 臣孤句踐, 使臣種, 敢因下

吏聞於左右: 賴大王之力, 竊爲小殿, 有餘材, 再拜獻之」吳王大悅. 子胥諫曰:
「王勿受. 昔者, 桀起靈臺, 紂起鹿臺, 陰陽不和, 寒暑不時, 五穀不熟, 自取其灾,
民虛國變, 遂取滅亡. 大王受之, 後必爲越王所戮矣.」吳王不聽, 遂受而起姑
胥之臺. 三年聚材, 五年乃成, 高見二百里. 行步之人, 道死巷哭, 不輟嗟嘻之聲,
民疲士苦, 人不聊生.

218(14-3)
오왕에게 바친 미녀 서시西施와 정단鄭旦

　월나라는 이에 미녀 서시西施와 정단鄭旦을 잘 꾸며, 대부 문종文種으로 하여금 오왕에게 바치도록 하면서 이렇게 말하였다.

　"지난 날, 월왕 구천은 하늘이 보내준 서시와 정단은 우리 월나라는 습하고 낮은 땅에 가난하고 궁한 곳이라 감히 감당할 수 없다고 생각하여 신하 문종으로 하여금 대왕께 바치도록 하였습니다."

　오왕 부차가 크게 기꺼워하였다.

　그러자 신서가 이렇게 간언하였다.

　"안 됩니다. 왕께서는 받지 마십시오. 제가 듣기로 오색五色은 사람의 눈을 멀게 하고, 오음五音은 사람의 귀를 먹게 한다 하더이다. 걸桀은 탕湯을 쉽게 여겼다가 망하였으며, 주紂는 문왕文王을 쉽게 여겼다가 망한 것입니다. 대왕께서 이를 받았다가는 뒤에 틀림없이 재앙이 있을 것입니다. 제가 듣기로 월왕 구천은 낮에는 문서를 작성하면서도 권태로움을 모르며 밤에는 글을 읽느라 이튿날 새벽까지 이어진다고 하며 죽음을 무릅쓴 신하 수 만 명을 모으고 있다 합니다. 이런 사람이 죽지 않으면 틀림없이 그 바라는 바를 이룰 것입

〈美人圖〉

니다. 또 제가 듣기로 월왕 구천은 성실한 자에게 굴복하며 인을 실행하며, 간언을 듣고 똑똑한 선비를 진달시킨다 합니다. 이런 자는 죽지 않는 한

반드시 그 명예를 성취시킬 것입니다. 또 제가 듣기로 월왕 구천은 겨울에는 거친 털로 짠 외투를 입고 여름에는 거친 갈포를 짠 옷을 입고 있다 합니다. 이런 자는 죽지 않는 한 틀림없이 우리에게 대적할 것입니다. 제가 듣기로 똑똑한 선비는 나라의 보물이요, 미녀는 나라의 화근이라 하더이다. 하夏나라는 말희末喜 때문에 망하였고, 은殷나라는 달기妲己 때문에 망하였으며, 주周나라는 포사褒姒 때문에 망하였습니다.”

그러나 오왕 부차는 이를 듣지 않고 그 미녀들을 받았으며 신서를 충성스럽지 못하다는 이유로 죽여버렸다.

越乃飾美女西施·鄭旦, 使大夫種獻之於吳王, 曰:
「昔者, 越王句踐竊有天之遺西施·鄭旦, 越邦涔下貧窮, 不敢當, 使下臣種再拜獻之大王.」

吳王大悅.

申胥諫曰:「不可, 王勿受. 臣聞五色令人目不明, 五音令人耳不聰. 桀易湯而滅, 紂易文王而亡. 大王受之, 後必有殃. 胥聞越王句踐晝書不倦, 晦誦竟旦, 聚死臣數萬, 是人不死, 必得其願; 胥聞越王句踐服誠行仁, 聽諫, 進賢士, 是人不死, 必得其名; 胥聞越王句踐冬披毛裘, 夏披絺綌, 是人不死, 必爲利害. 胥聞賢士, 邦之寶也; 美女, 邦之咎也. 夏亡於末喜, 殷亡於妲己, 周亡於褒姒.」

吳王不聽, 遂受其女, 以申胥爲不忠而殺之.

【西施】西子, 先施 등으로도 불리며 중국 고대 四大 美女의 하나. 《莊子》齊物論에 "毛嬙·西施, 人之所美也; 魚見之深入, 鳥見之高飛, 麋鹿見之決驟"라 하였고

天運篇에는 "西施病心而矉其里, 其里之醜人見之而美之, 歸亦捧心而矉其里. 其里之富人見之, 堅閉門而不出, 貧人見之, 挈妻子而去走. 彼知矉美, 而不知矉之所以美"라 함. 越王 句踐이 苧蘿山에서 찾아 훈련을 시킨 다음 吳王 夫差에게 보내어 美人計로 활용한 여인. 이름은 夷光. 苧蘿山 아래 施姓의 두 집성촌이 있었으며 그 중 서쪽 마을 여인이었으므로 西施라 불렀다 함. 뒤에 范蠡의 愛人으로도 알려짐. 지금의 浙江 諸暨縣 남쪽 浣紗溪가 있으며 苧蘿山 아래에 浣紗石이 있음. 전설에 西施가 빨래하던 돌이라 하며 王羲之 글씨로 '浣紗' 〈西施〉 두 글자, 그리고 바위 위에 浣紗亭, 안에는 西施에 관련된 碑碣 등이 있음.

【鄭旦】西施와 함께 발탁된 여인으로 보이나 구체적 사적은 더 이상 알려져 있지 않음.

【天之遺西施‧鄭旦】 '天之遺女西施‧鄭旦'이어야 함. 俞樾〈讀越絶書〉에 "有下當有女字,《吳越春秋》作「越王句踐竊有二遺女.」"라 함.

【不敢當】錢培名〈札記〉에 "《吳越春秋》作「不敢稽留」, 此'當'字疑'留'之誤"라 함.

【五色令人目盲】五色은 靑, 黃, 赤, 白, 黑을 가리키며 아름다운 색상을 의미함. 《老子》(12)에 "五色令人目盲; 五音令人耳聾; 五味令人口爽; 馳騁畋獵, 令人心發狂; 難得之貨, 令人行妨. 是以聖人爲腹不爲目, 故去彼取此"라 한 말을 인용한 것.

【五音】宮, 商, 角, 徵, 羽를 가리키며 흔히 감미로운 음악을 뜻함.

【桀易湯】桀은 夏나라 末王. '易'는 쉽게 여김. 湯은 殷(商)나라 시조. 桀을 멸하고 殷을 세움.《史記》夏本紀에 桀이 鳴條로 쫓겨나 최후를 맞을 때 "吾悔不遂殺湯於夏臺, 使至此"라 함.

【紂易文王】紂는 商(殷)의 마지막 왕. 文王(姬昌, 西伯)은 周의 창시자. 그 아들 武王(姬發)에 이르러 紂를 멸하고 周나라를 이룩함.

【聽諫, 進賢士】錢培名〈札記〉에 "賢與仁韻, 士字疑衍,《吳越春秋》無"라 함.

【毛裘】털가죽으로 만든 옷.《吳越春秋》에는 '夏披毛裘'라 하여 여름에 이를 입음으로써 더위를 가중시켜 자신의 의지를 다진 것.

【絺綌】《吳越春秋》에는 '冬御絺綌'이라 하여 겨울에 이를 입음으로써 추위를 가중시켜 자신의 의지를 다진 것.《文選》〈景福殿賦〉의 注에 "凡衣服加於身曰御"라 함. '絺綌'은 '치격'으로 읽으며 얇은 칡 베옷. "冬常抱冰, 夏還握火"와 같음.

【必爲利害】《吳越春秋》에는 '利害'가 '對隙'으로 되어 있음. 원수가 됨. '對'는

'懟'와 같음. 隙은 怨恨. 錢培名〈札記〉에는 "利害,《吳越春秋》作對隙, 對猶讎隙也. 隙與綌韻, 此'利害'字疑誤"라 함.

【末喜】夏나라 桀王의 寵姬. 妹嬉로, 末嬉 등 여러 표기가 있으며 有施氏의 딸로 桀이 有施國을 멸하자 그들이 妹喜를 바쳐 桀이 총애하게 되었으나 걸이 다시 岷山을 벌한 다음 그들이 琬과 琰이라는 두 여인을 바치자 그들에게 빠져 말희를 멀리하자 말희는 伊尹과 결탁하여 桀을 망하게 함.《竹書紀年》(上)에 "桀伐岷山, 岷山女於桀二人, 曰琬, 曰琰. 桀受二女, 無子, 刻其名於苕華之玉, 苕是琬, 華是琰. 而棄其元妃於洛, 曰末喜氏. 末喜氏以與伊尹交, 遂以間夏"라 하였고,《國語》晉語(1)에 "昔夏桀伐有施, 有施人以妹喜女焉, 妹喜有寵, 於是乎與伊尹比而亡夏"라 함. 한편《史記》外戚世家에는 "夏之興也以塗山, 而桀之放也以末喜. 殷之興也以有娀, 紂之殺也嬖妲己. 周之興也以姜原及大任, 而幽王之禽也淫於襃姒"라 함.

【妲己】殷나라 紂王의 寵姬. 有蘇氏의 딸로 紂에게 총애를 입어 악행을 저질렀으며 결국 그에 의해 紂가 망함.《國語》晉語(1)에 "殷辛伐有蘇, 有蘇氏以妲己女焉, 妲己有寵, 於是乎與膠鬲比而亡殷"이라 함.《史記》殷本紀에 "帝紂好酒淫樂, 嬖於婦人. 愛妲己, 妲己之言是從. 於是使師涓作新淫聲, 北里之舞, 靡靡之樂. 厚賦稅以實鹿臺之錢, 而盈鉅橋之粟. 益收狗馬奇物, 充仞宮室. 益廣沙丘苑臺, 多取野獸蜚鳥置其中. 慢於鬼神. 大冣樂戲於沙丘, 以酒爲池, 縣肉爲林, 使男女倮相逐其閒, 爲長夜之飲"이라 함.

【襃姒】周나라 幽王의 寵姬. 幽王(姬宮涅)은 宣王의 아들이며 B.C.781~B.C.771년 동안 재위함. 襃姒(襃姒)는 襃國의 딸로 幽王이 襃國을 정벌하자 바쳐온 여인. 총애를 입었으나 웃지를 않아 봉화를 올릴 때 웃은 일로 제후들의 믿음을 잃게 되었으며 뒤에 襃姒 소생의 伯服을 태자로 삼으려 하자 원래의 태자 宜臼와 어머니 申后는 의구의 외가댁 申侯에게로 도망. 이에 申侯는 西戎과 연합하여 周나라를 쳐서 도읍 鎬京을 점령하고 幽王을 죽여 없앰. 뒤에 宜臼는 동쪽 洛邑으로 도읍을 옮겨 東周가 시작됨.《國語》晉語(1)에 "周幽王伐有襃, 襃人以襃姒女焉, 襃姒有寵, 生伯服, 於是乎與虢石甫比, 逐太子宜臼, 而立伯服. 太子出奔申, 申人·鄫人召西戎以伐周, 周於是乎亡"이라 하였으며,《史記》周本紀에는 "襃姒不好笑, 幽王欲其笑萬方, 故不笑. 幽王爲烽燧大鼓, 有寇至則擧烽火. 諸侯悉至, 至而無寇, 襃姒乃大笑. 幽王說之, 爲數擧烽火. 其後不信, 諸侯益亦不至. ……三年, 幽王嬖愛襃姒. 襃姒生子伯服, 幽王欲廢太子. 太子母申侯女, 而爲后. 後幽王得襃姒, 愛之, 欲廢申后, 幷去太子宜臼, 以襃姒爲后, 以伯服爲太子"라 함.

1. 《吳越春秋》句踐陰謀外傳

十二年, 越王謂大夫種曰:「孤聞吳王淫而好色, 惑亂沉湎, 不領政事, 因此而謀, 可乎?」種曰:「可破. 夫吳王淫而好色, 宰嚭佞以曳心, 往獻美女, 其必受之. 惟王選擇美女二人而進之.」越王曰:「善」乃使相者索國中, 得苧蘿山鬻薪之女, 曰西施·鄭旦. 飾以羅縠, 教以容步, 習於土城, 臨於都巷, 三年學服, 而獻於吳. 乃使相國范蠡進曰:「越王句踐竊有二遺女. 越國泝下困迫, 不敢稽留. 謹使臣蠡獻之大王. 不以鄙陋寢容, 願納以供箕箒之用.」吳王大悅, 曰:「越貢二女, 乃句踐之盡忠於吳之證也.」子胥諫曰:「不可, 王勿受也. 臣聞:『五色令人目盲, 五音令人耳聾.』昔桀易湯而滅, 周易文王而亡. 大王受之, 後必有殃. 臣聞越王朝書不倦, 晦誦竟夜, 且聚敢死之士數萬, 是人不死, 必得其願. 越王服誠行仁, 聽諫進賢, 是人不死, 必成其名. 越王夏被毛裘, 冬御絺綌, 是人不死, 必爲對隙. 臣聞:『賢士, 國之寶; 美女, 國之咎.』夏亡以妺喜, 殷亡以妲己, 周亡以褒姒.」吳王不聽, 遂受其女. 越王曰:「善哉! 第三術也.」

2. 《太平御覽》(305)

越王句踐請大夫種曰:「孤聞吳王淫而好色, 因此而壞其謀, 可也?」大夫種曰:「可, 唯君王選擇美女二人而進之.」於是越王曰:「善哉!」乃使相工色國中, 得苧羅山賣薪之女, 名曰西施·鄭旦, 而獻於吳.

219(14-4)
부차와 백비의 최후

월나라는 이에 군사를 일으켜 오나라를 정벌하여 그들을 진여항산秦餘杭山에서 크게 패배시켰다.

오나라를 멸망시키고 부차夫差를 사로잡고, 태재 백비伯嚭와 그 아내와 자녀를 죽여버렸다.

越乃興師伐吳, 大敗之於秦餘杭山.

滅吳, 禽夫差, 而戮太宰嚭與其妻子.

【禽】'擒'과 같음.
【秦餘杭山】지금의 陽山. 일명 萬安山. 吳縣 서북쪽에 있으며 夫差가 잡혀 軟禁을 당했던 곳. 張宗祥〈校注〉에 "卽今陽山, 亦名萬安山"이라 함.

〈15〉越絶 外傳 〈記軍氣〉第十五

　　본편은 특이하게 군사문제만을 다루고 있어 여가석余嘉錫의
〈四庫全書提要辨證〉에서 "원래 병가의 책"(原系兵家之書)라고 한
이유가 여기에 있다.

　　병가의 권모, 음양을 오행과 오색 등과 연결시키고 있으며,
이십팔수二十八宿까지 대응시켜 신비감을 자아내고 있다.

　　이런 추상적인 사상은 한대漢代에 유행하던 음양오행설陰陽
五行說과 깊은 관련이 있는 것으로 보인다. 그리고 편말의 춘추
전국시대 각 제후국의 강역을 다룬 부분은 실제 본편 군기
軍氣와는 관계가 먼 것으로 원래 단독 한 편이었으나 양이
적어 본편과 혼합시킨 것이 아닌가 여기고 있다.

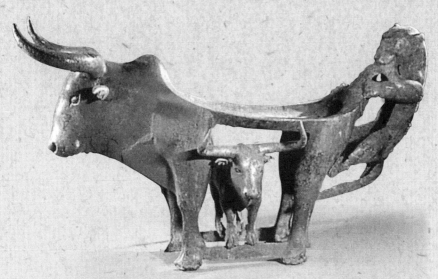

李家山 〈雙牛銅枕〉 1972 雲南 李家山 古墓群 17호 출토

220(15-1)
군기軍氣의 오색五色

　무릇 성인聖人이 무력을 행사할 때는 위로는 하늘과 덕이 합치되고, 아래로는 땅과 성명聖明이 합치되며, 중간으로는 사람의 마음과 합치되어, 정의가 합치되고 나서야 움직이며, 가능함을 보고나서야 취하는 것이다.

　소인은 그렇지 않으니 강한 것으로서 약한 자를 짓누르고, 남의 위기에서 자신의 이익을 취하여 그 역순逆順을 알지 못한 채 해서는 안 될 짓을 유쾌함으로 삼는다.

　그러므로 성인은 홀로 군기軍氣의 상황을 알아 승부의 도에 명확함을 기하는 것이다.

　무릇 기氣에는 다섯 가지 색깔이 있으니 청靑, 황黃, 적赤, 백白, 흑黑이다.

　색에는 그 이유에 따라 다섯 가지고 변화하며, 사병의 사기도 변화가 있으며, 군대에도 위에 기가 있어 오색과 서로 연결되며 하늘과 서로 통하는 것이다.

　이것이 바로 하늘과 응하는 것이니 이럴 때는 공격해서는 안 되며 공격했다가는 뒤가 끊어지고 만다.

　그 기가 흥성한 것은 공격해도 이길 수가 없는 것이다.

　夫聖人行兵, 上與天合德, 下與地合明, 中與人合心,
義合乃動, 見可乃取.

小人則不然, 以彊厭弱, 取利於危, 不知逆順, 快心爲非.

故聖人獨知氣變之情, 以明勝負之道.

凡氣有五色: 青·黃·赤·白·黑.

色因有五變, 人氣變, 軍上有氣, 五色相連, 與天相抵,

此天應, 不可攻, 攻之無後.

其氣盛者, 攻之不勝.

【軍氣】 氣는 進退, 결단 등에 상응하는 여러 기운이나 색깔 및 미래의 어떤 징조를 상징하는 瑞應. 《史記》 項羽本紀에 "范增說項王曰:「沛公居山東時, ……吾令人望其氣, 皆爲龍虎, 成五彩, 此天子之氣也, 急擊勿失.」"이라 함.

【厭】 '壓'과 같음. 탄압하고 괴롭힘을 뜻함.

【五色】 五行과 연결되어 그 상징적인 의미를 표현함. 즉 木(東, 靑), 火(南, 赤), 土(中央, 黃), 金(西, 白), 水(北, 黑)와 연결됨.

【相抵】 서로 連接됨.

【天應】 하늘이 그에 응험함.

【無後】 뒤가 없음. 좋지 않은 결과를 낳음. 실패함.

221(15-2)
병기兵氣와 오색

군에서 적기赤氣가 있게 되면 곧바로 하늘에 닿게 된다. 군대에는 하늘에 응험하는 것이 있으며 이때에 공격하게 되면 그 주벌이 그 자신에게 미치게 된다.

군대 위에 청기靑氣가 성하면서 뚜렷하면 □을 따르며 그 근본은 넓으나 그 끝은 예리하면서 다가오는 것으로서 이는 병력의 기운에 역逆의 역할을 하는 것이므로 아직 공격할 수 없으며 그 기운이 쇠퇴하여 물러선 다음에야 공격할 수 있다.

그 청기가 위에 있을 때는 아직 그 모책이 아직 결정해서는 안 되며, 청기가 오른쪽에 있을 때는 그 장수는 약하면서 병사들만 많은 경우이며, 청기가 뒤에 있으면 장수는 용감하나 식량이 적어 시작은 크게 하나 뒤 끝이 미약하게 되며, 청기가 왼쪽에 있을 때는 장수는 적으면서 병졸만 많지만 무기가 적어 군사들이 피폐하게 되며, 청기가 앞에 있을 때는 장수가 포악하여 그 군사들을 틀림없이 공격 대열로 내몰게 된다.

적기가 그 군대 위에 있으면 장수로써 모책을 아직 결정해서는 안 된다.

그 기운은 근본은 넓으면서 끝은 예리하여 다가오게 되는 것으로써 이는 병기兵氣에 역으로 작용하므로 상대가 쇠퇴하여 멀러간 다음에야 공격할 수 있다.

그 적기가 오른 쪽에 있으면 장군은 용감하나 무기가 적으며 사졸들은 강하여 틀림없이 적을 살상해야 항복시킬 수 있으며, 적기가 뒤에 있으면 장수는 약하나 병졸은 강하면서 적의 수도 적어 공격하면 틀림없이 그 장수를 죽일 수 있고 그 군대를 항복시킬 수 있으며, 적기가 오른 쪽에 있으면 장수는 용감하나 적의 수가 많아 반드시 아군 무기와 사졸이 강해야 하며, 적기가 앞에 있으면 장수는 용감하나 무기가 적어 식량이 많으면서 사졸이 적어 그들이 다가오지 못하도록 하는 모책을 짜야 한다.

황기黃氣가 군대 위에 있으면 장수로서 아직 모책을 결정하지 않고 있어야 한다.

그 근본은 넓으나 끝이 날카로우면서 다가오는 것으로서 이는 병기에 역으로 작용하는 것이므로 상대가 쇠퇴하여 물러난 다음에야 공격할 수 있다.

그 황기가 오른 쪽에 있으면 장수는 지혜롭고 명석하며 무기는 많고 사졸은 강하며, 식량은 풍족하다 해도 상대를 항복시킬 수 없다. 황기가 뒤에 있으면 상대의 장수는 지혜롭고 명석하며 병기도 많고 사졸은 강하며, 식량도 풍족하여 가히 항복시킬 수가 없다. 황기가 뒤에 있으면 상대의 장수는 지혜롭고 용맹하며 사졸도 강하지만 무기가 적고 식량도 적은 경우이다. 황기가 왼쪽에 있으면 적의 장수는 약하고 사졸도 수가 적고 무기도 적고 식량도 없어 이 경우 공격하면 반드시 상해를 입힐 수 있다. 황기가 앞에 있으면 적의 장수는 지혜롭고 용감하며, 사졸도 많고 강하며 식량도 풍족하며 모든 것이 많아 그런 상대는 공격할 수 없다.

백기白氣가 군의 위에 있으면 적은 장수가 현명하고 지혜롭고, 사졸들도 위세가 있고 용맹스러우며 강하다.

그런 기가 근본은 넓고 끝은 예리한 채 다가오는 경우 이는 병기에 역으로 작용하므로 그들이 쇠하여 물러간 다음에야 공격할 수 있다.

백기가 오른쪽에 있으면 상대의 장수는 용맹하고 사졸은 강하며, 병기도 많으나 식량이 없다는 뜻이다. 백기가 뒤에 있으면 상대의 장수는 인자하고 명석하나 사졸은 적고 무기는 많으며 식량은 적고 군사는 상해를 입었다는 뜻이다. 백기가 왼쪽에 있으면 장수는 용맹하고 강하며, 사졸은 많으나 식량이 적다는 뜻으로 가히 공격할 수 있다. 백기가 앞에 있으면 장수는 약하고 사졸도 없으며 식량도 적어 공격하면 항복을 받아낼 수 있다.

흑기黑氣가 군의 위에 있으면 장수는 모책을 아직 결정하지 않은 것이며 그 기는 근본은 넓으나 끝이 예리한 채로 다가오는 것으로 이는 무기에 역행하는 것으로서 떠난 다음에야 공격할 수 있다.

그 흑기가 오른쪽에 있으면 장수는 나약하고 사졸은 적으며 무기도 없고 식량은 바닥이 나서 군대가 상해를 입은 것으로 이런 경우 공격하지 않아도 스스로 항복해 오게 된다. 흑기가 뒤에 있으면 장수는 용맹하고 사졸은 강하나 무기가 적고 식량이 없어 이때에 공격하면 장수를 죽일 수 있으며 그 상대는 망하고 만다. 흑기가 왼쪽에 있을 때면 장수는 지혜롭고 용감하나 사졸이 적고 무기도 적어 이를 공격하면 장수를 죽일 수 있으며 그 군대는 스스로 항복해 온다. 흑기가 앞에 있으면 장수는 지혜롭고 명석하나 사졸이 적고 식량도 바닥이 나서 이 때에 공격하면 스스로 항복을 받아낼 수 있다.

軍上有赤色氣者, 徑抵天, 軍有應於天, 攻者其誅乃身.

軍上有靑氣盛明, 從□, 其本廣末銳而來者, 此逆兵氣也, 爲未可攻, 衰去乃可攻.

靑氣在上, 其謀未定; 靑氣在右, 將弱兵多; 靑氣在後, 將勇穀少, 先大後小; 靑氣在左, 將少卒多, 兵少軍罷; 靑氣在前, 將暴, 其軍必來.

赤氣在軍上, 將謀未定.

其氣本廣末銳而來者, 爲逆兵氣, 衰去乃可攻.

赤氣在右, 將軍勇而兵少, 卒彊, 必以殺降; 赤氣在後, 將弱, 卒彊, 敵少, 攻之殺將, 其軍可降; 赤氣在右, 將勇, 敵多, 兵卒彊; 赤氣在前, 將勇兵少, 穀多卒少, 謀不來.

黃氣在軍上, 將謀未定.

其本廣末銳而來者, 爲逆兵氣, 衰去乃可攻.

黃氣在右, 將智而明, 兵多卒彊, 穀足而不可降; 黃氣在後, 將智而勇, 卒彊, 兵少, 穀少; 黃氣在左, 將弱卒少, 兵少穀亡, 攻之必傷; 黃氣在前, 將智勇, 卒多彊, 穀足而有多爲一作焉, 不可攻也.

白氣在軍上, 將賢智而明, 卒威勇而彊.

其氣本廣末銳而來者, 爲逆兵氣, 衰去乃可攻.

白氣在右, 將勇而卒彊, 兵多穀亡; 白氣在後, 將仁而明, 卒少兵多, 穀少軍傷; 白氣在左, 將勇而彊, 卒多穀少, 可降; 白氣在前, 將弱, 卒亡, 穀少, 攻之可降.

黑氣在軍上, 將謀未定. 其氣本廣末銳而來者, 爲逆兵, 去乃可攻.

黑氣在右, 將弱, 卒少, 兵亡, 穀盡軍傷, 可不攻自降; 黑氣在後, 將勇卒彊, 兵少穀亡, 攻之殺將, 軍亡; 黑氣在左, 將智而勇, 卒少兵少, 攻之殺將, 其軍自降; 黑氣在前, 將智而明, 卒少穀盡, 可不攻自降.

【徑抵天】 곧바로 하늘에 닿음.
【攻者其誅乃身】 錢培名 〈札記〉에 "乃字疑當作及"이라 함.
【本廣末銳】 근본은 넓으나 끝이 뾰족함. '本'은 根, '末'은 梢(稍)와 같음. 《史記》 天官書에 "稍雲精白者, 其將悍, 其士怯. 其大根而前絶遠者, 當戰. 靑白, 其前低者, 戰勝; 其前赤而仰者, 戰不勝"이라 함.
【逆兵氣】 天道와 人事에 위반되어 軍事上 정당하지 않음.
【將少】 지휘하는 장수가 매우 어림.

【卒彊敵少】'敵'은 '穀'의 誤記.

【赤氣在右】張宗祥〈校注〉에 "上文「靑氣在右」,「靑氣在後」,「靑氣在左」成文, 下文 「黃氣」亦「在右」,「在後」,「在左」, 知右當作左"라 함.

【爲逆兵, 去乃可攻】錢培名〈札記〉에 "依上下文例, 兵下當脫氣衰二字"라 함.

> 참고 및 관련 자료

1. 본장은 五色(赤, 靑, 黃, 白, 黑)을 내세워 공격 여부와 상대의 항복 여부, 나아가 將(將帥), 卒(士卒), 兵(武器), 穀(軍糧) 등과 연관시켜 설명한 것으로 매우 추상적이어서 兩漢시대 흥했던 陰陽五行의 術士들의 주장으로 보이며 구체적인 상황이나 내용은 알 수 없음.

222(15-3)
기변氣變

　그러므로 명석한 장수는 기변氣變의 상황을 알아야 한다. 기氣가 상대 군사의 위에 있을 때는 모책을 아직 결정하지 말아야 하며, 기가 오른쪽에 있으면서 상대의 군기가 처져 있을 때에는 오른쪽에 복병을 두는 모책을 세우고자 해야 하며, 그 기가 앞에 있으면서 상대의 군기가 처져 있을 때에는 앞으로 나서서 복병을 숨겨두는 진법을 써야 한다. 그리고 그 기가 뒤에 있으면서 상대의 군기가 처져 있을 때에는 군사를 신속히 벗어날 수 있는 진법을 써야 한다. 그 기가 양陽일 경우에는 철수하는 병법을 써야 하고, 그 기가 왼쪽에 있으면서 적의 군기가 처져 있을 때라면 왼쪽으로 향하는 진법을 써야 하고, 상대의 기가 가운데에 있을 때라면 자신의 군대를 읍성邑城으로 들여보낼 작전을 세워야 한다.

　이상은 오자서伍子胥가 기를 관찰하여 적을 제압하는 큰 술수이며 그 병법이 곧 이와 같았던 것이다.

　군대에 군기가 없을 때에는 묘당廟堂에서 작전을 세워 쌍방의 강약彊弱을 알아보아야 한다.

故明將知氣變之形: 氣在軍上, 其謀未定; 其在右而低者, 欲爲右伏兵之謀; 其氣在前而低者, 欲爲前伏陣也; 其氣在後而低者, 欲爲走兵陣也; 其氣陽者, 欲爲

去兵; 其氣在左而低者, 欲爲左陣; 其氣間, 其軍欲有
入邑.

右子胥相氣取敵大數, 其法如是.

軍無氣, 算於廟堂, 以知彊弱.

【氣變之形】軍氣의 變化와 雙方의 사정
【走兵】신속하게 도망하거나 현장에서 벗어나는 陣法.
【陽】'揚'과 같음. 意氣가 揚揚함.
【氣間】혹 '間'을 '閒'의 뜻으로도 봄.
【入邑】邑城으로 들어가 방어를 우선으로 함.
【相氣取敵】氣를 살펴 적을 끌어들여 제압함. '相'은 '살피다'의 뜻.
【大數】數는 術數. 策略. 謀策. 方法.
【廟堂】宗廟와 明堂. 고대 나라에 큰 일이 있을 때 國事를 이곳에서 결정함. 兪樾
〈讀越絶書〉에 "《孫子》始計篇:「夫未戰而廟算勝者, 得算多也; 未戰而廟算不勝者,
得算少也.」是古代兵家有廟算之說, 此書所云, 必是古法, 惜不得其詳"이라 함.

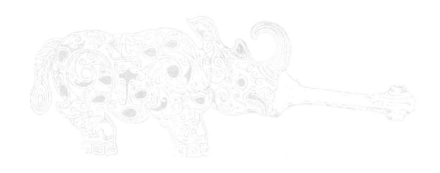

223(15-4)
상수象數와 사시四時

일一, 오五, 구九의 달에는 서쪽으로 향하면 길하지만 동쪽으로 나서면 패망하게 되니 동쪽으로 향해서는 안 된다.

이二, 육六, 십十의 달에는 남쪽으로 향하면 길하지만 북쪽으로 나서면 패망하게 되니 북쪽으로 향해서는 안 된다.

삼三, 칠七, 십일十一의 달에는 동쪽으로 향하면 길하지만 서쪽으로 향하면 패망하게 되니 서쪽으로 향해서는 안 된다.

사四, 팔八, 십이十二의 달에는 북쪽을 향하면 길하지만 남쪽으로 향하면 패망하게 되므로 남쪽으로 향해서는 안 된다.

이것이 용병에서 월月과 일日을 계산하는 기준이며 길한 것을 택하고 흉한 것을 피하는 방법이다.

군사를 일으켜 태세太歲의 흉조를 범해서는 안 되는 것이니, 묘卯는 태양이 떠오르는 시간으로, 그 시작은 누구에게나 유리하며 사시四時 모두 태양은 이때에 떠오른다는 것은 이를 두고 한 말이다.

一, 五, 九, 西向吉, 東向敗亡, 無東.

二, 六, 十, 南向吉, 北向敗亡, 無北.

三, 七, 十一, 東向吉, 西向敗亡, 無西.

四, 八, 十二, 北向吉, 南向敗亡, 無南.

此其用兵月日數, 吉凶所避也.

擧兵無擊太歲上物, 卯也, 始出各利, 以其四時制日,
是之謂也.

【一五九】1월, 5월, 9월. 이하 숫자는 달을 가리킴.

【吉凶所避】 '吉凶所趨避'여야 함. 길한 달에는 달려 나가고 흉한 때에는 이를
피함.

【太歲】歲星. 지금의 木星. 干支로 卯方에 해당함. 木星은 週期가 12년으로 古代
이를 기준으로 '歲星紀年法'을 사용하였음. 그러나 실제로는 11.86년으로 정확
하게 맞지 않아 이를 漢나라 때 劉歆이 발견하고 그 오류를 바로잡기 위해
144년에 한 번씩 '超辰法'으로 맞추어 東漢 順帝 이후에는 歲星紀年法을 사용
하지 않음.

【卯】干支에서 4번째이며 시간으로는 아침 5~7시 사이. 해가 뜨는 시간. 夏나라
마지막 王 桀이 乙卯日에 죽어 卯日을 재앙의 날로 여겼음.

【各利】我軍과 敵軍 모두에게 유리함. 태양이 처음 떠오를 때는 모든 만물이
모두 혜택을 받기 시작함.

【四時制日】春夏秋冬 모두 태양에 의해 이루어짐.

224(15-5)
춘추전국 시대 여러 나라의 강역

한韓나라 옛 강역은 지금의 경조군京兆郡이며 분야는 각角, 항亢이다.

정鄭나라 옛 강역은 분야가 역시 각, 항이다.

연燕나라 옛 강역은 지금의 상곡上谷, 어양漁陽, 우북평右北平, 요동遼東, 막군莫郡이며, 분야는 미尾와 기箕이다.

월越나라 옛 강역은 지금의 대월大越, 산음山陰이며 분야는 남두南斗이다.

오吳나라 옛 강역은 강서西江이며 분야는 도우都牛와 수녀須女이다.

제齊나라 옛 강역은 임치臨菑이며, 지금의 제북濟北, 평원平原, 북해군北海郡, 치천菑川, 요동遼東, 성양城陽이며, 분야는 허虛와 위危이다.

위衛나라 옛 강역은 복양濮陽이며 지금의 광양廣陽, 한군韓郡으로 분야는 영실營室과 벽壁이다.

노魯나라 옛 강역은 태산太山, 동온東溫, 주고수周固水이며 지금의 위동魏東으로 분야로는 규奎와 누婁이다.

양梁나라 옛 강역은 지금의 제음濟陰, 산양山陽, 제북濟北, 동군東郡이며 분야로는 필畢이다.

진晉나라 옛 강역은 지금의 대군代郡, 상산常山, 중산中山, 하간河間, 광평군廣平郡이며 분야로는 자觜이다.

진秦나라 옛 강역은 옹雍이며 지금의 내사內史로 파군巴郡, 한중漢中, 농서隴西, 정양定襄, 태원太原, 안읍安邑으로 분야로는 동병東幷이다.

주周나라 옛 강역은 낙雒으로, 지금의 하남군河南郡이며 분야로는 유柳, 칠성七星과 장張이다.

초楚나라 옛 강역은 영郢으로, 지금의 남군南郡, 남양南陽, 여남汝南, 회양

淮陽, 육안六安, 구강九江, 여강廬江, 예장豫章, 장사長沙이며, 분야로는 익翼과 진軫이다.

조趙나라 옛 강역은 한단邯鄲으로, 지금의 요동遼東, 농서隴西, 북지北地, 상군上郡, 안문鴈門, 북군北郡, 청하清河이며, 분야로는 삼參이다.

韓故治, 今京兆郡, 角·亢也.

鄭故治, 角·亢也.

燕故治, 今上漁陽·右北平·遼東·莫郡, 尾·箕也.

越故治, 今大越山陰, 南斗也.

吳故治, 西江, 都牛·須女也.

齊故治, 臨菑, 今濟北·平原·北海郡·菑川·遼東·城陽, 虛·危也.

衛故治, 濮陽, 今廣陽·韓郡, 營室·壁也.

魯故治, 太山·東溫·周固水, 今魏東, 奎·婁也.

梁故治, 今濟陰·山陽·濟北·東郡, 畢也.

晉故治, 今代郡·常山·中山·河間·廣平郡, 觜也.

秦故治, 雍, 今內史也, 巴郡·漢中·隴西·定襄·太原·安邑, 東幷也.

周□故治, 雒, 今河南郡, 柳·七星·張也.

楚故治, 郢, 今南郡·南陽·汝南·淮陽·六安·九江·廬江·豫章·長沙, 翼, 軫也.

趙故治, 邯鄲, 今遼東·隴西·北地·上郡·鴈門·北郡·清河, 參也.

【韓】戰國시대 나라 이름. 晉나라에서 갈라져 세워진 나라로 戰國七雄의 하나. 安邑에 도읍하였다가 新鄭으로 천도함. 秦始皇에게 망함.

【故治】옛날 다스리던 강역.

【京兆郡】漢나라 때 설치한 郡. 지금의 陝西 西安 동남 일대. 京兆는 京畿를 뜻하며 漢나라 때 도읍 長安 근처였음.

【角, 亢】하늘의 28宿의 별자리와 땅의 지역을 연결시켜 分野로 삼을 때 별자리를 일컫는 것으로 角宿와 亢宿의 분야에 해당함을 뜻함. 《史記》天官書에는 28수를 12州와 배합하였으나 《漢書》地理志에는 28수를 戰國시대 각 나라의 강역과 배합시켰음. 《漢書》의 배분법을 적용한 것임. 한편 '二十八宿'는 東方의 角, 亢, 氐, 房, 心, 尾, 箕; 北方의 斗, 牛, 女, 虛, 危, 室, 壁; 西方의 奎, 婁, 胃, 昴, 畢, 觜, 參; 南方의 井, 鬼, 柳, 星, 張, 翼, 軫의 총 28개 별자리를 가리킴. 《欽定協紀辨方書》(4)에 인용된 《天寶曆》에 "陰陽不將者, 以月建爲陽, 謂之陽建, 正月起寅, 順行十二辰. 月厭爲陰, 謂之陰建, 正月起戌, 逆行十二辰. 焚於卯酉, 會於子午. 厭前枝幹自相配者爲陽將, 厭後枝幹者相配者爲陰將, 厭後幹配厭前枝者爲, 陰陽俱將, 厭前幹配厭後枝者, 爲陰陽不將也"라 함. 이를 표로 보이면 다음과 같음.

陽建	子	丑	寅	卯	辰	巳	午	未	申	酉	戌	亥
陰建	子	亥	戌	酉	申	未	午	巳	辰	卯	寅	丑
配月	11	12	1	2	3	4	5	6	7	8	9	10

【鄭】周 宣王이 자신의 아우 桓公(姬友)을 봉했던 나라. 같은 姬姓으로 본래는 陝西 華縣에 鄭나라를 받았으나 幽王 때 혼란이 일어나자 桓公의 아들 武公이 平王의 東遷(東周)을 도운 공으로 봉지를 지금의 河南 新鄭縣으로 옮겼으며 이 때문에 그곳을 '新鄭'이라 부른 것임. 戰國시대 韓나라에게 망함. 《史記》에 鄭世家가 있음.

【燕】周 武王의 아우 召公(姬奭)이 봉을 받았던 燕나라. 도읍은 계(薊, 지금의 北京 근처). 戰國七雄의 하나. 戰國 말 秦나라에게 망함.

【今上漁陽】錢培名 〈札記〉에 "上下當脫谷字"라 하여 上谷과 漁陽 두 지명을 함께 적은 것. 그러나 〈三民本〉에는 지금의 河北 密雲 일대 12縣이라 하였음.

【右北平】옛 幽州. 夏殷 시대에는 冀州라 불렸으며 戰國시대 燕나라에 소속되었고 秦始皇이 통일한 뒤에는 右北平郡을 두었음.

【遼東】秦나라 때 두었던 군 이름. 지금의 遼寧 동남쪽 일대.

【莫郡】秦漢 시대 莫郡이란 지명은 없었음.

【尾】二十八宿의 하나. 蒼龍七宿의 하나이며 일명 龍尾라고도 하고 전갈자리에

속함.

【箕】箕宿. 역시 二十八宿의 하나로 蒼龍七宿의 하나. 人馬座에 속함.

【大越】越王 句踐 때의 월나라 영토를 뜻함. 지금의 浙江, 江蘇, 山東남부 일대.

【山陰】秦나라 때 두었던 현 이름. 지금의 浙江 紹興. 越나라 도읍이었던 곳.

【南斗】별자리 斗宿. 張宗祥〈校注〉에《史記》를 인용하여 "斗, 江, 湖. 卽九江,
廬江, 豫章, 丹陽等地"라 함.

【西江】오월이 있던 지역을 일컫는 말.

【都牛】牽牛星, 牛宿. 玄武七宿의 하나.

【須女】女宿. 婺女星. 玄武七宿의 第 三宿.

【齊】春秋시대 姜氏齊와 戰國시대 田氏齊.

【臨菑】臨淄. '菑'는 '淄'와 같음. 春秋戰國을 걸쳐 齊나라 도읍이었던 곳. 지금의
山東 淄博市 臨淄鎭.

【濟北】漢나라 때 두었던 나라. 濟北國, 泰山郡에 속하였음.

【平原】漢나라 때 두었던 郡 이름. 지금의 山東 平原, 長淸, 樂陵 일대.

【北海郡】漢나라 때 두었던 군 이름. 지금의 山東 益都縣 동쪽 일대.

【菑川】淄川과 같음. 지금의 山東 淄川市.

【城陽】漢나라 때 城陽國이 있었으며 지금의 山東 莒縣.

【虛】虛宿. 二十八宿의 하나. 玄武七宿에 속함.

【危】危宿. 二十八宿의 하나로 역시 玄武七宿에 속함.

【衛】周 武王의 아우 康叔을 봉했던 나라. 姬姓. 지금의 河南 汲縣, 淇縣, 朝歌,
濮陽縣, 滑縣 일대에 있었음. 처음 朝歌에 도읍을 정했으나 成公 때 帝丘(濮陽)로
옮김. 작위는 侯. 戰國시대까지 존속하였으나 秦 二世에게 망함.

【濮】縣 이름. 원래 帝丘로 불렸으며 고대 顓頊이 묻힌 곳이었다 함. 衛나라
도읍이었음.

【廣陽】漢나라 때 두었던 군 이름. 지금의 北京市 德勝門 밖.

【韓郡】군 이름. 지금의 河北 固安縣 일대.

【營室】별자리 이름. 營宿. 二十八宿의 하나.

【壁】壁宿. 역시 二十八宿의 하나. 玄武七宿의 하나로서 고대 文書, 圖書 등을
관장하는 별이라 여겼음.

【魯】周公(姬旦)이 봉지로 받았던 제후국. 周公의 아들 伯禽이 다스리기 시작
하였으며 뒤에 楚나라에게 망함. 지금의 山東 曲阜 일대.

【太山】泰山. 지금의 산동 泰安市에 있는 산. 五嶽 중 東嶽.

【東溫】山東에 이런 지명이 없음. '東海'의 오류가 아닌가 함. 東海는 漢나라 때 두었던 군으로 지금의 山東 郯城 일대였음.

【周固水】알 수 없음.

【魏東】魏郡의 동부. 魏郡은 지금의 河北, 河南, 山東 교차 지역이었음.

【奎】奎宿. 二十八宿의 하나로 白虎七宿에 속함. 고대인은 이 별이 文章을 주관 한다고 여겼음.

【婁】婁宿. 二十八宿의 하나로 白虎七宿에 속함.

【梁】戰國시대 魏나라의 별칭, 惠王(罃) 때 大梁(지금의 河南 開封)으로 도읍을 옮겨 이때부터 魏나라를 梁나라로도 칭함. 春秋시대 晉나라에서 나왔으며 戰國 七雄의 하나.

【濟陰】漢나라 때 두었던 군 이름. 지금의 山東 定陶縣 일대.

【山陽】漢나라 때 두었던 군 이름. 지금의 山東 金鄉縣 일대.

【東郡】秦나라 때 두었던 군 이름. 지금의 河北 동남부, 山東 서북부 일대.

【畢】畢宿. 二十八宿의 하나이며 白虎七宿의 하나.

【晉】周 成王(姬誦)이 桐葉으로 아우 唐叔虞를 봉했던 고사를 가진 나라. 처음 平陽에 도읍하였으나 뒤에 曲沃으로 옮겼으며, 다시 絳(翼)으로 옮김. 나라 이름도 唐이었으나, 뒤에 子燮이 晉으로 바꿈. 文公 때 春秋五霸의 하나가 됨. 그러나 뒤에 六卿의 跋扈로 三晉(韓, 魏, 趙)로 굳어져 戰國시대를 맞음.

【代郡】고대 나라 이름. 戰國시대 趙나라가 이를 멸하고 代郡으로 삼았으며 지금의 山西 동북부와 河北 桑乾縣 일대.

【常山】군 이름. 지금의 山東 滕縣 일대.

【中山】군 이름. 옛 中山國이 있던 곳으로 지금의 河北 定縣 일대.

【河間】漢나라 때 두었던 제후국. 河間國. 지금의 河北 河間 일대.

【廣平郡】漢나라 때 두었던 군. 지금의 河北 鷄澤 일대.

【觜】28宿의 하나. 星座 이름. 白虎七宿의 하나. 안으로는 大梁, 밖으로는 巴와 益州 일대에 해당함.

【秦】嬴姓으로 周 孝王이 伯益의 후손 非子를 봉하여 附庸邑으로 삼은 것이며 뒤에 나라로 발전하여 서쪽의 대국이 됨. 지금의 甘肅 天水市에 秦 故城이 있음. 〈大事表〉에 "文公四十年入春秋. 春秋後二百六十年, 始皇并天下"라 함.

【雍】春秋시대 秦나라 도읍지. 지금의 陝西 鳳翔縣.

【內史】秦漢 시대 관직 이름이며 동시에 京師를 뜻하는 말로도 쓰였음. 京師의 治安과 管理를 담당함.

【巴郡】 고대 巴國이 있던 곳으로 秦나라가 이를 멸하고 巴郡을 두었었음. 지금의 四川 동부 일대.

【漢中】 군 이름. 전국시대 楚나라 땅. 秦나라 때 漢中郡을 두었으며 지금의 陝西 남부와 湖北 서북부 일대.

【隴西】 군 이름. 지금의 甘肅 동남부.

【定襄】 漢나라 때 두었던 군 이름. 지금의 山西 서부 일대.

【太原】 군 이름. 지금의 山西 太原市 부근 일대.

【安邑】 漢나라 때 두었던 縣 이름. 지금의 山西 夏縣 安邑.

【東井】 별 자리 이름. 井宿. 朱雀七宿의 첫 번 째 별.

【雒】 東周의 수도였던 洛陽 일대. 洛邑. '雒'은 '洛'과 같음. 《博物志》(6)에 "舊洛 陽字作水邊各. 漢, 火行也, 忌水, 故去水而加隹. 又魏於行次爲土, 水得土而流, 上得水而柔, 故復去隹加水, 變雒爲洛焉"이라 함.

【河南郡】 한나라 때 두었던 군. 지금의 洛陽, 鄭州, 汝州 등을 아우른 일대.

【柳】 별자리 이름. 柳宿. 朱雀七宿의 하나.

【七星】 역시 별자리 이름. 朱雀七宿의 네 번째 별자리.

【張】 별자리 이름. 長蛇座에 속함. 이상 세 星座에 대해 張宗祥 〈校注〉에 《史記》 天官書를 인용하여 "柳, 七星, 張, 三河"라 하였고 三河는 河內, 河東, 河南이라 하였음.

【郢】 楚나라 도읍이었던 곳. 지금의 湖北 荊州 紀南城.

【南郡】 秦나라 때 두었던 군 이름. 지금의 湖北 중남부 荊州 일대.

【南陽】 秦나라 때 두었던 군 이름. 지금의 河南 서남부 및 湖北 북부 일대를 관할하였음.

【汝南】 漢나라 때 두었던 군. 지금의 河南 동부, 安徽 서북부 일대를 관할하였음.

【淮陽】 漢나라 때 淮陽王國을 두었었으며 지금의 河南 淮陽 일대.

【六安】 漢나라 때 六安王國을 두었었으며 지금의 安徽 六安 일대.

【九江】 秦나라 때 두었던 군. 지금의 安徽 鳳陽, 淮安, 廬州, 安慶 및 江西 九江 일대를 관할하였음.

【廬江】 漢나라 때 두었던 군. 지금의 安徽 廬江, 舒城, 潛山 등지를 관할하였음.

【豫章】 漢나라 때 두었던 군. 지금의 江西 대부분 지역을 관할하였음.

【長沙】 秦나라 때 두었던 군. 漢나라 때 長沙國으로 승격하였음. 지금의 湖南 동쪽 대부분 지역이 여기에 소속되었음.

【翼】 翼宿. 二十八宿의 하나이며 朱雀七宿의 하나.

【軫】軫宿. 역시 二十八宿의 하나이며 朱雀七宿의 하나.

【趙】戰國七雄의 하나이며 三晉의 하나. 지금의 河北 대부분과 河南 일부를 영토로
하였으며 邯鄲을 도읍으로 하였음.

【邯鄲】원래 春秋시대 衛나라 읍이었으나 뒤에 晉나라가 차지하였다가 다시
戰國시대에는 趙나라 도읍이 되었던 곳. 지금의 河北 邯鄲市.

【北地】秦나라 때 두었던 군. 지금의 寧夏 대부분과 甘肅 동북부 일대.

【上郡】秦나라 때 두었던 군. 지금의 陝西 북부와 內蒙古 서부 일대.

【鴈門】雁門으로도 표기하며 戰國시대 趙나라가 두었던 군. 지금의 山西 북부
大同, 寧武, 代縣 일대를 관할하였음.

【北郡】秦漢 시대 州郡 중에 北郡은 없음.

【淸河】漢나라 때 두었던 군. 지금의 河北 淸河, 棗强 및 山東 淸平, 高塘 등지를
관할하였음.

【參】별자리 이름. 參星. 參宿. 戰爭을 主管하는 별로 여겼음. 이상에 대해 兪樾
〈讀越絶書〉에는 "十二分野見於《周官》保章氏注:「星紀, 吳越也; 元枵, 齊也;
娵訾, 衛也; 降婁, 魯也; 大梁, 趙也; 實沈, 晉也; 鶉首, 秦也; 鶉火, 周也; 鶉尾,
楚也; 壽星, 鄭也; 大火, 宋也; 析木, 燕也.」乃此書則爲十四國, 蓋分吳越爲二,
增韓梁而無宋也. 吳越雖分, 然同一星紀之次, 則仍與不分同; 其增韓而與鄭同
爲角亢, 則仍與不增同. 惟所增之梁屬畢, 則大梁之次, 而占趙之分野; 移趙屬參,
則實沈之次, 而占晉之分野; 晉爲觜, 則其爲實沈如故. 然趙韓梁皆晉之所分,
舊說有晉又有趙, 已爲無理, 此則分列晉趙韓梁爲四國, 更無理矣. 其無宋, 未詳,
疑有闕誤. 又按: 晉皇甫謐《帝王世紀》, 自畢十二度至東井十五度, 曰實沈之次,
今晉魏分野, 然則晉與魏同屬實沈. 此書梁與趙宜互易, 梁卽魏也, 晉梁幷屬實沈,
與《帝王世紀》合, 趙則仍爲大梁, 與舊說無不合矣"라 하였음. 한편 張宗祥 〈校注〉
에는 "分野之說, 《周禮》·《左傳》已有之, 此古說也, 存之而已"라 함.

卷十三

<16>越絶 外傳 <枕中> 第十六

⟨16⟩ 越絶 外傳 ⟨枕中⟩ 第十六

　　본편은 범려의 치술에 대한 건의를 귀중하게 여긴 구천이
이를 기록하여 베개에 넣어 국보로 삼았다는 내용을 제목
으로 삼고 있다.
　　즉 범려의 저곡부민貯穀富民과 중화中和, 삼표三表 등에 관한
것으로 미래에 대한 예지豫知와 대비의 중요함을 높이 삼으로써
구천의 승리를 합리화하고 있다.

⟨陶馬俑⟩(北朝) 明器 1948 河北 景縣 封氏墓 출토

225(16-1)
현주賢主와 성왕聖王

옛날 월왕越王 구천句踐이 범자范子에게 물었다.

"옛날 현주賢主와 성왕聖王의 다스림에는 무엇을 좌左로 하고 무엇을 우右로 하였습니까? 무엇을 버리고 무엇을 취하였습니까?"

범자가 대답하였다.

"제가 듣기로 성주의 다스림에는 도道를 좌로 하고 술術을 우로 하였으며, 말末을 버리고 실實을 취하였다 하더이다."

월왕이 물었다.

"무엇을 일러 도라 하오? 무엇을 일러 술이라 하오? 무엇을 일러 말이라 하오? 무엇을 일러 실이라 하오?

범자가 대답하였다.

"도란 천지보다 먼저 생겨났으며 낡을 줄을 모릅니다. 만물을 가지가지 만들어내되 교묘함을 명분으로 삼지 않습니다. 그 때문에 이를 일러 도라 하는 것입니다. 도는 기氣를 낳고, 기는 음陰을 낳으며, 음은 양陽을 낳고, 양은 천지를 낳습니다. 천지가 선 연후에 한서寒暑, 조습燥濕, 일월日月, 성신星辰, 사시四時가 있어 만물이 갖추어지는 것입니다. 술이란 하늘의 뜻입니다. 무더운 여름에 만물이 잘 자라게 되면 성인은 하늘의 마음을 따르고 하늘이 기뻐함을 도와 만물의 자람을 즐거워합니다. 그 때문에 순舜 오현금五弦琴을 타면서 〈남풍南風〉 시만 노래하고 있어도 천하가 다스려졌던 것입니다. 이는 천하와 함께 함을 즐겁게 여겼음을 말하는 것입니다. 그런 당시에는 칭송하는 노래가 지어졌습니다. 소위 말이란 명분입니다. 그 때문에 명분이 실질을 넘어서면 백성들이 가까이 다가가지 않으며 현사賢土들이 등용되지 않으며 밖으로 제후들의 침입을 불러들입니다. 성주는 그렇게 하지 않지요. 소위 실이란 곡□穀□입니다. 인심을 얻고 현사들을 임용하는 것을 말합니다. 무릇 이 네 가지는 나라의 보배입니다."

　昔者, 越王句踐問范子曰:「古之賢主·聖王之治, 何左何右? 何去何取?」

　范子對曰:「臣聞聖主之治, 左道右術, 去末取實.」

　越王曰:「何謂道? 何謂術? 何謂末? 何謂實?」

　范子對曰:「道者, 天地先生, 不知老; 曲成萬物, 不名巧, 故謂之道. 道生氣, 氣生陰, 陰生陽, 陽生天地. 天地立, 然後有寒暑·燥濕·日月·星辰·四時, 而萬物備. 術者, 天意也. 盛夏之時, 萬物遂長, 聖人緣天心, 助天喜, 樂萬物之長. 故舜彈五弦之琴, 歌〈南風〉之詩, 而天下治. 言其樂與天下同也. 當是之時, 頌聲作. 所謂末者, 名也. 故名過實, 則百姓不附親, 賢士不爲用, 而外入諸侯, 聖主不爲也. 所謂實者, 穀□也, 得人心, 任賢士也, 凡此四者, 邦之寶也.」

【范子】范蠡. 越나라 大夫. 越王 句踐에게 가장 큰 영향을 주었던 모신. 字는 少伯. 文種과 함께 越나라를 승리로 이끈 대신. 越나라가 吳나라에 패했을 때 3년을 臣僕으로 고생하다가 돌아와 句踐을 도와 吳나라를 멸하는데 큰 공을 세웠음. 그리고 즉시 句踐을 피해 이름을 鴟夷子皮로 바꾸고 몸을 숨겨 三江口를 거쳐 五湖로 나서 齊나라 陶 땅으로 옮겨가 陶朱公이라 칭하였으며 장사에

뛰어들어 큰 부자가 됨. 그의 많은 일화는 《國語》越語(下),《左傳》,《史記》
越王句踐世家, 貨殖列傳,《吳越春秋》등에 자세히 실려 있음.《吳越春秋》徐天祜
注에 "范蠡, 楚三戶人也. 字少伯"이라 함.

【左右】'左'는 附隨的인 것. 輔佐. '右'는 근본적인 것. 가장 중시하는 것.

【天地先生】《莊子》에 실려 있는 말. 錢培名 〈札記〉에 "當作「先天地生」.《莊子》
大宗師篇云:「先天地生而不爲久, 長於上古而不爲老」, 又云:「長於上古而不
爲老, 雕刻衆形而不爲巧」, 卽此意. 又見〈天道〉篇"이라 함.

【曲成】온갖 방법으로 형체를 성취시킴.《周易》繫辭(上)에 "曲成萬物而不遺"라
하였고, 注에 "曲成者, 乘變以應物, 不繫一方者也"라 함.

【天意也】錢培名 〈札記〉에 "「天意也」三字, 似有脫誤. 又於四時獨提「盛夏」, 與上
下文不相掩覆, 似他處錯簡"이라 함.

【舜】고대 五帝의 하나. 有虞氏. 姓은 姒氏, 이름은 重華. 虞舜으로도 부름. 堯임금
으로부터 천하를 물려받아 帝位에 오름. 瞽瞍의 아들로 孝誠이 뛰어났던 분
으로 널리 알려져 있으며 儒家에서 聖人으로 추앙함.《十八史略》(1)에 "帝舜
有虞氏: 姚姓, 或曰名重華, 瞽瞍之子, 顓頊六世孫也. 父惑於後妻, 愛少子象,
常欲殺舜. 舜盡孝悌之道, 烝烝乂不格姦"이라 함.

【五弦之琴】《禮器》樂記에 "昔者, 舜彈五弦之琴, 以歌〈南風〉"이라 하였고, 疏에
"謂無文武二弦, 惟宮商等五弦也"라 함.

【南風之詩】《孔子家語》辯樂解에 "昔者, 舜彈五弦之琴, 造〈南風〉之詩. 其詩曰:
「南風薰兮, 可以解吾民之慍兮; 南風之詩兮, 可以阜吾民之財兮.」"라 하였고,
《史記》樂書에도 "夫南風之詩者, 生長之音也, 舜樂好之; 樂與天地同意, 得萬
國之歡心, 故天下治也"라 함.

【外入諸侯】다른 판본에는 "外□諸侯"라 하여 '入'자가 공간으로 되어 있음.

【縠□】□는 '帛'자여야 전체 의미가 타당함.

【四者】縠, □(帛), 人心, 賢士 등 네 가지를 가리킴.

226(16-2)
성왕들의 치도治道

월왕이 말하였다.

"과인은 몸소 절검節儉을 실행하고, 선비들에게 내 몸을 낮추고 어진 이를 찾는 등 명분이 실질을 넘지 않도록 하고 있소. 이는 과인이 능히 해낼 수 있는 일이오. 그러나 곡식을 저장하는 일, 백성을 부유하게 하는 일, 이는 하늘의 때와 물의 가뭄이 있으니 어찌 나 한 사람에게만 달린 일이겠소? 어떻게 마련해야 되겠소?"

범자가 말하였다.

"백리를 다스릴 신령함만 있으면 천리를 다스릴 수 있는 임금이 됩니다. 탕湯은 그 중화中和를 잡고, 이윤伊尹을 거용하고 천하의 웅준雄儁한 선비들을 거두어들였으며, 병졸을 훈련시키고 제후들을 인솔하여 걸桀을 쳐서, 천하를 위해 잔포殘暴함을 제거하고 적해賊害를 없애주었습니다. 그리하여 만민이 모두 노래를 부르며 그에게로 귀의하였던 것입니다. 이것이 소위 그 중화를 잡은 것이라 하는 것입니다."

월왕이 말하였다.

"훌륭하오! 중화가 가져다주는 것이여! 과인은 비록 현주나 성왕에 미치지는 못하지만 중화를 잡고 이를 실천하겠소. 그런데 지금 제후들의 땅은 혹 많기도 하고 혹 적기도 하여 그 강약彊弱이 서로 대등하지 않은데 전쟁이 갑자기 일어나면 어떻게 대응해야 하오?"

범자가 말하였다.

"사람의 몸을 보전할 줄 아는 자는 가히 천하의 왕이 될 수 있으나 사람의 몸을 보전할 줄 모르는 자는 천하를 잃고 맙니다."

월왕이 말하였다.

"무엇을 일러 사람의 몸을 보전한다라는 것이오?"

범자가 말하였다.

"하늘이 만물을 생겨나게 하고 그들로 하여금 살도록 하였습니다. 사람은 식량을 얻으면 죽지 않습니다. 식량은 능히 사람을 살려내기도 하고 능히 사람을 죽이기도 합니다. 그 때문에 사람의 몸이라 일컫는 것입니다."

越王曰：「寡人躬行節儉, 下士求賢, 不使名過實, 此寡人所能行也. 多貯穀, 富百姓, 此乃天時水旱, 寧在一人耶? 何以備之?」

范子曰：「百里之神, 千里之君, 湯執其中和, 擧伊尹, 收天下雄儁之士, 練卒兵, 率諸侯伐桀, 爲天下除殘去賊, 萬民皆歌而歸之, 是所謂執其中和者.」

越王曰：「善哉! 中和所致也! 寡人雖不及賢主·聖王, 欲執中和而行之. 今諸侯之地, 或多或少, 彊弱不相當, 兵革暴起, 何以應之?」

范子曰：「知保人之身者, 可以王天下; 不知保人之身, 失天下者也.」

越王曰：「何謂保人之身?」

范子曰：「天生萬物而敎之而生. 人得穀卽不死, 穀能生人, 能殺人, 故謂人身.」

【躬行節儉】절약과 검소함을 몸소 실천함.

【下土】왕으로서 선비들에게 스스로를 낮춤. 왕의 謙卑를 뜻함.

【天時】하늘의 기후 변화 등에 의해 농사의 凶豐이 엇갈림. 사람의 힘으로 할 수 있는 것이 아님을 뜻함.

【百里之神】이 부분은 錯簡이 있는 것으로 봄. 錢培名 〈札記〉에 "此下錯簡, 當接後「千里之神萬里之君」, 至「務執」三百八字"라 함. 그러나 "백리를 다스릴 수 있는 신령함"으로 잠정 풀이하였음. 〈三民本〉에는 土地神을 뜻하는 말이라 하였음.

【千里之君】〈三民本〉에는 '大國諸侯'를 지칭하는 말이라 하였음.

【湯】殷나라 시조 湯王. 子姓. 이름은 履. 武湯, 成湯, 天乙로도 불림. 有자는 접두사. '湯'은 원래 夏나라 때의 諸侯. 亳을 근거로 발전하여 夏나라 末王 桀의 무도함을 제거하고 伊尹을 등용하여 殷(商)을 세운 개국군주. 儒家에서 聖人으로 받듦. 《史記》殷本紀를 참조할 것. 《十八史略》(1)에는 "殷王成湯: 子姓, 名履. 其先曰契, 帝嚳子也. 母簡狄, 有娀氏女, 見玄鳥墮卵吞之, 生契. 爲唐虞司徒, 封於商, 賜姓"이라 함.

【中和】《中庸》第一章에 "致中和, 天地位焉, 萬物育焉"이라 함. 한편 錢培名 〈札記〉에는 "湯執二字衍, 其中和上錯簡, 當接後「湯有七十里地, 務執」云云"이라 하여 이곳은 錯簡이 있는 것으로 보았음.

【伊尹】殷나라 湯王의 재상. 이름은 摯. 湯이 有莘氏의 딸을 아내로 맞을 때 滕臣으로 따라가면서 조리 기구를 짊어지고 가서 주방장이 되어 湯에게 접근하였음. 뒤에 탕에게 발탁되어 재상에 올랐으며 夏의 마지막 王 桀을 쳐서 殷왕조를 일으키는 데 큰 공을 세웠음.《史記》殷本紀 및《墨子》尙賢篇을 볼 것.

【熊雋】'雋'은 '俊'과 같음.

【兵革暴起】'兵革'은 전쟁의 뜻. '暴起'는 갑자기 일어남.

【保人之身】사람의 생명을 보호하여 살아갈 수 있도록 함.

【天生萬物而敎之而生】錢培名 〈札記〉에 "句似有脫誤"라 하여 온전한 문장이 아닌 것으로 보았음.

227(16-3)
팔곡八穀과 오행五行

월왕이 말하였다.

"훌륭하오! 지금부터 과인은 곡식을 보호하고자 하오. 어떻게 하면 되겠소?"

범자가 말하였다.

"보호하고자 하신다면 반드시 친히 들의 농사일에 친숙하여야 합니다. 그 여러 가지 곡물의 수확의 다소를 잘 보시고 비축해야 합니다."

월왕이 말하였다.

"생산이 적을 때는 그 값의 높고 낮음에 근거하여 역시 가히 대응할 수 있습니까?"

범자가 말하였다.

"무릇 팔곡八穀의 값의 고하에 대한 기준은 반드시 하늘의 삼표三表를 관찰하고 결정해야 합니다."

월왕이 말하였다.

"청하여 묻건대 삼표가 무엇이오?"

범자가 말하였다.

"수水의 세력은 금金을 이깁니다. 음기陰氣가 축적되어 너무 성하게 되면 물은 금을 근거로 하다가 죽음에 이릅니다. 그러므로 금 가운데에 수가 있는 것입니다. 이런 경우라면 그 해는 크게 흉년이 들고 팔곡은 모두 값이 비싸게 됩니다. 금의 세력은 목木을 이깁니다. 양기陽氣가 축적되어 너무 성하게 되면 금은 목을 근거로 하다가 죽습니다. 그 때문에 목 가운데에는 화火가 있는 것입니다. 이런 경우에는 그 해에 크게 풍년이 들고 팔곡은

<牛耕> 畵像石(부분) 1952 江蘇 睢寧縣 東漢墓 출토

모두가 값이 싸집니다. 금, 목, 수, 화는 다시 돌아가며 이기는 것이 있으니 이것이 하늘의 삼표라는 것으로서 잘 살피지 않을 수 없습니다. 능히 이 삼표를 아는 것은 나라의 보배가 되며 이 삼표를 알지 못하는 군주는 자신은 죽고 도道를 버리게 됩니다. 천 리를 다스리는 신령함과 만 리를 다스리는 군주는 이 삼표를 꼭 잡고 살피기에 힘씁니다. 그 때문에 천하의 군주가 호령을 내려 정치를 행할 때는 반드시 사시에 순응합니다. 사시가 바르지 못하면 음양이 조화를 이루지 못하고, 한서寒暑가 상도를 잃게 됩니다. 이와 같아지면 그 해 농사가 엉망이 되고 오곡五穀이 여물지 않게 되니 반드시 사시를 잘 살펴야 하는 것이니 이것이 지극한 금기禁忌입니다."

월왕이 말하였다.

"이는 과인이 능히 해낼 수 있소. 그런데 곡물의 상하와 값의 귀천을 도모하여 다른 재물 안에서 스스로 실질이 되기를 알고자 한다면 어떻게 하면 되겠소?"

범자가 말하였다.

"무릇 팔곡의 값이 싸지면 묵은 곡식 사용하면 되는 것이니 아주 명확합니다. 요체는 음양과 소식消息을 잘 살피고 시중의 반복되는 흐름과 자웅이 서로 쫓아가는 것을 잘 관찰하면 되는 것이니 그렇게만 하면 천도는 끝나는 것입니다."

越王曰:「善哉! 今寡人欲保穀, 爲之奈何?」

范子曰:「欲保, 必親於野, 觀諸所多少爲備.」

越王曰:「所少, 可得爲因其貴賤, 亦有應乎?」

范子曰:「夫八穀貴賤之法, 必察天之三表, 卽決矣.」

越王曰:「請問三表?」

范子曰:「水之勢勝金, 陰氣蓄積太盛, 水據金而死, 故金中有水. 如此者, 歲大敗, 八穀皆貴. 金之勢勝木, 陽氣蓄積太盛, 金據木而死, 故木中有火. 如此者, 歲大美, 八穀皆賤. 金·木·水·火更相勝, 此天之三表者也, 不可不察. 能知三表, 可爲邦寶; 不知三表之君, 身死棄道. 千里之神, 萬里之君, 務執三表. 故天下之君, 發號施令, 必順於四時. 四時不正, 則陰陽不調, 寒暑失常. 如此, 則歲惡, 五穀不登. 聖主施令, 必審於四時, 此至禁也.」

越王曰:「此寡人所能行也. 願欲知圖穀上下貴賤, 欲與他貨之內以自實, 爲之奈何?」

范子曰:「夫八穀之賤也, 如宿穀之登, 其明也. 諦審察陰陽消息, 觀市之反覆, 雌雄之相逐, 天道乃畢.」

【八穀】黍, 稷, 稻, 粱, 禾, 麻, 菽, 麥 등 여덟 종류의 곡물. 혹 稻, 黍, 大麥, 小麥, 大豆, 小豆, 粟, 麻 등을 들기도 함.

【天之三表】天時와 氣象이 농작물에 끼치는 영향이 징조 세 가지를 뜻함.

【水之勢勝金】錢培名〈札記〉에 "二水字疑幷當作火"라 하여 두 水자는 火자의 오기로 보았음.

【水據金】겨울의 寒冷한 氣가 가을의 肅殺한 氣를 억제함.

【金之勢勝木】'火之勢勝木'이어야 함. 火는 여름을 대표하며 木은 봄을 상징함.

【金據木】'火據木'이어야 함. 그렇게 하지 않으면 아래의 '木中有火'와 대응하지 않음.

【不知三表之君, 身死棄道】〈四部備要〉본에는 "不知三表之君, 千里之神, 萬里之君"이라 하여 곧바로 다음 구절과 연결되어 있으나 〈三民本〉에 "此句原錯簡到下段末尾, 今移回此處"라 하여 수정함.

【萬里之君, 務執三表】이 역시 〈四部備要〉본에는 "萬里之君. 故天下之君"으로 연결되어 있으나 〈三民本〉에 "此句原錯簡到下段, 今移回原處"라 하여 수정함.

【至禁】지극히 禁忌로 삼아야 할 사항.

【宿穀】묵은 곡물.

【陰陽消息】기후의 변화 및 소멸과 생식. '消息'은 雙聲連綿語임.

참고 및 관련 자료

1. 본장은 漢代에 유행하던 陰陽五行의 추상적인 내용을 들어 吉凶이나 馳道의 근원을 제시한 것으로 오행표를 참고로 싣는다.

五行	五方	五色	五音	五常	五臟	五季	五事	五聲	五味	五義	五嶽	天帝	天帝	天干	五神	動物	五數	五臭	五祀	五穀	五牲	五木	四五靈	五民
木	東	青	角	仁	肝	春	貌	牙	甘	謙	泰山	太皞	帝嚳	甲乙	句芒	鱗	八	羶	戶(奧)	麥	禽(鷄)	梧	青龍	夷
火	南	赤	徵	禮	心	夏	聽	舌	鹹	敢	衡山	炎帝	顓頊	丙丁	祝融	羽	七	焦	竈	菽	狗	柳	朱雀	蠻
土	中	黃	羽(宮)	信	脾	季夏	思	脣	酸	和	嵩山	黃帝	黃帝	戊己	后土	倮	五	香	中霤	稷	牛	桑		夏華
金	西	白	商	義	肺	秋	言	齒	苦	容	華山	少皞	帝堯	庚申	蓐收	毛	九	腥	門	麻(粱)	羊	棘	白虎	戎
水	北	黑	宮(羽)	智	腎	冬	視	喉	辛	廉	恒山	顓頊	帝舜	壬癸	玄冥	介	六	朽	井	黍	彘	棗	玄武	狄

＊相生: 水生木. 木生火, 火生土, 土生金, 金生水　＊相剋: 水剋火, 火剋金, 金剋木, 木剋土, 土剋水

228(16-4)
중화中和

월왕이 범자에게 물었다.

"무엇을 고집하면 창성하고 무엇을 행하면 망합니까?"

범자가 말하였다.

"중中을 잡으면 창성하고 사치를 행하면 망합니다."

월왕이 말하였다.

"과인은 그 설명을 듣고자 하오."

범자가 말하였다.

"제가 듣기로 옛날의 현주賢主와 성군聖君은 중화中和를 잡고 그 결과와 시작을 원칙대로 하였기에 그 자리가 안정되고 만물이 평정을 찾았다 하더이다. 그 중화를 바르게 잡지 못하거나 그 끝과 시작을 원칙대로 하지 않으면 높던 자리가 위험해지고 만물이 흩어지고 맙니다. 문왕文王과 무왕武王의 업적, 그리고 걸桀과 주紂의 자취로 가히 알 수 있을 것입니다. 옛날에는 천자와 제후들에게 이르도록 스스로 파멸하여 망함에 이른 것은 재미를 느끼는 일에 점점 젖어들어 재물을 쓰거나, 음악과 여색에 몰닉하거나, 진괴한 보물에 끌려 그것 때문에 나라를 텅 비게 하였기 때문입니다. 그리하여 그 사민士民을 곤핍하게 하면서 잠깐의 즐거움을 위한 것이니 백성은 모두가 비통한 마음을 가질 수밖에 없었고, 서로 믿음이 와해되어 배반하게 된 것이니 이것이 바로 걸과 주의 경우입니다. 그들은 몸도 죽고 나라는 망해 천하의 웃음거리가 되고 말았으니 이것을 일러 사치를 행하다가 망한 것이라 합니다. 그에 비해 탕湯은 겨우 70리의 땅으로 시작하여 천하를 차지한 것이니 삼표를 바르게 잡는 것을 일러 나라의 보배라 하고 이 삼표를 모르게 되면 자신의 몸도 죽고 바른 도리도 버리게 됩니다."

越王問范子曰:「何執而昌? 何行而亡?」

范子曰:「執其中則昌, 行奢侈則亡.」

越王曰:「寡人欲聞其說.」

范子曰:「臣聞古之賢主·聖君, 執中和而原其終始, 卽位安而萬物定矣; 不執其中和, 不原其終始, 卽尊位傾, 萬物散文武之業, 桀紂之迹, 可知矣. 古者, 天子及之諸侯, 自滅至亡, 漸漬乎滋味之費, 沒溺於聲色之類, 牽攣於珍怪貴重之器, 故其邦空虛. 困其士民, 以爲須臾之樂, 百姓皆有悲心, 互解而倍畔者, 桀紂是也. 身死邦亡, 爲天下笑. 此謂行奢侈而亡也. 湯有七十里地, 務執三表, 可謂邦寶; 不知三表, 身死棄道.」

【執其中】《論語》堯曰篇에 "堯曰:「咨, 爾舜! 天之曆數在爾躬, 允執其中. 四海困窮, 天祿永終.」"이라 하였고,《尙書》虞書 大禹謨에는 "人心惟危, 道心惟微, 惟精惟一, 允執厥中"이라 함.

【原其終始】사물의 결과에 대한 예측을 하며 일을 시작함.《大學》第一章에 "物有本末, 事有終始, 知所先後, 則近道矣"라 함.

【文武之業】周初 文王(姬昌)과 武王(姬發)의 업적.

【桀紂】夏나라 마지막 王 桀과 殷(商)나라 末王 紂의 사치와 포악함. 이들은 末喜와 妲己 등 女色에 빠져 나라의 재물을 탕진하였으며 결국 桀은 湯에게, 紂는 武王에게 망함.

【漸漬】점점 젖어듦. '漬'는 '지'로 읽음.

【滋味之費】자신의 嗜好나 慾望을 채우기 위해 재물을 소비함.

【牽攣】이끌려 빠져나오지 못하도록 얽매임. 疊韻連綿語.

【倍畔】背反, 背叛과 같음. 雙聲連綿語.

【湯有七十里地】이 구절은 문장을 이루지 못함.

【務執三表, 可謂邦寶; 不知三表, 身死棄道】이 구절은 앞으로 가야 하며 역자는 잠정적으로 이 부분도 풀이를 한 것임. 錢培名〈札記〉에 "自「千里之神, 萬里之君」至「務執」三百八字錯簡, 當移置前「千里之君」句下; 「三表」等十字衍, 轉寫錯亂, 又經淺人妄增字句, 遂不可讀"이라 함.

229(16-5)
사기死氣가 생기生氣

월왕이 범자에게 물었다.

"봄인데 숙살의 기운이 있거나, 여름인데 한기가 돌거나, 가을인데 꽃이 피거나 겨울인데 모든 것이 새어나간다면 이는 사람의 다스림에 의해 그런 변고가 일어나는 것입니까? 천도가 그렇게 하는 것입니까?"

범자가 말하였다.

"천도는 3천 5백 년을 하나의 순환 고리가 되어 한 번 치세가 되었다가 한 번 난세가 되는 것이며 이는 끝내 다시 돌고 돌아 마치 동그란 고리가 시작도 끝도 없는 것과 같습니다. 이는 하늘의 상도常道입니다. 그런데 사시가 그 순서가 바뀌거나 추위와 더위가 정상을 잃는 것은 백성을 다스림이 옳지 않을 때 일어나는 현상입니다. 그러므로 하늘이 만물을 내릴 때를 성인은 이름 하여 봄이라 합니다. 봄에 생겨나 곧바로 다 자라지 않기 때문에 하늘은 봄을 동시에 두 번 두지 않는 것입니다. 봄이란 여름의 아버지입니다. 그 때문에 봄에 만물이 생겨나고 여름에 자라며, 가을이면 성취시켜 이를 숙살하며, 겨울이면 이를 받아 갈무리하는 것입니다. 그런데 봄인데도 숙살의 기운이 있어 생겨나지 않는다면 이는 왕의 덕이 끝까지 미치지 못하기 때문이요, 여름인데도 제대로 성장하지 않는다면 이는 신하가 군주의 명령을 받들지 않기 때문이요, 가을인데도 만물이 자라며 다시 꽃이 핀다면 이는 백관이 형벌을 제대로 판단하지 않기 때문이요, 겨울인데도 따뜻하며 물건이 새어나간다면 이는 창고를 열어 공이 없는 자에게 상을 내리기 때문입니다. 이것이 소위 사시는 나라에서 금기해야 할 일이 있다라는 것입니다."

월왕이 말하였다.

"더위와 추위기 제 때를 맞추지 못하는 것이 사람 다스림에 있다는 것은 가히 알 수 있겠소. 그렇다면 한 해의 풍년과 흉년, 그리고 곡물값의 싸고 비싼 것에 대해 듣고 싶소. 어떤 기준을 삼아야 하오?"

범자가 말하였다.

"무릇 음양이 어그러지면 그 해에는 흉년이 듭니다. 임금의 다스림이 옳지 않으면 난세亂世가 되지요. 무릇 한 번씩 난세와 치세가 이어지는 것은 천도이며 자연스러운 것입니다. 팔곡八穀 또한 한 번 값이 싸졌다가 한 번 값이 비싸지되 극에 달하면 제자리로 돌아옵니다. 그래서 3천년이 어지럽고 나면 반드시 성왕聖王이 나며, 팔곡의 귀천도 서로 뒤바뀐다고 말하는 것입니다. 그러므로 사기死氣가 생기生氣를 능멸하게 되면 역逆이요 그 때는 값이 비싸지며, 색기가 사기를 능멸하면 순順으로 크게 싸지는 것입니다."

월왕이 말하였다.

"훌륭하오!"

越王問范子曰:「春肅, 夏寒, 秋榮, 冬泄, 人治使然乎? 將道也?」

范子曰:「天道三千五百歲, 一治一亂, 終而復始, 如環之無端, 此天之常道也. 四時易次, 寒暑失常, 治民然也. 故天生萬物之時, 聖人命之曰春. 春不生遂者, 故天不重爲春. 春者, 夏之父也, 故春生之, 夏長之, 秋成而殺之, 冬受而藏之. 春肅而不生者, 王德不究也; 夏寒而不長者, 臣下不奉主命也; 秋順而復榮者, 百官刑不斷也; 冬溫而泄者, 發府庫賞無功也. 此所謂四時者, 邦之禁也.」

越王曰:「寒暑不時, 治在於人, 可知也. 願聞歲之美惡, 穀之貴賤, 何以紀之?」

范子曰:「夫陰陽錯繆, 卽爲惡歲; 人生失治, 卽爲亂世. 夫一亂一治, 天道自然. 八穀亦一賤一貴, 極而復反, 言亂三千歲, 必有聖王也, 八穀貴賤更相勝. 故死凌生者, 逆, 大貴; 生凌死者, 順, 大賤.」

越王曰:「善!」

【肅】肅殺. 가을을 상징하는 말. 모든 만물이 시들고 죽음. 雙聲連綿語.
【榮】가을인데 봄꽃이 무성하게 피어남. '榮'은 '꽃'의 뜻과 '무성하다'는 뜻을 함께 가지고 있음.
【泄】겨울은 거두어 갈무리하는 계절인데 이를 펴서 퍼뜨림.
【寒暑失常】錢培名〈札記〉에 "寒暑失常", 下語意不屬, 似有脫文"이라 함.
【春不生遂者】錢培名〈札記〉에 "春不生遂者", 下似有脫文"이라 함.
【刑不斷】법 집행이 공정하지 않음.
【人生失治】'人生'은 '人主'여야 함. 錢培名〈札記〉에 "生, 當爲主者"라 함.

230(16-6)
혼魂과 백魄의 차이

월왕이 범자에게 물었다.

"과인이 듣기로 사람이 그 혼백魂魄을 잃으면 죽게 되고, 그 혼백을 얻으면 살게 된다 하더이다. 만물이 모두 이런 특성을 가지고 있소? 아니면 사람만 그러하오?"

범자가 말하였다.

"사람이 가지고 있는 것은 만물 또한 그러합니다. 하늘과 땅 사이에 사람이 가장 고귀하며, 만물이 태어남에는 곡물을 가장 귀한 것이 됩니다. 이는 사람을 살게 하는 것이기 때문이며 혼백도 이와 다르지 않으니 가히 미리 알 수 있지요."

월왕이 말하였다.

"그 선악을 들어볼 수 있을까요?"

범자가 말하였다.

"팔곡의 귀천貴賤과 상하上下, 쇠극衰極을 알고자 한다면 반드시 그 혼백을 살피며, 그 동정을 보며, 그것이 머무는 곳을 관찰하여 만에 하나라도 놓쳐서는 안 됩니다."

월왕이 물었다.

"무엇을 일러 혼백이라 합니까?"

범자는 이렇게 대답하였다.

"혼魂이란 물건을 담는 자루이며, 백魄이란 생기生氣의 근원입니다. 그 때문에 정신이 생겨남에는 출입에 문이 없고 위아래의 뿌리도 없으며, 그 처소를 보는대로 스스로 존재합니다. 그 때문에 이름을 신神이라 하는 것입니다. 신은 생기의 정화精華를 주재하고, 혼은 사기의 장소를 주재합니다. 백은 천한 것을 주재하고 혼은 귀한 것을 주재합니다. 그 때문에 의당 안정安靜된 상태로 움직임이 없는 것입니다. 혼은 한창의 여름날에 움직입니다. 그 때문에 만물이 그 기운을 얻어 스스로 창성하는 것입니다. 신은 기氣의 정화를 주재하며 귀한 것을 주재하여 구름처럼 운행합니다. 그 때문에 한여름의 때에는 움직이지 아니합니다. 이는 신의 기가 말라 사물을 성장시키지 않기 때문입니다. 그러므로 사기死氣가 생기를 능멸하면 그 해는 큰 흉년이 들고, 생기生氣가 사기를 능멸하면 그 해에는 큰 풍년이 듭니다. 그 때문에 그 혼백을 관찰하면 그 해의 선악을 알아낼 수 있는 것입니다."

越王問於范子曰:「寡人聞人失其魂魄者, 死; 得其魂魄者, 生. 物皆有之, 將人也?」

范子曰:「人有之, 萬物亦然. 天地之間, 人最爲貴; 物之生, 穀爲貴, 以生人, 與魂魄無異, 可得豫知也.」

越王曰:「其善惡可得聞乎?」

范子曰:「欲知八穀之貴賤·上下·衰極, 必察其魂魄, 視其動靜, 觀其所舍, 萬不失一.」

問曰:「何謂魂魄?」

對曰:「魂者, 橐也; 魄者, 生氣之源也. 故神生者, 出入無門, 上下無根, 見所而功自存, 故名之曰神. 神主生氣之精, 魂主死氣之舍也. 魄者主賤, 魂者主貴, 故當安靜而不動. 魂者, 方盛夏而行, 故萬物得以自昌. 神者, 主氣之精, 主貴而雲行. 故方盛夏之時不行, 卽神氣槁而不成

物矣. 故死凌生者, 歲大敗; 生凌死者, 歲大美. 故觀其
魂魄, 卽知歲之善惡矣.」

【豫知】미리 알 수 있음. '豫'는 '預'와 같음.
【魂者, 橐也; 魄者, 生氣之源也】錢培名 〈札記〉에 "魂魄字, 當互易"이라 함.
【魂魄】형체에 붙어 신령스러운 역할을 하는 것을 '魄'. 氣에 붙어 신령스러운
  작용을 하는 것을 '魂'이라 함.
【貴賤】물건 값의 高價와 低價를 뜻함.
【魄者主賤】이 구절 아래의 9구절은 魂자와 魄자가 엇갈려 있는 것으로 보고
  있음. 따라서 "魄者主賤, 故當安靜而不動. 魂者主貴, 方盛夏而行, 故萬物得以
  自昌. 神者, 主氣之精, 魂者, 主貴而雲行"이어야 함.

231(16-7)
음기陰氣와 양기陽氣

월왕이 범자에게 물었다.

"과인이 듣기로 음양을 조절하여 다스리면 같은 힘을 들이지 않고도 공이 이루어지며 같은 기氣로써 하지 않아도 만물이 생겨난다 하였소. 가히 알아볼 수 있을까요? 그 논리를 듣고 싶소."

범자가 말하였다.

"제가 듣기로 음양의 기운은 같은 곳에 머물지 않아도 만물이 생겨난다 하더이다. 겨울 석 달 동안 초목이 모두 이미 죽은 듯이 있으나 만물은 각기 다른 곳에 자신의 생명을 저장하고 있는 것입니다. 그 때문에 양기가 이를 피해 아래에 숨어 있고 장차 장대하게 클 기운을 그 속에 품은 채 음기로 하여금 겉에서 그 공을 이루도록 하는 것입니다. 그리고 여름 석 달 더위가 한창일 때는 만물이 마구 자라 커가지만 음기가 이를 피해 이미 아래에 숨어 있는 것이며 음의 장대함을 속에 품고 있지만, 만물은 그 음기와 친하며 음기의 기능을 믿고 있으니 이를 일컫는 말입니다. 양기는 생을 주관하며 만물이 바야흐로 여름 석 달을 맞아서는 큰 열기가 이르지 않으면 만물이 능히 성장할 수 없습니다. 음기는 숙살을 담당하며 바야흐로 겨울 석 달 때에는 땅에 이 음기가 저장되어 있지 않으면 뿌리가 보존될 수 없어 봄이 되어도 살아날 수 없는 것입니다. 그러므로 일시라도 법칙을 잃게 되면 사시의 차례가 제대로 운행되지 못하고 말지요."

월왕이 말하였다.

"훌륭하오. 과인은 이미 음양의 원리에 대하여 잘 들었소. 그렇다면 곡물

값의 귀천에 대해 가히 들어볼 수 있겠소?"

범자가 말하였다.

"양陽은 비싼 값을 담당하고 음陰은 싼 값을 담당합니다. 그러므로 추울 때임에도 춥지 않으면 곡물 값이 폭등하게 되고, 마땅히 따뜻해야 할 때에 따뜻하지 않으면 곡물 값이 폭락하고 맙니다. 이는 비유컨대 형체대로 그림자가 생기고 소리대로 메아리가 생겨 상을 이루고 들리는 것과 같은 것이니 어찌 다시 반복됨이 없겠습니까? 그러므로 가을 겨울에는 귀한 양기가 음기에 베풀어, 음기가 극에 달하면 그 음기가 다시 귀한 것이 되는 것이요, 봄여름에는 천한 음기가 양기에 베풀어, 양이 극에 달하면 다시 제자리로 돌아오도록 하라고 말하는 것입니다."

월왕이 말하였다.

"훌륭하오!"

그리고 붉은 글씨로 비단에 써서 이를 베개에 넣어 나라의 보물로 삼았다.

越王問於范子曰:「寡人聞陰陽之治, 不同力而功成, 不同氣而物生. 可得而知乎? 願聞其說.」

范子曰:「臣聞陰陽氣不同處, 萬物生焉. 冬三月之時, 草木旣死, 萬物各異藏, 故陽氣避之下藏, 伏壯於內, 使陰氣得成功於外. 夏三月盛暑之時, 萬物遂長, 陰氣避之下藏, 伏壯於內, 然而萬物親而信之, 是所謂也. 陽者主生, 萬物方夏三月之時, 大熱不至, 則萬物不能成. 陰氣主殺, 方冬三月之時, 地不內藏, 則根荄不成, 卽春無生. 故一時失度, 卽四序爲不行.」

越王曰:「善. 寡人已聞陰陽之事. 穀之貴賤, 可得而知乎?」

范子曰:「陽者主貴, 陰者主賤. 故當寒而不寒者, 穀爲之暴貴, 當溫而溫者, 穀爲之暴賤, 譬猶形影·聲響相聞, 豈得不復哉? 故曰秋冬貴陽氣施於陰, 陰極而復貴; 春夏賤陰氣施於陽, 陽極而不復.」

越王曰:「善哉!」

以丹書帛, 置之枕中, 以爲國寶.

【使陰氣得成功於外】원전에는 "使陰氣得成功於外"로 되어 있으나 '陽'은 '氣'의 오류임. 錢培名 〈札記〉에 "陽字疑衍"이라 하여 '陽'자를 '氣'자로 수정함.
【根荄】'根'은 나무뿌리. '荄'는 풀뿌리.
【形影】물체와 그림자의 관계.
【聲響】소리와 메아리의 관계.
【丹】朱砂. 붉은 글씨를 쓰는데 사용함. 朱墨.

232(16-8)
천문개天門開와 지호폐地戶閉

그로부터 닷새가 지나 오吳나라에게 곤액을 당하자 범자에게 이렇게 청하여 물었다.

"과인은 나라를 지키면서 아무런 술책도 없이 만물에 부담만 주어, 하마터면 나라와 사직을 망하게 하여 이웃나라의 입방아에 오른 채 발도 바르게 디디지 못할 뻔했소. 내 몸을 내 던져 나가 죽는 한이 있어도 오吳나라에게 원한을 갚고 싶소. 이를 위해서는 어떻게 해야 되겠소?"

범자가 말하였다.

"제가 듣기로 성주聖主는 보통 사람이 하지 못하는 일을 하되 남이 그 것을 두고 남이 자신을 비방하는 것을 꺼려하지 않으며, 족히 모든 사람이 칭송할 덕을 행하되, 남이 자신의 그 덕을 칭찬하는 것을 덕으로 여기지 않는다 하더이다. 순舜이 역산歷山을 순행하자 천하가 바람에 휩쓸리듯 모여들었습니다. 그런데 순으로 하여금 그 순행할 바를 포기한 채 천하의 이익이 되는 것만을 찾아나서도록 하였다면 아마 그 몸을 온전히 하지 못하였을 것입니다. 옛날 신농神農이 천하를 다스릴 때는 단지 천하 사람들에게 이익이 될 일에만 힘썼습니다. 그러면서 그 보답은 바라지 않았고 천하의 재물에 탐욕을 갖지 않았지만 천하가 함께 그를 부유하게 해 주었습니다. 자신의 지혜와 능력이 남보다 뛰어나다고 해서 뽐내지 않았지만 천하는 모두 그를 존귀하게 받들었습니다. 그러므로 부귀라는 것은 천하가 가져다주는 것이니 빼앗아서 그렇게 될 수는 없는 것입니다. 지금 왕께서는 땅을 넓히는 이익과 재물을 탐하느라 전투를 벌이며 칼날에 피를 흘려 뻣뻣한 시신에 흐르는 피를 가지고 세상에 그 이름을 드러내려 하시니 역시 잘못된 것이 아니 겠습니까?"

월왕이 말하였다.

"위로는 신농에 미치지 못하고 아래로는 요순堯舜에 미치지 못하는 나를 두고 지금 그대는 지극히 성스러운 도로써 과인을 설득하고 있으니 진실로 이는 내가 미칠 수 없는 것이오. 게다가 내 듣기로 아버지가 욕을 당하면 아들이 이를 갚고자 죽기로 나서며, 임금이 욕을 당하면 신하가 죽기로 나선다고 하더이다. 지금 과인은 아버지가 이미 오나라에게 모욕을 당하였 습니다. 모든 변통을 써서라도 오나라에 복수하고 싶소. 원컨대 그대는 과인을 위해 이를 도모해주시오."

범자가 말하였다.

"임금이 치욕을 당하면 죽어야 하는 것은 진실로 의로운 일이지요. 그러나 죽지 않도록 하면서 선비들에게 몸을 낮추어 나라를 이루도록 바라는 것이야 말로 가장 최상의 성스러운 계책입니다. 게다가 무릇 천하를 넓히고 만승의 군주로 존귀함을 받으면서 백성들로 하여금 그 생활에 편안함을 얻도록 하고, 그 직업에 즐거움을 얻도록 하려면 오직 무력에 의지해야 합니다. 무력의 요체는 사람에게 있고, 사람의 요체는 먹는 것에 있습니다. 그러므로 백성이 많으면 군주가 안전한 법이요, 식량이 많으면 무력이 강해 지는 것입니다. 왕께서 이 두 가지를 잘 준비하신 연후에는 가히 도모할 수 있을 것입니다."

월왕이 말하였다.

"나는 나라도 부유하게 하고 무력도 강하게 하고 싶소. 그러나 땅은 좁고 백성은 적으니 어찌하면 되겠소?"

범자가 말하였다.

"무릇 양陽은 위에서 작용하여 천문天文을 이루고, 음陰은 아래에서 작용 하여 지리地理를 이룹니다. 이들의 개치開置의 요체를 잘 살피면 부유해 질 수 있습니다. 무릇 먼저 천문개天門開와 지호폐地戶閉를 알고자 하신다면 그 방법은 다음과 같습니다. 즉 5촌 높이의 땅을 천天이라 하고 그 보다 1촌 6푼分을 낮게 한 곳을 지地라 합시다. 삼가 팔곡을 잘 살펴 천에서 싹이 먼저 나오는 것을 일러 천문개라 합니다. 이 때에는 양기陽氣가 땅 속으로 내려가지 못하기 때문에 기氣가 빙글빙글 돌아 위아래나 음양이 모두 다 끊어지고 마는 것이니 팔곡이 제대로 성숙하지 못하게 됩니다. 곡물의 값이 틀림없이 그 해에는 크게 앙등하기 시작할 것이니 이것이 천변天變의 징조를 보여주는 것입니다. 다음으로 팔곡을 잘 살펴 지에서 먼저 싹이 튼다면 이것을 일러 지호페라 합니다. 음양이 모두 만나 팔곡이 크게 성숙하게 되며 그런 해에는 곡물 값이 아주 크게 폭락하며 이듬해에는 큰 기근이 듭니다. 이는 지변地變이 그 징조를 보여주는 것입니다. 그런데 팔곡을 조심 스럽게 뿌렸는데 싹이 천과 지의 중간에서 먼저 솟아난다면 그 해에는 곡물의 값이 평온하며 곡식도 잘 익어 아무런 재해가 없게 됩니다. 그러 므로 하늘이 창도하면 그 징조가 나타나는 것이요, 땅이 이에 의하면 역시 징조가 나타나는 것입니다. 성인은 위로는 하늘의 뜻을 알아내고 아래로는 땅의 뜻을 알아내며, 중간으로는 사람의 뜻을 알아냅니다. 이를 일러 하늘도 평온하고 땅도 평온한 것이니 이로써 천도天圖로 삼으시면 됩니다."

越五日, 困於吳, 請於范子曰:「寡人守國無術, 負於萬物, 幾亡邦危社稷, 爲旁邦所議, 無定足而立, 欲捐軀出死, 以報吳仇, 爲之奈何?」

范子曰:「臣聞聖主爲不可爲之行, 不惡人謗己; 爲足擧之德, 不德人之稱己. 舜循之歷山, 而天下從風. 使舜釋其所循, 而求天下之利, 則恐不全其身. 昔者, 神農之治天下, 務利之而已矣. 不望其報, 不貪天下之財, 而天下共富之. 所以其智能自貴於人, 而天下共尊之. 故曰富貴者, 天下所置, 不可奪也. 今王利地貪財, 接兵血刃, 僵尸流血, 欲以顯於世, 不亦謬乎?」

越王曰:「上不逮於神農, 下不及於堯舜, 今子以至聖之
道以說寡人, 誠非吾所及也. 且吾聞之也, 父辱則子死,
君辱則臣死. 今寡人親已辱於吳矣! 欲行一切之變, 以復
吳仇, 願子更爲寡人圖之.」

范子曰:「君辱則死, 固其義也. 立死, 下士人而求成邦者,
上聖之計也. 且夫廣天下・尊萬乘之主, 使百姓安其居,
樂其業者, 唯兵. 兵之要在於人, 人之要在於穀. 故民衆,
則主安; 穀多, 則兵彊. 王而備此二者, 然後可以圖之也.」

越王曰:「吾欲富邦彊兵, 地狹民少, 奈何爲之?」

范子曰:「夫陽動於上, 以成天文; 陰動於下, 以成地理.
審察開置之要, 可以爲富. 凡欲先知天門開及地戶閉,
其術: 天高五寸, 減天寸六分以成地. 謹司八穀, 初見出
於天者, 是謂天門開・地戶閉. 陽氣不得下入地戶, 故氣
轉動而上下・陰陽俱絕, 八穀不成, 大貴必應其歲而起,
此天變見符也. 謹司八穀, 初見入於地者, 是謂地戶閉.
陰陽俱會, 八穀大成, 其歲大賤, 來年大饑, 此地變見瑞也.
謹司八穀, 初見半於人者, 糴平, 熟, 無災害. 故天倡而
見符, 地應而見瑞. 聖人上知天, 下知地, 中知人, 此之
謂天平地平, 以此爲天圖.」

【舜循之歷山】‘循’은 ‘巡’과 같음. 巡行의 뜻. 歷山은 山東 諸城縣 남쪽에 있는 산.
舜耕山, 千佛山이라고도 함.

【從風】 그의 풍모를 따름. 또는 영향이나 속도, 변화, 추종 등이 아주 빠름을 뜻함.

【所以其智能自貴於人】 '所'는 '不'자의 오류. 자신이 지혜가 있고 능력이 있다고 해서 남보다 귀한 존재로 여기며 뽐내지 않음. 錢培名〈札記〉에 "「所」字誤, 《御覽》七十八作「不」"이라 함.

【僵尸】 죽어서 뻣뻣해진 시신.

【一切之變】 모든 通變. 모든 수단.

【立死】 '不死'의 오기로 여김.

【求成邦】 나라가 흥성해지기를 바람.

【天文】 천상의 해와, 달, 별 등.

【地理】 땅의 산천, 구릉, 언덕 등.

【開置之要】 天門과 地戶의 열리고 닫히는 요체.

【天門開, 地戶閉】 지표면을 경계로 하여 땅을 벗어나 싹이 트는 것을 天門開라 하며 지표의 공기나 기운 등이 땅으로 들어가지 못하게 되는 것을 地戶閉라 함. 그 아래의 "是謂天門開, 地戶閉"의 地戶閉는 衍文임. 錢培名〈札記〉에 "地戶閉, 三字似衍"이라 함.

【謹司八穀】 '司'는 '伺'와 같음. 주의를 기울여 살펴봄. 여러 곡물의 씨를 뿌린 다음 어디에서 먼저 싹이 트는가를 예의주시함.

【天高五寸】 높이 5촌 정도의 땅을 天이라 여김. 이 구절에서의 天과 地는 곡식 씨앗을 비탈진 지형에 뿌려 싹트는 순서를 살피기 위해 모형을 만들어, 높은 곳을 '天', 낮은 곳을 '地', 그 중간을 '人'이라 하여 실험하는 것을 상정한 것임.

【初見牛於人】 天과 地의 중간 위치인 人의 자리에서 처음 싹이 터서 올라옴.

【糴平】 곡물의 값이 평온함.

【天圖】 천지 음양 변화의 圖籙.

> 참고 및 관련 자료

1. 《太平御覽》(78)

《越絶書》曰: 神農不貪天河, 而天河共富之; 不以其智自貴於人, 而天河共尊之.

233(16-9)
음양陰陽과 진퇴進退

월왕이 이윽고 오나라에 승리를 거둔 지 사흘째 되던 날, 귀국하는 길에 아직 자신의 나라에 이르지 않았을 때 쉬면서 자신이 대단한 영웅이라 여겨 대부大夫 문종文種에게 이렇게 물었다.

"무릇 성인의 치술이라 해도 나의 이런 공적에 어찌 더 보탤 것이 있겠소?"

그러자 대부 문종이 말하였다.

"그렇지 않습니다. 이는 임금의 덕에 범려의 말이 합해진 것으로서, 그 때문에 천지가 우리나라에 부합하여 응하되, 성인의 마음에 깊이 소장되어 있었던 것입니다. 그런데 범려는 미래를 예견한 책략을 아직 왕을 위해 아직 일러주지 않고 있습니다."

월왕은 초연悄然히 두려워하며 얼굴에 근심스런 표정을 드러내었다.

그리하여 범려에게 청하여 이렇게 말하였다.

"과인은 선생의 계책을 써서 다행히 오나라에게 승리를 거두었으니 모두가 선생의 힘입니다. 과인이 듣건대 선생께서는 음양陰陽과 진퇴進退에 밝으시며 아직 형체가 드러나지 않은 것을 미리 아시고 이미 지나간 일을 뒤쫓아 앞으로 올 일을 끌어들이며 천년 뒤의 일도 아신다 하던데 가히 들려줄 수 있겠소? 과인은 마음을 비우고 뜻을 내려놓고 낮은 자세로 듣겠소."

그러자 범려가 말하였다.

"무릇 음양과 진퇴, 앞뒤의 일이란 어둡고 막막하며, 아직 형체가 나타나지 않은 것은 볼 수 없습니다. 이것은 사람을 죽이고 살리는 자루로서 왕께서 사해를 제압할 수 있는 것이니 이는 나라의 중한 보물입니다. 왕께서 이런 사실을 누설하지 않으신다면 제가 청컨대 왕을 위해 말씀드리겠습니다."

월왕이 말하였다.

"선생께서 다행히 과인을 가르쳐만 주신다면 원컨대 스스로 깊이 감추어 두고 죽을 때까지 감히 잊지 않겠습니다!"

범려가 말하였다.

"음양과 진퇴라는 것은 진실로 천도이며 자연히 그렇게 되는 것으로 조금도 괴이히 여길 것이 못됩니다. 무릇 음이 얕은 곳으로 들어가면 그 해에는 풍년이 들고, 양이 깊은 곳으로 들어가면 그 해에는 흉년이 듭니다. 어둡고 어두운 속에서도 아직 형체가 드러나지 않은 것을 미리 알 수 있습니다. 그 때문에 성인은 사물을 보고 의혹을 갖지 않으니 이를 일러 지시_{知時}라 하며 진실로 성인도 이를 전해줄 수는 없습니다. 무릇 요_堯, 순_舜, 우_禹, 탕_湯은 모두가 미래를 미리 알아보기에 힘썼기에 비록 흉년이 들어도 백성들이 궁하지 않았던 것입니다."

월왕이 말하였다.

"훌륭하오."

그리고 붉은 글씨로 이를 비단에 써서 베개에 넣어 나라의 보배로 삼았다.

범려는 이윽고 월왕에게 이렇게 일러주고는 멀리 바다를 통해 떠나겠다는 뜻을 가지고 있었으니 이를 일러 천지의 섭리를 아는 모책이라 하는 것이다.

越王旣已勝吳三日, 反邦未至, 息, 自雄, 問大夫種曰:
「夫聖人之術, 何以加於此乎?」

大夫種曰:「不然, 王德范子之所言, 故天地符應邦, 以藏
聖人之心矣. 然而范子豫見之策, 未肯爲王言者也.」

越王愀然而恐, 面有憂色.

請於范子, 稱曰:「寡人用夫子之計, 幸得勝吳, 盡夫子之

力也. 寡人聞夫子明於陰陽進退, 豫知未形, 追往引前,
後知千歲, 可得聞乎? 寡人虛心垂意, 聽於下風.」

范子曰:「夫陰陽進退, 前後幽冥, 未見未形. 此持殺生
之柄, 而王制於四海, 此邦之重寶也. 王而毋泄此事, 臣請
爲王言之.」

越王曰:「夫子幸教寡人, 願與之自藏, 至死不敢忘!」

范子曰:「陰陽進退者, 固天道自然, 不足怪也. 夫陰入
淺者卽歲善, 陽入深者則歲惡. 幽幽冥冥, 豫知未形. 故聖人
見物不疑, 是謂知時, 固聖人所不傳也. 夫堯舜禹湯, 皆有
豫見之勞, 雖有凶年而民不窮.」

越王曰:「善.」

以丹書帛, 置之枕中, 以爲邦寶.

范子已告越王, 立志入海, 此謂天地之圖也.

【愀然】'초연'으로 읽으며 근심을 나타내는 말.
【下風】아래에 처함. 상대의 뜻을 따름.《論語》顔淵篇에 "君子之德風, 小人之
德草. 草上之風, 必偃"이라 함.
【陰入淺, 陽入深】陰은 申酉戌亥子丑의 6년이며, 양은 寅卯辰巳午未의 6년을
가리킨다 함.
【知時】時宜를 알아차림.
【堯舜禹湯】唐堯(陶唐氏), 舜(有虞氏)와 夏나라 시조 禹(夏禹氏)와 殷의 시조 湯.
고대 성왕으로 칭송받던 聖君들.
【天地之圖】천지의 섭리에 맞는 모책. '圖'는 圖謀, 企圖의 뜻.

卷十四

〈17〉越絶 外傳〈春申君〉第十七

　본편은 전적으로 전국사공자戰國四公子의 하나로 널리 알려진
초나라 춘신군春申君 황헐黃歇과 그를 둘러싼 이원李園 남매의
음모, 그리고 초나라의 멸망을 다루고 있다.

　그러나 춘신군은 전국시대 말기 사람으로 오월항쟁 시대와는
무려 2백여 년의 시간적 차이가 있음에도 여기에 하나의 편을
설정하여 자세히 다루고 있는 것은 의문이 아닐 수 없다. 다만
춘신군이 뒤에 옛 오나라 땅을 봉지로 받았다 하여 억지로
연관을 지은 것으로 보고 있다.

　한편 춘추말 오월시대부터 초나라의 월나라 합병, 그리고
초나라의 멸망과 뒤를 이은 진한시대까지 강남 일대의 사적을
함께 다룬 것은 이 책이 방지方志의 성격을 강하게 띠고 있었기
때문이 아닌가 한다.

〈猪紋陶〉(신석기) 1973 餘姚縣 河姆渡 유적지 출토. 浙江博物館 소장

234(17-1)
춘신군春申君과 이원李園

옛날 초楚나라 고열왕考烈王의 재상 춘신군春申君의 부하로 이원李園이라는 자가 있었는데 이원의 여동생 여환女環이 이원에게 이렇게 말하였다.

"내가 듣기로 왕께서 늙도록 후사가 없으니 나를 춘신군에게 만나도록 해주어, 내가 춘신군에게 의탁하도록 해 주십시오. 내가 춘신군의 눈에 뜨이면 곧바로 왕의 눈에 들 수 있을 것입니다."

이원이 말하였다.

"춘신군은 귀한 신분이면서 천리를 보좌하는 자인데 내 어디에 의탁하여 감히 말할 수 있겠느냐?"

여환이 말하였다.

"만약 춘신군이 나를 만나기를 원치 않으면 그대는 춘신군의 재인才人을 통해 춘신군을 배알하면서 '우리 집에 멀리서 손님이 와 있어 청컨대 집에 가서 그를 대접할 수 있도록 휴가를 청합니다'라고 말하세요. 그러면 그는 틀림없이 그대에게 '너의 집에 어떤 멀리서 온 손님이 있다는 것인가?'라고 물을 것입니다. 그 때 '저에게 여동생이 있는데 노魯나라 재상이 이를 듣고 사신을 보내어 청혼을 하자고 저를 찾고 있습니다. 재인이 사람을 보내어 저에게 알려주었습니다'라고 말하십시오. 그러면 그가 '너의 여동생은 무엇에 능한가?'라고 물을 것입니다. 그 때 이렇게 대답하세요. '악기 연주와 음악에 능하며 하나의 경서經書에도 능통합니다'라고 말입니다. 그러면 춘신군은 틀림없이 저를 만나줄 것입니다."

이원이 말하였다.

"알았다."

昔者, 楚考烈王相春申君吏李園, 園女弟女環謂園曰：
「我聞王老無嗣, 可見我於春申君, 我欲假於春申君. 我得
見於春申君, 徑得見於王矣.」

園曰：「春申君, 貴人也, 千里之佐, 吾何託敢言?」

女環曰：「卽不見我. 汝求謁於春申君才人, 告：『遠道客,
請歸待之.』彼必問汝：『汝家何等遠道客者?』因對曰：
『園有女弟, 魯相聞之, 使使者來求之園, 才人使告園者.』
彼必有問：『汝女弟何能?』對曰：『能鼓音, 讀書通一經.』
故彼必見我.」

園曰：「諾.」

【考烈王】戰國 후기 楚나라 군주. 頃襄王(熊橫)의 아들이며 이름은 熊完. 당시
초나라는 세력이 약해져서 秦나라의 압박을 받았으며 이를 피해 壽春으로 도읍을
옮겼던 군주. B.C.262~B.C.238년까지 25년 동안 재위하였으며 늦도록 후사가
없었음. 이에 李園의 여동생 女環과 春申君 사이에 난 아이 悍가 그 뒤를 幽王이 됨.
【春申君】戰國四公子의 하나. 黃歇. 熊完이 태자의 신분으로 秦나라에 인질로 가
있을 때 모책을 써서 熊完을 귀국시켜 군주로 옹립한 공이 있어 재상에 오름.
한 때 趙나라를 구원하여 秦나라를 물리치기도 하였으며 考烈王이 죽은 뒤
李園이 보낸 자객에 의해 살해됨.《史記》春申君列傳 참조.
【李園】원래 趙나라 출신으로 春申君의 門客이었음. 여동생 李環(女環)과 모의
하여 춘신군의 아기를 갖도록 한 다음, 다시 考烈王에게 추천되어 后가 되도록
함. 그 뒤 아들을 悍를 낳자 사실이 누설될까 두려워하여 자객을 보내어 춘신군을

죽이고 아이를 왕으로 앉힘. 이가 幽王임.

【女環】李環. 李園의 여동생. 春申君과 사통하여 임신하자 춘신군을 통해 자신을 考烈王에게 바치도록 한 다음 왕의 아이를 낳은 것처럼 모의를 꾸밈. 뒤에 后에 오르자 오빠와 모의하여 춘신군을 죽여 입을 막음.

【無嗣】考烈王의 후사가 없음.

【千里之佐】제후국 중에 큰 나라의 輔佐를 뜻함.

【才人】宮中의 女官.《史記》에는 "李園求事春申君爲舍人"이라 함.

【鼓音】악기 연주와 노래에 뛰어난 재능을 가지고 있음.

> **참고 및 관련 자료**

1.《戰國策》楚策(4)

楚考烈王無子, 春申君患之, 求婦人宜子者進之, 甚衆, 卒無子. 趙人李園, 持其女弟, 欲進之楚王, 聞其不宜子, 恐又無寵. 李園求事春申君爲舍人. 已而謁歸, 故失期. 還謁, 春申君問狀. 對曰:「齊王遣使求臣女弟, 與其使者飮, 故失期.」春申君曰:「聘入乎?」對曰:「未也.」春申君曰:「可得見乎?」曰:「可.」於是園乃進其女弟, 卽幸於春申君. 知其有身, 園乃與其女弟謀. 園女弟承間說春申君曰:「楚王之貴幸君, 雖兄弟不如. 今君相楚王二十餘年, 而王無子, 卽百歲後將更立兄弟. 卽楚王更立, 彼亦各貴其故所親, 君又安得長有寵乎? 非徒然也? 君用事久, 多失禮於王兄弟, 兄弟誠立, 禍且及身, 奈何以保相印·江東之封乎? 今妾自知有身矣, 而人莫知. 妾之幸君未久, 誠以君之重而進妾於楚王, 王必幸妾. 妾賴天而有男, 則是君之子爲王也, 楚國封盡可得, 孰與其臨不測之罪乎?」春申君大然之. 乃出園女弟謹舍, 而言之楚王. 楚王召入, 幸之. 遂生子男, 立爲太子, 以李園女弟立爲王后. 楚王貴李園, 李園用事. 李園旣入其女弟爲王后, 子爲太子, 恐春申君語泄而益驕, 陰養死士, 欲殺春申君以滅口, 而國人頗有知之者. 春申君相楚二十五年, 考烈王病. 朱英謂春申君曰:「世有無妄之福, 又有無妄之禍. 今君處無妄之世, 以事無妄之主, 安不有無妄之人乎?」春申君曰:「何謂無妄之福?」曰:「君相楚二十餘年矣, 雖名爲相國, 實楚王也. 五子皆相諸侯. 今王疾甚, 旦暮且崩, 太子衰弱, 疾而不起, 而君相少主, 因而代立當國, 如伊尹·周公. 王長而反政, 不, 卽遂南面稱孤, 因而有楚國. 此所謂無妄之福也.」春申君曰:「何謂無妄之禍?」曰:「李園不治國, 王之舅也. 不爲兵將, 而陰養死士之日久矣. 楚王崩, 李園必

先入, 據本議制斷君命, 秉權而殺君以滅口. 此所謂無妄之禍也.」春申君曰:
「何謂無妄之人?」曰:「君先仕臣爲郎中, 君王崩, 李園先入, 臣請爲君劓其胸殺之.
此所謂無妄之人也.」春申君曰:「先生置之, 勿復言已. 李園, 軟弱人也, 僕又善之,
又何至此?」朱英恐, 乃亡去. 後十七日, 楚考烈王崩, 李園果先入, 置死士, 止於
棘門之內. 春申君後入, 止棘門. 園死士夾刺春申君, 斬其頭, 投之棘門外. 於是
使吏盡滅春申君之家. 而李園女弟, 初幸春申君有身, 而入之王所生子者, 遂立,
爲楚幽王也. 是歲, 秦始皇立九年矣. 嫪毐亦爲亂於秦. 覺, 夷三族, 而呂不韋廢.

2.《史記》春申君列傳

楚考烈王無子, 春申君患之, 求婦人宜子者進之, 甚衆, 卒無子. 趙人李園持其
女弟, 欲進之楚王, 聞其不宜子, 恐久毋寵. 李園求事春申君爲舍人, 已而謁歸,
故失期. 還謁, 春申君問之狀, 對曰:「齊王使使求臣之女弟, 與其使者飮, 故失期.」
春申君曰:「娉入乎?」對曰:「未也.」春申君曰:「可得見乎?」曰:「可.」於是李
園乃進其女弟, 卽幸於春申君. 知其有身, 李園乃與其女弟謀. 園女弟承閒以說
春申君曰:「楚王之貴幸君, 雖兄弟不如也. 今君相楚二十餘年, 而王無子, 卽百
歲後將更立兄弟, 則楚更立君後, 亦各貴其故所親, 君又安得長有寵乎? 非徒
然也, 君貴用事久, 多失禮於王兄弟, 兄弟誠立, 禍且及身, 何以保相印江東之
封乎? 今妾自知有身矣, 而人莫知. 妾幸君未久, 誠以君之重而進妾於楚王, 王必
幸妾; 妾賴天有子男, 則是君之子爲王也, 楚國盡可得, 孰與身臨不測之罪乎?」
春申君大然之, 乃出李園女弟, 謹舍而言之楚王. 楚王召入幸之, 遂生子男, 立爲
太子, 以李園女弟爲王后. 楚王貴李園, 園用事. 李園既入其女弟, 立爲王后, 子爲
太子, 恐春申君語泄而益驕, 陰養死士, 欲殺春申君以滅口, 而國人頗有知之者.
春申君相二十五年, 楚考烈王病. 朱英謂春申君曰:「世有毋望之福, 又有毋望
之禍. 今君處毋望之世, 事毋望之主, 安可以無毋望之人乎?」春申君曰:「何謂毋
望之福?」曰:「君相楚二十餘年矣, 雖名相國, 實楚王也. 今楚王病, 旦暮且卒,
而君相少主, 因而代立當國, 如伊尹・周公, 王長而反政, 不卽遂南面稱孤而有
楚國? 此所謂毋望之福也.」春申君曰:「何謂毋望之禍?」曰:「李園不治國而
君之仇也, 不爲兵而養死士之日久矣, 楚王卒, 李園必先入據權而殺君以滅口.
此所謂毋望之禍也.」春申君曰:「何謂毋望之人?」對曰:「君置臣郎中, 楚王卒,
李園必先入, 臣爲君殺李園. 此所謂毋望之人也.」春申君曰:「足下置之. 李園,
弱人也, 僕又善之, 且又何至此!」朱英知言不用, 恐禍及身, 乃亡去. 後十七日,
楚考烈王卒, 李園果先入, 伏死士於棘門之內. 春申君入棘門, 園死士俠刺春申君,
斬其頭, 投之棘門外. 於是遂使吏盡滅春申君之家. 而李園女弟初幸春申君有

身而入之王所生子者遂立, 是爲楚幽王. 是歲也, 秦始皇帝立九年矣. 嫪毐亦爲亂於秦, 覺, 夷其三族, 而呂不韋廢.

3.《列女傳》孼嬖傳「楚考李后」

楚考李后者, 趙人李園之女弟, 楚考烈王之后也. 初, 考烈王無子, 春申君患之. 李園爲春申君舍人, 乃取其女弟與春申君, 知有身. 園女弟承間謂春申君曰: 「楚王之貴幸, 君雖兄弟不如. 今君相楚三十餘年而王無子, 卽百歲後將立兄弟, 卽楚更立君後, 彼亦各貴其所親, 又安得長有寵乎? 非徒然也. 君用事久, 多失禮於王兄弟, 王兄弟誠立, 禍且及身, 何以保相印江東之封乎? 今妾知有身矣, 而人莫知. 妾之幸君未久, 誠以君之重而進妾於楚王, 楚王必幸妾, 妾賴天有子男, 則是君之子爲王也. 楚國盡可得, 孰與身臨不測之罪乎?」春申君大然之, 乃出園女弟, 謹舍之, 言之考烈王. 考烈王召而幸之, 遂生子悼, 立爲太子, 園女弟爲后. 而李園貴用事, 養士欲殺春申君以滅口. 及考烈王死, 園乃殺春申君滅其家. 悼立, 是爲幽王. 后有考烈王遺腹子猶立, 是爲哀王. 考烈王弟公子負芻之徒, 聞知幽王非考烈王子, 疑哀王, 乃襲殺哀王及太后, 盡滅李園之家, 而立負芻爲王. 五年而秦滅之. 詩云:『盜言孔甘, 亂是用餤.』此之謂也. 頌曰:『李園女弟, 發迹春申, 考烈無子, 果得納身, 知重而入, 遂得爲嗣, 旣立畔本, 宗族滅弑.』

235(17-2)
이원의 여동생 여환女環

이튿날 이원이 춘신군의 재인을 통해 춘신군에게 이렇게 말하였다.

"우리 집에 멀리서 온 손님이 있어 잠시 가서 대접하고자 청합니다."

춘신군이 과연 물었다.

"너의 집에 어떤 멀리서 온 손님이 있다는 것이냐?"

이원이 대답하였다.

"저에게는 여동생이 있는데 노나라 재상이 이를 듣고 사신을 보내어 청혼을 요구하고 있습니다."

춘신군이 말하였다.

"그는 어떤 재능이 있는가?"

이원이 말하였다.

"악기 연주와 음악에 능하며 책을 읽어 경전 하나는 능통합니다."

춘신군이 말하였다.

"내가 만나볼 수 있겠는가? 내일 사람을 시켜 이정離亭에서 기다리도록 하겠다."

이원이 말하였다.

"알겠습니다."

이윽고 그는 집으로 가서 여동생 여환에게 알려주었다.

"내가 춘신군에게 집으로 가겠다고 인사를 하러 갔더니 나에게 내일 저녁 이정에서 기다리겠노라 허락하였다."

여환이 말하였다.

"오빠는 의당 먼저 그곳에 가서 그를 잘 모시면서 기다리세요."

춘신군이 도착하자 이원은 급히 사람을 내달려 여환을 불러오도록 하였다. 황혼이 되자 여환이 이르렀고 크게 술판이 벌어졌다.

여환이 금琴을 연주하자 그 곡이 미처 끝나기도 전에 춘신군은 크게 기꺼워하며 그곳에 머물러 자게 되었다.

이튿날, 여환이 춘신군에게 말하였다.

"제가 듣기로 왕께서는 늙도록 후사가 없어 나라를 그대에게 맡겼다 하더이다. 그런데 그대는 밖에 나와 음행을 저지르며 나라의 정사는 돌보지 않고 있으니 이를 왕이 알게 되면 그대는 위로는 임금에게 죄를 짓는 것이요, 저의 오빠는 아래로 그대의 아내에게 죄를 짓는 것이니 이를 어찌하면 좋겠습니까? 이런 구설수가 누설되지 않도록 그대는 부하들에게 단단히 경계를 시키시기 바랍니다."

춘신군이 이를 자신 관속官屬들에게 이렇게 경고하였다.

"이 여인과의 음행이 소문으로 퍼지지 않도록 하라."

그러자 모두가 말하였다.

"알았습니다."

明日, 辭春申君才人:「有遠道客, 請歸待之.」

春申君果問:「汝家何等遠道客?」

對曰:「園有女弟, 魯相聞之, 使使求之.」

春申君曰:「何能?」

對曰:「能鼓音, 讀書通一經.」

春申君曰:「可得見乎? 明日, 使待於離亭.」

園曰:「諾.」

旣歸, 告女環曰:「吾辭於春申君, 許我明日夕待於離亭.」

女環曰：「園宜先供待之.」

春申君到, 園馳人呼女環.

到黃昏, 女環至, 大縱酒.

女環鼓琴, 曲未終, 春申君大悅, 留宿.

明日, 女環謂春申君曰：「妾聞王老無嗣, 屬邦於君. 君外淫, 不顧政事, 使王聞之, 君上負於王, 使妾兄下負於夫人, 爲之奈何? 無泄此口. 君召而戒之.」

春申君以告官屬：「莫有聞淫女也.」

皆曰：「諾.」

【離亭】送別會 등을 위해 마련되어 있던 정자. 혹은 지명. 구체적으로는 알 수 없음.

【縱酒】경계를 풀고 마음놓고 술을 마심. '縱'은 '放'과 같음.

【屬邦】'屬'은 '囑'과 같음. 위촉함. 맡김.

【無泄此口】이런 구설수가 누설되지 않도록 함.

236(17-3)
왕에게 바쳐진 여환

이렇게 춘신군은 여환과 사통하기를 미처 한 달이 되기 전에 여환이 춘신군에게 말하였다.

"제가 듣기로 왕께서는 늙도록 후사가 없다는데 지금 저는 그대의 아이를 가진지 한 달이 되었습니다. 저를 왕에게 알현시켜 주시어 다행히 사내아이를 낳는다면 그대는 왕공王公이 되는 것인데 어찌 보좌의 신분으로 그치겠습니까? 그대는 신중하게 생각해 보세요."

닷새가 지나자 춘신군이 그를 왕에게 추천하여 이렇게 말하였다.

"나라에 좋은 여자가 있는데 후비의 조건에 아주 맞습니다. 가히 후사를 낳을 수 있습니다."

고열왕이 말하였다.

"좋소."

그리하여 즉시 그를 불러들였다.

고열왕은 그를 좋아하여 곧바로 그를 취하여 후비로 삼았으며 그로부터 열 달 뒤 사내아이를 낳았다.

與女環通未終月, 女環謂春申君曰:「妾聞王老無嗣, 今懷君子一月矣, 可見妾於王, 幸産子男, 君卽王公也, 而何爲佐乎? 君戒念之.」

五日而道之:「邦中有好女, 中相, 可屬嗣者.」

烈王曰:「諾.」

卽召之.

烈王悅, 取之, 十月產子男.

【王公】諸侯의 王이나 公. 제후가 될 수 있음을 말함.
【道之】'道之於王'의 줄인 말. '道'는 言, 說, 告와 같음.
【中相】后妃가 될 相에 부합함.
【取之】'取'는 '娶'와 같음. 夫人, 后으로 맞이함.

237(17-4)
초楚나라의 멸망

십년이 자나 고열왕이 죽고 유왕幽王이 그 뒤를 이었다.

여환은 오빠 이원으로 하여금 춘신군을 도와주도록 하였다.

그가 춘신군을 도운 지 3년, 그런 다음 여환은 오빠 이원에게 이렇게 말하였다.

"오吳 땅을 춘신군에게 봉지로 주어 그로 하여금 동쪽 변방을 지키도록 하세요."

이원이 말하였다.

"알았다."

그리고 즉시 춘신군을 오 땅에 봉하였다.

유왕의 뒤를 이은 것이 회왕懷王이며 진秦나라는 장의張儀로 하여금 속임수를 써서 회왕을 죽이도록 하였다.

회왕의 아들이 경양왕頃襄王이며 진시황제秦始皇帝가 왕전王翦을 파견하여 초나라를 멸망시키고 말았다.

十年, 烈王死, 幽王嗣立.

女環使園相春申君.

相之三年, 然後告園:「以吳封春申君, 使備東邊.」

園曰:「諾.」

卽封春申君於吳.

幽王後懷王, 使張儀詐殺之.

懷王子頃襄王, 秦始皇帝使王翦滅之.

【幽王】熊悼. 李環과 春申君 사이에 난 아들. 考烈王의 아들인 것처럼 속여서
낳은 아들. 考烈王을 이어 초나라 왕이 되어 B.C.237~B.C.228년까지 10년 동안
재위함.

【吳】春秋시대 吳나라 땅이었던 지역. 지금의 江蘇省 일대. 그러나《史記》春申君
列傳에는 春申君이 스스로 "封於江東, ……因城故吳墟, 以自爲都邑"이라 하였음.

【懷王】본장의 순서는 잘못되었음.《史記》楚世家에 의하면 楚나라는 威王(熊商,
芈商)으로부터 懷王(芈槐, 熊槐), 그 다음이 頃襄王(熊橫, 芈橫)이며 그 다음이
考烈王(熊完), 그리고 幽王을 거쳐 哀王(1년이 되지 않아 諡號가 없음)을 거쳐
애왕의 서형 負芻 때인 B.C.223년 秦始皇에게 망한 것으로 되어 있음. 한편 懷王은
B.C.328~B.C.299년까지 30년 동안 재위함. 考烈王의 祖父. 齊나라와 연합하여
秦나라를 방비해야 한다는 屈原의 간언을 듣지 않고 여러 차례 秦 昭王과 張儀
에게 속임을 당하다가 땅을 준다는 유혹에 직접 진나라 도읍 함양까지 갔다가
그곳에서 잡혀 죽임을 당함.

【張儀】전국시대 대표적인 縱橫家. 蘇秦의 合從說에 맞서 連橫說을 주장하여
秦나라를 위해 온갖 술수를 부렸으며 秦 惠王의 재상을 역임하기도 함. 이미
소진이 마련한 六國合縱을 파기시켜 韓, 魏로 하여금 秦나라를 섬겨 齊나라와
楚나라를 제압하도록 하고, 뒤이어 楚 懷王을 속여 秦나라로 들어오도록 한
다음 가두었다가 죽임.《史記》張儀列傳 및《戰國策》등을 참조할 것.

【頃襄王】懷王의 아들. 진나라로부터 압박을 당하였으며 巴蜀, 黔中, 江漢 일대를
모두 秦나라에게 빼앗김. B.C.298~B.C.263년까지 36년 동안 재위하고 考烈王
에게 이어짐.

【王翦】秦나라의 명장. 燕, 趙, 楚 등을 멸하고 秦始皇의 천하통일에 가장 큰 공을
세운 장수.《史記》白起王翦列傳을 참조할 것.

〈18〉越絶〈德序外傳〉第十八

　본편은 두 가지 내용을 담고 있다. 하나는 문종과 범려, 그리고 오자서 세 사람의 최종 결말에 대한 내용과 평가이다. 그런 결말이 날 수밖에 없었던 배경으로서 오왕 부차와 월왕 구천의 인간됨을 암덕暗德에 초점을 맞추고 있음이 특이하다.

　다음으로는 편찬자가 이 책을 쓴 목적과 내용, 그리고 편목이다. 이를 근거로 《숭문총목崇文總目》에는 원래 25편이었으며 지금 19편이 남아있으나 그 중 없어진 6편 중에 〈태백〉, 〈오월〉, 〈병법〉 등 3편의 편명은 확실하다고 주장하고 있는 것이다.

〈犀角形玉杯〉 1983 廣州 象崗山 西漢 南越王 趙眛墓 출토

238(18-1)
패자에 오른 구천

지난 날, 월왕 구천이 회계會稽에서 곤액을 당하면서 이렇게 탄식하였다.
"나는 결코 패자가 될 수 없겠구나!"
그리하여 처자를 죽이고 오나라와 결사 항쟁을 벌이려 하였다.
그러자 범려范蠡가 이렇게 말하였다.
"위험합니다! 왕의 잘못된 계책이여. 미워할 바를 사랑하고 있습니다. 게다가 오왕은 명석하지 못한 이를 똑똑한 이인 줄로 여기고 불초한 자를 물리지 않고 있으니 만약 겸손한 말투로 땅을 떼어 양보하여, 하늘이 만약 저들을 버릴 양이면 저들은 틀림없이 허락할 것입니다."
구천이 이를 알아차리고 이렇게 말하였다.
"과연 그렇겠는가?"
드디어 이를 듣고 능히 승리를 이끌어낼 수 있었다.
월왕 구천은 이윽고 오나라를 평정하고 나서 봄에는 삼강三江에 제사를 올리고 가을에는 오호五湖에 제사를 드렸다.
이렇게 제사를 지내는 때에 맞추어 범려를 위해 사당을 세우고 후세 그의 공이 알려지며 만세를 두고 전해지도록 하였다.
이웃 나라들이 그의 덕을 즐거워하면서 모두가 찾아와 그런 법을 취하였다.
범려는 안으로 자신을 살피기는 마치 장님과 같았으나 도리어 남의 비평을 듣기에는 마치 귀머거리처럼 듣지 못하였으며, 천관天關을 헤아리고 천기

天機를 섭렵하였으며 뒤에는 하늘과 같은 이들을 옷으로 입고 앞에는 신의 광채와 같은 띠를 두르고 있었던 셈이다.

당시 이를 두고 말하는 자들은 그가 떠날 때 아주 은미하고 아주 비밀로 하였음을 칭송하고 있으니, 이 때문에 월왕은 그를 잃고 나서는 끝내 다시는 더 이상 그를 만나볼 수가 없게 되었던 것이다.

이에 월왕은 군사를 서주徐州를 건너 주실周室에 이르러 공물을 바쳤다.

원왕元王은 이를 중흥中興의 기회로 여겨 그를 주백州伯이라 부르며 이 모든 것이 오직 구천의 공이요 주나라 왕실의 힘이 아니라고 여겼다.

이때에 월나라는 패도霸道을 실행하여 패沛 땅을 송宋나라에 되돌려 주고, 부릉浮陵을 초楚나라에 귀속시켜 주었으며, 임기臨期와 개양開陽을 다시 노魯나라에 되돌려 주었다.

중원 여러 나라들의 침공하거나 정벌하던 일은 이로 인해 그치게 되었다.

안으로는 그 진실함을 실행하고 밖으로는 위엄을 발휘하는 일을 월나라만이 오로지 공적을 이룬 것으로써 그 때문에 월절越絶이란 바로 이것이다.

그러므로 전傳에 이렇게 말한 것이다.

"환공桓公은 자신이 사생아라는 이유 때문에 핍박을 받아 능히 깨달음을 얻을 수 있었고, 구천은 회계에 갇히는 곤액을 치렀기 때문에 능히 패자가 될 수 있었다."

요순堯舜같은 성인이라 해도 이리 같은 이를 임용해서는 천하를 다스릴 수 없었을 것이다.

관중管仲은 사람을 알아보는 데에 능하였고, 환공은 현능한 이를 임용하는 데에 뛰어났으며, 범려는 환난을 염려하는 데에 뛰어났고, 구천은 실행에 옮기는 데에 능하였던 것이다.

신하와 군주가 이와 같으면서도 패자가 되지 않으려 한들 그렇게 되겠는가?

〈管仲〉(夷吾)《三才圖會》

《역易》에 "임금과 신하가 한마음이면 그 날카로움은 쇠를 자를 수 있다"라 하였으니 이를 두고 한 말이다.

昔者, 越王句踐困於會稽, 歎曰:「我其不伯乎!」

欲殺妻子, 角戰以死.

蠡對曰:「殆哉! 王失計也, 愛其所惡. 且吳王賢不離, 不肖不去, 若卑辭以地讓之, 天若棄彼, 彼必許.」

句踐曉焉. 曰:「豈然哉?」

遂聽能以勝.

越王句踐卽得平吳, 春祭三江, 秋祭五湖.

因以其時, 爲之立祠, 垂之來世, 傳之萬載.

隣邦樂德, 以來取足.

范蠡內視若盲, 反聽若聾, 度天關, 涉天機, 後袵天人, 前帶神光.

當是時言之者, 稱其去甚微甚密, 王已失之矣, 然終難復見得.

於是度兵徐州, 致貢周室.

元王以之中興, 號爲州伯, 以爲專句踐之功, 非王室之力.

是時越行伯道, 沛歸於宋, 浮陵以付楚, 臨期·開陽, 復之於魯.

中邦侵伐, 因斯衰止.

以其誠行於內, 威發於外, 越專其功, 故曰越絶是也.

故傳曰:「桓公迫於外子, 能以覺悟; 句踐執於會稽, 能因以伯.」

堯舜雖聖, 不能任狼致治.

管仲能知人, 桓公能任賢; 蠡善慮患, 句踐能行焉.
臣主若斯, 其不伯, 得乎?
《易》曰:「君臣同心, 其利斷金.」此之謂也.

【會稽】秦나라 때 두었던 군. 吳縣, 山陰, 錢塘 등이 모두 會稽郡에 속하였으며
　　26개 현을 관할하였음. 治所는 지금의 江蘇 吳縣에 두었었음.

【伯】霸, 霸와 같음. 霸者, 霸道를 뜻함.

【角戰】生死를 돌아보지 아니하고 맞섬.

【愛其所惡】그렇게 해서는 안 될 일을 사랑하여 잘못을 저지름. 스스로 죽는
　　일은 오왕이 원하는 바로써 해서는 안 될 일임.

【賢不離】'離'는 '明'과 같음. 《周易》說卦에 "離也者, 明也"라 함. '명석하지 못한
　　자를 현명한 자인 줄로 여기다'의 뜻.

【曉】'밝히 알아차리다'의 뜻.

【遂聽能以勝】錢培名〈札記〉에 "此文上下當有脫誤"라 함.

【卽得平吳】'卽'은 '旣'의 오기. 錢培名〈札記〉에 "卽字誤, 《書鈔》八十八·《御覽》
　　五百二十六幷作旣"라 함.

【三江】《國語》越語(上) 注에 "三江, 吳江, 錢塘江, 浦陽江. 此言二國之民, 三江
　　繞之, 遷徙非吳則越也"라 함.

【五湖】吳나라 도읍에 가까운 지금의 太湖를 가리킴. 한편 이 두 구절에 대해
　　錢培名〈札記〉에는 "此段當是范蠡去國後事, 疑有錯簡"이라 함.

【因以其時】제사를 지내는 기회에 맞추어 范蠡의 사당을 세움.

【以來取足】찾아와 그런 일을 모범으로 삼아 자신들도 본받고자 함.

【内視若盲】이 구절에 대해 錢培名〈札記〉에는 "此段當是范蠡去國時事, 下當接
　　'春祭三江'一段, 然亦有脫誤. '度天關'四句, 《吳越春秋》作'度天關, 涉天梁, 後入
　　天一, 前翳神光'; '梁'與'光'韻, '天人'無義, 疑此'機'字, '因'字幷誤"라 함.

【稱其去甚微甚密】범려가 월왕 구천을 떠날 때 아주 은밀히 행동한 것을 칭송함.

【徐州】張宗祥〈校注〉에 "《吳越春秋》作'乃以兵北渡江淮, 與齊晉諸侯會於徐州'.
　　《史記》索隱曰: '徐音舒, 齊邑薛縣是也.'"라 함.

【周室】당시 天子國이었던 周나라. 東周(春秋戰國) 때에서는 제후 중에 새로운
　　패자가 될 때 형식상 周 千字의 公認을 받는 과정을 거쳤음.

【元王】당시 주나라 천자. 姬仁. 敬王(姬匂)의 뒤를 이어 B.C.475~B.C.469년까지

7년간 재위하고 貞定王(姬介)로 이어짐.

【中興】周나라가 쇠락 중에 句踐으로 인하여 다시 中興하고자 하는 염원.

【州伯】한 지역을 통괄하는 제후의 방백.

【沛】지금의 江蘇 沛縣. 원래 宋나라 땅이었음.

【宋】周 武王(姬發)이 殷을 멸한 다음 殷紂의 庶兄 微子 啓를 봉하여 殷나라 제사를 이어받도록 한 제후국. 商丘에 도읍을 정하였다가 戰國 후기 齊나라에게 망함.

【浮陵】구체적인 지역은 알 수 없음.

【臨期, 開陽】臨期는 臨沂의 오기. 〈外傳本事〉에는 臨沂로 되어 있음. 지금의 山東 臨沂縣. 開陽은 지금의 山東 臨沂縣 북쪽.

【越絶】'월나라가 절대적으로 뛰어나다'의 뜻.

【外子】外妻의 양아들. 사생아. 張宗祥 〈校注〉에 "當指出奔事"라 함.

【堯】전설상 上古시대 五帝의 하나. 陶唐氏. 唐堯로도 부름. 祁姓이며 이름은 放勳. 帝嚳의 아들. 《十八史略》(1)에 "帝堯陶唐氏: 伊祁姓, 或曰名放勛, 帝嚳子也. 其仁如天, 其知如神, 就之如日, 望之如雲, 都平陽. 茆茨不剪, 土階三等. 有草生庭, 十五日以前, 日生一葉, 以後日落一葉, 月小盡, 則一葉厭而不落, 名曰蓂莢, 觀之以知旬朔"이라 함. 《史記》五帝本紀를 볼 것.

【舜】고대 五帝의 하나. 有虞氏. 姓은 姒氏, 이름은 重華. 虞舜으로도 부름. 堯 임금으로부터 천하를 물려받아 帝位에 오름. 瞽瞍의 아들로 孝誠이 뛰어났던 분으로 널리 알려져 있으며 儒家에서 聖人으로 추앙함. 《十八史略》(1)에 "帝舜 有虞氏: 姚姓, 或曰名重華, 瞽瞍之子, 顓頊六世孫也. 父惑於後妻, 愛少子象, 常欲殺舜. 舜盡孝悌之道, 烝烝乂不格姦"이라 함.

【易】《周易》繫辭傳(上)에 "君子之道, 或出或處, 或黙或語. 二人同心, 其利斷金; 同心之言, 其臭如蘭"이라 함.

참고 및 관련 자료

1. 《太平御覽》(526)

《越絶書》曰: 越王旣得平吳, 春祭三江, 秋祭五湖. 因以其時爲之立祠, 垂之來世, 傳之萬載. 隣邦樂德皆來取之.

2. 기타 참고자료

《北堂書鈔》(88)

239(18-2)
구천을 떠난 범려

　　오나라와 월나라 일은 번잡하기만 하고 기록된 문장은 명확하지가 않아 성인聖人이 이를 간략하게 서술하였다.

　　그리고 현자賢者는 이에 주의를 기울여 깊이 그 문장을 살펴 그 이야기의 지혜로 한 자와 우둔한 짓을 한 자를 구별하여 분석하였다.

　　그 중 부차夫差는 광혹狂惑하여 오자서伍子胥를 적해하여 죽였고, 구천句踐은 지극히 현명하였음에도 문종文種은 어찌하여 그에게 죽음을 당하였는가?

　　범려范蠡는 두려움을 느끼고 오호五湖로 도망하였으니 이는 어찌 해석해야 되겠는가?

　　무릇 오왕 부차는 오자서가 똑똑함을 알았는데도 오히려 혼암하여 그를 죽였다.

　　전傳에는 "사람이 장차 죽음에 이를 때는 술과 고기 맛의 냄새도 맡기 싫어하며 나라가 장차 망할 때는 충신의 의기를 듣기를 싫어한다"라 하였다.

　　몸이 죽어감에도 의사를 찾지 않거나 나라가 망하는데도 모책을 쓰지 않고 도리어 스스로 재앙을 뒤집어쓰는 것은 목木, 토土, 수水, 화火는 같은 기운으로 함께 할 수 없기 때문이라 하였으니 이를 두고 한 말이리라.

　　문종은 훌륭한 공을 세웠음에도 그 뒤 스스로 자랑한 것이 그 허물이었다.

　　구천은 그의 어짊을 알았을 뿐 그의 충신忠信함은 몰랐던 것이다.

　　문종이 오나라를 위해 월나라와 외교를 소통시킨 것을 보고는 "군자는 남의 위험과 궁함을 가중시키지 아니하며 항복해온 상대를 멸망시키지 않는다"라고 하였다.

그러자 문종이 그렇게 하지 말도록 충고를 하였으나 구천은 이를 옳지 못하다고 하면서 얼굴에 노한 기색까지 드러내었다.

범려는 구천의 마음씀씀이를 통해 그의 의도를 알아차렸고 그 일에 모책과 문제를 일러주었으며 점을 쳐보아 길한지 흉한지를 알아보았더니 그 재앙이 이미 조짐으로 나타났었다.

범려는 이해利害가 드러남을 보고 오호로 떠나버렸으니 대체로 천도는 희미할 때가 귀중한 것이요 이미 드러난 것은 별것 아님을 알았다고 말할 수 있으리라.

《역易》에는 "희미할 때를 아는 것이 신령한 것이로다!"라 하였으니, 처세의 도리란 재앙을 멀리하는 것이 상책이다.

전傳에는 "시작만 알고 끝맺음을 모른다면 그 도는 틀림없이 궁하게 되고 말 것이다"라 하였으니 이를 두고 한 말이다.

吳越之事煩而文不喩, 聖人略焉.

賢者垂意, 深省厥辭, 觀斯智愚.

夫差狂惑, 賊殺子胥; 句踐至賢, 種曷爲誅?

范蠡恐懼, 逃於五湖, 蓋有說乎?

夫吳知子胥賢, 猶昏然誅之.

傳曰:「人之將死, 惡聞酒肉之味; 邦之將亡, 惡聞忠臣之氣.」

身死不爲醫, 邦亡不爲謀, 還自遺災, 蓋木土水火, 不同氣居, 此之謂也.

種立休功, 其後厥過自伐.

句踐知其仁也, 不知其信.

見種爲吳通越, 稱:「君子不危窮, 不滅服.」

以忠告, 句踐非之, 見乎顏色.

范蠡因心知意, 策問其事, 卜省其辭, 吉耶凶耶, 兆言其災.

夫子見利與害, 去於五湖, 蓋謂知其道貴微而賤獲.

《易》曰:「知幾其神乎!」道以不害爲左.

傳曰:「知始無終, 厥道必窮.」此之謂也.

【事煩而文不喻】역사적인 사실이 매우 복잡한데 이를 기록한 문장은 확연히 되어 있지 않음.

【聖人, 賢者】聖人은 經을 저술한 자, 賢者는 이를 풀어 傳을 쓴 자.《博物志》⑹에 "聖人制作曰經, 賢者著述曰傳·曰章句·曰解·曰論·曰讀, 鄭玄注《毛詩》曰箋"이라 함.

【垂意】注意를 기울임. 留意함.

【狂惑】狂妄하고 迷惑함.

【文種】大夫 文種. 자는 子禽, 혹 少禽, 會. 越나라 대부로 智謀가 있어 范蠡와 함께 句踐을 도와 吳나라에게 복수를 하고 句踐을 霸者로 만든 名臣. 그 뒤에 范蠡가 떠나고 句踐에게 죽임을 당함. 그러나《吳越春秋》徐天祜 注에는 "大夫種, 姓文氏, 字會. 楚之鄒人"이라 함.

【不同氣居】五行의 각기 다른 특정 氣로 인해 함께 거할 수 없음.

【休功】'休'는 '善', '美'의 뜻. 아름다운 공적.

【自伐】스스로 그 공적 따위를 자랑함. '伐'은 '자랑하다'의 뜻.

【爲吳通越】월왕 면전에서 오나라를 위한 발언을 함.

【不危窮】위험이나 곤궁에 빠지는 일이 없도록 배려함.

【見乎顏色】'見'은 '現'과 같음. 張宗祥〈校注〉에 "此節《吳越春秋》作'大王知臣勇也, 不知臣仁也; 知臣忠也, 不知臣信也. 臣誠數以損聲色·滅淫樂, 奇說怪諭, 盡言竭忠, 以犯大王, 逆心咈耳, 必以獲罪'云云"이라 함.

【卜省】점을 쳐서 길흉을 살펴봄.

【夫子】여기서는 范蠡를 가리킴.

【貴微賤獲】 희미하여 드러나지 않았을 때를 귀히 여기고 이미 드러나 얻은 것은 천하게 여김. 드러나지 않았을 때를 더 주의해야 함을 뜻함.

【易】 《周易》 繫辭傳(上)에 "知幾其神乎? 君子上交不諂, 下交不瀆, 其知幾乎? 幾者, 動之微, 吉之先見者也. 君子見幾而作, 不俟終日"이라 함.

【知幾】 幾微를 보고 이미 그 일의 변화나 확대를 알아냄.

【不害爲左】 害를 입지 않는 것이 상책임. 고대에는 左를 陽으로 보았는데, 陽은 吉兆로 여김.

【知始無終】 시작할 때만 모든 것을 고려하면서 끝에 대해서는 아무런 예측을 하지 않음.

〈山徑春行圖〉(宋) 馬遠 臺北故宮博物館 소장

240(18-3)
분노 속에 죽은 오자서

오자서伍子胥가 오왕이 내린 검으로 자살하면서 이렇게 탄식하였다.

"아! 많은 사람들의 잘못된 것을 곧게 고쳐주는 한 사람의 힘으로는 진실로 바로세워 줄 수 없구나. 나는 활과 화살을 끼고 정鄭나라 초楚나라를 도망다니면서 스스로 내가 당한 능멸을 복수할 수 있었던 것은 오직 그대 선왕先王의 공이었다고 여겼다. 그리하여 그 은혜를 갚겠다고 생각하다가 스스로 이 지경에 이르고 말았다. 내가 앞서는 영예를 얻었으나 뒤에는 죽음을 당하게 된 것은 지혜가 쇠락했기 때문이 아니라, 앞서는 명석한 자를 만났으나 뒤에는 험악한 자를 만났기 때문이었다. 임금이 이미 변하였던 것이다. 끝났도다! 태어나 때를 만나지 못하였으니 다시 무슨 말을 하겠는가? 이는 나의 운명인데 장차 어디로 가겠는가? 얼른 죽어 지하에 가서 나의 선왕을 따르느니만 못하리라. 이것이 나의 뜻이다."

오왕이 장차 오자서를 죽이려고 풍동馮同으로 하여금 사형을 집행하도록 하였다.

오자서는 풍동의 보자 오왕이 보낸 것임을 알았다.

오자서는 분노를 터뜨리며 이렇게 말하였다.

"왕이 보필輔弼의 신하를 가까이 하지 않고 돼지같은 무리들의 말을 가까이 하여 나의 운명이 단축된 것이다. 내 머리를 높은 곳에 올려놓아라. 반드시 월나라 사람들이 오나라를 쳐들어와서 우리 왕이 스스로 잡히는 모습을 보리라! 그리고 나의 몸은 깊은 강에 던져버리면 그것으로 끝이다!"

오자서가 죽은 뒤 오왕이 이를 듣고 요언妖言이라 여기며 오자서를 크게 탓하고는 사람을 시켜 그를 대강大江 입구에 가져다 버리도록 하였다.

용사들이 오자서의 시신을 옮길 때 시신에서 어떤 소리가 울려나왔는데 분함을 내쏟으며 내달리는 것 같았고 그 기운은 마치 내달리는 말과 같았다. 그리고 위세는 만물을 능가하였고 신령스러움은 큰 바다로 돌아가듯 하였다. 일을 마친 용사들의 귀에는 울리던 소리는 그대로 있는 듯하였다.

후세에 칭술하기를 오자서는 아마 수선水僊이 되었을 것이라 하였다.

子胥賜劍將自殺, 歎曰:「嗟乎! 衆曲矯直, 一人固不能獨立. 吾挾弓矢以逸鄭楚之間, 自以爲可復吾見凌之仇, 乃先王之功. 想得報焉, 自致於此. 吾先得榮, 後僇者, 非智衰也: 先遇明, 後遭險, 君之易移也. 已矣! 生不遇時, 復何言哉? 此吾命也, 亡將安之? 莫如早死, 從吾先王於地下, 蓋吾之志也.」

吳王將殺子胥, 使馮同徵之.

胥見馮同, 知爲吳王來也.

洩言曰:「王不親輔弼之臣而親衆豕之言, 是吾命短也. 高置吾頭, 必見越人入吳也, 我王親爲禽哉! 捐我深江, 則亦已矣!」

胥死之後, 吳王聞, 以爲妖言, 甚咎子胥, 王使人捐於大江口.

勇士執之, 乃有遺響, 發憤馳騰, 氣若奔馬; 威凌萬物, 歸神大海, 彷彿之間, 音兆常在.

後世稱述, 蓋子胥水僊也.

【衆曲矯直】많은 무리들이 왜곡되어 있는데 이를 바르게 고쳐줌. 왜곡된 인물이란 吳王 夫差와 太宰伯嚭, 逢同 등을 가리킴.

【逸】도망다님.

【見凌】'見'은 피동법을 나타내는 조사. '凌'은 陵과 같음. 능멸을 당함. 치욕을 입음.

【先王】吳王 闔閭를 가리킴. 그의 힘으로 伍子胥는 楚나라로 쳐들어가 平王의 무덤을 파헤치는 등 원한을 갚음.

【僇】'戮'과 같음.

【遭險】험한 폭군을 만남. 폭군은 夫差를 가리킴.

【易移】바뀜. 闔閭에서 夫差로 왕이 바뀜.

【安之】'安'은 '가다'의 實辭.

【徵之】명령을 집행하도록 함. 혹 '徵'을 '감시하다'의 뜻으로도 봄.

【洩言】가슴에 품었던 분노를 發洩함. '洩'은 '泄'과 같음.

【衆豕】돼지와 같은 무리들. 伯嚭와 逢同의 무리를 지칭함.

【爲禽】'禽'은 '擒'과 같음. 오왕 부차가 월나라에게 사로잡힘.

【妖言】미래 불길한 징조를 미리 알리는 말.

【遺響】오자서 시신에서 웅웅하는 이상한 말소리가 남.

【威凌萬物】〈四部備要〉본에는 '威□萬物'로 되어 있음.

【彷佛】'髣髴'로도 표기하며 '비슷하다, 닮았다, ~하는 듯하다'의 뜻을 나타내는 雙聲連綿語.

【水僊】水仙. '僊'은 '仙'과 같음. 《吳越春秋》勾踐伐吳外傳에는 "伍子胥從海上穿山脇而持種去, 與之俱浮於海, 故前潮水潘候者伍子胥也, 後重水者大夫種也"라 함.

241(18-4)
성인의 통찰력

오자서가 활을 차고 초나라를 떠날 때 오직 공자孔子만이 그의 의도를 알았다.

그러나 사건이 □되고 세대가 □되어 누락된 것이 있었으나, 오늘에 이르러 그 사실을 밝혀내었으며 신비한 문장으로 기록된 사건을 실제대로 밝히되 깊이 그 사실의 징조를 서술하여 이를 근거로 경계를 삼는다.

이는 마치 제齊나라에서 미인을 노魯나라에 보냈던 일과 같아 그 뒤 역시 그런 경계를 중시하고 있다.

각각 한 편篇씩 이어가며 서술하다보니 문장이 통일되지 못하고, 경전 經傳에 비해서도 외전外傳에 해당되어 그 유형을 보충하여 밝히는 정도이다.

그러므로 성인은 미세한 것을 보고 드러난 것을 알아내며 시작을 보고 그 끝맺음을 아는 것이다.

이로 말미암아 보건대 공자가 오월 두 나라를 왕王이라 부르지 않은 것을 알 수 있을 것이다.

그러나 공경스럽게 남의 가혜嘉惠를 받아들여 지나간 일을 시원하게 서술해 주어야 한다.

공자께서는 경經을 지을 때 역사 기록을 근거로 하고 분만憤懣을 느끼면서도 이를 배설해 내지 않은 채 뒷일을 아울러 말하고 전해오는 지난날의 이야기를 보고 그대로 이어준 것이다.

이 글을 쓴 자가 주周나라 도가 아직 무너진 것이 아니라고 여겼다면 공자의 《춘추春秋》는 지어지지 않았을 것이다.

무릇 공자가 《춘추》를 지으면서 노魯나라를 기원으로 하여 대의大義를 세우고 미언微言을 거기에 덧붙여 오경五經과 육예六藝가 이를 법으로 삼게 되었다.

그리고 월나라에 주의를 기울여 굽은 것과 곧은 것을 보고는 그 본말本末을 진숙하고, 통기統紀를 추출하고, 장章과 구句를 나누어 구분하되 각기 그 마무리와 시작이 있게 되었다.

오월吳越 시대에 부차夫差는 패망하고 말았는데 이를 두고 한 말이다.

그 까닭으로 〈태백太伯〉편을 보면 능히 성인과 현인의 구분을 알 수 있고, 〈형평荊平〉편을 보면 능히 믿음과 용기의 변화를 알 수 있으며, 〈오월吳越〉편을 보면 능히 음모에 대한 생각을 알 수 있고, 〈계예計倪〉편을 보면 능히 음양陰陽과 소식消息의 원리를 알 수 있으며, 〈청적請糴〉편을 보면 능히 □나라 사람들로서 적국에 사신으로 갔을 때의 똑똑함과 불초함을 알 수 있고, 〈구술九術〉편을 보면 능히 사람을 취하는 진실과 전화위복轉禍爲福의 경우를 알 수 있으며, 〈병법兵法〉편을 보면 능히 적을 물리치는 방법을 알 수 있고, 〈진항陳恆〉편을 보면 능히 고금의 서로 취하는 술책을 알 수 있으며, 〈덕서德敍〉편을 보면 능히 충직한 자가 죽음을 당하면서도 광간狂簡하고 어리석으며 졸렬함으로 내닫고 있었음을 알 수 있다.

경經은 108장으로 상하가 서로를 증명해주고 있다.

제齊나라와 월나라가 한창 세력을 떨칠 때 고집하던 방법은 모두 같았다.

관중은 패도霸道의 벼리에 통탈하였고, 범려는 길흉의 시작과 끝에 대해 깊이 알고 있었다.

부차夫差는 □의 치도에 능하지 못하였으니 풍동馮同과 태재 백비伯嚭를 통해 관찰하건대 능히 첨신諂臣의 후과後果가 얼마나 큰 것인지를 알 수 있다.

안타깝게도 부차는 덕이 있는 신하는 멀리한 채 등용하지 않았고, 오자서는 사악한 군주에게 충성스러운 간언을 다하다가 도리어 그 허물을 뒤집어 쓴 것을 속으로 애처롭게 여기고 있는 것이다.

부차가 오자서를 죽이자 이로부터 멸망이 시작되었음을 말한 것이다.

子胥挾弓去楚, 唯夫子獨知其道.

事□世□有退, 至今實之, 實祕文之事.

深述厥兆, 徵爲其戒.

齊人歸女, 其後亦重.

各受一篇, 文辭不旣, 經傳外章, 輔發其類.

故聖人見微知著, 覩始知終.

由此觀之, 夫子不王可知也.

恭承嘉惠, 述暢往事.

夫子作經, 攬史記, 憤懣不泄, 兼道事後, 覽承傳說.

厥意以爲周道不敝, 《春秋》不作.

蓋夫子作《春秋》, 記元於魯, 大義立, 微言屬, 五經六藝, 爲之檢式.

垂意於越, 以觀枉直, 陳其本末, 抽其統紀, 章決句斷, 各有終始.

吳越之際, 夫差弊矣, 是之謂也.

故觀乎〈太伯〉, 能知聖賢之分; 觀乎〈荊平〉, 能知信勇之變; 觀乎〈吳越〉, 能知陰謀之慮; 觀乎〈計倪〉, 能知陰陽消息之道; 觀乎〈請糴〉, 能知□人之使敵邦賢不肖; 觀乎〈九術〉, 能知取人之眞, 轉禍之福; 觀乎〈兵法〉, 能知卻敵之路; 觀乎〈陳恆〉, 能知古今相取之術; 觀乎〈德敍〉, 能知忠直所死, 狂僭通拙.

經百八章, 上下相明.

齊桓興盛, 執操以同.

管仲達於霸紀, 范蠡審乎吉凶終始.

夫差不能□之治, 察乎達同·宰嚭, 能知諂臣之所移.

哀彼離德臣不用, 內痛子胥忠諫邪君, 反受其咎.

夫差誅子胥, 自此始亡之謂也.

【子胥挾弓去楚】伍子胥가 楚 平王으로부터 핍박을 당하자 활을 찬 채 초나라를 떠남. 그러나 錢培名 〈札記〉에 "此六字與下文不相涉, 疑字錯簡"이라 함.

【夫子】여기서는 孔子를 가리킴. 공자가 《春秋》를 쓰면서 吳越의 사실을 거론한 것을 설명한 것.

【事□世□有退】〈三民本〉에는 '事奇世遠有遺'로 보았음. 이에 따라 풀이함.

【祕文】신비하며 쉽게 접해볼 수 없는 문건.

【齊人歸女】《論語》微子篇에 기록된 "齊人歸女樂, 季桓子受之, 三日不朝, 公子行"의 사건을 말함.

【經傳】經은 聖人의 저술. 傳은 賢者의 해석. 《博物志》文籍考에 "聖人制作曰經, 賢者著述曰傳·曰章句·曰解·曰論·曰讀"이라 함.

【嘉惠】남의 훌륭한 은덕을 칭하는 높임말. 여기서는 吳越의 사실을 기록하여 후세에 전해준 자의 공로를 두고 한 말임.

【憤懣】不滿, 煩悶.

【周道不敝】춘추 말에 이르러 주나라의 권위가 희미해지기는 했지만 아직 그 도는 허물어지지 않았다고 공자가 인식한 것.

【春秋】儒家 經典의 하나. 編年體 史書로 魯 隱公 원년(전 722)부터 魯 哀公 14년 (전 481)까지 242년 동안의 역사를 孔子가 정리한 것. 그 뒤 이를 풀이한 책으로 《左氏傳》, 《穀梁傳》, 《公羊傳》이 있으며 이를 「春秋三傳」이라 하여 모두 十三經에 列入됨.

【記元】연도를 기록함. 記年과 같음.

【大義立, 微言屬】공자가 《春秋》를 저술한 의도는 '微言大義', '寓褒貶', '定名分'에 있었으며 그 중 微言大義는 희미한 표현이지만 그 안에는 大義를 내포하고 있음을 말함.

【五經六藝】五經은《易》,《詩》,《書》,《禮》,《春秋》. 孔子가 정리하거나 교재로 사용한 여섯 經書. '藝'는 '經'과 같음. 六藝는 禮, 樂, 射, 御, 書, 數의 여섯 가지 교과목.

【觀乎〈太伯〉】《越絶서》는 원래 오나라 시조인 太伯의 사실을 기록한 〈太伯篇〉으로부터 시작되었을 것이나 지금은 전하지 않음.

【觀乎〈吳越〉】錢培名〈札記〉에 "越當依篇〈敍篇〉作人"이라 하여 〈吳越〉은 〈吳人〉이어야 한다고 보았음.

【陰陽消息】'消息'은 사물의 변화를 일컫는 雙聲連綿語.

【□人之使】□는 '越'자로 여기고 있음.

【狂憿】'憿'은 '憒'과 같음. 어리석고 우매함. 張宗祥〈校注〉에 "此書《崇文總目》凡二十五篇, 今存十九篇, 亡其六篇. 據此節所敍'觀乎太伯·觀乎吳越·觀乎兵法'云云, 疑三者均有專篇, 均在亡佚之數. 其餘三篇, 則難考矣"라 함.

【通拙】졸렬한 쪽으로 통하고 있음. 잘못된 길로 들어섬.

【經百八章】'經傳八章'이어야 함.

【齊桓】'齊越'이어야 의미가 통함. 제나라와 월나라는 패자가 되어 흥성할 때 그 통치 방법이 똑같았음을 말함.

【□邦】'興邦'으로 보아야 함.

【所移】결과의 차이. 그로 인해 조성된 後果.

卷十五

<19> 越絶 〈篇敍外傳記〉 第十九

〈19〉越絶〈篇敍外傳記〉第十九

　　본편은 이 책의 결말이면서 발跋에 해당하며, 동시에 서문과
호응을 이루고 있다. 우선 이 책의 작자와 후대 이를 정리한
사람에 대한 어렴풋한 설명을 하고 있으며, 특히 자공, 혹
오자서를 거론하면서도 공자의 성문聖文과 무리한 연계 관계를
억지로 짜맞추기 위해 자공을 내세우는가 하면, 도리어 다시
회계인 원강袁康과 이를 정리한 오평吳平을 은어隱語로 설명함
으로써 매우 복잡하고 모순된 논리를 펴고 있다.

　　이는 진한秦漢 시대 유가들의 경전 해석을 공자와 연계성을
주장함으로써 권위를 높이고 정당성을 확보하려는 의도가
바탕에 깔려 있었기 때문이 아닌가 한다.

〈吊人銅矛〉(서한) 1956 雲南 晉寧縣 滇王墓 출토

242(19-1)
공자孔子의 예견과 자공子貢

아득한 옛날 구두九頭의 시절, 몽매한 그 무렵에도 흥함과 패함은 자주 있었으며 그런 상황이 삼황三皇을 거쳐 오제五帝까지 이어졌다.

그 때문에 많은 사람들은 직접 목격한 것을 전하여, 많은 이들이 성인의 덕을 믿게 된 것이며, 이때로부터 천하는 천자의 권위에 크게 복종하게 된 것이다.

삼황 이후에는 하나의 도道로써 백성을 다스렸으나 삼왕三王에 이르러서는 다툼이 생겨나고 전쟁이 일어나 다섯 가지 육형肉刑을 만들어 누구나 모두 포악한 기운을 가지고 있어야 차례를 밟아 천한天漢에 오를 수 있었다.

공자孔子는 신령한 기운에 감응하여 뒤에 강한 진秦나라가 주나라의 세대를 끊을 것이며 한漢나라가 흥할 것임을 알게 되었다.

자공賜은 제齊, 진晉, 월越나라를 저울질 해 본 다음 오吳나라로 들어갔다.

공자는 이로써 유추하여 뒤에 소진蘇秦이라는 자가 나타날 것임을 알게 되었다. 그리하여 저울대처럼 서로 요동을 치다가 연형連衡과 합종合從이 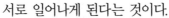 서로 일어나게 된다는 것이다.

그리하여 실에서 인麟을 잡게 되자 이로써 주나라 왕통이 다할 것임이 증명되었으며 그 때문에 《춘추春秋》를 지어 주나라의 정통을 이으려 한 것이다.

이 때 하늘과 땅이 갑자기 맑아졌으며, 해와 달이 하나같이 밝아지자 제자들이 모두가 흔연

〈孔子〉

하여 서로 더불어 천하태평을 칭송하였다.

공자는 성인의 재질을 품고 있었으나 미천한 집안에서 태어나 한 뼘의 땅도 없었고, 한 사람의 도움도 얻지 못한 채 인수麟獸가 눈물을 흘리는 것을 보고 백성들이 살 곳을 얻지 못하게 될 것임을 안타깝게 여겼으니 성인이 아니라면 누가 세상을 이처럼 애통히 여겼겠는가?

공자의 공적은 만대를 두고 사라지지 않을 것이며 다시 더 보태어 설명할 수도 없다.

그 때문에 성인이 세상을 떠나자 그에 따라 미언微言도 끊어지고 만 것이다.

자공은 《춘추》를 보고 문장을 고치되 질박함을 숭상하였으며 두 가지 이름을 가진 것을 견책하며 소왕素王을 발양하고자 역시 자신도 발분發憤하여 오월吳越의 역사를 기록하되 그 책을 장구章句로 나누어 뒷날 현자들이 깨우치도록 하였다.

자공의 주장은 노魯나라가 안정되고, 오나라가 패망하며, 진나라가 강해지고, 월나라가 패자가 되어 2백여 년의 역사에 영향을 주어 뒷날 왕들에게 모범을 내려주고자 한 것이다.

자공이 오월의 역사를 전해줌으로써 진秦나라에게 이를 □하게 지적해 주었다.

성인이 한 귀퉁이를 들춰주자 자공 같은 변사辯士가 이를 말로 널리 베풀었고, 성인의 문장이 저기에서 끊어지자 변사의 기록도 여기에서 끊어지고 만 것이다.

그 때문에 그 글의 제목을 정하되 이를 《월절越絶》이라 한 것이다.

維先古九頭之世, 蒙水之際, 興敗有數, 承三繼五.

故曰衆者傳目, 多者信德, 自此之時, 天下大服.

三皇以後, 以一治人, 至於三王, 爭心生, 兵革越, 作肉刑五, 胥因悉挾方氣, 歷天漢.

孔子感精, 知後有彊秦喪其世, 而漢興也.

賜權齊·晉·越, 入吳.

孔子推類, 知後有蘇秦也, 權衡相動, 衡五相發.

道獲麟, 周盡證也, 故作《春秋》以繼周也.

此時天地暴清, 日月一明, 弟子欣然, 相與太平.

孔子懷聖承弊, 無尺土所有, 一民所子, 睹麟垂涕, 傷民不得其所, 非聖人孰能痛世若此?

萬代不滅, 無能復述.

故聖人沒而微言絕.

賜見《春秋》改文尚質, 譏二名, 興素王, 亦發憤記吳越, 章句其篇, 以喻後賢.

賜之說也, 魯安, 吳敗, 晉彊, 越霸, 世春秋二百餘年, 垂象後王.

賜傳吳越, □指於秦.

聖人發一隅, 辯士宣其辭; 聖文絕於彼, 辯士絕於此.

故題其文, 謂之《越絕》.

【維】發語詞. 뜻은 없음.

【九頭之世】《九頭紀》라는 책. 人皇氏의 형제 아홉 사람이 다스리던 시대를 기록한 것이라 함. 張宗祥 〈校注〉에 "《春秋元命包》有《九頭紀》, 卽紀人皇氏兄弟九人治世也"라 하였고, 《廣雅》 釋天에는 "天地辟沒, 人皇以來至魯哀公, ……分爲十紀, 曰:《九頭》,《五龍》,《攝提》,《合雒》,《連通》,《序命》,《循蜚》,《因提》,《禪通》,《疏訖》"이라 함.

【蒙水】'蒙昧'의 오기가 아닌가 함.

【承三繼五】三皇을 이어받고 五帝를 계승함.

【衆者傳目】 직접 본 것을 다른 사람에게 널리 알려줌.

【三皇】 흔히 天皇氏, 地皇氏, 人皇氏를 들고 있음. 그러나 孔安國《尙書》序에는
伏犧氏, 神農氏, 黃帝 軒轅氏를 三皇이라 하였음.

【以一治人】 '一'은 '道'를 뜻함.

【三王】 夏, 殷, 周 三代의 개국 군주 4인. 즉 禹, 湯, 文王(姬昌), 武王(姬發)을 지칭
하며 王道情致를 실행한 임금들로 儒家에서 尊崇함.

【兵革越】 '兵革起'의 오류. 錢培名〈札記〉에 "越字誤, 疑當作起"라 함.

【肉刑五】 肉刑은 象刑에 상대되는 말로 신체에 직접 손상을 가하는 형벌.《尙書》
舜典에 "五刑有服"이라 함. 五刑은 흔히 墨刑, 劓刑, 剕刑, 宮刑, 大辟 등을 들고
있음.

【胥】 '모두'. 皆와 같음. 張宗祥〈校注〉에 "胥, 皆也, 東齊曰胥, 見《方言》"이라 함.

【方氣】 포악하고 지독한 기운.

【天漢】 天漢은 天河, 즉 銀河水를 가리킴. 여기서는 천자의 자리, 혹은 제왕의
위치를 상징하는 말로 여겨짐. 한편 張宗祥〈校注〉에 "此處恐有脫誤"라 함.

【感精】 신령한 감응.

【秦喪其世】 秦나라가 周 天子의 계승을 끊어버림.

【賜權齊晉越入吳】 '賜'는 孔子 弟子 子貢. 端木賜.

【推類】 類推와 같음. 닮은 것을 근거로 추측함.

【蘇秦】 '暴秦'의 오류가 아닌가 함. 그러나〈貴州本〉에는 蘇秦으로 보았음. 소진은
張儀와 더불어 戰國시대 가장 뛰어났던 縱橫家의 한 인물로 유세에 뛰어나
六國合從을 이루었던 인물.《史記》蘇秦列傳을 참조할 것.

【權衡】 저울대. 균형을 이루거나 중요한 權謀를 상징함. 원래는 둘 모두 별이름
으로 權은 軒轅星, 衡은 太微星을 가리킴.

【衡五】 蘇秦과 張儀의 合從連橫說을 뜻함. 衡은 橫과 같으며 五는 午와 같음.
午는 세로를 뜻하며 從과 같음. 따라서 衡午는 從橫(縱橫)과 같음.

【獲麟】《左傳》哀公 14년에 "西狩于大野, 叔孫氏之車子鉏商獲麟, 以爲不祥, 以賜
虞人. 仲尼觀之, 曰:「麟也.」"라 하였고,《史記》孔子世家에도 "孔子曰:「河不
出圖, 雒不出書, 吾已矣夫!」顏淵死, 孔子曰:「天喪予!」及西狩見麟, 曰:「吾道
窮矣!」喟然嘆曰:「莫知我夫!」"라 함. 이에 공자는 집필하던《춘추》를 여기에서
끝냈으며 이로 인해 후세 '獲麟絶筆'의 설이 대두된 것임.

【以繼周也】 周나라가 계속 이어나가도록 주장함.

【暴淸】 갑자기 맑아짐.

【懷聖承弊】聖人의 才德을 가졌으나 寒微한 집안에서 태어남.

【尺土】아주 작은 땅. 여기서는 봉지를 가리킴.

【一民所子】'子'는 動詞로 '후원하다, 아끼다, 사랑하다, 도와주다'의 뜻.

【二名】두 글자의 이름.《公羊傳》定公 6년에 "此仲孫何忌也, 曷爲謂之仲孫忌? 譏二名, 二名非禮也"라 함. 그러나 여기서는 구체적으로 무엇을 견책한 것인지는 알 수 없음.

【素王】아득한 上古시대의 帝王. '素'는 '질박하다'의 뜻. 그러나 일반적으로 素王은 '권좌를 갖지 않은 왕'이라는 뜻. 孔子를 비유하여 지칭하는 뜻으로 널리 쓰임.

【一隅】《論語》述而篇에 "子曰:「不憤不啓, 不悱不發. 擧一隅不以三隅反, 則不復也.」"라 함.

【辯士】언변에 능한 사람. 子貢(端木賜)을 가리킴.

【題其文】그 글의 제목을 정함.

【越絶】'월나라가 절대적으로 뛰어나다'의 뜻과 여기에서처럼 '그 기록이 끊어져 제대로 전하지 못함'을 비유한 두 가지 의미를 함께 담고 있음.

243(19-2)
《월절서》각 편의 순서

어떤 이가 이렇게 질문하였다.

"《월절》은 〈태백太伯〉편에서 시작하여 〈진항陳恆〉편에서 끝을 맺는데 어찌 그렇습니까?"

이에 이렇게 대답하였다.

"《논어論語》에 '비록 하찮은 도이기는 하나 틀림없이 볼만 한 점이 있을 것이다'라 하였다. 이처럼 태백은 시작할 때를 자세히 살펴 자신이 나라를 떠남으로써 훌륭한 이를 숭상할 줄 알았다. 태백은 특히 어떤 원한도 갖지 않은 채 자리를 양보했으니 지극한 것이다. 〈태백〉편을 시작으로 한 것은 훌륭한 이를 존숭한 것으로써 오나라가 위대하였음을 밝힌 것이다. 어짊은 능히 용기를 낳기에 그 때문에 그 다음을 〈형평荊平〉으로 차례를 삼았으며, 이는 오자서伍子胥가 충정忠正하고 신지信智하여 명석하게 행동하였음을 높이 산 것이다. 지혜는 능히 속임을 낳는다. 그 때문에 〈오인吳人〉편을 그 다음으로 한 것이니, 이는 채蔡나라를 구제하기에 온힘을 쏟아 용감하게 형荊나라를 정벌하였음을 밝힌 것이다. 그리고 범려范蠡의 행동은 위험한 나라를 지탱시켜주고 기울어가는 나라를 구제한 것으로 도리를 따르고 하늘에 순응하는 것으로 이보다 더한 것은 없으며 나라를 부강하게 하고 백성을 안정시켰기에 그 다음을 〈계예計倪〉편으로 한 것이다. 나라를 부강하게 하고 백성을 안정시키면 적국을 쉽게 차지할 수 있어 그 때문에 〈청적請糴〉편을 그 다음으로 삼은 것이다. 부차의 어리석음을 이용하였기에 오나라 정치를 어그러뜨릴 수 있었던 것이다. 식량을 청하는 것은 그 복록을 얻은

것이며 틀림없이 얻어낼 수 있었기에 그 때문에 그 다음을 〈구술九術〉편
으로 하였다. 천심天心에 순응하여 화친和親으로 끝을 맺으니 그 사정을
알 수 있고, 낭묘廊廟에서 모책을 세우니 이로써 강약彊弱을 알 수 있다.
기회가 이르렀을 때 정벌하면 가히 이길 수 있다. 그 때문에 〈병법兵法〉편을
그 다음 차례로 삼았다. 무기는 흉기凶器이다. 행동으로 옮김이 정당하지
못하면 하늘이 그에게 재앙을 주는 것이니 전쟁이 가장 높은 사안임을
알고 나서야 가히 전쟁을 일으킬 수 있는 것이다.《역易》에는 장래 일을
벌이기 전에 반드시 점을 친다 하고,《춘추春秋》에는 장래 반란을 일으킬 수
없다라 하였다. 아들이 아비를 죽일 모책을 세우고 신하가 임금을 죽인
다면 하늘과 땅이 그를 용납하지도 그대로 두지도 않는다. 악이 너무 깊으니
그 때문에 〈진항陳恆〉편으로서 끝을 맺은 것이다."

問曰:「《越絶》於始〈太伯〉, 終於〈陳恆〉, 何?」

「《論語》曰:『雖小道, 必有可觀者焉.』乃太伯審於始,
知去上賢; 太伯特不恨, 讓之至也. 始於〈太伯〉, 仁賢,
明大吳也. 仁能生勇, 故次以〈荊平〉也, 勇子胥忠正信智
以明也. 智能生詐, 故次以〈吳人〉也, 善其務救蔡, 勇其
伐荊. 其范蠡行爲持危救傾也, 莫如循道順天, 富邦安民,
故次〈計倪〉. 富邦安民, 故於自守, 易以取, 故次〈請糴〉也.
一其愚, 故乖其政也. 請粟者求其福祿, 必可獲, 故次以
〈九術〉也. 順天心, 終和親, 卽知其情; 策於廊廟, 以知
彊弱. 時至, 伐必可克, 故次〈兵法〉. 兵, 凶器也. 動作不當,
天與其殃; 知此上事, 乃可用兵.《易》之卜將,《春秋》
無將. 子謀父, 臣殺主, 天地所不容載. 惡之甚深, 故終於
〈陳恆〉也.」

【太伯】원래《越絶書》는 첫 시작이 〈太伯篇〉으로 吳나라 시조 太伯이 古公亶
父를 떠나 季歷을 거쳐 昌(文王)에게로 왕통이 이어지도록 한 사적을 자세히
기록한 것이었을 것이나 지금 전하는 것은 이 부분이 사라진 것으로 여김.

【論語】《論語》子張篇에 "子夏曰:「雖小道, 必有可觀者焉; 致遠恐泥, 是以君子
不爲也.」"라 함. 여기서 小道는 諸子百家 중의 異端學派나 혹 小說家를 지칭
하는 말로 쓰임. 이 구절은《漢書》藝文志 諸子略 小說家에도 인용되어 있음.

【知去上賢】나라를 떠나는 것이 가장 훌륭한 결정임. 즉 太伯이 周나라를 떠나
吳나라 땅으로 오면서 周나라가 흥성하게 될 것임을 알았다는 뜻임. 혹 "자신이
떠나는 것으로써 현명한 자를 숭상함을 알았다"의 뜻으로도 풀이함.

【仁賢】仁은 尊과 같음. 尊賢의 뜻.

【荊平】荊은 楚나라를 가리킴. 楚나라 평왕을 말함. 伍子胥가 楚나라를 쳐들어가
초나라를 잔폐시키고 平王의 무덤을 파서 채찍질한 일. 본《越絶書》의 두 번째
편명.

【務救蔡】蔡나라가 楚나라의 침략을 받자 이를 구제하는 일에 힘을 쏟음.

【持危救傾】위험에 빠진 나라를 지탱시켜 주고, 기울어가는 나라를 구제해줌.

【故於自守】錢培名〈札記〉에 "故字誤, 疑當作固"라 함.

【易以取】쉽게 적국을 취할 수 있음.

【一其愚】'一'은 '以'와 같음. 夫差의 어리석은 점을 이용함.

【請粟者求其福祿】이 구절 앞에 〈四部備要〉본 등에는 '問曰' 두 글자가 더 있음.
이에 대해 樂祖謀의 〈校勘記〉에는 "此句前各本均有'問曰'二字, 錢培名〈札記〉
以爲錯簡, 當置於下節'易之卜將, 春秋無將'句前. 案: 錢說甚是, 以此節文氣一貫,
始於太伯, 終於陳恆, 確不應中斷, 今從而勾正之"라 하여 다음 장 "易以卜將"
앞에 '問曰'이 와야 한다고 보았음.

【廊廟】전장의 상대되는 말. 직접 전투를 하지 않는 곳에서 모책을 세워 승리를
이끄는 것을 '廊廟之策', '廟算'이라 함.

【兵, 凶器也】전쟁은 勝敗의 與否에 관계없이 참혹한 것임.《老子》(31)에 "夫佳
兵者不祥之器, 物或惡之, 故有道者不處"라 함.

【卜將】미래의 일을 점을 쳐서 알아본 다음 행동에 옮김.《周易》繫辭傳(上)에
"是以君子將有爲也, 將有行也, 問焉而以言"이라 함.

【春秋無將】〈三民本〉에는 春秋시대에는 仁, 明, 智, 勇을 겸비한 장수가 없었
다는 뜻으로 보았으나 〈貴州本〉에는 장래 반란을 일으킬 수 없다는 뜻으로
보면서《公羊傳》莊公 32년에 "君親無將, 將而誅焉"이라 한 내용을 들고 있음.

【天地所不容載】하늘과 땅 어느 곳에서도 포용하거나 그대로 둘 수 없는 악행을 저지른 자.

【故終於陳恆也】'恆'은 '恒'과 같음. 齊나라 田恒, 陳常, 陳成子. 그 후손이 姜氏齊를 찬탈하여 戰國시대 田氏齊가 됨. 한편 錢培名〈札記〉에는 "案, 據此, 則《越絶》原次一〈太伯〉, 次〈荊平〉, 次〈吳人〉, 次〈計倪〉, 次〈請糴〉, 次〈九術〉, 次〈兵法〉, 次〈陳恆〉. 今本缺〈太伯〉,〈兵法〉二篇; 其〈陳恆〉篇, 誤次於〈九術〉之前, 而其餘五篇, 篇次皆合. 又或稱內傳, 或稱內經, 明與外傳不相混雜, 蓋外傳皆後人附益也.〈德序〉篇「故觀乎太伯」數篇, 所列篇次, 與徵篇同.〈本事〉篇亦云「然越專其功而有之, 何不第一, 而卒本吳太伯爲?」. 又趙曄作《吳越春秋》, 往往依傍《越絶》, 其以〈吳太伯傳〉爲首, 蓋亦竊取其義"라 함.

244(19-3)
오점을 남긴 오자서

이렇게 물었다.

"《역》에는 장래 일을 점을 쳐서 알아본다 하였고, 《춘추》에는 장래 반란을 일으켜서는 안 된다 라고 하였는데 그렇다면 〈형평〉편은 무엇을 훌륭하게 본 것입니까? 그리고 임금이 무도하여 신하가 임금을 원수로 본 것인데 그 다음을 〈태백〉편으로 삼은 것은 어찌 된 것입니까?"

이렇게 설명하였다.

"초나라 평정을 훌륭하게 본 것이 아니라 오자서의 용맹을 높이 본 것이다. 신하로서 임금을 적해하는 자를 토벌하지 않거나 자식으로서 아버지의 원수를 갚지 않는 것은 신하나 아들로서의 도리가 아니다. 그러므로 오자서가 무도한 초나라에 대해 원한을 가지고 곤경 속에서도 죽지 않고 남았던 것을 훌륭하게 여긴 것이며, 필부匹夫의 신분으로 한 나라의 무리를 모아 의를 함께 내세워 복수를 하여 제후의 나라를 엎어버린 것을 훌륭하게 여긴 것이다. 의롭지 않은 일이라면 하지 않았고 의롭지 않은 일이라면 죽지 않는 것이다."

다시 물었다.

"오자서는 초왕의 어머니를 아내로 취하는 짓을 하였고, 뒤에는 죄도 없이 오吳나라에서 죽임을 당하였는데 그의 행동이 이와 같으니 무엇이 의로움이라는 것입니까?"

이렇게 대답하였다.

"공자도 이를 폄훼하였다. 그의 복수에 대한 것은 높이 여기되 초왕의 어머니를 능욕한 것은 혐오하였다. 그러나 《춘추》의 의는 그 공적을 헤아려 과실을 덮어주기도 하는 것이니 훌륭히 여긴 것은 어버이를 친히 여긴 것임을 말한다."

"그렇다면 오자서와 오나라는 무슨 친족 관계나 된다는 것입니까?"
이렇게 말하였다.

"오자서는 곤핍한 속에서 합려閭廬를 만나보기를 청하였고, 합려는 그의 용맹이 심하여 장차 복수를 할 것이며, 그로 인해 명성과 자랑이 크게 드러날 것임을 알았다. 《시詩》에 '나에게 복숭아를 던져주면, 나는 장차 오얏으로 보답하리'라 하였다. 부차夫差는 그 어리석음이 도저히 바뀔 수 없는 자로서 끝내 어찌해야 할지 모를 인물이었다. 오자서의 건의도 받아들이지 않았고 오자서의 책략도 따르지 않았으니 틀림없이 오나라는 장차 망할 것임을 알았다. 그러나 합려로부터 받은 두터운 은혜 때문에 차마 부차를 떠나지 못하고 스스로 그 자리를 지키면서 도리어 자신의 간언에 대한 공로를 드러내고자 하였다. 그 때문에 오나라가 망하기 전에 자신이 먼저 살해되고 만 것이다. 이미 죽은 합려조차도 오히려 배반하지 않으려 하였는데 하물며 얼굴을 마주보고 있는 자를 배반할 수 있었겠는가? 지난 날, 관중管仲이 살아있음으로 해서 제 환공의 패업이 드러났으나 오자서는 죽고 나서야 패업의 명성이 이루어진 것이다. 주공周公은 하나씩의 장점을 귀히 여겼으며 그 때문에 한 사람에게 모든 것이 완비되기를 요구하지 않았다. 외편外篇의 오자서에 대한 각 서술은 차이가 있어 여기에서는 더 이상 설명하지 않겠다."

다시 이렇게 질문하였다.

"오자서는 현명하다고 볼 수 없습니다! 현명한 자라면 그런 사람과 접촉하는 자는 모두가 감화를 받게 마련입니다. 그런데 부차는 감화를 받기는커녕 도리어 그에게 검을 내려 자결토록 하였으니 죽지 않고자 한들 그렇게 되겠습니까?"

"장님에게는 무늬있는 비단을 보여줄 수 없고, 귀머거리에게는 잘 조율한 음악을 설명해 줄 수 없다. 고수瞽瞍는 고칠 수 없는 사람이었고, 상균商均은 교화시킬 수 없는 자였으며, 탕湯은 하대夏臺에 묶여 갇힌 적이 있으며, 문왕

文王은 은殷나라 감옥에 갇힌 적이 있다. 당시 사람들은 순舜이 효성스럽지 못하였고, 요堯는 자애롭지 못하였다고 말하지만 성인도 아주 어리석은 자는 좋아하지 않는데 하물며 오자서인들 그 어리석은 부차를 좋아하였겠는가? 오자서가 초나라에서 곤액을 당하고 오나라에서는 극형을 당하였는데 진실로 떠나지 않았을 뿐이지 어찌 부차가 먼저 그를 구속한 것이겠는가?"

"공자가 그를 폄하한 것은 어떤 점입니까?"

"초나라에 보복한 것을 높이 본 것이다. 그러나 자서가 초왕의 어머니를 능욕한 것은 이적夷狄이나 할 수 있는 수준이라 칭하였으니 이것이 그를 폄하한 것이며 그들을 묶어 모두 야만스러운 오나라 사람이라 한 것이다."

問曰:「《易》之卜將, 《春秋》無將. 今〈荊平〉何善乎? 君無道, 臣仇主, 以次〈太伯〉, 何?」

曰:「非善〈荊平〉也, 乃勇子胥也. 臣不討賊, 子不復仇, 非臣子也. 故賢其冤於無道之楚, 困不死也; 善其以匹夫得一邦之衆, 並義復仇, 傾諸侯也. 非義不爲, 非義不死也.」

問曰:「子胥妻楚王母, 無罪而死於吳, 其行如是, 何義乎?」

曰:「孔子固貶之矣. 賢其復仇, 惡其妻楚王母也. 然《春秋》之義, 量功掩過也. 賢之, 親親也.」

「子胥與吳何親乎?」

曰:「子胥以困干闔廬, 闔廬勇之甚, 將爲復仇, 名譽甚著. 《詩》云: 『投我以桃, 報之以李.』 夫差下愚不移, 終不可奈何. 言不用, 策不從, 昭然知吳將亡也. 受闔廬厚恩, 不忍去而自存, 欲著其諫之功也, 故先吳敗而殺也. 死人

且不負, 而況面在乎? 昔者, 管仲生, 伯業興; 子胥死, 伯名成. 周公貴一概, 不求備於一人. 及外篇各有差敍, 師不說.」

問曰:「子胥未賢耳! 賢者所過化. 子胥賜劍, 欲無死, 得乎?」

「盲者不可示以文繡, 聾者不可語以調聲, 瞽瞍不移, 商均不化; 湯繫夏臺, 文王拘於殷. 時人謂舜不孝, 堯不慈, 聖人不悅下愚, 而況乎子胥? 當困於楚, 劇於吳, 信不去耳, 何拘之有?」

「孔子貶之奈何?」

「其報楚也. 稱子胥妻楚王母, 及乎夷狄, 貶之, 言吳人也.」

【問曰】 앞장의 注를 볼 것. 한편 錢培名〈札記〉에는 "「易之卜將, 人臣無將, 今荊平何善乎?」上節「請粟者」上, 「問曰」二字錯簡, 當移置此節首. 此節原本連上; 按上節統敍八篇, 此專釋〈荊平〉, 例當另起. 又審「易之卜將, 人臣無將」二句, 復衍上節語, 與下文義不相涉, 「今」字亦無所承, 疑此九字皆衍文"이라 함.

【子胥妻楚王母】 伍子胥가 楚나라에 쳐들어갔을 때 楚王의 어머니를 자신의 아내로 삼아 능욕한 일. 楚王 母는 楚 昭王의 모친이며 원래 平王이 太子 建의 아내이자 자신의 며느리로 삼기 위해 秦나라에서 맞아온 여자. 그의 미색을 본 평왕이 자신의 아내로 삼았으며, 이로써 태자 건을 내쫓고 건의 스승이었던 伍奢가 간언을 하자 伍子胥 집안을 멸족하고자 한 것임.

【賢其復仇】 錢培名〈札記〉에 "按復仇義已見上, 下文釋親親又不言復仇, 疑復仇二字有誤"라 함.

【賢之】 錢培名〈札記〉에 "按此下分釋「賢之」, 「貶之」二義, 此「賢之」下疑脫「奈何」二字, 與下「貶之奈何」句法一例"라 함.

【投我以桃】《詩經》大雅 抑에 "辟爾爲德, 俾臧俾嘉. 淑愼爾止, 不愆于儀. 不僭

不賊, 鮮不爲則. 投我以桃, 報之以李. 彼童而角, 實虹小子"라 함.

【下愚不移】 도저히 교화시킬 수 없는 어리석은 자.《論語》陽貨篇에 "子曰: 「唯上知與下愚不移.」"라 함.

【死人且不負】 死人은 闔閭를 가리킴. '負'는 '反, 背'와 같음. 이미 죽은 합려에 대해 전혀 배반을 하지 않음.

【伯業】 '伯'은 '霸'와 같음. 管仲이 桓公을 도와 霸業을 이룸.

【周公】 周나라 초기의 周公 姬旦. 文王(姬昌)의 아들이며 武王(姬發)의 아우. 成王 (姬誦)의 숙부. 周나라 초기 문물제도를 완비한 聖人.

【求備】 상대에게 능력이 완비되어 있기를 요구함.《論語》子路篇에 "子曰: 「君子 易事而難說也. 說之不以道, 不說也; 及其使人也, 器之. 小人難事而易說也. 說之 雖不以道, 說也; 及其使人也, 求備焉.」"이라 하였고, 微子篇에도 "周公謂魯公曰: 「君子不施其親, 不使大臣怨乎不以. 故舊無大故, 則不棄也. 無求備於一人!」"이라 함. 한편《尙書》伊訓篇에도 "與人不求備, 檢身若不及"이라 함.

【及外篇各有差敍, 師不說】 錢培名〈札記〉에 "此十字疑錯簡, 當在上第二節「故終 於陳恆也」句下"라 함. 한편 '師不說'은 '斯不說'의 오류로 여김. 이에 따라 풀이함.

【瞽瞍】 瞽叟로도 표기하며 舜의 아버지. 舜은 虞舜이라고도 하며 고대 五帝 중의 舜임금. 성은 姚, 이름은 重華. 虞는 그의 출신 부락의 이름이 有虞氏였 으며 이를 줄여 虞라 한 것임. 堯임금으로부터 천하를 禪讓받아 천하를 다스림. 아버지 고수(瞽瞍, 瞽叟)는 장님으로 순의 어머니가 죽자 후처를 들였으며 후처 에게 象이 태어나자 순을 몹시 괴롭혔던 것으로 알려짐. 이에 순은 더욱 효성을 다하여 부모를 모시고 아우를 보살펴 그 孝友의 이름이 높았음.《史記》五帝 本紀 및《孟子》등 참조

【商均】 舜의 아들. 虞城에 봉해졌으나 아버지의 課業을 제대로 이어받지 못하여 왕위가 禹에게 넘어갔음.

【夏臺】 均臺라고도 하며 夏나라 때의 감옥. 桀이 湯을 가두었던 곳. 지금의 陽翟에 있었다 함.

【拘】 殷의 마지막 王인 紂가 文王(姬昌)을 牖里(羑里)라는 옥에 가두었던 적이 있음.

【舜不孝】 舜이 부친과 계모에게 효성을 다하지 않은 것.

【堯不慈】 堯가 왕위를 아들 丹朱에게 넘겨주지 않고 舜에게 넘긴 것은 아들을 사랑하지 않은 것이라 본 것. 韓非의 주장임.

【及乎夷狄】 도덕의 수준이 이적 정도에 미칠 뿐임.

245(19-4)
일선일악—善—惡

이렇게 질문하였다.

"구천은 무슨 덕을 가졌습니까?"

이렇게 대답하였다.

"패자로서의 덕을 가졌으며 현명한 군주였다."

《전傳》에 '남을 위험에 빠뜨리면서 자신의 안전을 취하는 것은 군자로서 해서는 안 될 일이며, 남의 것을 빼앗아 자신이 소유하는 것은 백이伯夷도 옳게 여기지 않았다'라 하였습니다. 거짓을 행하여 승리를 거두고 남을 멸망시키고 패자가 되었는데 그를 현명하다 한 것은 어찌된 것입니까?"

이렇게 설명하였다.

"이것이 바로 패자의 도리이다. 길한 도는 반박反駁을 혐오한다. 하나의 선이란 곧 하나의 악이다. 당시 천하에는 천자가 없었으며 강한 자가 높임을 받았다. 구천으로 하여금 아무런 권한을 가질 수 없도록 하였다면 그 나라는 망한 지 오래되었을 것이다. 오자서伍子胥는 믿음이 있어 많은 무리를 얻었고, 범려范蠡는 거짓된 행동을 잘하여 승리를 거두었다. 만약 현명한 군주가 천하의 왕이 되어 천하를 태평하게 하고 제후들이 화합하여 친하며 사이四夷가 그의 덕을 즐겁게 여기며 진귀한 것을 바치며 소통하면서 무릎을 꿇고 신하가 되기를 청한다면 오자서가 무슨 이유로 초楚나라에서 곤액에 처해졌겠는가? 그리고 범려는 어찌 오랫동안 미친 자처럼 굴지 않아도 되었겠는가? 그리고 구천은 어찌 부차에게 입신하여 말에게 꼴이나 먹이는 굴욕을 당하였겠는가? 변란을 만났기에 그 저울질을 통해 자신의 존재가 있을 수 있었던 것이니 역시 현명하다 하지 않겠는가? 패도의 지위를 실행한 것은 현인이었기 때문이 아니다. 진晉 문공文公은 때가 이르렀을 때 이에 순응하였으며 그 시의를 따랐기에 가능했던 것이다. 그러므로 사묘社廟가 텅 빈 것을 도리어 복으로 바꾸었고, 백성이 위험함을 바꾸어 덕을 베풀 기회로 삼은 것이니 이를 두고 하는 말이다."

問曰:「句踐何德也?」
曰:「伯德, 賢君也.」
「《傳》曰:『危人自安, 君子弗爲; 奪人自與, 伯夷不多.』
行僞以勝, 滅人以伯, 其賢奈何?」
曰:「是固伯道也. 祺道厭駁, 一善一惡. 當時無天子,
彊者爲右, 使句踐無權, 滅邦久矣. 子胥信而得衆道, 范蠡
善僞以勝. 當明王天下太平, 諸侯和親, 四夷樂德, 款塞
貢珍, 屈膝請臣, 子胥何由乃困於楚? 范蠡不久乃爲狂者?
句踐何當屬茞養馬? 遭逢變亂, 權以自存, 不亦賢乎?
行伯非賢, 晉文之能因時順宜, 隨而可之. 故空社易爲福,
危民易爲德, 是之謂也.」

【伯德】 '伯'은 霸와 같음. 霸者로서의 덕.
【伯夷】 商(殷)나라 말기 孤竹國의 왕자. 아우 叔弟와 함께 왕위를 사양하고 서쪽 姬昌(文王)을 찾아 나섰으나 文王의 아들 武王(姬發)이 殷의 紂를 치러 나서는 것을 보고 不義하다 여겨 首陽山에 올라 〈采薇歌〉를 불렀음. 仁義와 廉潔를 실행한 인물로 널리 거론됨.《史記》伯夷列傳을 참조할 것.
【不多】 '多'는 '칭송하다. 옳게 여기다'의 뜻.

【厭駮】'駮'은 '駁'과 같음. 서로 반대되는 反駁을 싫어함.

【祺道】祺는 祥의 뜻. 祥瑞.

【款塞】막힌 것을 뚫고 通好함. 안으로 親附해옴.

【爲右】고대는 오른쪽을 더 훌륭한 것으로 여겼음.

【貢珍】진기한 것을 조공으로 바쳐옴.

【行伯非賢】패자의 일을 실행함에는 賢人이라고 해서 되는 것은 아님. 時宜가 맞아야 함을 강조한 것.

【屬坐】越王 勾踐이 吳王 夫差에게 入臣하여 말에게 먹이를 주는 천한 일을 함. '坐'는 '切草'의 뜻.

【晉文公】重耳. 獻公의 둘째 아들. 驪姬의 핍박으로 19년 동안 해외 망명을 거쳐 귀국, 왕위에 오름. 뒤에 齊 桓公에 이어 春秋五霸의 지위에 오름. B.C.636～ B.C.628년까지 9년 동안 재위함.《史記》晉世家에 "重耳母, 翟之狐女也; 夷吾母, 重耳母女弟也. …自獻公爲太子時, 重耳固以成人矣"라 하였고,《國語》는 重耳의 망명 생활에 대하여 매우 많은 양을 자세히 싣고 있으며 晉語(4)에는 "狐氏出自 唐叔. 狐姬, 伯行之子也, 實生重耳"라 함.《左傳》,《國語》,《史記》 등을 참조할 것.

【社】土地神. 여기서는 토지신을 모신 社廟.

246(19-5)
오자서와 범려의 다른 점

이렇게 질문하였다.

"오자서와 범려는 어떤 사람입니까?"

"오자서는 용감하면서 지혜롭고 정의로우면서 믿음이 있었다. 그리고 범려는 지혜로우면서 명석하였으니 모두가 현인賢人들이었다."

다시 이렇게 질문하였다.

"오자서는 죽임을 당하였고, 범려는 떠나버려 두 사람의 행동이 서로 반대인데 모두 현인들이었다고 칭하는 것은 어떤 이유입니까?"

《논어論語》에 '자신의 힘을 펴서 맡긴 일에 나가되 능하지 못하면 그만둘 것이니라'라 하였으니 임금을 섬김에는 도道로써 한다는 말이다. 범려는 홀몸으로 월나라에 들어가 그 임금을 패자로 만들었으나 서로 의가 합치되지 않는 점이 있어 그 때문에 떠난 것이다."

또 질문하였다.

"의가 합치되지 않으면 어찌 그를 위해 죽지 않았습니까?"

이렇게 대답하였다.

"떠나고 머무는 것은 임금을 섬기는 의이다. 의로 보아 죽어서는 안 되는 경우였기 때문이다. 그런데 오자서는 임금을 위해 죽은 것은 합려의 은혜가 깊었기 때문이다. 지금 범려에게 죽지 않은 책임을 무겁게 묻는다면 이는 사리를 명확히 판단하지 못함이 심한 것이다."

다시 물었다.

"은혜를 받은 자가 그 은혜 때문에 떠나지 않고 죽임을 당한 것은 죽음 중에 훌륭한 것입니다. 신하가 임금을 섬기는 것은 아내가 남편을 섬기는 것과 같은데 어찌 떠날 수 있습니까?"

《논어》에 '사흘 조회에 나타나지 않자 공자는 떠났다'라 하였다. 떠나는 것은 버리고 가는 것이다. 그리고 전傳에는 '공자가 노나라를 떠난 것은 번조燔俎를 내리지 않았기 때문이며, 증자曾子가 아내를 버린 것은 여갱藜羹을 충분히 익히지 않았기 때문'이라 하였다. 미자微子는 떠나고 비간比干은 죽음을 당한 것에 대해 공자는 둘 모두 인仁이라 칭송하였다. 행동이 서로 다른 점이 있다 해도 그 의는 같은 것이었다."

"하나는 죽었고 하나는 살았으며, 하나는 실패하였고 하나는 성공한 것인데 그것을 같다고 하는 이유는 무엇입니까?"

《논어》에 '자신의 몸을 죽여서라도 인을 이룬다'라 하였다. 오자서는 그 말을 중히 여긴 것이요, 범려는 그 의를 중히 여긴 것이다. 믿음이란 속에서 나오는 것이며 의란 밖에서 들어오는 것이다. 미자가 떠난 것은 은殷나라의 도가 무너짐을 애통하게 여긴 것이요, 비간이 죽은 것은 주紂에게 충성을 다한 것이요, 기자箕子가 사라진 것은 그 벼리를 바로잡기 위한 것이었다. 그러나 모두가 충성과 믿음의 지극함이며 서로 겉과 속을 이루는 것이다."

다시 물었다.

"두 가지 예에서 어느 것이 낫습니까?"

이렇게 대답하였다.

"같다고 여길 수 있다. 그러나 오자서는 무도한 초나라로부터의 재앙을 스스로 면하지 못하였으나 옛날 세웠던 공을 잊지 않은 채 자신이 죽임을 당하면서 임금을 위하였다. 의견이 합치되면 능히 그를 패자로 만들 수 있으며, 합치되지 않으면 가히 떠날 만하면 떠나면 되고, 가히 그를 위해 죽을 수 있으면 죽으면 된다. 그러나 범려는 분명하지도 않은 상황을 만나자 머리를 풀어헤치고 미친 체 하며 정당한 명분이 없을 때는 행동에 나서지 않았고, 옳은 군주가 아닐 때는 그에게 머물지 않았다. '새도 사람의 표정을 보고 날아오른다' 하였으니 도에 해가 되는 일은 하지 않은 것이며, '억측

하면 맞아떨어졌다'라 하였으니 재물이 모이고 이식이 늘어난 것이다. 사술詐術로 패자를 만들었으나 의견이 합치되지 않자 떠난 것이다. 세 번이나 옮기면서 직위를 피하여 그 이름이 해내에 널리 퍼진 것이다. 그리하여 월나라를 떠나 제齊나라로 들어가 서도西陶에서 늙음을 보낼 수 있었던 것이다. 그의 둘째 아들이 초나라에서 죄를 지어 갇혔을 때 그는 속을 태우면서도 그의 죽음을 인정하였다. 이처럼 두 사람의 행동은 시작과 끝이 있으니 오자서는 보통사람이 가질 수 없는 점을 가졌다고 이를 만하도다!"

다시 물었다.

"오자서는 초나라 궁궐을 정벌하고 나서 초나라 세자를 쏘았으나 그를 죽이지 못하였는데 어찌된 것입니까?"

"뜻대로 되지 않았을 뿐이다. 초나라 세자가 운몽雲夢의 산으로 도망하여 그렇게 된 것이다. 오자서가 군사를 이끌고 평왕의 무덤으로 가서 그 시신을 태질하자 소왕昭王은 신포서申包胥를 진秦나라로 파견하여 구원을 요청하였다. 그 때 우부于斧의 어부 아들이 오자서에게 나서서 간언을 하자 오자서는 마침 진나라 병사들이 구원을 하러 오는 상황이기도 하여 군사를 이끌고 귀환하였다. 월나라는 오자서의 군사들이 무도한 초나라를 치느라 피로에 지쳐 있음을 알고 군사를 일으켜 오나라를 친 것이다. 오자서는 어쩔 수 없이 이들을 취리就李에서 맞아 싸울 수밖에 없었던 것이다."

다시 물었다.

"평왕의 묘에서 그 시신을 파내어 태질한 것은 어떤 명분입니까?"

"아들로서 아버지의 원수를 갚고, 신하로서 임금의 원수를 토벌하는 것은 당연한 일이다. 그의 지극한 정성은 하늘을 감동시키기는 하였으나 굽은 것을 바로잡다가 정도를 넘어서는 일을 한 것이다. 새끼에게 젖을 먹이던 개가 호랑이 새끼에게 젖을 준 일이니 뒷날의 화와 복을 계산하지 못한 것이다. 큰 도리를 수행했을 경우 벌을 받지 않지만 악을 우선으로 하는 경우에는 주벌을 받는 것이니 오자서가 평왕의 시신에게 태질을 한 것은 끝까지 책임을 물을 수 없다."

問曰:「子胥·范蠡何人也?」

「子胥勇而智, 正而信; 范蠡智而明, 皆賢人.」

問曰:「子胥死, 范蠡去, 二人行違, 皆稱賢, 何?」

「《論語》曰:『陳力就列, 不能者止.』事君以道言耳. 范蠡單身入越, 主於伯, 有所不合, 故去也.」

問曰:「不合何不死?」

曰:「去止, 事君之義也. 義無死. 胥死者, 受恩深也. 今蠡猶重也, 不明甚矣.」

問曰:「受恩死, 死之善也. 臣事君, 猶妻事夫, 何以去?」

「《論語》曰:『三日不朝, 孔子行.』行者, 去也. 傳曰:『孔子去魯, 一燔俎無肉; 曾子去妻, 藜蒸不熟.』微子去, 比干死, 孔子并稱仁. 行雖有異, 其義同.」

「死與生, 敗與成, 其同奈何?」

「《論語》曰:『有殺身以成仁.』子胥重其信, 范蠡貴其義. 信從中出, 義從外出. 微子去者, 痛殷道也; 比干死者, 忠於紂也; 箕子亡者, 正其紀也. 皆忠信之至, 相爲表裏耳.」

問曰:「二子孰愈乎?」

曰:「以爲同耳. 然子胥無爲能自免於無道之楚, 不忘舊功, 滅身爲主. 合, 卽能以霸; 不合, 可去則去, 可死則死. 范蠡遭世不明, 被髮佯狂, 無正不行, 無主不止. 『色色斯而舉』, 不害於道; 『億則屢中』, 貨財殖聚. 作詐成伯, 不合乃去. 三遷避位, 名聞海內. 去越入齊, 老身

西陶. 仲子由楚, 傷中而死. 二子行有始終, 子胥可謂兼
人乎!」

問曰:「子胥伐楚宮, 射其子, 不殺, 何也?」

「弗及耳. 楚世子奔逃雲夢之山. 子胥兵笞卒主之墓,
昭王遣申包胥入秦請救, 于斧漁子進諫子胥, 子胥適會
秦救至, 因引兵還. 越見其榮於無道之楚, 興兵伐吳. 子胥
不得已, 迎之就李.」

問曰:「笞墓何名乎?」

「子之復仇, 臣之討賊, 至誠感天, 矯枉過直. 乳狗哺虎,
不計禍福; 大道不誅, 誅首惡, 子胥笞墓不究也.」

【陳力就列】《論語》季氏篇에 "季氏將伐顓臾. 冉有·季路見於孔子曰:「季氏將
有事於顓臾.」孔子曰:「求! 無乃爾是過與? 夫顓臾, 昔者, 先王以爲東蒙主, 且在
邦域之中矣, 是社稷之臣也. 何以伐爲?」冉有曰:「夫子欲之, 吾二臣者皆不欲也.」
孔子曰:「求! 周任有言曰:『陳力就列, 不能者止.』危而不持, 顚而不扶, 則將焉
用彼相矣? 且爾言過矣, 虎兕出於柙, 龜玉毀於櫝中, 是誰之過與?」冉有曰:
「今夫顓臾, 固而近於費. 今不取, 後世必爲子孫憂.」孔子曰:「求! 君子疾夫舍曰
欲之而必爲之辭. 丘也聞有國有家者, 不患寡而患不均, 不患貧而患不安. 蓋均
無貧, 和無寡, 安無傾. 夫如是, 故遠人不服, 則修文德以來之. 旣來之, 則安之.
今由與求也, 相夫子, 遠人不服, 而不能來也; 邦分崩離析, 而不能守也; 而謀動
干戈於邦內. 吾恐季孫之憂, 不在顓臾, 而在蕭牆之內也.」라 함.
【主於伯】'致主於伯'이어야 함. 錢培名〈札記〉에 "《御覽》作「致主於伯」, 今本脫
致字"라 함. '伯'은 '霸'와 같음.
【胥死者】'子胥死者'여야 함. 錢培名〈札記〉에 "句首《御覽》有子字"라 함.
【受恩深】伍子胥는 夫差의 先王 闔廬의 도움을 받아 楚나라에게 복수할 수 있었
으며 아울러 闔廬로부터 큰 은혜를 받았음.

【蠡猶重】'范蠡로 하여금 句踐을 떠나지 않고 伍子胥가 夫差에게 죽임을 당하 듯이 의리를 지키는 것이 중요하다고 여긴다면'의 뜻.

【三日不朝】《論語》微子篇에 "齊人歸女樂, 季桓子受之, 三日不朝, 孔子行"이라 함.

【燔俎無肉】공자가 노나라를 떠나자 禮가 사라졌음을 강조한 것. '燔'은 '膰'과 같은 제사를 지내고 남은 고기를 대부들에게 나누어주는 것이 常禮였음. '俎'는 제사에 쓰이는 禮器.《史記》孔子世家에 "常陳俎豆, 設禮容"이라 함.

【曾子】이름은 參(삼), 字는 子輿(B.C.505~B.C.435). 曾晳의 아들이며 孔子 弟子. 武城 사람으로 孔子보다 46세 아래였으며 孝로서 널리 이름이 알려짐.

【藜蒸不熟】'藜'는 명아주. 국을 끓이는 재료. 거친 음식을 대표하는 말.

【微子去】《論語》微子篇에 "微子去之, 箕子爲之奴, 比干諫而死. 孔子曰: 「殷有 三仁焉.」"이라 함. 微子는 이름은 啓. 殷나라 말기 紂의 庶兄. 여러 차례 紂에게 간언을 하다가 미움을 받자 紂를 떠나 버림. 뒤에 武王이 殷을 멸하고 그를 宋나라에 봉하여 殷나라의 제사를 잇도록 하였음.《史記》宋微子世家 참조.

【比干】紂의 叔父. 少師를 지냈으며 紂가 황음무도한 짓을 하자 죽음으로 간언함. 紂는 그를 미워하여 죽인 다음 그를 해부하여 內臟을 들여다보았다 함.

【殺身以成仁】《論語》衛靈公篇에 "子曰: 「志士仁人, 無求生以害仁, 有殺身以 成仁.」"이라 함.

【義從外入】'義從外入'이어야 함. 錢培名〈札記〉에 "出,《御覽》作入字"라 함.

【箕子】紂의 숙부. 太師를 지냈으며 比干이 피살됨을 보고 거짓 미친 체하며 노예처럼 행동함.

【色斯而擧】《論語》鄕黨篇에 "色斯擧矣, 翔而後集. 曰: 「山梁雌雉, 時哉時哉!」 子路共之, 三嗅而作"이라 함. 注疏에 "馬曰: 見顔色不善則去之"라 함.

【億則屢中】'億'은 '憶'과 같음. 豫測함.《論語》先進篇에 "子曰: 「回也其庶乎, 屢空. 賜不受命, 而貨殖焉, 億則屢中.」"이라 하여 子貢(端木賜)가 理財에 밝았 음을 강조한 것.

【三遷避位】《史記》越王句踐世家에 "范蠡浮海出齊, 變姓名, 自謂鴟夷子皮, 耕于 海畔, 苦身戮力, 父子治産. 居無幾何, 致産數十萬. 齊人聞其賢, 以爲相. 范蠡喟 然嘆曰: 「居家則致千金, 居官則至卿相, 此布衣之極也. 久受尊名, 不祥.」 乃歸 相印, 盡散其財, 以分與知友鄕黨, 而懷其重寶, 閒行以去, 止于陶, 以爲此天下 之中, 交易有無之路通, 爲生可以致富矣. 於是自謂陶朱公. 復約要父子耕畜, 廢居, 候時轉物, 逐什一之利. 居無何, 則致貲累巨萬. 天下稱陶朱公. ……故范蠡三徙, 成名於天下, 非苟去而已, 所止必成名. 卒老死于陶, 故世傳曰陶朱公"이라 하여

范蠡는 원래 楚나라 출신으로 越나라에 이르러 句踐을 도와 吳나라를 멸하였
으며 그 뒤 이름을 鴟夷子皮로 바꾸고 바다를 통해 齊나라 陶 땅에 이르러
큰 부자가 됨. 이에 천하 거만금의 부자를 陶朱公이라 부름.

【西陶】 지금의 山東 定陶縣. 范蠡가 정착하여 큰 부자가 된 곳.

【仲子】 富者가 된 陶朱公(范蠡)의 둘째 아들이 楚나라에서 방탕한 생활을 하다가
사람을 죽여 옥에 갇힘. 이를 살려내고자 범려는 막내아들을 보내어 초나라에
있는 친구 莊生을 통해 살려내고자 하였으나 첫째 아들이 굳이 가겠다고 하여
어쩔 수 없이 보내면서 둘째 아들이 살아오지 못할 것임을 예측함. 《史記》
越王句踐世家에 "朱公居陶, 生少子. 少子及壯, 而朱公中男殺人, 囚於楚. 朱公曰:
「殺人而死, 職也. 然吾聞千金之子不死於市」告其少子往視之. 乃裝黃金千溢,
置褐器中, 載以一牛車. 且遣其少子, 朱公長男固請欲行, 朱公不聽. 長男曰:「家有
長子曰家督, 今弟有罪, 大人不遣, 乃遣少弟, 是吾不肖.」欲自殺. 其母爲言曰:
「今遣少子, 未必能生中子也, 而先空亡長男, 柰何?」朱公不得已而遣長子, 爲一
封書遺故所善莊生. 曰:「至則進千金于莊生所, 聽其所爲, 愼無與爭事.」長男旣行,
亦自私齎數百金. 至楚, 莊生家負郭, 披藜藋到門, 居甚貧. 然長男發書進千金,
如其父言. 莊生曰:「可疾去矣, 愼毋留! 卽弟出, 勿問所以然.」長男旣去, 不過莊生
而私留, 以其私齎獻遺楚國貴人用事者. 莊生雖居窮閻, 然以廉直聞於國, 自楚王
以下皆師尊之. 及朱公進金, 非有意受也, 欲以成事後復歸之以爲信耳. 故金至,
謂其婦曰:「此朱公之金. 有如病不宿誡, 後復歸, 勿動.」而朱公長男不知其意,
以爲殊無短長也. 莊生閒時入見楚王, 言「某星宿某, 此則害於楚」. 楚王素信莊生,
曰:「今爲柰何?」莊生曰:「獨以德爲可以除之」楚王曰:「生休矣, 寡人將行之.」
王乃使使者封三錢之府. 楚貴人驚告朱公長男曰:「王且赦.」曰:「何以也?」曰:
「每王且赦, 常封三錢之府. 昨暮王使使封之」朱公長男以爲赦, 弟固當出也, 重千
金虛棄莊生, 無所爲也, 乃復見莊生. 莊生驚曰:「若不去邪?」長男曰:「固未也.
初爲事弟, 弟今議自赦, 故辭生去.」莊生知其意欲復得其金, 曰:「若自入室取金」
長男卽自入室取金持去, 獨自歡幸. 莊生羞爲兒子所賣, 乃入見楚王曰:「臣前言
某星事, 王言欲以修德報之. 今臣出, 道路皆言陶之富人朱公之子殺人囚楚, 其家
多持金錢略王左右, 故王非能恤楚國而赦, 乃以朱公子故也.」楚王大怒曰:「寡人
雖不德耳, 柰何以朱公之子故而施惠乎!」令論殺朱公子, 明日遂下赦令. 朱公長
男竟持其弟喪歸. 至, 其母及邑人盡哀之, 唯朱公獨笑, 曰:「吾固知必殺其弟也!
彼非不愛其弟, 顧有所不能忍者也. 是少與我俱, 見苦, 爲生難, 故重棄財. 至如
少弟者, 生而見我富, 乘堅驅良逐狡免, 豈知財所從來, 故輕棄之, 非所惜吝. 前日

吾所爲欲遣少子, 固爲其能棄財故也. 而長者不能, 故卒以殺其弟, 事之理也, 無足悲者. 吾日夜固以望其喪之來也.」라 함.

【楚世子】楚나라 도읍 郢이 伍子胥에 의해 함락되자 雲夢으로 피하여 달아났음. 《左傳》定公 4년을 볼 것.

【雲夢】楚나라의 大沼澤. 남쪽으로는 洞庭湖, 북쪽은 荊州, 孝感, 咸寧, 武漢 등과 연결됨.

【昭王】춘추 말 楚나라 군주. 이름은 熊珍. 平王과 孟嬴 사이에 난 아들. 혹 이름을 '任'이라고도 함. B.C.515~B.C.489년까지 27년 동안 재위하고 그 뒤를 惠王이 이음.

【申包胥】楚나라의 公族으로 원래 伍子胥의 친구였으나 오자서가 楚나라에 쳐들어와 초토화하고 왕조차 피하고 사라지자 스스로 秦나라를 찾아가 七日 七夜를 울어 구원을 얻어낸 節士. 《左傳》定公 4년 및 《新序》節士篇 등에 그 기록이 널리 전함. 참고란을 볼 것.

【越見其榮】'榮'은 '勞'의 오류. 錢培名 〈札記〉에 "榮, 疑勞"라 함.

참고 및 관련 자료

1. 《左傳》定公 4年 傳

初, 伍員與申包胥友. 其亡也, 謂申包胥曰:「我必復楚國」申包胥曰:「勉之! 子能復之, 我必能興之.」及昭王在隨, 申包胥如秦乞師, 曰:「吳爲封豕, 長蛇, 以荐食上國, 虐始於楚. 寡君失守社稷, 越在草莽, 使下臣告急, 曰:『夷德無厭, 若鄰於君, 疆場之患也. 逮吳之未定, 君其取分焉. 若楚之遂亡, 君之土也. 若以君靈撫之, 世以事君.』秦伯使辭焉, 曰:「寡人聞命矣. 子姑就館, 將圖而告.」對曰:「寡君越在草莽, 未獲所伏, 下臣何敢卽安?」立, 依於庭牆而哭, 日夜不絶聲, 勺飮不入口七日. 秦哀公爲之賦無衣. 九頓首而坐. 秦師乃出.

2. 《說苑》至公篇

子胥將之吳, 辭其友申包胥曰:「後三年, 楚不亡, 吾不見子矣!」申包胥曰:「子其勉之! 吾未可以助子, 助子是伐宗廟也; 止子是無以爲友. 雖然, 子亡之, 我存之, 於是乎觀楚一存一亡也.」後三年, 吳師伐楚, 昭王出走, 申包胥不受命西見秦伯曰:「吳無道, 兵强人衆, 將征天下, 始於楚, 寡君出走, 居雲夢, 使下臣告急.」哀公曰:「諾, 固將圖之.」申包胥不罷朝, 立於秦庭, 晝夜哭, 七日七夜不絶聲.

哀公曰:「有臣如此, 可不救乎?」興師救楚, 吳人聞之, 引兵而還. 昭王反, 復欲封申包胥, 申包胥辭曰:「救亡非爲名也, 功成受賜, 是賣勇也.」辭不受, 遂退隱, 終身不見. 詩云:『凡民有喪, 匍匐救之.』

3.《新序》(7) 節士篇

申包胥者, 楚人也. 吳敗楚兵於栢擧, 遂入郢, 昭王出亡在隨. 申包胥不受命而赴於秦乞師, 曰:「吳爲無道, 行封豕長蛇, 蠶食天下, 從上國始於楚. 寡君失社稷, 越在草莽, 使下臣告急曰:『吳, 夷狄也. 夷狄之求無厭, 滅楚, 則西與君接境, 若鄰於君, 疆場之患也. 逮吳之未定, 君其圖之. 若得君之靈, 存撫楚國, 世以事君.』」秦伯使辭焉, 曰:「寡君聞命矣. 子其就館, 將圖而告子.」對曰:「寡君越在草莽, 未獲所休, 下臣何敢卽安?」倚於庭牆立哭, 日夜不絶聲, 水漿不入口, 七日七夜. 秦哀公爲賦無衣之詩, 言兵今出. 包胥九頓首而坐. 秦哀公:「楚有臣若此而亡, 吾無君若此, 吾亡無日矣.」於是乃出師救楚. 申包胥以秦師至楚. 秦大夫子滿·子虎帥車五百乘. 子滿曰:「吾未知吳道.」使楚人先與吳人戰而會之, 大敗吳師. 吳師旣退, 昭王復國, 而賞始於包胥. 包胥曰:「輔君安國, 非爲身也; 救急除害, 非爲名也; 功成而受賞, 是賣勇也. 君旣定, 又何求焉?」遂逃賞, 終身不見. 君子曰:「申子之不受命赴秦, 忠矣; 七日七夜不絶聲, 厚矣; 不受賞, 不伐矣. 然賞所以勸善也, 辭賞, 亦非常法也.」

4.《史記》伍子胥列傳

始伍員與申包胥爲交, 員之亡也, 謂包胥曰:「我必覆楚.」包胥曰:「我必存之.」及吳兵入郢, 伍子胥求昭王. 旣不得, 乃掘楚平王墓, 出其尸, 鞭之三百, 然後已. 申包胥亡於山中, 使人謂子胥曰:「子之報讎, 其以甚乎! 吾聞之: 人衆者勝天, 天定亦能破人. 今子故平王之臣, 親北面而事之, 今至於僇死人, 此豈其無天道之極乎?」伍子胥曰:「爲我謝申包胥曰:『吾日莫途遠, 吾故倒行而逆施之.』」於是申包胥走秦告急, 求救於秦. 秦不許. 包胥立於秦廷, 晝夜哭, 七日七夜不絶其聲. 秦哀公憐之, 曰:「楚雖無道, 有臣若是, 可無存乎?」乃遣車五百乘救楚擊吳.

5.《左傳》定公 4년 傳

伍員爲吳行人以謀楚. 楚之殺郤宛也, 伯氏之族出. 伯州犁之孫嚭爲吳大宰以謀楚. 楚自昭王卽位, 無歲不有吳師, 蔡侯因之, 以其子乾與其大夫之子爲質於吳. 冬, 蔡侯·吳子·唐侯伐楚. 舍舟于淮汭, 自豫章與楚夾漢, 左司馬戌謂子常曰:「子沿漢而與之上下, 我悉方城外以毀其舟, 還塞大隧·直轅·冥阨. 子濟漢而伐之, 我自後擊之, 必大敗之.」旣謀而行. 武城黑謂子常曰:「吳用木也, 我用革也,

不可久也, 不如速戰.」史皇謂子常,「楚人惡子而好司馬, 若司馬毀吳舟于淮,
塞成口而入, 是獨克吳也. 子必速戰! 不然, 不免.」乃濟漢而陳, 自小別至于大別.
三戰, 子常知不可, 欲奔. 史皇曰:「安, 求其事; 難而逃之, 將何所入? 子必死之,
初罪必盡說.」十一月庚午, 二師陳于柏擧. 闔廬之弟夫槩王晨請於闔廬曰:「楚瓦
不仁, 其臣莫有死志. 先伐之, 其卒必奔; 而後大師繼之, 必克.」弗許. 夫槩王曰:
「所謂『臣義而行, 不待命』者, 其此之謂也. 今日我死, 楚可入也.」以其屬五千先
擊子常之卒. 子常之卒奔, 楚師亂, 吳師大敗之. 子常奔鄭, 史皇以其乘廣死.
吳從楚師, 及淸發, 將擊之. 夫槩王曰:「困獸猶鬭, 況人乎? 若知不免而致死,
必敗我. 若使先濟者知免, 後者慕之, 蔑有鬭心矣. 半濟而後可擊也.」從之, 又敗之.
楚人爲食, 吳人及之, 奔. 食而從之, 敗諸雍澨. 五戰, 及郢. 己卯, 楚子取其妹
季羋畀我以出, 涉雎. 鍼尹固與王同舟, 王使執燧象以奔吳師. 庚辰, 吳入郢,
以班處宮. 子山處令尹之宮, 夫槩王欲攻之, 懼而去之, 夫槩王入之. 左司馬戌
及息而還, 敗吳師于雍澨, 傷. 初, 司馬臣闔廬, 故恥爲禽焉, 謂其臣曰:「誰能
免吾首?」吳句卑曰:「臣賤, 可乎?」司馬曰:「我實失子, 可哉!」三戰皆傷, 曰:
「吾不可用也已.」句卑布裳, 刜而裹之, 藏其身, 而以其首免. 楚子涉雎(睢), 濟江,
入于雲中. 王寢, 盜攻之, 以戈擊王, 王孫由于以背受之, 中肩. 王奔鄖. 鍾建負
季羋以從. 由于徐蘇而從. 鄖公辛之弟懷將弑王, 曰:「平王殺吾父, 我殺其子,
不亦可乎?」辛曰:「君討臣, 誰敢讎之? 君命, 天也. 若死天命, 將誰讎?《詩》曰
『柔亦不茹, 剛亦不吐. 不侮矜寡, 不畏彊禦』, 唯仁者能之. 違彊陵弱, 非勇也;
乘人之約, 非仁也; 滅宗廢祀, 非孝也; 動無令名, 非知也. 必犯是, 余將殺女.」
鬭辛與其弟巢以王奔隨. 吳人從之, 謂隨人曰:「周之子孫在漢川者, 楚實盡之.
天誘其衷, 致罰於楚, 而君又竄之, 周室何罪? 君若顧報周室, 施及寡人, 以獎
天衷, 君之惠也. 漢陽之田, 君實有之.」楚子在公宮之北, 吳人在其南. 子期似王,
逃王, 而己爲王, 曰:「以我與之, 王必免.」隨人卜與之, 不吉, 乃辭吳曰:「以隨
之辟小, 而密邇於楚, 楚實存之. 世有盟誓, 至于今未改. 若難而棄之, 何以事君?
執事之患不唯一人, 若鳩楚竟, 敢不聽命?」吳人乃退. 鑢金初宦於子期氏, 實與
隨人要言. 王使見, 辭, 曰:「不敢以約爲利.」王割子期之心以與隨人盟.

6. 기타 참고자료

《戰國策》楚策(1)・《淮南子》(脩務訓)

247(19-6)
편찬자는 원강袁康과 오평吳平

오자서의 오월 두 나라에 관련된 역사적 사실은 그 일의 유형에 따른 것으로 뒷사람들에게 알려주기 위한 것이다.

잘한 일은 드러내어 진실로 삼고, 악한 일은 꾸짖어 경계로 삼고자 한 것이다.

구천 이래로 갱시更始에 이르도록 5백여 년이 흘렀으나 오월의 일을 지금 다시 서술한다.

백년에 한 번 현자가 태어나도 오히려 어깨를 나란히 하듯 자주 나타나는 것이니 오자서의 그 일을 기록하고 진술함이 마치 그 사람이 여기에 있는 듯하다.

그는 거去라는 글자를 성으로 삼아 의衣자를 더하고, 그의 이름에는 미米자가 있으며 경庚자를 얹어 덮어주어야 하리라.

우禹는 동정東征하다가 죽어 오자서가 태어난 나라에 묻혔다.

오자서는 자신을 질책할 기회를 만나지 못한 채 비슷한 상황에 의탁하여 자신을 변명하였고, 자신의 뛰어난 점만 표명하다가 자신 스스로의 어리석음을 노출하기도 하였으니 그의 이런 상황의 유형을 약술하여 뒷사람이 평가하기를 기다린다.

글의 문장을 확정한 것은 나라의 현인으로부터 나온 것이니, 나라의 현인이란 구口자를 성으로 삼고 이를 천天자로 이어받았으니 초나라 재상 굴원屈原이 그와 같은 이름이다.

그는 고금에 밝아 그 덕은 안연顏淵과 같으나 당시 누구도 그를 인정하지

않아 숨어살면서 스스로를 달랠 뿐이었으며 신申, 유酉 연간에 도道를
품은 채 세상을 뜨고 말았다.

그의 친구였던 나는 그의 주장을 버리지 못하고 마치 공자가 획린獲麟
에서 절필했듯이 그의 저술을 훑어보고 그 문장에 감탄을 아끼지 않았다.

아, 안타깝다! 온고지신溫故知新이라 하였으니 자서를 이렇게 시원하게
기술해주어 뒤에 올 사람과 지금 사람들을 깨우쳐주려 한다.

세대를 거치면서 여러 저술을 훑어보았으나 논하는 자마다 제대로 서술
하지 않아 능히 통달할 수가 없었다.

그의 저술은 마치 《춘추春秋》가 날카롭게 요순堯舜을 정확히 기술하고
주周나라 문왕文王의 뜻을 내려주었듯이, 천지와 짝을 이루고 오경五經에
드러나며, 그 덕은 일월과 나란히 하고 그 지혜는 음양과 함께할 정도이다.

《시詩》의 〈벌가伐柯〉편은 자신의 일로써 남을 깨우쳐 주는 것이니, 후생
가외後生可畏라 한 것은 그저 나이에만 있는 것은 아니리라.

구口자로 성을 삼음은 어떤 사안도 말할 수 있다는 것이고, 천天으로써
이어받았다 함은 그 덕이 높고 밝음을 말한 것이며, 굴원과 이름이 같다 한
것은 그 뜻이 서로 응함을 말한 것이고, 백년에 한 번 태어날 현자라 함은
현자가 다시 태어났음을 말한 것이다.

고금에 밝으니 그 지식이 넓고 큰 것이요, 덕은 안연에 비교할 만하니
헤아릴 수 없을 것이다.

(시대가 그를 써주지 않아) 입에는 채워놓고 정신에는 빗장을 질러놓아 깊이
자신의 성의를 감추고 말았으니 이는 마치 공자가 획린에서 절필하여 공자
로서도 도가 궁해진 것과 같다.

(그) 성에 '거'가 있음은 능히 수용할 수 없음을 말한 것이요, 이에 '의'로써
완성한다 함은 현인이 옷을 입혀주어야 (이에) 능히 문장을 이룸을 말한다.

(그) 이름에 '미'자가 있음은 팔정八政의 보물이 됨을 말하며 '경'자로 덮어
주어야 한다는 것은 전쟁으로 인해 죽고 말았음을 뜻한다.

아, 안타깝도다! 누구도 그를 인정하기를 긍정하지 않는구나.

굴원이 격리를 당하여 남초南楚로 추방되자 스스로 상수湘水에 빠져죽고
말았으니 이로써 모든 것을 끝맺고 만 것이다.

維子胥之述吳越也, 因事類, 以曉後世.

著善爲誠, 譏惡爲誡.

句踐以來, 至乎更始之元, 五百餘年, 吳越相復見於今.

百歲一賢, 猶爲比肩; 記陳厥說, 略有其人.

以去爲姓, 得衣乃成; 厥名有米, 覆之以庚.

禹來東征, 死葬其疆; 不直自斥, 託類自明; 寫精露愚, 略以事類, 俟告後人.

文屬辭定, 自於邦賢, 邦賢以口爲姓, 丞之以天; 楚相屈原, 與之同名.

明於古今, 德配顏淵; 時莫能與, 伏竄自容; 年加申酉, 懷道而終.

友臣不施, 猶夫子得麟; 覽觀厥意, 嗟嘆其文.

於乎哀哉! 溫故知新, 述暢子胥, 以喻來今.

經世歷覽, 論者不得, 莫能達焉.

猶《春秋》銳精堯舜, 垂意周文; 配之天地, 著於五經; 齊德日月, 比智陰陽.

《詩》之〈伐柯〉, 以己喻人; 後生可畏, 蓋不在年.

以口爲姓, 萬事道也; 丞之以天, 德高明也; 屈原同名, 意相應也, 百歲一賢, 賢復生也.

明於古今, 知識宏也; 德比顏淵, 不可量也.

時莫能用, 篇口鍵精, 深自誠也, 猶子得麟, 丘道窮也.

其姓有去, 不能容也; 得衣乃成, 賢人衣之, 乃能章也.

其名有米, 八政寶也; 覆之以庚, 兵絶之也.

於乎哀哉! 莫肯與也.

屈原隔界, 放於南楚, 自沈湘水, 蠱所有也.

【更始】西漢 말 漢陽王 劉玄의 연호. 劉玄은 西漢 말 王莽의 新에 반대하여 群雄
割據할 때 劉氏 집안으로 잠시 나라를 세웠던 인물. 너무 나약하여 결국 劉氏
復權運動을 벌였던 이들이 포기함.《十八史略》(2)에 "漢宗室劉縯, 及弟秀, 起兵
春陵, 新市平林兵皆附之. 明年, 諸將共立劉玄爲皇帝, 玄春陵戴侯買之後, 與縯
秀同高祖. 時在平林軍中, 號更始將軍. 諸將貪其懦弱立之. 南面立朝羣臣, 以手
刮席, 羞愧流汗, 不能言. 大赦改元更始, 都于宛"이라 함.

【略有其人】錢培名〈札記〉에 "其, 有字疑倒"라 함.

【以去爲姓, 得衣乃成; 厥名有米, 覆之以庚】이는 破字法으로 글자를 설명하는
隱語로 이를 조합하면《越絶書》를 쓴 저자 '袁康'이 됨.

【禹來東征, 死葬其疆】고대 禹임금이 남쪽으로 巡狩하다가 會稽(지금의 浙江
紹興)에 이르러 죽어 會稽山에 묻힘. 여기서는 袁康이 會稽 사람임을 말한 것.

【寫精露愚】錢培名〈札記〉에는 "下句似脫一韻"이라 함.

【以口爲姓, 丞之以天; 楚相屈原, 與之同名】'丞'은 '承'과 같음. '口'와 '天'이 합하면
'吳'자가 되며, 屈原의 이름은 '平'으로 '吳平'을 가리킴.《越絶書》를 補完하거나
潤色한 자로 보고 있음.

【屈原】楚나라의 三閭大夫이며, 이름은 平, 자는 靈均. 초나라 충신이며〈楚辭〉의
大詩人. 楚 懷王 때 간신들의 비방과 참언을 만나
추방을 당하였으며 그 울분을〈離騷〉와〈漁夫辭〉등
에서 밝히기도 함. 뒤 頃襄王 때에 다시 쫓겨나자 분을
이기지 못하고 결국 5月 5日에 汨羅江(湘水)에 몸을
던져 죽었으며 이 고사가 端午節, 粽子, 龍舟大會
등의 민속을 낳았음.《史記》〈屈賈列傳〉을 볼 것.

〈屈原〉

【申, 酉】60甲子 중 地支가 申, 酉인 해.

【不施】'施'는 '棄'와 같음. 따라서 '不施'는 '不棄'와 같음. 버리지 못함. 포기하지
않음.

【猶夫子得麟】'猶子得麟'이어야 함. '子'는 '孔子'를 지칭함. 錢培名〈札記〉에 "按此文上下皆以四字爲句, 此句不應突出五字. 下文「猶子得麟, 丘道窮也」, 亦無 '夫'字, 今刪"이라 함.

【於乎】'嗚呼'와 같음. 감탄사.

【溫故知新】《論語》爲政篇에 "子曰:「溫故而知新, 可以爲師矣.」"라 함.

【經世歷覽】錢培名〈札記〉에 "句下似脫一韻"이라 함.

【猶春秋銳精堯舜】錢培名〈札記〉에 "猶春秋三字爲一句, 句失一字, 其上下亦 似有脫句"라 하여 온전한 문장이 아님.

【伐柯】《詩經》豳風 伐柯篇에 "伐柯如何, 匪斧不克. 取妻如何, 匪媒不得. 伐柯 伐柯, 其則不遠. 我覯之子, 籩豆有踐"이라 함.

【後生可畏】《論語》鄕黨篇에 "子曰:「後生可畏, 焉知來者之不如今也? 四十· 五十而無聞焉, 斯亦不足畏也已.」"라 함.

【時莫能用】錢培名〈札記〉에 "句下似脫一韻"이라 함.

【籥口鍵精】'籥'은 자물쇠, '鍵'은 빗장.

【八政】《尙書》洪範篇에 "八政, 一曰食, 二曰貨, 三曰祀, 四曰司空, 五曰司徒, 六曰司寇, 七曰賓, 八曰師"라 하였으며 그 중 食을 가장 중요한 것으로 여겼음.

【兵絶之也】"庚으로 이름을 덮는다"(覆之以庚)라 하여 天干 중에 庚과 辛은 金에 속하며 兵戈를 상징함. 이에 전쟁으로 인해 생명이 끊어졌음을 말함.

【南楚】楚나라 남부. 屈原이 湖南을 추방을 당하여 汨羅江에 빠져 죽음.

【湘水】湘江. 물 이름. 여기서는 汨羅江을 가리킴.

【蠹所有也】'蠹'는 〈貴州本〉에는 范蠡를 지칭하는 것으로 보았으나, 〈三民本〉은 "蠹, 蟲蛀木. 引伸爲斷絶"이라 하여 '蠹'를 '나무를 갉아먹는 좀벌레'로써 모든 것이 단절되고 말았음을 뜻하는 것으로 보았음.

부록

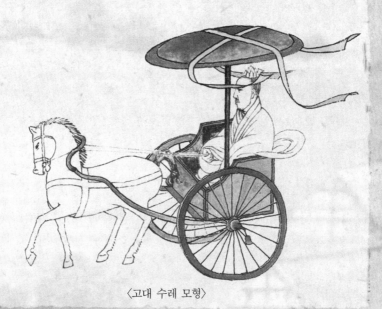

〈고대 수레 모형〉

I.《越絕書》佚文

A. 錢培名《越絕書札記》(小萬卷樓叢書)에 집일한 것.

1.《文選》吳都賦 注
名門者, 車船幷入. 昌門, 今見在, 銅柱, 石塡地.

2.《吳地記》
夫差小女字幼玉, 見父無道, 輕士重色, 其國必危, 遂願與書生韓重爲偶, 不果, 結怨而死. 夫差思痛之, 金棺銅槨, 葬閶門外. 其女化形而歌曰: 「南山有鳥, 北山張羅; 鳥旣高飛, 羅當奈何? 志願從君, 讒言孔多; 悲怨成疾, 沒身黃坡.」

3.《北堂書鈔》(94)
闔廬長女於邦西, 名爲三女墳, 吳先主發掘無得, 鑿分爲三, 呼爲三女墳也.

4.《後漢書》郡國志 注
美山. 大雷山. 小雷山. 西有岑冢, 越王孫開所立, 以備春申君, 使其子守之, 死遂葬城中.

5.《咸淳毗陵志》
北城, 泰伯所築.

6.《咸淳毗陵志》

伍員取利浦黃瀆土築此城.

7.《咸淳毗陵志》

吳人於硯石置館娃宮.

8.《太平寰宇記》(94)

秦始皇至會稽, 徙越人於烏程.

9.《路史》國名記

東甌, 越王所立. 元王四年, 范蠡築.

10.《太平御覽》(558)

宋大夫華元冢, 在華原陳留小黃縣北.

11.《太平御覽》(437)

闔閭惡王子慶忌, 問於伍子胥. 子胥曰:「臣有所厚於國, 其人細小也, 曰要離. 臣嘗見其辱壯士菑邱訢, 東海上人也, 為齊王使於吳, 過淮津, 欲飲馬, 水神出取. 菑邱訢大怒, 褊袒操劍, 入水與戰, 殺兩蛟一龍, 連日乃出, 眇其左目. 遂之吳, 會於友人之座. 訢恃其神戰之勇, 卿士大夫. 要離與之對座, 即謂之曰:『吾聞勇士之戰也, 與日戰者不移表, 與鬼戰者不旋踵, 與人戰者不達聲; 生往死還, 不受其辱. 今子與神戰於泉水之中, 亡馬失御, 又受眇目之病, 形殘名辱, 勇士所恥. 自驕於友人之旁, 何其忍負也?』於是菑邱訢卒於結恨勢怒, 未及有言, 座眾分解. 菑邱訢宿怒遺恨, 夜往攻要離. 要離戒其妻曰:『曩者, 吾辱壯士菑邱訢於大眾之座, 有受不還, 報答之怒, 餘恨忿恚, 冥必來矣, 慎無閉門.』菑邱訢果往, 入門不閉, 登堂不關, 入室不守, 放發僵臥. 訢乃手拔劍而捽要離, 曰:「子有三當死之過, 子知之乎?」要離曰:『吾不知也.』菑邱訢曰:『子辱吾於大座之眾, 一死也; 歸而不閉門, 二死也;

臥不守衛, 三死也. 子有三死之過, 雖欲勿怒, 其得乎哉?』要離曰:
「吾有三死之過, 子有三不肖之愧, 子知之乎?」蓋邱訴曰:『吾不知.』
要離曰:『吾辱子於千人之衆, 子不報答, 是一不肖也; 入門不咳, 登堂
無聲, 是二不肖也; 先拔劍, 手持頭, 乃敢有言, 是三不肖也. 子有三不
肖之愧, 而欲威我, 豈不鄙哉?』於是蓋邱訴仰天嘆曰:『吾之勇也, 人莫
敢有訾吾我, 若斯要離, 乃加吾之上, 此天下壯士也.』」

12. 《史記》吳太伯世家〈索隱〉
    屬鏤.

13. 《史記》越世家〈正義〉
    無餘都會稽山南, 今越城是也.

14. 《太平寰宇記》(96)
    勾踐游臺上有龜公冢在.

15. 《後漢書》郡國志 注
    興平二年, 分立吳寧縣.
    餘暨, 西施之所出.

16. 《水經注》浙江水 注
    棟猶鎮也.

17. 《太平廣記》(473)
    越王勾踐旣爲吳辱, 常盡禮接士, 思以平吳. 一日出游, 見蛙怒, 勾踐
    揖之. 左右曰:「王揖蛙怒何也?」答曰:「蛙如是怒, 何敢不揖?」於是
    勇士聞之, 皆歸越, 而平吳.

18.《文選》吳都賦 注

闔廬既重莫邪, 乃復命國中作金鉤. 有人貪王賞之重, 殺其兩兒, 以血釁鉤, 遂成二鉤, 獻之闔廬, 詣官求賞. 王曰:「爲鉤者眾多, 而子獨求賞, 何以異於眾人之鉤乎?」曰:「我之作鉤也, 殺二子成兩鉤」王曰:「舉鉤以示之, 何者是也?」於是鉤師向鉤而哭, 呼其兩子之名吳鴻·扈稽, 曰:「我在此, 王不知汝之神也.」聲未絕於口, 兩鉤俱飛, 著於父之背. 吳王大驚, 曰:「嗟乎! 寡人誠負子」乃賞之百金, 遂服其鉤.

19.《初學記》(25) 및《事類賦注》

《伍子胥水戰兵法內經》曰:「大翼一艘, 廣一丈五尺二寸, 長十丈, 容戰士二十六人, 棹五十人, 艘艫三人, 操長鉤矛父者四, 吏僕射長各一人, 凡九十一人, 當用長鉤矛長斧各四, 弩各三十二, 矢三千三百, 甲兜鍪各三十二. 中翼, 一艘, 長一丈三尺五寸, 長九丈六尺. 小翼一艘, 廣一丈二尺, 長九丈.

20.《太平御覽》(770)《北堂書鈔》(138)

闔廬見子胥:「敢問船軍之備何如?」對曰:「船名大翼·小翼·突冒·樓船·橋船. 令船軍之教, 比陵軍之法, 乃可用之. 大翼者, 當陵軍之重車; 小翼者, 當陵軍之輕車; 突冒者, 當陵軍之衝車; 樓船者, 當陵軍之行樓車; 橋船者, 當陵軍之輕足驃騎也.」

21.《太平御覽》(357)

吳王闔閭問伍子胥軍法, 子胥曰:「王身將, 卽疑船旌麾兵戟與王船等者七艘, 將軍疑船兵戟與將軍船等三艘, 皆居於大陣之左右. 有敵, 卽出就陣, 吏卒皆銜枚, 敖歌擊鼓者斬.

22.《史記》越世家〈正義〉

在越爲范蠡, 在齊爲鴟夷子皮, 在陶爲朱公.

23.《吳地記》

西施亡吳國後, 復歸范蠡, 同泛五湖而去.

24.《太平御覽》(922)

蜀有蒼鴒, 狀如春花.

B. 王鏊《震澤長語》(卷上)에 실려 있는 佚文

冬至風起震方, 或寒或熱, 主歲大收; 風起巽方, 主歲收國安; 風起離方, 寒則民災, 主水, 熱則大旱; 風起昆方, 熱則主蟲食苗, 寒則主穀不實; 風起兌方, 寒熱不常, 主兵, 主民病死國災; 風起乾方, 主歲大收, 人民安, 國無災咎; 風起坎方, 主天河豐樂, 國有賢臣, 民安國寧, 豐起艮方, 或寒或熱, 主民大病疫死.

II.《越絶書》目錄

1.《隋書》經籍志
　《越絶記》十六卷, 子貢撰
　又有《越絶》, 相承以爲子貢所作. 後漢照葉, 又爲《吳越春秋》. 其屬辭比事, 皆不與《春秋》·《史記》·《漢書》相似, 蓋率爾而作, 非史策之正也.

2.《舊唐書》經籍志
　《越絶書》十六卷, 子貢撰.

3.《新唐書》藝文志
　子貢《越絶書》十六卷.

4.《崇文總目》(3)
　《越絶書》十五卷.
　子貢撰, 或曰子胥. 舊有內紀八·外傳十七, 今文題闕舛, 裁二十篇, 又載春申君, 疑後人竄定. 世或傳二十篇者非是.

5. 尤袤《遂初堂書目》
　《越絶書外傳》.

6.《文淵閣書目》
　《越絶書》一部一冊.

7. 趙希弁《郡齋讀書志附志》(卷五下)

《越絶書》十五卷.

古越復仇之書也. 或以爲子貢所作, 或疑似子胥所作, 皆無所據, 故曰:
「《越絶》誰小作?」「吳越賢者小作也.」《隋》經籍志「十六卷」.《崇文總目》
「十五卷」, 希弁考其所以: 第一卷〈荊平王內傳〉, 第二卷〈外傳記吳地〉,
第三卷〈吳內傳〉, 第四卷〈計倪內經〉, 第五卷〈請糴內傳〉, 第六卷〈外傳
策考〉, 第七卷〈外傳記范伯〉·〈內傳陳成恒〉, 第八卷〈外傳記地傳〉, 第九卷
〈外傳計倪〉, 第十卷〈外傳記吳王占夢〉, 第十一卷〈外傳記寶劍〉, 第十二卷
〈內經九術〉·〈外傳記軍氣〉, 第十三卷〈外傳枕中〉, 第十四卷〈外傳春申君〉·
〈德序外傳〉, 第十五卷〈篇敍外傳〉, 此十五卷也. 然第一卷所謂〈越絶
外傳本事〉一篇, 此其爲十六卷歟?

8.《陳振孫》直齋書錄解題(卷五)(66)

《越絶書》十六卷.

無撰人名氏, 相傳以爲子貢者, 非也. 其書雜記吳越事, 下及秦漢,
直至建武二十八年. 蓋戰國後人所爲, 而漢人又附益之耳. 越絶之義曰:
「聖人發一隅, 辯士宣其辭; 聖文絶於彼, 辯士絶於此.」故題名越絶.
雖則云然, 而終未可曉也.

9.《四庫全書總目提要》(66)

《越絶書》十五卷

不著撰人名氏. 書中〈吳地傳〉稱「勾踐徙瑯琊, 到建武二十八年, 凡五百
六十七年」, 則後漢初人也. 書末〈敍外傳記〉, 以廋詞隱其姓名, 其云
「以去爲姓, 得衣乃成」, 是袁字也;「厥名有米, 覆之以庚」, 是康字也;
「禹來東征, 死葬其疆」, 是會稽人也. 又云「文詞屬定, 自於邦賢」,「以口
爲姓, 承之以天」, 是吳字也; 楚相屈原, 與之同名」, 是平字也. 然則
此書爲會稽袁康所作, 同郡吳平所定也.

王充《論衡》按書篇曰:「東番鄒伯奇, 臨淮袁太伯, 袁文術, 會稽吳
君高·周長生之輩, 位雖不至公卿, 誠能知之囊橐, 文雅之英雄也. 觀伯

奇之《元思》·太伯之《易章句》·文術之《箴銘》·高君之《越紐錄》·長生之《洞曆》，劉子政·揚子雲不能過也.」所謂「吳君高」，殆即平字；所謂《越紐錄》，殆即此書歟？楊愼《丹鉛錄》·胡侍《珍珠船》·田藝蘅《留青日札》皆有是說. 核其文義，一一吻合. 隋唐〈志〉皆云子貢作，非其實矣.

其文縱橫曼衍，與《吳越春秋》相類，而博麗奧衍，則過之. 中如〈計倪內經〉·〈軍氣〉之類，多雜術數家言，皆漢人專門之學，非後來所能依託也.

此本與《吳越春秋》，皆大德丙午紹興路所刊. 卷末一跋，諸本所無，惟申明復仇之義，不著姓名. 評其詞意，或南宋人所題耶？鄭明選《秕言》引《文選》七命注引《越絕書》：「大益一艘十丈，中益九丈六尺，小益九丈.」又稱王鏊《震澤長語》引《越絕書》「風起震方」云云，謂今本皆無此語，疑更有全書，惜未之見. 按《崇文總目》稱《越絕書》「舊有內紀八，外傳十七，今文題闕舛，裁二十篇」，是此書在北宋之初，已失五篇.《選注》所引，蓋佚篇之文；王鏊所稱，亦他書所引佚篇之文. 以爲此本之外，更有全書，則明選誤矣.

別有《續越絕書》二卷. 上卷曰〈內傳本事〉·〈吳內傳〉·〈德序記〉·〈子游內經〉·〈外傳越絕後語〉·〈西施鄭旦外傳〉，下卷曰〈越絕外傳雜事〉·〈別傳變越上〉·〈別傳變越下〉·〈內經雅琴考〉·〈序傳後記〉. 朱彝尊《經義考》謂爲錢馪僞撰，詭云得之石匣中. 馪與彝尊友善，所言當實. 今未見傳本，其僞妄亦不待辨. 以其續此書而作，又即托於撰此書之人，恐其幸而或傳，久且亂眞；又恐其或不能傳，而好異者耳聞其說，且疑此書之眞有續編，故附訂其僞於此，釋來者之惑焉.

10. 余嘉錫《四庫提要辨證》⑺

徐時棟《煙嶼樓讀書志》卷十三云：「周時有《越絕》一書，所謂或子貢或子胥作者，今所傳《越絕書》，乃漢袁康所作. 是《越絕》之傳，其後《越絕書》獨存，書中明白無考. 不解數千年來讀是書皆復夢夢，即以漢人之書，而疑子貢·子胥作也. 其篇末詳記作書人姓名爲袁康，刪定者爲吳平，旣顯著名氏，毫不掩飾如此，而書中乃曰子貢作此書·子胥作此書，雖夢中囈語，無是理也. 〈本事篇〉明云『何不稱《越經書記》？』

謂此書何以不名曰《越經》, 或《越記》, 而乃名《越絶》, 下文詳釋所以稱 '越'之故. 今此書儼然名《越絶書》, 而尙曰何不稱書, 又夢中囈語所未 有者. 卽此兩端, 今書顯爲《越絶》之傳. 作者本是明白, 幷未作一夢語, 而後之讀其書者, 反皆憒憒說夢, 可異也. 餘證甚多, 余將爲〈越絶考〉 以發其覆, 而解數千年不解之疑案, 亦一快事也.」余案徐氏力駁子貢 或子胥作《越絶》之說, 固亦言之成理, 自謂足解數千年之疑. 顧其所作 〈越絶考〉, 余未之見, 不知其說云何, 其或將作之而未成耶? 但前人有謂 《越絶》, 卽《漢書》雜家之《五子胥》八篇者. 洪頤煊《讀書叢錄》卷二十云: 「雜家《五子胥》八篇, 兵技巧家《五子胥》十篇·圖二卷. 彝煊案《武帝紀》 臣瓚曰, 《伍子胥》書有'戈船'. 又曰《伍子胥》書有'下瀨船', 此當在兵技 巧家十篇中.《史記正義》引《七錄》云: '《越絶》十六卷, 或云伍子胥撰'. 〈藝文志〉無《越絶》, 疑卽雜家之《五子胥》八篇, 後人幷爲一. 考《文選》 七命李善注引《越絶書》伍子胥水戰兵法一條, 《太平御覽》卷三百 一十五引《越絶書》伍子胥水戰法一條, 引《伍子胥》書, 皆以《越絶》冠之. 今本《越絶》無〈水戰法〉, 又篇次錯亂. 以末篇證之, 《越絶》本八篇: 〈太伯〉一, 〈荊平〉二, 〈吳〉三, 〈計倪〉四, 〈請糴〉五, 〈九術〉六, 〈兵法〉七, 〈陳恒〉八, 與雜家《五子書》篇數正同.」

今按洪氏之說, 與徐氏正相反, 雖其謂《越絶》卽《五子胥》八篇, 無以 見其必然, 然有《七錄》足據, 況本書〈本事〉云「一說蓋是子胥所作」乎! 徐氏謂書名《越絶》, 不名《越書》·《越記》,《隋志》實作《越絶記》十六卷· 兩《唐書》則作《越絶書》十六卷, 均著錄雜史類, 題爲子貢撰, 而今本却 每卷只題《越絶》第幾, 幷無'記'或'書'字, 徐氏之說失之不考.〈本事篇〉云: 「問曰: 『《越絶》誰所作?』『吳越賢者所作也.』」又云:「或以爲子貢所作」, 「一說蓋是子胥所作也.」是古之《越絶》, 雖袁康·吳平輩, 已不能確指 其人, 吾謂當以「吳越賢者所作」近是. 以其〈陳成恒篇〉記子貢一出, 亂齊 破吳興晉强越, 故或以爲子貢所作, 以其有〈子胥水戰兵法〉及吳楚之事, 故「一說蓋是子胥所作」. 至於輯錄者之爲何人, 則已無姓名可考, 惟相 傳爲吳越古之賢者耳. 若袁康·吳平輩, 特爲作外傳, 而非輯錄《越絶》 之人也. 然其中實有子貢事及子胥兵法, 徐氏力辯不出於二人者, 非也.

洪氏以爲即雜家《五子書》八篇，則〈陳恒〉一篇事極誣罔，純繫戰國好事者爲之，豈出子胥之手！且使其事果實子貢一出，而破吳强越，則子胥之仇也，何爲筆之於書，且從而鋪張之乎？計八篇惟〈兵法〉一篇，當出於伍子胥書，然當在兵技巧十篇之中，非雜家也．蓋古之兵書，言水戰者，自子胥始，故其書有‘戈船’·‘何瀨船’．《太白陰經》水戰具篇云：「水戰之具，始自伍員，以舟爲車，以楫爲馬．」《漢志》兵權謀有《范蠡》二篇·《大夫種》二篇．沈欽韓《漢書疏證》卷二十六云：「《吳越春秋》，大夫種言滅吳者有九術，《史記》作七術，《越絕書》九術同．」今《越絕》〈內經九術〉，在第十二篇，蓋即〈大夫種〉之一篇，而卷五〈請糴內傳〉，其謀亦出於種，或亦其一篇歟？計倪爲范蠡之師，則卷四〈計倪內經〉疑出於范書也．若夫《五子胥》書，則除〈兵法〉篇今亡外，卷二之〈外傳記吳地傳〉（原名〈吳太伯內傳〉）·卷之一〈荊平王內傳〉，當亦出《子胥》書．由是言之，則《越絕》中有兵家《大夫種》·《范蠡》二家書，而《五子胥》書，則兵技巧與雜家互有之，不專屬於雜家也．自來以《越絕》爲子貢或子胥作者，固非其實，而如〈提要〉及徐氏說，以爲純出於袁康·吳平之手者，亦非也．余以爲戰國時人所作之《越絕》，原系兵家之書，特其姓名不可考，於《漢志》不知屬何家耳，要之，此書非一時一人所作．《書錄解題》卷五云：「《越絕書》十六卷，無撰人名氏，相傳以爲子貢者，非也．蓋戰國後人所爲，而漢人又附益之耳．」斯言得之矣．

鄭明選字侯升，歸安人．萬曆己丑進士，官南京刑科給事中（見《千頃堂書目》），所著《秕言》十卷，見〈總目〉雜家類存目三．明人固多不學，明選尤不以考訂名其書，〈文淵閣〉既不著錄，何足與之辯哉！孫詒讓《籀膏述林》卷六《題盧校越絕書》云：「右《越絕書》，盧紹弓學士所校，余從德清戴君子高段錄之，蓋以明吳琯《古今逸史》本校張佳胤刻本，又取《史記》·《續漢志》注及唐宋類書徵引之文，勘今本之奪誤，其舉正多精審，卷末自跋謂〈本事篇〉以越‘何不第一而卒本〈吳太伯〉爲問，其末篇（〈敍外傳記篇〉）又云：始於〈太伯〉，次〈荊平〉，次〈吳人〉，次〈計倪〉，次〈請糴〉，次〈九術〉，次〈兵法〉，從於〈陳恒〉．是皆以〈太伯〉爲第一．〈吳地〉首稱太伯，當即此篇，然今本次在第三，其下次序皆不相應，疑爲後人所貿亂

(此跋亦見《抱經堂集》九卷). 其說亦至塙. 今考《文獻通考》經籍考引《崇文總目》云:《越絕書》舊有內經八, 外傳十七, 今文題闕舛, 裁二十篇.' 今本有內經二, 內傳四, 外傳十三, 而無所謂內紀者, 與《總目》所記不合, 竊疑'紀'乃'經'字之誤.〈敍外傳記〉所謂始〈太伯〉而終〈陳恒〉者, 卽內經八篇之目, 古實無所謂內傳, 盧君未考《崇文總目》, 故未能得其要領也. 今本惟〈計倪〉·〈九術〉兩篇尙稱內經;〈荊平王〉·〈吳人〉·〈請糴〉·〈陳成恒〉四篇, 則改經作傳;〈吳地記〉一篇, 則幷改爲外傳矣; 至〈兵法〉一篇今已亡失. 李善《文選注》三十五引《越絕書》〈伍子胥水戰占領法內經〉曰:「大翼一艘長十丈, 中翼一艘長九長六尺, 小翼一艘長九丈」, 正其佚文, 而幷引內經篇目, 可藉見唐本舊式矣. 今據〈敍外傳記〉所敍篇目次第, 合以《崇文總目》所記舊本內經篇數, 別爲《越絕》內經目錄如左.」孫氏所謂目錄, 與盧氏·洪氏說無以異, 玆不重錄. 乃孫氏竟一字不及洪氏, 何也? 若夫《越絕》八篇, 不盡出於子胥, 吾旣已言之矣.《太平御覽》三百一十五引《越絕書》曰:「《伍子胥水戰法》: 大翼一艘, 廣丈六尺, 長十二丈, 容戰士二十六人, 棹五十人, 舳艫三人, 操長鉤戈矛四吏僕射長各一人, 九十一人當用長鉤矛長斧各四, 弩各三十二, 矢三千三百, 甲兜鍪各三十二.」此果視《選注》爲詳. 又七百七十引《越絕書》曰:「闔閭見子胥:『敢問船運之備何如?』對曰:『船名大翼·小翼·突冒·樓舡·橋舡. 今舡軍之敎, 比陵軍之法, 乃可用之. 大翼者, 當陵軍之車; 小翼者, 當陵軍之輕車; 突冒者, 當陵軍之衝車; 樓舡者, 當陵軍之行樓車也; 橋舡, 當陵軍之輕足剽定騎也.』」此可見子胥水戰之具,《太白陰經》所謂「以舟爲車」者也. 特「以楫爲馬」, 未知其作用若何耳.

III. 《越絶書》序，跋，題記

1. 無名氏 (四部叢刊影印烏程劉氏嘉業堂藏明刊本)《越絶書》

《越絶》，復仇之書也. 子胥·夫差以父之仇，勾踐以身之仇，而皆非其道焉. 夫君，天也. 君有臣而君殺之，尚可仇乎？故子胥鞭平王之墓爲不義. 闔廬之死，夫差使人謂己曰：「而忘越王之殺而父乎？」則對曰：「不敢忘.」三年乃報越. 故夫椒之敗，釋越而不誅爲不孝. 會稽之棲，苦身焦思，嘗膽而食，卒以滅吳. 不知越實得罪於吳，而吳之赦己也，故其却公孫雄之請爲不仁. 《春秋》書子胥之事曰「吳入郢」，狄吳而諱楚也；於夫椒之戰則不書，蓋不足乎書也；於黃池之會書「於越入吳」，狄越而咎吳也. 春秋之末，復仇之事，莫大於斯三者，《越絶》實備之. 有國有家者，可以鑑觀焉.(《四部備要》)

2. 張宗祥〈越絶書校注序〉

《越絶書》隋唐〈志〉云「子貢撰」；《崇文總目》云「子貢撰，或曰子胥」,《書錄解題》云「無撰人名氏，相傳以爲子貢者，非也. 其書雜記吳越事，下及秦漢，直至建武二十八年，蓋戰國後人所爲，而漢人又附益之耳」.〈四庫提要〉據楊愼《丹鉛錄》·胡侍《珍珠船》·田藝蘅《留青日札》，定爲漢袁康·吳平撰. 閣書分裝兩冊，每冊首卽標「漢袁康撰」四字. 而邵位西先生〈四庫書目注〉則專以吳平字君高爲撰人. 今案「子貢一出，亂齊安魯破吳霸越」之說，尚非事實；子胥賜劍，鷗目懸門，距沼吳亦尚有年，以爲撰此，實屬不論. 陳氏以爲漢人附益戰國後人之作，則書中雜以術數，實漢代專門之學；又宗《公羊》家言，尤非戰國之作. 此蓋漢人收輯戰國舊聞，撰爲是書，其姓名，

貫籍, 詳記隱語之中, 確然可考.〈四庫提要〉之說, 蓋可據也. 君高之爲平字, 理亦可通, 且其文字亦與《論衡》相近, 讀《越紐錄》是否卽爲此書, 無可證實耳.

此書刻本, 最早爲宋嘉定庚辰東徐丁黼刻於夔州, 次爲嘉定壬申汪綱刻於紹興, 又次爲元大德丙午紹興路刊本. 此二宋一元, 今皆不見著錄. 所見者均明刊本: 繙宋者有明正德己巳本, 半頁八行, 行十六字; 繙元者有雙柏堂本·張佳胤本·萬曆時刊本, 皆半頁八行, 行十七字. 其餘嘉靖二十四年孔文谷刊本·嘉靖丁未陳墦刊本·吳琯古今逸史本·程榮·何鏜漢魏叢書本, 多不勝擧. 然皆行款不同, 字句略有小異, 編目分卷不一, 如此而已, 非有大出入也. 今合校各本, 從其長者, 義有可通, 則注於下. 僅漁父一歌, 陳墦本略多數字耳.

此書分卷, 有作十四卷者, 有作十五卷者. 然其篇數, 均爲十九.《崇文總目》所云「內記八, 外傳十七」, 今內經, 內傳, 存者六篇, 亡其二篇; 外傳十三篇, 亡其四篇. 然第三卷〈吳內傳〉一篇, 止「吳何以稱人乎」·「蔡昭公南朝楚」·「越王勾踐欲伐吳王闔廬」·「吳人敗於就李」·「越王勾踐反國六年」五則, 與吳越事有關, 顧所記亦庬雜無序, 其他更皆泛記堯舜至周公古事, 不獨與〈吳內傳〉不相涉, 與本書亦不相涉. 倘非他書錯簡, 或者本爲《越絶》原文, 而篇名已失, 雜在其間, 未可知也. 至此書必有佚文, 則〈四庫總目〉已引證及之, 本書注中亦間有一二, 實無可疑.

越自句踐歸國, 行計倪·范蠡之術, 覆吳報仇, 霸於中國, 其道在富民貴穀. 古所謂「民爲邦本, 食爲民天」·「耕三餘一, 耕九餘三」之道, 越盡行之. 此其精神, 詳於〈計倪內經〉·〈外傳枕中〉兩篇之中, 最此書之要旨也. 雖作者篤信《公羊》, 雜以五行之說, 刪蕪存粹, 要是之文. 至若〈外傳記寶劍〉一篇, 風胡子之言曰「軒轅·神農·赫胥之時, 以石爲兵」·「黃帝之時, 以玉爲兵」·「禹穴之時, 以銅爲兵」·「當此之時, 作爲鐵兵, 威服三軍」云云, 此其所論, 由用石以至用鐵, 可謂詳矣. 夫玉者石之精華, 銅者鐵之先驅. 今之論史者, 以玉附石, 以銅麗鐵, 僅分石鐵, 未辨玉銅. 此書赫然昭示明白, 可云他書所未有, 中史所獨詳矣. 是知歐冶·干將, 術精煉冶; 純鈞·巨闕, 器貴合金. 由石玉銅鐵至於戰國, 更求煉冶之精, 制作之純, 此非先民之垂範·

後世之良師也? 昔宦甌海, 龍泉之劍, 馳譽至今, 大索以求, 苦無良者.
揖耆老進而詢之, 耆老對曰:「世傳術訣, 書均傳寫; 魯魚雖訛, 故籍尚存.
銅錫銀鐵, 錙兩有定. 按訣鍛煉, 出爐之後, 諸皆分居, 不能混合, 故不
能成.」此豈古所謂躍冶者耶? 蓋法雖存, 而用法之精神其亡久矣, 亦火力
不齊之故也. 夫以戰國之際, 已知冶鐵之精, 後反失之, 則負我先民也深矣.

宗祥世居海鹽獅山, 則爲武原之鄉. 清初遷居硤石, 則在就李之南. 固越
民也. 壯世之後, 從事讎校, 屢經喪亂, 奔走流離, 手寫之書, 失亡太半,
存者二千數百卷而已, 今年七十有五, 幸際明時, 大同之盛, 燦然在望.
然雙目已花, 神氣日耗, 繼此之後, 或者僅能策杖逍遙於和風旭日之中,
不復能伏案作書·整理故籍乎.《越絕書》曰:「絕者, 絕也.」殆不繼之意了,
因亟寫定此書, 以供覆瓿.

丙申清明前一日, 海寧張宗祥 記.

3. 汪綱 (張宗祥《越絕書校注》)

《越絕書》若無善本. 近得丁文伯蜀中所刊者見示, 參考粗爲可讀, 因刊置
郡齋, 以補越中之闕云.

嘉定甲申八月旦日, 新安汪綱 序.

4. 都穆 (張宗祥《越絕書校注》)

是書宋嘉定庚辰嘗刊於夔門, 後四年, 知紹興府汪綱仲舉再以蜀本刻置
郡齋. 歷世既遠, 皆不復見. 予家舊藏錄本, 頗爲完善. 吉水劉君, 以名
進士來知吳縣, 謂是書之古, 而吳中罕傳, 遂割俸刻之. 君名恒, 字以貞,
觀此可以知其政矣.

正德己巳三月甲辰, 南京兵部主事吳人都穆 記.

5. 陳塏(張宗祥《越絶書校注》)

予越人也，《越絶》之書，宜刻於予之鄉，而刻之嶺海也，可乎？曰：「吳越之傳逷矣，事筆於《春秋》，語備於《左氏》，蓋非一國之私言也。世代推移，文獻散佚，中古以來之書，不傳者多矣。而近世無實，駁雜之書，方列肆而衒奇。故夫書之出於古也，雖靡純雅，要非無爲，固當尙而傳之，而況事裨史缺，義存世鑑，若《越絶》者乎？《國語》之言文，《越絶》之言質；文或夸以損眞，質則約而存古，欲論吳越之世，舍此焉適矣？

刻成，今宮詹泰泉黃先生視予以楊升庵所爲跋語，曰：「千載隱語，得升庵而後白，盍刻諸？」予受而讀之，而因稽之於書，而知斯之爲信也。書具建武二十八年，其爲東漢之作無疑。其自命曰「記陳厥略」，其謂邦賢曰「文屬辭定」，蓋袁康初創，而潤色之以吳平也。東漢去古未遠，殘編遺事，固當不泯，綴輯而成之，語雖質，猶近於古。獨「禍晉之驪姬，亡周之褒姒」八言也不類，蓋六朝之先驅也。其曰作於子貢，又曰子胥，蓋皆隱語假托，以存邦賢也。書載子胥之死，彼豈不知其不可以爲子胥作耶？

趙曄《吳越春秋》，又因是書以爲之。黃東發《日抄》以爲《越絶》之出於《春秋》也，殆不然矣。校書至此，可爲一快，因附刻跋語於書末，而予又首之以故，以諗於觀者云。

嘉靖丁未春正月穀日，餘姚陳塏 序。

6. 王謨(張宗祥《越絶書校注》)

右《越絶書》十五卷，《崇文總目》：「子貢竄，或曰子胥。」陳氏云：「無撰人名氏，相傳以爲子貢者，非也。其書雜記吳越事，下及秦漢，直至建武二十八年，蓋戰國後人所爲，而漢人又附益之耳。」《越絶》之義，曰：「聖人發一隅，辯士宣其辭；聖文絶於彼，辯士絶於此，故曰越絶。」雖則云然，終未可曉也。《經義考》據田·胡二家之說，斷爲袁康·吳平所撰，正以〈敍外傳記〉篇云「以去爲姓，得衣乃成，厥名有米，覆之以庚」，又「以口爲姓，承之

以天, 楚相屈原, 與之同名」, 謂以隱語離合姓名, 推而得之耳. 要之, 作者
大意, 已具卷首〈本事篇〉, 今可不論也.

書多陰謀秘計, 而其精奧, 又在〈計倪內經〉·〈外傳枕中〉二篇, 太史公
〈貨殖傳〉略采其說. 所謂計然者, 即計倪, 范蠡之師也. 書本雜記吳越事,
而有〈荊平王〉·〈春申君〉篇. 以子胥入吳·破楚·服月爲此書之始, 及越滅吳,
楚又幷越, 而春申君封吳, 爲此書之終也. 其所以分內外篇, 體例未聞.
而〈吳內傳〉中雜引堯舜禹湯文武齊桓晉文事, 若欲以吳越事附於帝王霸
之後者. 而又稱引孔子《春秋》, 以自附於作者之例, 則夸大之意也. 至謂
「賜以《春秋》改文尚質, 譏二名, 與素王, 亦發憤記吳越」之句, 知作者蓋傳
《公羊》學家, 而托之子貢云.

汝上 王謨 識.

7. 丁黼 <small>(四部叢刊縮印江安傅氏雙鑑樓藏明雙柏堂本)</small>《越絕書》

《隋經籍志》:「《越絕記》十六卷」,《崇文總目》則「十五卷」, 注司馬遷
《史記》者屢引以爲據. 予紹熙壬子游吳中, 得許氏本, 訛舛特甚; 嘉定壬
申令餘杭, 又得陳正卿本; 乙亥官中都, 借本秘閣. 以三本互相參考, 擇其
通者從之, 乃粗可讀, 然猶未也. 念前所見者, 皆誊寫失眞, 不板行則其傳
不廣, 傳不廣則各私其所藏, 莫克是正. 遂刻之夔門, 以俟來者.

嘉定庚申七月望日, 東徐丁黼書.

8. 楊愼〈跋越絕〉(《升庵集》卷10)

或問:「《越絕》不著作者姓名, 何也?」予曰:「姓名具在書中, 覽者第不
深考耳, 子不觀其絕篇之言乎? 曰'以去爲姓, 得衣乃成; 厥名有米, 覆之
以庚. 禹來東征, 死葬其鄉; 不直自斥, 托類自明'; '文屬辭定, 自於邦賢';
'以口爲姓, 承之以天; 楚相屈原, 與之同名', 此以隱語見其姓名也. 去得衣,

乃袁字也；米覆以庚，乃康字也；禹藏之鄕，則會稽也．是乃會稽人袁康也．其曰'不直自斥，托類自明'，厥旨昭然，欲後人知也．'文屬辭定，自於邦賢'，蓋所共著，非康一人也．以口承天，吳字也；屈原同名，平字也．與康共著此書者，乃吳平也．不然，此言何爲而設乎？」

　或曰：「二人何時人也？」予曰：「東漢也．」「何以知之？」曰：「東漢之末，文人好作隱語，'黃絹碑'，其爲著者也．又孔融以'漁父屈節，水潛匿方'云云，隱其姓名於〈離合詩〉；魏伯陽以'委時去害，與鬼爲隣'云云，隱其姓名於〈參同契〉．融與伯陽，俱漢末人，故文字稍同，則玆書之著爲同時，何疑焉？」

　問者喜曰：「二子名微矣，得子言乃今顯之，誰謂後世無子云乎？」

9. 楊愼〈越絶當作越紐跋〉《升庵集》卷10)

　《越絶》一書，或以爲子貢作，又云子胥，皆妄說也．而越絶二字尤非，解者曰：「絶者，絶也，謂勾踐時也」，「內能約己，外能絶人」，「故曰越絶」．又曰：「聖文絶於此，辯士絶於彼」，故曰越絶．二說似夢魘譫語，不止齊東野人之類而已．王充《論衡》按書篇云：「臨淮袁太伯·袁文術，會稽吳君高」，豈卽其人乎？又曰：吳君高作《越紐錄》，'紐卽'絶'字之誤．書以紐名，猶漢雋之例也．絶字曲迂不通，而千年之誤無人證之；袁康·吳平之姓名著在卷末，無人知之，蓋觀書者鹵莽，閱未數簡已欠伸思睡而束之高閣矣．余始發其隱，然卽其書以證其人，以訂其名，非臆說也，博古君子必卬可而樂聞之乎？

10. 胡侍《越絶書》《眞珠船》卷3)

　《越絶書》十五卷，《崇文總目》云：「子貢撰，或曰子胥」，陳氏《書錄解題》曰：「此撰人名氏，相傳以爲子貢者，非也．其書雜記吳越事，下及秦漢，直至建武二十八年，蓋戰國後人所爲，而漢人又附益之耳」余按：《越絶書》

篇末〈絞〉云:「記陳厥說, 略其有人」;「以去爲姓, 得衣乃成; 厥名有米,
覆之以庚; 禹來東征, 死葬其疆; 不直自斥, 托類自明; 寫精露愚, 略以
事類, 俟告後人; 文屬辭定, 自於邦賢; 邦賢以口爲姓, 承之以天; 楚相
屈原, 與之同名.」是則初創《越絶》者, 爲會稽袁康, 而潤色之者, 乃同郡
吳平耳.《崇文總目》及《書錄解題》皆失詳考. 及《論衡》按書篇有會稽吳君高
《越紐錄》, 意者君高卽吳平之字,《越紐》或《越絶》之訛也.

11. 田藝蘅(朱彝尊《經義考》卷275)

《隋志》「《越絶書》十六卷」;《崇文總目》「十五卷」,「舊爲內紀者八, 爲外
傳者十七」; 馬氏《通考》云: 二十篇者非是, 蓋《左傳》·《國語》之類, 第作
者之名不著. 曰「賜見《春秋》」「發憤記吳越」, 則明載於〈外傳〉之篇, 而序曰
「吳越賢者所作」,「或曰子胥」, 又曰「後人述說」. 其曰「勾踐以來, 至更始
之元, 五百餘年, 吳越將復見於今」. 是紀其時也.「百歲一賢, 猶爲比肩」,
時紀其侶也.「以去爲姓, 得衣乃成, 厥名有米, 覆之以庚」,「以口爲姓,
承之以天, 楚相屈原, 與之同名」, 是紀其姓與名也.「禹來東征, 死葬其疆」,
「文屬辭定, 自於邦賢」, 是紀其地也.「德配顏淵」,「伏竄自容, 年加申酉,
懷道而終」, 是紀其行與年也. 究而繹之, 義斯顯矣. 要之,「記陳厥說」者,
袁創於先, 而「屬文定辭」者, 吳成於後也. 豈斯人之徒當建武之末, 追痛
中國之亡而勾踐之祀忽諸, 故因《越絶》以成書耶?

12. 張佳胤 〈刻《越絶書》序〉(四部叢刊縮印江安傅氏雙鑑樓藏明雙柏堂本)《越絶書》

《越絶》名實群籍, 辨者非一, 咸無核焉. 書蓋古而未考, 按載多吳越事.
《崇文總目》爲端木賜作, 又非. 其文辯而奇, 博而機, 藏知周信, 重讐明勇,
與《國策》譎權傾揮者異. 獨《陳成子》篇, 愚間列國, 操縱成敗, 固游士譚也.
據《春秋》, 哀公使賜正吳尋盟, 以尊魯. 斯後人襲事騁辭, 且將嫁於善言

子貢, 徵信焉, 博材如子長, 《史記》亦云然也, 不知伯術恥稱聖門. 玆書及秦漢, 陳氏謂戰國人所爲, 漢人從而附益, 似矣, 賜也乎哉?

舊本自宋嘉定間刻於吾蜀夔門, 再刻會稽, 及久遠不眞, 嘗思廣傳. 黎陽盧少楩出孟汝再家藏舊本於予, 頗爲完善, 二子好古博文, 雅會斯志, 爰校刻焉, 交成厥美云爾.

嘉靖三十三年夏六月朔日 序.

13. 錢培名(小萬卷樓叢書本)《越絶書》

《史記》孫吳列傳〈正義〉引《七錄》云:「《越絶書》十六卷」, 《隋書》經籍志·《唐書》藝文志幷同. 《崇文總目》云「十五卷」, 「舊有內紀八, 外傳十七, 今文題舛闕, 裁二十篇.」按今本十五卷, 內傳四, 內經二, 外傳十三, 合之止十九篇, 是校北宋時又缺其一. 然《郡齋讀書志附志》所擧篇目, 卷第, 全與今本相同, 則其來久矣. 《直齋書錄解題》乃稱「十六卷」, 意偶誤耳.

其撰人或云伍子胥, 或云子貢. 〈四庫全書提要〉據〈篇敍〉篇, 斷爲會稽袁康所作, 同郡吳平所定; 又據王充《論衡》, 知吳平卽吳君高, 《越絶》卽《越紐錄》. 然〈篇敍〉篇於子貢, 子胥已不能定, 其云「記陳厥說, 略有其人」, 又曰「文屬辭定, 自於邦賢」, 則袁, 吳止爲之論說, 疑外傳諸篇是其所作, 非卽原著《越絶》之人. 〈本事〉篇曰:「《越絶》誰所作? 吳越賢者所作也.」陳振孫曰:「蓋戰國人所爲, 而漢人附益之」, 斯得其實矣.

是書世無善本, 殘闕舛誤, 殆不可讀. 此爲元大德間刊本, 末有無名氏跋, 卽〈四庫〉著錄本也. 然以〈漢魏叢書〉, 〈古今逸史〉本校之, 舛誤更多, 因雜取古人所引, 擧其同異. 又趙曄《吳越春秋》之文, 往往依傍《越絶》, 可以互證. 其灼然無疑者, 逕改之; 義有兩可者, 幷存之; 他無佐證而以意參決者, 輒著案語, 附記書後, 授之剞劂, 聊志一時之勤. 以云善本, 則吾豈敢?

14. 四庫全書《越絶書》序

〈欽定四庫全書〉史部九《越絶書》載記類.〈提要〉

臣等謹案《越絶書》十五卷, 不著撰人名氏. 書中〈吳地傳〉稱「勾踐徙瑯琊, 到建武二十八年, 凡五百六十七年, 則後漢初人也. 書末〈敍外傳〉記以廋詞隱其姓名. 其云「以去爲姓, 得衣乃成」, 是袁字也.「厥名有米, 覆之以庚」, 是康字也.「禹來東征, 死葬其彊」, 是會稽人也. 又云「文詞屬定, 自於邦賢; 以口爲姓, 承之以天」, 是吳字也. 又云「楚相屈原, 與之同名」, 是平字也. 然則此書爲會稽袁康所作, 同郡吳平所定也. 王充《論衡》按書篇曰:「東番鄒伯奇・臨淮袁太伯・袁文術・會稽吳君高・周長生之輩, 位雖不至公卿, 誠能知之囊橐, 文雅之英雄也. 觀伯奇之《元思》, 太伯之《易童句》(按童, 疑作章), 文術之《咸(箴)銘》, 君高之《越紐錄》, 長生之《洞歷》, 劉子政・楊子雲不能過也.」所謂吳君高, 殆即平字. 所謂《越紐錄》, 殆即此書歟? 楊愼《丹鉛錄》・胡侍《珍珠船》・田藝衡《留青日札》, 皆有是說, 核其文義, 一一脗合. 隋唐〈志〉, 皆云「子貢作」, 非其實矣. 其文縱橫曼衍, 與《吳越春秋》相類. 而博麗奧衍, 則過之. 中如〈計倪內經〉・〈軍氣〉之類, 多雜術數家言, 皆漢人專門之學, 非後來所能依托也. 此本與《吳越春秋》, 皆大德丙午紹興路所刊. 卷末一跋, 諸本所無, 惟申明復仇之義, 不著姓名. 詳其詞意, 或南宋人所題耶? 鄭明選《秕言》引《文選》七命註引《越絶書》:「大翼一艘十丈, 中翼九丈六尺, 小翼九丈.」又引王鏊《震澤長語》引《越絶書》:「風起震方」云云, 謂今本皆無此語. 疑更有全書, 惜未之見. 案《崇文總目》稱《越絶書》舊有〈內記〉八, 外傳十七, 今文題闕舛, 裁二十篇. 是此書在北宋之初, 已佚五篇,《選註》所引蓋佚篇之文, 王鏊所稱亦他書, 所引佚篇之文, 以爲此本之外, 更有全書, 則明選誤矣. 別有《續越絶書》二卷, 上卷曰〈內傳本事〉・〈吳內傳〉・〈德序記〉・〈子游內經外傳〉・〈越絶後語〉・〈西施・鄭旦外傳〉. 下卷曰〈越外傳〉・〈雜事別傳〉,〈變越上別傳〉・〈變越下經〉・〈內雅琴考序傳後記〉. 朱彝尊《友善考》(經義考)謂爲錢馥僞撰, 詭云得之石匣中, 馥與彝尊友善, 所言當實今未見傳本, 其爲妄亦不待辨, 以其續此書而作. 又即托於撰, 此書之人, 恐其幸而或傳, 久且亂眞. 又恐其或不能傳, 而好異者耳聞其說. 且疑此書之眞, 有續編. 故附訂其僞於此, 釋來者之惑焉.

乾隆四十六(1781)年三月, 恭校上. 總纂官臣紀昀, 臣陸錫熊, 臣孫士毅. 總校官臣陸費墀.

15. 〈四庫全書總目〉《越絶書》紀昀

《越絶書》十五卷, 兵部侍郞紀昀家藏本

不著撰人名氏. 書中〈吳地傳〉稱「勾踐徙瑯琊, 到建武二十八年, 凡五百六十七年」, 則後漢初人也. 書末〈敍外傳〉記以廋詞隱其姓名. 其云「以去爲姓, 得衣乃成」, 是袁字也.「厥名有米, 覆之以庚」, 是康字也.「禹來東征, 死葬其疆」, 是會稽人也. 又云「文詞屬定, 自于邦賢; 以口爲姓, 承之以天」, 是吳字也. 又云「楚相屈原, 與之同名」, 是平字也. 然則此書爲會稽袁康所作, 同郡吳平所定也. 王充《論衡》按書篇曰:「東番鄒伯奇·臨淮袁太伯·袁文術·會稽吳君高·周長生之輩, 位雖不至公卿, 誠能知之囊橐, 文雅之英雄也. 觀伯奇之《元思》, 太伯之《易章》句(按章, 疑作章), 文術之《篋銘》, 君高之《越紐錄》, 長生之《洞歷》, 劉子政·楊子雲不能過也.」所謂吳君高, 殆即平字. 所謂《越紐錄》, 殆即此書歟? 楊愼《丹鉛錄》·胡侍《珍珠船》·田藝衡《留青日札》, 皆有是說, 核其文義, 一一脗合. 隋唐〈志〉, 皆云「子貢作」, 非其實矣. 其文縱橫曼衍, 與《吳越春秋》相類. 而博麗奧衍, 則過之. 中如〈計倪內經〉·〈軍氣〉之類, 多雜術數家言, 皆漢人專門之學, 非後來所能依託也. 此本與《吳越春秋》, 皆大德丙午紹興路所刊. 卷末一跋, 諸本所無, 惟申明復仇之義, 不著姓名. 詳其詞意, 或南宋人所題耶? 鄭明選《秕言》引《文選》七命注引《越絶書》:「大翼一艘十丈, 中翼九丈六尺, 小翼九丈.」又引王鏊《震澤長語》引《越絶書》:「風起震方」云云, 謂今本皆無此語. 疑更有全書, 惜未之見. 案《崇文總目》稱《越絶書》舊有〈內記〉八, 外傳十七」今文題闕矣, 裁二十篇. 是此書在北宋之初, 已佚五篇, 選注所引蓋佚篇之文, 王鏊所稱亦他書, 所引佚篇之文, 以爲此本之外, 更有全書, 則明選誤矣. 別有《續越絶書》二卷, 上卷曰〈內傳本事〉·〈吳內傳〉·〈德序記〉·〈子游內經外傳〉·〈越絶後語〉·〈西施·鄭旦外傳〉. 下卷曰〈越外傳〉·〈雜事別傳〉·〈變越上別傳〉·〈變越下經〉·〈內雅琴考序傳

後記). 朱彝尊《經義考》謂爲錢駉僞撰, 詭云得之石匣中, 駉與彝尊友善, 所言當實, 今未見傳本, 其爲妄亦不待辨, 以其續此書而作. 又即託於撰, 此書之人, 恐其幸而或傳, 久且亂眞. 又恐其或不能傳, 而好異者耳聞其說. 且疑此書之眞, 有續編. 故附訂其僞於此, 釋來者之惑焉.

16.〈校點本越絕書序〉陳橋驛

此書隋唐〈志〉及《崇文總目》著錄之本, 現在早已不見. 南宋刊本中所知最早的是嘉定庚辰(1220)東徐丁黼夔州刊本和嘉定甲申(1224)汪綱紹興刊本. 此外, 元大德十年(1306)紹興路刊本, 也是此書較早的刊本. 但所有這些刊本, 現在都已不存.

現在留存的此書最早刊本都是明刊本. 例如寧波天一閣所藏的明正德四年(1509)吉水劉以貞刊本(即潘景鄭〈著硯樓書跋〉著錄的劉恒刊本)和嘉靖二十四年(1545)姚江夏恕刊本. 又如北京圖書館所藏的明嘉靖二十六年(1547)陳塏刻本和嘉靖三十三年(1554)張佳胤雙柏堂刊本·天津人民圖書館等所藏的明嘉靖二十四年(1545)孔文谷刊本. 此外還有中山大學圖書館等所藏的明嘉靖趙恒仿宋汪綱刊本·浙江圖書館等所藏的明萬曆〈古今逸史〉本·南京圖書館等所藏的明天啓〈漢魏叢書〉本等. 至於北京圖書館所獨藏的明刊〈郭子式先生校刊書〉中收入於《古越書》卷內的《越絕書》, 只是此書的一個節本, 已非十九篇全貌.

清代的《越絕書》刊本大多收入於叢書之中, 主要有乾隆重刊〈漢魏叢書〉本·〈小萬卷樓叢書〉本和宣統石印〈漢魏叢書〉本等. 其中〈小萬卷樓叢書〉本附有錢培名《越絕書札記》和《逸文》各一卷. 民國以後, 又有〈龍溪精舍叢書〉本以及〈四部叢刊〉·〈四部備要〉·〈叢書集成〉等本.

建國以後, 浙江圖書館官匠張宗祥參照此書各種板本加以校注, 并收寫一通, 於一九五六年由商務印書館出判. 書末有附錄一種, 收入丁黼本·汪綱本·劉以貞本以及楊慎·陳塏·張佳胤·王謨等各家爲此書所作序跋和此書〈四庫提要〉等, 并附清錢培名《越絕書札記》及《逸文》·清俞樾《越絕書札記》等, 較爲完備.

Ⅳ. 《史記》 관련 자료

〈1〉〈吳太伯世家〉 ……………………《史記》(31)

　　吳太伯, 太伯弟仲雍, 皆周太王之子, 而王季歷之兄也. 季歷賢, 而有聖子昌, 太王欲立季歷以及昌, 於是太伯·仲雍二人乃奔荊蠻, 文身斷髮, 示不可用, 以避季歷. 季歷果立, 是爲王季, 而昌爲文王. 太伯之奔荊蠻, 自號句吳. 荊蠻義之, 從而歸之千餘家, 立爲吳太伯.

　　太伯卒, 無子; 弟仲雍立, 是爲吳仲雍. 仲雍卒, 子季簡立. 季簡卒, 子叔達立. 叔達卒, 子周章立. 是時周武王克殷, 求太伯·仲雍之後, 得周章. 周章已君吳, 因而封之. 乃封周章弟虞仲於周之北故夏虛, 是爲虞仲, 列爲諸侯.

　　周章卒, 子熊遂立, 熊遂卒, 子柯相立. 柯相卒, 子彊鳩夷立. 鳩夷卒, 子餘橋疑吾立. 餘橋疑吾卒, 子柯盧立. 柯盧卒, 子周繇立. 周繇卒, 子屈羽立. 屈羽卒, 子夷吾立. 夷吾卒, 子禽處立. 禽處卒, 子轉立. 轉卒, 子頗高立. 頗高卒, 子句卑立. 是時晉獻公滅周北虞公, 以開晉伐虢也. 句卑卒, 子去齊立. 去齊卒, 子壽夢立. 壽夢立而吳始益大, 稱王.

　　自太伯作吳, 五世而武王克殷, 封其後爲二: 其一虞, 在中國; 其一吳, 在夷蠻. 十二世而晉滅中國之虞. 中國之虞滅二世, 而夷蠻之吳興. 大凡從太伯至壽夢十九世.

　　王壽夢二年, 楚之亡大夫申公巫臣怨楚將子反而奔晉, 自晉使吳, 教吳用兵乘車, 令其子爲吳行人, 吳於是始通於中國. 吳伐楚. 十六年, 楚共王

伐吳, 至衡山.

二十五年, 王壽夢卒. 壽夢有子四人, 長曰諸樊, 次曰餘祭, 次曰餘眜, 次曰季札. 季札賢, 而壽夢欲立之, 季札讓不可, 於是乃立長子諸樊, 攝行事當國.

王諸樊元年, 諸樊已除喪, 讓位季札. 季札謝曰:「曹宣公之卒也, 諸侯與曹人不義曹君, 將立子臧, 子臧去之, 以成曹君, 君子曰『能守節矣』. 君義嗣, 誰敢干君! 有國, 非吾節也. 札雖不材, 願附於子臧之義」吳人固立季札, 季札棄其室而耕, 乃舍之. 秋, 吳伐楚, 楚敗我師. 四年, 晉平公初立.

十三年, 王諸樊卒. 有命授弟餘祭, 欲傳以次, 必致國於季札而止, 以稱先王壽夢之意, 且嘉季札之義, 兄弟皆欲致國, 令以漸至焉. 季札封於延陵, 故號曰延陵季子.

王餘祭三年, 齊相慶封有罪, 自齊來奔吳. 吳予慶封朱方之縣, 以爲奉邑, 以女妻之, 富於在齊.

四年, 吳使季札聘於魯, 請觀周樂. 爲歌周南·召南. 曰:「美哉, 始基之矣, 猶未也. 然勤而不怨」歌邶·鄘·衛. 曰:「美哉, 淵乎, 憂而不困者也. 吾聞衛康叔·武公之德如是, 是其衛風乎?」歌王. 曰:「美哉, 思而不懼, 其周之東乎?」歌鄭. 曰:「其細已甚, 民不堪也, 是其先亡乎?」歌齊. 曰:「美哉, 泱泱乎大風也哉. 表東海者, 其太公乎? 國未可量也」歌豳. 曰:「美哉, 蕩蕩乎, 樂而不淫, 其周公之東乎?」歌秦. 曰:「此之謂夏聲. 夫能夏則大, 大之至也, 其周之舊乎?」歌魏. 曰:「美哉, 渢渢乎, 大而寬, 儉而易, 行以德輔, 此則盟主也」歌唐. 曰:「思深哉, 其有陶唐氏之遺風乎? 不然, 何憂之遠也? 非令德之後, 誰能若是!」歌陳. 曰:「國無主, 其能久乎?」自鄶以下, 無譏焉. 歌小雅. 曰:「美哉, 思而不貳, 怨而不言, 其周德之衰乎? 猶有先王之遺民也」歌大雅. 曰:「廣哉, 熙熙乎, 曲而有直體, 其文王之德乎?」歌頌. 曰:「至矣哉, 直而不倨, 曲而不詘, 近而不偪, 遠而不攜, 而遷不淫, 復而不厭, 哀而不愁, 樂而不荒, 用而不匱, 廣而不宣, 施而不費, 取而不貪, 處而不底, 行而不流. 五聲和, 八風平, 節有度, 守有序, 盛德之所同也」見舞象箾·南籥者, 曰:「美哉, 猶有感」見舞大武, 曰:「美哉, 周之盛也其若此乎?」見舞韶護者, 曰:「聖人之弘也, 猶有慙德,

聖人之難也!」見舞大夏, 曰:「美哉, 勤而不德! 非禹其誰能及之?」見舞
招箭, 曰:「德至矣哉, 大矣, 如天之無不燾也, 如地之無不載也, 雖甚盛德,
無以加矣. 觀止矣, 若有他樂, 吾不敢觀.」

去魯, 遂使齊. 說晏平仲曰:「子速納邑與政. 無邑無政, 乃免於難. 齊國
之政將有所歸; 未得所歸, 難未息也.」故晏子因陳桓子以納政與邑, 是以
免於欒高之難.

去齊, 使於鄭. 見子產, 如舊交. 謂子產曰:「鄭之執政侈, 難將至矣,
政必及子. 子爲政, 愼以禮. 不然, 鄭國將敗.」去鄭, 適衛. 說蘧瑗·史狗·
史鰌·公子荊·公叔發·公子朝曰:「衛多君子, 未有患也.」

自衛如晉, 將舍於宿, 聞鍾聲, 曰:「異哉! 吾聞之, 辯而不德, 必加於戮.
夫子獲罪於君以在此, 懼猶不足, 而又可以畔乎? 夫子之在此, 猶燕之巢于
幕也. 君在殯而可以樂乎?」遂去之. 文子聞之, 終身不聽琴瑟.

適晉, 說趙文子·韓宣子·魏獻子曰:「晉國其萃於三家乎!」將去, 謂叔
向曰:「吾子勉之! 君侈而多良, 大夫皆富, 政將在三家. 吾子直, 必思自
免於難.」

季札之初使, 北過徐君. 徐君好季札劍, 口弗敢言. 季札心知之, 爲使
上國, 未獻. 還至徐, 徐君已死, 於是乃解其寶劍, 繫之徐君 冢樹而去.
從者曰:「徐君已死, 尙誰予乎?」季子曰:「不然. 始吾心已許之, 豈以死
倍吾心哉!」

七年, 楚公子圍弑其王夾敖而代立, 是爲靈王. 十年, 楚靈王會諸侯而以
伐吳之朱方, 以誅齊慶封. 吳亦攻楚, 取三邑而去. 十一年, 楚伐吳, 至雩婁.
十二年, 楚復來伐, 次於乾谿, 楚師敗走.

十七年, 王餘祭卒, 弟餘眛立. 王餘眛二年, 楚公子棄疾弑其君靈王代
立焉.

四年, 王餘眛卒, 欲授弟季札. 季札讓, 逃去. 於是吳人曰:「先王有命,
兄卒弟代立, 必致季子. 季子今逃位, 則王餘眛後立. 今卒, 其子當代.」
乃立王餘眛之子僚爲王.

王僚二年, 公子光伐楚, 敗而亡王舟. 光懼, 襲楚, 復得王舟而還.

五年, 楚之亡臣伍子胥來奔, 公子光客之. 公子光者, 王諸樊之子也.

常以爲吾父兄弟四人, 當傳至季子. 季子卽不受國, 光父先立. 卽不傳季子,
光當立. 陰納賢士, 欲以襲王僚.

八年, 吳使公子光伐楚, 敗楚師, 迎楚故太子建母於居巢以歸. 因北伐,
敗陳·蔡之師. 九年, 公子光伐楚, 拔居巢·鍾離. 初, 楚邊邑卑梁氏之處
女與吳邊邑之女爭桑, 二女家怒相滅, 兩國邊邑長聞之, 怒而相攻, 滅吳之
邊邑. 吳王怒, 故遂伐楚, 取兩都而去.

伍子胥之初奔吳, 說吳王僚以伐楚之利. 公子光曰:「胥之父兄爲僇於楚,
欲自報其仇耳. 未見其利.」於是伍員知光有他志, 乃求勇士專諸, 見之光.
光喜, 乃客伍子胥. 子胥退而耕於野, 以待專諸之事.

十二年冬, 楚平王卒. 十三年春, 吳欲因楚喪而伐之, 使公子蓋餘·燭庸
以兵圍楚之六·灊. 使季札於晉, 以觀諸侯之變. 楚發兵絶吳兵後, 吳兵
不得還. 於是吳公子光曰:「此時不可失也.」告專諸曰:「不索何獲! 我眞
王嗣, 當立, 吾欲求之. 季子雖至, 不吾廢也.」專諸曰:「王僚可殺也. 母老
子弱, 而兩公子將兵攻楚, 楚絶其路. 方今吳外困於楚, 而內空無骨鯁之臣,
是無奈我何.」光曰:「我身, 子之身也.」四月丙子, 光伏甲士於窟室, 而謁
王僚飮. 王僚使兵陳於道, 自王宮至光之家, 門階戶席, 皆王僚之親也,
人夾持鈹. 公子光詳爲足疾, 入于窟室, 使專諸置匕首於炙魚之中以進食.
手匕首刺王僚, 鈹交於匈, 遂弑王僚. 公子光竟代立爲王, 是爲吳王闔廬.
闔廬乃以專諸子爲卿.

季子至, 曰:「苟先君無廢祀, 民人無廢主, 社稷有奉, 乃吾君也. 吾敢
誰怨乎? 哀死事生, 以待天命. 非我生亂, 立者從之, 先人之道也.」復命,
哭僚墓, 復位而待. 吳公子燭庸·蓋餘二人將兵遇圍於楚者, 聞公子光弑王
僚自立, 乃以其兵降楚, 楚封之於舒.

王闔廬元年, 擧伍子胥爲行人而與謀國事. 楚誅伯州犁, 其孫伯嚭亡奔吳,
吳以爲大夫.

三年, 吳王闔廬與子胥·伯嚭將兵伐楚, 拔舒, 殺吳亡將二公子. 光謀欲
入郢, 將軍孫武曰:「民勞, 未可, 待之.」四年, 伐楚, 取六與灊. 五年, 伐越,
敗之. 六年, 楚使子常囊瓦伐吳. 迎而擊之, 大敗楚軍於豫章, 取楚之居
巢而還.

九年, 吳王闔廬請伍子胥·孫武曰:「始子之言郢未可入, 今果如何?」二子對曰:「楚將子常貪, 而唐·蔡皆怨之. 王必欲大伐, 必得唐·蔡乃可.」闔廬從之, 悉興師, 與唐·蔡西伐楚, 至於漢水. 楚亦發兵拒吳, 夾水陳. 吳王闔廬弟夫槩欲戰, 闔廬弗許. 夫槩曰:「王已屬臣兵, 兵以利爲上, 尙何待焉?」遂以其部五千人襲冒楚, 楚兵大敗, 走. 於是吳王遂縱兵追之. 比至郢, 五戰, 楚五敗. 楚昭王亡出郢, 奔鄖. 鄖公弟欲弒昭王, 昭王與鄖公奔隨. 而吳兵遂入郢. 子胥·伯嚭鞭平王之尸以報父讎.

十年春, 越聞吳王之在郢, 國空, 乃伐吳. 吳使別兵擊越. 楚告急秦, 秦遣兵救楚擊吳, 吳師敗. 闔廬弟夫槩見秦越交敗吳, 吳王留楚不去, 夫槩亡歸吳二自立爲吳王. 闔廬聞之, 乃引兵歸, 攻夫槩. 夫槩敗奔楚. 楚昭王乃得以九月復入郢, 而封夫槩於堂谿, 爲堂谿氏. 十一年, 吳王使太子夫差伐楚, 取番. 楚恐而去郢徙 .

十五年, 孔子相魯.

十九年夏, 吳伐越, 越王句踐迎擊之檇李. 越使死士挑戰, 三行造吳師, 呼, 自剄. 吳師觀之, 越因伐吳, 敗之姑蘇, 傷吳王闔廬指, 軍卻七里. 吳王病傷而死. 闔廬使立太子夫差, 謂曰:「爾而忘句踐殺汝父乎?」對曰:「不敢!」三年, 乃報越.

王夫差元年, 以大夫伯嚭爲太宰. 習戰射, 常以報越爲志. 二年, 吳王悉精兵以伐越, 敗之夫椒, 報姑蘇也. 越王句踐乃以甲兵五千人棲於會稽, 使大夫種因吳太宰嚭而行成, 請委國爲臣妾. 吳王將許之, 伍子胥諫曰:「昔有過氏殺斟灌以伐斟尋, 滅夏帝相. 帝相之妃緡方娠, 逃於有仍而生少康. 少康爲有仍牧正. 有過又欲殺少康, 少康奔有虞. 有虞思夏德, 於是妻之以二女而邑之於綸, 有田一成, 有衆一旅. 後遂收夏衆, 撫其官職. 使人誘之, 遂滅有過氏, 復禹之績, 祀夏配天, 不失舊物. 今吳不如有過之彊, 而句踐大於少康. 今不因此而滅之, 又將寬之, 不亦難乎! 且句踐爲人能辛苦, 今不滅, 後必悔之.」吳王不聽, 聽太宰嚭, 卒許越平, 與盟而罷兵去.

七年, 吳王夫差聞齊景公死而大臣爭寵, 新君弱, 乃興師北伐齊. 子胥諫曰:「越王句踐食不重味, 衣不重采, 弔死問疾, 且欲有所用其衆. 此人不死, 必爲吳患. 今越在腹心疾而王不先, 而務齊, 不亦謬乎!」吳王不聽,

遂北伐齊, 敗齊師於艾陵. 至繒, 召魯哀公而徵百牢. 季康子使子貢以周禮說太宰嚭, 乃得止. 因留略地於齊魯之南. 九年, 爲騶伐魯, , 至與魯盟乃去. 十年, 因伐齊而歸. 十一年, 復北伐齊.

越王句踐率其衆以朝吳, 厚獻遺之, 吳王喜. 唯子胥懼, 曰: 「是棄吳也.」 諫曰: 「越在腹心, 今得志於齊, 猶石田, 無所用. 且盤庚之誥有顚越勿遺, 商之以興.」 吳王不聽, 使子胥於齊, 子胥屬其子於齊鮑氏, 還報吳王. 吳王聞之, 大怒, 賜子胥屬鏤之劍以死. 將死, 曰: 「樹吾墓上以梓, 令可爲器. 抉吾眼置之吳東門, 以觀越之滅吳也.」

齊鮑氏弒齊悼公. 吳王聞之, 哭於軍門外三日, 乃從海上攻齊. 齊人敗吳, 吳王乃引兵歸.

十三年, 吳召魯‧衛之君會於橐皋.

十四年春, 吳王北會諸侯於黃池, 欲霸中國以全周室. 六月(戊)[丙]子, 越王句踐伐吳. 乙酉, 越五千人與吳戰. 丙戌, 虜吳太子友. 丁亥, 入吳. 吳人告敗於王夫差, 夫差惡其聞也. 或泄其語, 吳王怒, 斬七人於幕下. 七月辛丑, 吳王與晉定公爭長. 吳王曰: 「於周室我爲長」 晉定公曰: 「於姬姓我爲伯.」 趙鞅怒, 將伐吳, 乃長晉定公. 吳王已盟, 與晉別, 欲伐宋. 太宰嚭曰: 「可勝而不能居也.」 乃引兵歸國. 國亡太子, 內空, 王居外久, 士皆罷敝, 於是乃使厚幣以與越平.

十五年, 齊田常殺簡公.

十八年, 越益彊. 越王句踐率兵(使)[復]伐敗吳師於笠澤. 楚滅陳.

二十年, 越王句踐復伐吳. 二十一年, 遂圍吳. 二十三年十一月丁卯, 越敗吳. 越王句踐欲遷吳王夫差於甬東, 予百家居之. 吳王曰: 「孤老矣, 不能事君王也. 吾悔不用子胥之言, 自令陷此.」 遂自剄死. 越王滅吳, 誅太宰嚭, 以爲不忠, 而歸.

太史公曰: 孔子言「太伯可謂至德矣, 三以天下讓, 民無得而稱焉」. 余讀春秋古文, 乃知中國之虞與荊蠻句吳兄弟也. 延陵季子之仁心, 慕義無窮, 見微而知淸濁. 嗚呼, 又何其閎覽博物君子也!

越王句踐, 其先禹之苗裔, 而夏后帝少康之庶子也. 封於會稽, 以奉守禹之祀. 文身斷髮, 披草萊而邑焉. 後二十餘世, 至於允常. 允常之時, 與吳王闔廬戰而相怨伐. 允常卒, 子句踐立, 是爲越王.

元年, 吳王闔廬聞允常死, 乃興師伐越. 越王句踐使死士挑戰, 三行, 至吳陳, 呼而自剄. 吳師觀之, 越因襲擊吳師, 吳師敗於檇李, 射傷吳王闔廬. 闔廬且死, 告其子夫差曰:「必毋忘越.」

三年, 句踐聞吳王夫差日夜勒兵, 且以報越, 越欲先吳未發往伐之. 范蠡諫曰:「不可. 臣聞兵者凶器也, 戰者逆德也, 爭者事之末也. 陰謀逆德, 好用凶器, 試身於所末, 上帝禁之, 行者不利.」越王曰:「吾已決之矣.」遂興師. 吳王聞之, 悉發精兵擊越, 敗之夫椒. 越王乃以餘兵五千人保棲於會稽. 吳王追而圍之.

越王謂范蠡曰:「以不聽子故至於此, 爲之奈何?」蠡對曰:「持滿者與天, 定傾者與人, 節事者以地. 卑辭厚禮以遺之, 不許, 而身與之市.」句踐曰:「諾.」乃令大夫種行成於吳, 膝行頓首曰:「君王亡臣句踐使陪臣種敢告下執事: 句踐請爲臣, 妻爲妾.」吳王將許之. 子胥言於吳王曰:「天以越賜吳, 勿許也.」種還, 以報句踐. 句踐欲殺妻子, 燔寶器, 觸戰以死. 種止句踐曰:「夫吳太宰嚭貪, 可誘以利, 請閒行言之.」於是句踐以美女寶器令種閒獻吳太宰嚭. 嚭受, 乃見大夫種於吳王. 種頓首言曰:「願大王赦句踐之罪, 盡入其寶器. 不幸不赦, 句踐將盡殺其妻子, 燔其寶器, 悉五千人觸戰, 必有當也.」嚭因說吳王曰:「越以服爲臣, 若將赦之, 此國之利也.」吳王將許之. 子胥進諫曰:「今不滅越, 後必悔之. 句踐賢君, 種·蠡良臣, 若反國, 將爲亂.」吳王弗聽, 卒赦越, 罷兵而歸.

句踐之困會稽也, 喟然嘆曰:「吾終於此乎?」種曰:「湯繫夏臺, 文王

囚羑里, 晉重耳奔翟, 齊小白奔莒, 其卒王霸. 由是觀之, 何遽不爲福乎?」

吳既赦越, 越王句踐反國, 乃苦身焦思, 置膽於坐, 坐臥卽仰膽, 飲食亦嘗膽也. 曰: 「女忘會稽之恥邪?」身自耕作, 夫人自織, 食不加肉, 衣不重采, 折節下賢人, 厚遇賓客, 振貧弔死, 與百姓同其勞. 欲使范蠡治國政, 蠡對曰: 「兵甲之事, 種不如蠡; 塡撫國家, 親附百姓, 蠡不如種.」於是擧國政屬大夫種, 而使范蠡與大夫柘稽行成, 爲質於吳. 二歲而吳歸蠡.

句踐自會稽歸七年, 拊循其士民, 欲用以報吳. 大夫逢同諫曰: 「國新流亡, 今乃復殷給, 繕飾備利, 吳必懼, 懼則難必至. 且鷙鳥之擊也, 必匿其形. 今夫吳兵加齊·晉, 怨深於楚·越, 名高天下, 實害周室, 德少而功多, 必淫自矜. 爲越計, 莫若結齊, 親楚, 附晉, 以厚吳. 吳之志廣, 必輕戰. 是我連其權, 三國伐之, 越承其弊, 可克也.」句踐曰: 「善.」

居二年, 吳王將伐齊. 子胥諫曰: 「未可. 臣聞句踐食不重味, 與百姓同苦樂. 此人不死, 必爲國患. 吳有越, 腹心之疾, 齊與吳, 疥癬也. 願王釋齊先越.」吳王弗聽, 遂伐齊, 敗之艾陵, 虜齊高·國以歸. 讓子胥. 子胥曰: 「王毋喜!」王怒, 子胥欲自殺, 王聞而止之. 越大夫種曰: 「臣觀吳王政驕矣, 請試嘗之貸粟, 以卜其事.」請貸, 吳王欲與, 子胥諫勿與, 王遂與之, 越乃私喜. 子胥言曰: 「王不聽諫, 後三年吳其墟乎!」太宰嚭聞之, 乃數與子胥爭越議, 因讒子胥曰: 「伍員貌忠而實忍人, 其父兄不顧, 安能顧王? 王前欲伐齊, 員彊諫, 已而有功, 用是反怨王. 王不備伍員, 員必爲亂.」與逢同共謀, 讒之王. 王始不從, 乃使子胥於齊, 聞其子於鮑氏, 王乃大怒, 曰: 「伍員果欺寡人!」役反, 使人賜子胥屬鏤劍以自殺. 子胥大笑曰: 「我令而父霸, 我又立若, 若初欲分吳國半予我, 我不受, 已, 今若反以讒誅我. 嗟乎, 嗟乎, 一人固不能獨立!」報使者曰: 「必取吾眼置吳東門, 以觀越兵入也!」於是吳任嚭政.

居三年, 句踐召范蠡曰: 「吳已殺子胥, 導諛者衆, 可乎?」對曰: 「未可.」

至明年春, 吳王北會諸侯於黃池, 吳國精兵從王, 惟獨老弱與太子留守. 句踐復問范蠡, 蠡曰「可矣」. 乃發習流二千人, 敎士四萬人, 君子六千人, 諸御千人, 伐吳. 吳師敗, 遂殺吳太子. 吳告急於王, 王方會諸侯於黃池, 懼天下聞之, 乃祕之. 吳王已盟黃池, 乃使人厚禮以請成越. 越自度亦未

能滅吳, 乃與吳平.

其後四年, 越復伐吳. 吳士民罷弊, 輕銳盡死於齊·晉. 而越大破吳, 因而留圍之三年, 吳師敗, 越遂復棲吳王於姑蘇之山. 吳王使公孫雄肉袒膝行而前, 請成越王曰:「孤臣夫差敢布腹心, 異日嘗得罪於會稽, 夫差不敢逆命, 得與君王成以歸. 今君王舉玉趾而誅孤臣, 孤臣惟命是聽, 意者亦欲如會稽之赦孤臣之罪乎?」句踐不忍, 欲許之. 范蠡曰:「會稽之事, 天以越賜吳, 吳不取. 今天以吳賜越, 越其可逆天乎? 且夫君王蚤朝晏罷, 非爲吳邪? 謀之二十二年, 一旦而棄之, 可乎? 且夫天與弗取, 反受其咎. '伐柯者其則不遠', 君忘會稽之戹乎?」句踐曰:「吾欲聽子言, 吾不忍其使者.」范蠡乃鼓進兵, 曰:「王已屬政於執事, 使者去, 不者且得罪.」吳使者泣而去. 句踐憐之, 乃使人謂吳王曰:「吾置王甬東, 君百家.」吳王謝曰:「吾老矣, 不能事君王!」遂自殺. 乃蔽其面, 曰:「吾無面以見子胥也!」越王乃葬吳王而誅太宰嚭.

句踐已平吳, 乃以兵北渡淮, 與齊·晉諸侯會於徐州, 致貢於周. 周元王使人賜句踐胙, 命爲伯. 句踐已去, 渡淮南, 以淮上地與楚, 歸吳所侵宋地於宋, 與魯泗東方百里. 當是時, 越兵橫行於江·淮東, 諸侯畢賀, 號稱霸王.

范蠡遂去, 自齊遺大夫種書曰:「蜚鳥盡, 良弓藏; 狡兔死, 走狗烹. 越王爲人長頸鳥喙, 可與共患難, 不可與共樂, 子何不去?」種見書, 稱病不朝. 人或讒種且作亂, 越王乃賜種劍曰:「子教寡人伐吳七術, 寡人用其三而敗吳, 其四在子, 子爲我從先王試之.」種遂自殺.

句踐卒, 子王鼫與立. 王鼫與卒, 子王不壽立. 王不壽卒, 子王翁立. 王翁卒, 子王翳立. 王翳卒, 子王之侯立. 王之侯卒, 子王無彊立.

王無彊時, 越興師北伐齊, 西伐楚, 與中國爭彊. 當楚威王之時, 越北伐齊, 齊威王使人說越王曰:「越不伐楚, 大不王, 小不伯. 圖越之所爲不伐楚者, 爲不得晉也. 韓·魏固不攻楚. 韓之攻楚, 覆其軍, 殺其將, 則葉·陽翟危; 魏亦覆其軍, 殺其將, 則陳·上蔡不安. 故二晉之事越也, 不至於覆軍殺將, 馬汗之力不效. 所重於得晉者何也?」越王曰:「所求於晉者, 不至頓刃接兵, 而況于攻城圍邑乎? 願魏以聚大梁之下, 願齊之試兵南陽莒地, 以聚常·郯之境, 則方城之外不南, 淮·泗之閒不東, 商·於·析·酈·宗胡

之地, 夏路以左, 不足以備秦, 江南·泗上不足以待越矣. 則齊·秦·韓·魏得
志於楚也, 是二晉不戰分地, 不耕而穫之. 不此之爲, 而頓刃於河山之閒
以爲齊秦用, 所待者如此其失計, 柰何其以此王也!」齊使者曰:「幸也越
之不亡也! 吾不貴其用智之如目, 見豪毛而不見其睫也. 今王知晉之失計,
而不自知越之過, 是目論也. 王所待於晉者, 非有馬汗之力也, 又非可與合
軍連和也, 將待之以分楚衆也. 今楚衆已分, 何待於晉?」越王曰:「柰何?」
曰:「楚三大夫張九軍, 北圍曲沃·於中, 以至無假之關者三千七百里, 景翠
之軍北聚魯·齊·南陽, 分有大此者乎? 且王之所求者, 鬪晉楚也; 晉楚不鬪,
越兵不起, 是知二五而不知十也. 此時不攻楚, 臣以是知越大不王, 小不伯.
復讎·龐·長沙, 楚之粟也; 竟澤陵, 楚之材也. 越窺兵通無假之關, 此四邑
者不上貢事於郢矣. 臣聞之, 圖王不王, 其敝可以伯. 然而不伯者, 王道
失也. 故願大王之轉攻楚也.」

於是越遂釋齊而伐楚. 楚威王興兵而伐之, 大敗越, 殺王無彊, 盡取故
吳地至浙江, 北破齊於徐州. 而越以此散, 諸族子爭立, 或爲王, 或爲君,
濱於江南海上, 服朝於楚.

後七世, 至閩君搖, 佐諸侯平秦. 漢高帝復以搖爲越王, 以奉越後. 東越,
閩君, 皆其後也.

范蠡事越王句踐, 既苦身勠力, 與句踐深謀二十餘年, 竟滅吳, 報會稽
之恥, 北渡兵於淮以臨齊·晉, 號令中國, 以尊周室, 句踐以霸, 而范蠡稱
上將軍. 還反國, 范蠡以爲大名之下, 難以久居, 且句踐爲人可與同患, 難與
處安, 爲書辭句踐曰:「臣聞主憂臣勞, 主辱臣死. 昔者君王辱於會稽, 所以
不死, 爲此事也. 今既以雪恥, 臣請從會稽之誅.」句踐曰:「孤將與子分國
而有之. 不然, 將加誅于子.」范蠡曰:「君行令, 臣行意.」乃裝其輕寶珠玉,
自與其私徒屬乘舟浮海以行, 終不反. 於是句踐表會稽山以爲范蠡奉邑.

范蠡浮海出齊, 變姓名, 自謂鴟夷子皮, 耕于海畔, 苦身勠力, 父子治產.
居無幾何, 致產數十萬. 齊人聞其賢, 以爲相. 范蠡喟然嘆曰:「居家則致
千金, 居官則至卿相, 此布衣之極也. 久受尊名, 不祥.」乃歸相印, 盡散
其財, 以分與知友鄉黨, 而懷其重寶, 閒行以去, 止于陶, 以爲此天下之中,
交易有無之路通, 爲生可以致富矣. 於是自謂陶朱公. 復約要父子耕畜,

廢居, 候時轉物, 逐什一之利. 居無何, 則致貲累巨萬. 天下稱陶朱公.

朱公居陶, 生少子. 少子及壯, 而朱公中男殺人, 囚於楚. 朱公曰:「殺人而死, 職也. 然吾聞千金之子不死於市」告其少子往視之. 乃裝黃金千溢, 置褐器中, 載以一牛車. 且遣其少子, 朱公長男固請欲行, 朱公不聽. 長男曰:「家有長子曰家督, 今弟有罪, 大人不遣, 乃遣少弟, 是吾不肖」欲自殺. 其母為言曰:「今遣少子, 未必能生中子也, 而先空亡長男, 奈何?」朱公不得已而遣長子, 為一封書遺故所善莊生. 曰:「至則進千金于莊生所, 聽其所為, 慎無與爭事」長男既行, 亦自私齎數百金.

至楚, 莊生家負郭, 披藜藋到門, 居甚貧. 然長男發書進千金, 如其父言. 莊生曰:「可疾去矣, 慎毋留! 即弟出, 勿問所以然」長男既去, 不過莊生而私留, 以其私齎獻遺楚國貴人用事者.

莊生雖居窮閻, 然以廉直聞於國, 自楚王以下皆師尊之. 及朱公進金, 非有意受也, 欲以成事後復歸之以為信耳. 故金至, 謂其婦曰:「此朱公之金. 有如病不宿誡, 後復歸, 勿動」而朱公長男不知其意, 以為殊無短長也.

莊生閒時入見楚王, 言「某星宿某, 此則害於楚」. 楚王素信莊生, 曰:「今為奈何?」莊生曰:「獨以德為可以除之」楚王:「生休矣, 寡人將行之」王乃使使者封三錢之府. 楚貴人驚告朱公長男曰:「王且赦」曰:「何以也?」曰:「每王且赦, 常封三錢之府. 昨暮王使使封之」朱公長男以為赦, 弟固當出也, 重千金虛棄莊生, 無所為也, 乃復見莊生. 莊生驚曰:「若不去邪?」長男曰:「固未也. 初為事弟, 弟今議自赦, 故辭生去」莊生知其意欲復得其金, 曰:「若自入室取金」長男即自入室取金持去, 獨自歡幸.

莊生羞為兒子所賣, 乃入見楚王曰:「臣前言某星事, 王言欲以修德報之. 今臣出, 道路皆言陶之富人朱公之子殺人囚楚, 其家多持金錢賂王左右, 故王非能恤楚國而赦, 乃以朱公子故也.」楚王大怒曰:「寡人雖不德耳, 奈何以朱公之子故而施惠乎!」令論殺朱公子, 明日遂下赦令. 朱公長男竟持其弟喪歸.

至, 其母及邑人盡哀之, 唯朱公獨笑, 曰:「吾固知必殺其弟也! 彼非不愛其弟, 顧有所不能忍者也. 是少與我俱, 見苦, 為生難, 故重棄財. 至如少弟者, 生而見我富, 乘堅驅良逐狡兔, 豈知財所從來, 故輕棄之, 非所

惜吝. 前日吾所爲欲遣少子, 固爲其能棄財故也. 而長者不能, 故卒以殺其弟, 事之理也, 無足悲者. 吾日夜固以望其喪之來也.」

故范蠡三徙, 成名於天下, 非苟去而已, 所止必成名. 卒老死于陶, 故世傳曰陶朱公.

太史公曰: 禹之功大矣, 漸九川, 定九州, 至于今諸夏艾安. 及苗裔句踐, 苦身焦思, 終滅彊吳, 北觀兵中國, 以尊周室, 號稱霸王. 句踐可不謂賢哉! 蓋有禹之遺烈焉. 范蠡三遷皆有榮名, 名垂後世. 臣主若此, 欲毋顯得乎!

伍子胥者, 楚人也, 名員. 員父曰伍奢. 員兄曰伍尙. 其先曰伍擧, 以直諫事楚莊王, 有顯, 故其後世有名於楚.

楚平王有太子名曰建, 使伍奢爲太傅, 費無忌爲少傅. 無忌不忠於太子建. 平王使無忌爲太子取婦於秦, 秦女好, 無忌馳歸報平王曰:「秦女絶美, 王可自取, 而更爲太子取婦.」平王遂自取秦女而絶愛幸之, 生子軫. 更爲太子取婦.

無忌旣以秦女自媚於平王, 因去太子而事平王. 恐一旦平王卒而太子立, 殺己, 乃因讒太子建. 建母, 蔡女也, 無寵於平王. 平王稍益疏建, 使建守城父, 備邊兵.

頃之, 無忌又日夜言太子短於王曰:「太子以秦女之故, 不能無怨望, 願王少自備也. 自太子居城父, 將兵, 外交諸侯, 且欲入爲亂矣.」平王乃召其太傅伍奢考問之. 伍奢知無忌讒太子於平王, 因曰:「王獨奈何以讒賊小臣疏骨肉之親乎?」無忌曰:「王今不制, 其事成矣. 王且見禽.」於是平王怒, 囚伍奢, 而使城父司馬奮揚往殺太子. 行未至, 奮揚使人先告太子:「太子急去, 不然將誅.」太子建亡奔宋.

無忌言於平王曰:「伍奢有二子, 皆賢, 不誅且爲楚憂. 可以其父質而召之, 不然且爲楚患.」王使使謂伍奢曰:「能致汝二子則生, 不能則死.」伍奢曰:「尙爲人仁, 呼必來. 員爲人剛戾忍詢, 能成大事, 彼見來之幷禽, 其勢必不來.」王不聽, 使人召二子曰:「來, 吾生汝父; 不來, 今殺奢也.」伍尙欲往, 員曰:「楚之召我兄弟, 非欲以生我父也, 恐有脫者後生患, 故以父爲質, 詐召二子. 二子到, 則父子俱死. 何益父之死? 往而令讎不得報耳. 不如奔他國, 借力以雪父之恥, 俱滅, 無爲也.」伍尙曰:「我知往終不能全父命. 然恨父召我以求生而不往, 後不能雪恥, 終爲天下笑耳.」謂員:「可去矣! 汝能報殺父之讎, 我將歸死.」尙旣就執, 使者捕伍胥. 伍胥貫弓

執矢嚮使者, 使者不敢進. 伍胥遂亡. 聞太子建之在宋, 往從之. 奢聞子胥之亡也, 曰:「楚國君臣且苦兵矣.」伍尚至楚, 楚幷殺奢與尚也.

伍胥既至宋, 宋有華氏之亂, 乃與太子建俱奔於鄭. 鄭人甚善之. 太子建又適晉, 晉頃公曰:「太子既善鄭, 鄭信太子. 太子能爲我內應, 而我攻其外, 滅鄭必矣. 滅鄭而封太子.」太子乃還鄭. 事未會, 會自私欲殺其從者, 從者知其謀, 乃告之於鄭. 鄭定公與子産誅殺太子建. 建有子名勝. 伍胥懼, 乃與勝俱奔吳. 到昭關, 昭關欲執之. 伍胥遂與勝獨身步走, 幾不得脫. 追者在後. 至江, 江上有一漁父乘船, 知伍胥之急, 乃渡伍胥. 伍胥既渡, 解其劍曰:「此劍直百金, 以與父.」父曰:「楚國之法, 得伍胥者賜粟五萬石, 爵執珪, 豈徒百金劍邪!」不受. 伍胥未至吳而疾, 止中道, 乞食. 至於吳, 吳王僚方用事, 公子光爲將. 伍胥乃因公子光以求見吳王.

久之, 楚平王以其邊邑鍾離與吳邊邑卑梁氏俱蠶, 兩女子爭桑相攻, 乃大怒, 至於兩國舉兵相伐. 吳使公子光伐楚, 拔其鍾離·居巢而歸. 伍子胥說吳王僚曰:「楚可破也. 願復遣公子光.」公子光謂吳王曰:「彼伍胥父兄爲戮於楚, 而勸王伐楚者, 欲以自報其讎耳. 伐楚未可破也.」伍胥知公子光有內志, 欲殺王而自立, 未可說以外事, 乃進專諸於公子光, 退而與太子建之子勝耕於野.

五年而楚平王卒. 初, 平王所奪太子建秦女生子軫, 急平王卒, 軫竟立爲後, 是爲昭王. 吳王僚因楚喪, 使二公子將兵往襲楚. 楚發兵絕吳兵之後, 不得歸. 吳國內空, 而公子光乃令專諸襲刺吳王僚而自立, 是爲吳王闔廬. 闔廬既立, 得志, 乃召伍員以爲行人, 而與謀國事.

楚誅其大臣郤宛·伯州犁, 伯州犁之孫伯嚭亡奔吳, 吳亦以嚭爲大夫. 前王僚所遣二公子將兵伐楚者, 道絕不得歸. 後聞闔廬弑王僚自立, 遂以其兵降楚, 楚封之於舒. 闔廬立三年, 乃興師與伍員·伯嚭伐楚, 拔舒, 遂禽故吳反二將軍. 因欲至郢, 將軍孫武曰:「民勞, 未可, 且待之.」乃歸.

四年, 吳伐楚, 取六與灊. 五年, 伐越, 敗之. 六年, 楚昭王使公子囊瓦將兵伐吳. 吳使伍員迎擊, 大破楚軍於豫章, 取楚之居巢.

九年, 吳王闔廬謂子胥·孫武曰:「始子言郢未可入, 今果何如?」二子對曰:「楚將囊瓦貪, 而唐·蔡皆怨之. 王必欲大伐之, 必先得唐·蔡乃可.」闔廬

聽之, 悉興師與唐·蔡伐楚, 與楚夾漢水而陳. 吳王之弟夫概將兵請從, 王不聽, 遂以其屬五千人擊楚將子常. 子常敗走, 奔鄭. 於是吳乘勝而前, 五戰, 遂至郢. 己卯, 楚昭王出奔. 庚辰, 吳王入郢.

昭王出亡, 入雲夢; 盜擊王, 王走鄖. 鄖公弟懷曰:「平王殺我父, 我殺其子, 不亦可乎!」鄖公恐其弟殺王, 與王奔隨. 吳兵圍隨, 謂隨人曰:「周之子孫在漢川者, 楚盡滅之.」隨人欲殺王, 王子綦匿王, 己自爲王以當之. 隨人卜與王於吳, 不吉, 乃謝吳不與王.

始伍員與申包胥爲交, 員之亡也, 謂包胥曰:「我必覆楚.」包胥曰:「我必存之.」及吳兵入郢, 伍子胥求昭王. 既不得, 乃掘楚平王墓, 出其尸, 鞭之三百, 然後已. 申包胥亡於山中, 使人謂子胥曰:「子之報讎, 其以甚乎! 吾聞之: 人眾者勝天, 天定亦能破人. 今子故平王之臣, 親北面而事之, 今至於僇死人, 此豈其無天道之極乎?」伍子胥曰:「爲我謝申包胥曰:『吾日莫途遠, 吾故倒行而逆施之.』」於是申包胥走秦告急, 求救於秦. 秦不許. 包胥立於秦廷, 晝夜哭, 七日七夜不絕其聲. 秦哀公憐之, 曰:「楚雖無道, 有臣若是, 可無存乎?」乃遣車五百乘救楚擊吳. 六月, 敗吳兵於稷. 會吳王久留楚求昭王, 而闔廬弟夫概乃亡歸, 自立爲王. 闔廬聞之, 乃釋楚而歸, 擊其弟夫概. 夫概敗走, 遂奔楚. 楚昭王見吳有內亂, 乃復入郢. 封夫概於堂谿, 爲堂谿氏. 楚復與吳戰, 敗吳, 吳王乃歸.

後二歲, 闔廬使太子夫差將兵伐楚, 取番. 楚懼吳復大來, 乃去郢, 徙於鄀. 當是時, 吳以伍子胥·孫武之謀, 西破彊楚, 北威齊晉, 南服越人.

其後四年, 孔子相魯.

後五年, 伐越. 越王句踐迎擊, 敗吳於姑蘇, 傷闔廬指, 軍卻. 闔廬病創將死, 謂太子夫差曰:「爾忘句踐殺爾父乎?」夫差對曰:「不敢忘.」是夕, 闔廬死. 夫差既立爲王, 以伯嚭爲太宰, 習戰射. 二年後伐越, 敗越於夫湫. 越王句踐乃以餘兵五千人棲於會稽之上, 使大夫種厚幣遺吳太宰嚭以請和, 求委國爲臣妾. 吳王將許之. 伍子胥諫曰:「越王爲人能辛苦. 今王不滅, 後必悔之.」吳王不聽, 用太宰嚭計, 與越平.

其後五年, 而吳王聞齊景公死而大臣爭寵, 新君弱, 乃興師北伐齊. 伍子胥諫曰:「句踐食不重味, 弔死問疾, 且欲有所用之也. 此人不死, 必爲吳患.

今吳之有越, 猶人之有腹心疾也. 而王不先越而乃務齊, 不亦謬乎!」吳王不聽, 伐齊, 大敗齊師於艾陵, 遂威鄒魯之君以歸. 益疏子胥之謀.

其後四年, 吳王將北伐齊, 越王句踐用子貢之謀, 乃率其衆以助吳, 而重寶以獻遺太宰嚭. 太宰嚭旣數受越賂, 其愛信越殊甚, 日夜爲言於吳王. 吳王信用嚭之計. 伍子胥諫曰:「夫越, 腹心之病, 今信其浮辭詐僞而貪齊. 破齊, 譬猶石田, 無所用之. 且《盤庚之誥》曰:『有顚越不恭, 劓殄滅之, 俾無遺育, 無使易種于玆邑.』此商之所以興. 願王釋齊而先越; 若不然, 後將悔之無及.」而吳王不聽, 使子胥於齊. 子胥臨行, 謂其子曰:「吾數諫王, 王不用, 吾今見吳之亡矣. 汝與吳俱亡, 無益也.」乃屬其子於齊鮑牧, 而還報吳.

吳太宰嚭旣與子胥有隙, 因讒曰:「子胥爲人剛暴, 少恩, 猜賊, 其怨望恐爲深禍也. 前日王欲伐齊, 子胥以爲不可, 王卒伐之而有大功. 子胥恥其計謀不用, 乃反怨望. 而今王又復伐齊, 子胥專愎彊諫, 沮毀用事, 徒幸吳之敗以自勝其計謀耳. 今王自行, 悉國中武力以伐齊, 而子胥諫不用, 因輟謝, 詳病不行. 王不可不備, 此起禍不難. 且嚭使人微伺之, 其使於齊也, 乃屬其子於齊之鮑氏. 夫爲人臣, 內不得意, 外倚諸侯, 自以爲先王之謀臣, 今不見用, 常鞅鞅怨望. 願王早圖之.」吳王曰:「微子之言, 吾亦疑之.」乃使使賜伍子胥屬鏤之劍, 曰:「子以此死.」伍子胥仰天歎曰:「嗟乎! 讒臣嚭爲亂矣, 王乃反誅我. 我令若父霸. 自若未立時, 諸公子爭立, 我以死爭之於先王, 幾不得立. 若旣得立, 欲分吳國予我, 我顧不敢望也. 然今若聽諛臣言以殺長者.」乃告其舍人曰:「必樹吾墓上以梓, 令可以爲器; 而抉吾眼縣吳東門之上, 以觀越寇之入滅吳也.」乃自剄死. 吳王聞之大怒, 乃取子胥尸盛以鴟夷革, 浮之江中. 吳人憐之, 爲立祠於江上, 因命曰胥山.

吳王旣誅伍子胥, 遂伐齊. 齊鮑氏殺其君悼公而立陽生. 吳王欲討其賊, 不勝而去. 其後二年, 吳王召魯衛之君會之橐皋. 其明年, 因北大會諸侯於黃池, 以令周室. 越王句踐襲殺吳太子, 破吳兵. 吳王聞之, 乃歸, 使使厚幣與越平. 後九年, 越王句踐遂滅吳, 殺王夫差; 而誅太宰嚭, 以不忠於其君, 而外受重賂, 與己比周也.

伍子胥初所與俱亡故楚太子建之子勝者. 在於吳. 吳王夫差之時, 楚惠王

欲召勝歸楚. 葉公諫曰:「勝好勇而陰求死士, 殆有私乎!」惠王不聽. 遂召勝, 使居楚之邊邑鄢, 號爲白公. 白公歸楚三年而吳誅子胥.

白公勝旣歸楚, 怨鄭之殺其父, 乃陰養死士求報鄭. 歸楚五年, 請伐鄭, 楚令尹子西許之. 兵未發而晉伐鄭, 鄭請救於楚. 楚使子西往救, 與盟而還. 白公勝怒曰:「非鄭之仇, 乃子西也.」勝自礪劍, 人問曰:「何以爲?」勝曰:「欲以殺子西.」子西聞之, 笑曰:「勝如卵耳, 何能爲也.」

其後四歲, 白公勝與石乞襲殺楚令尹子西・司馬子綦於朝. 石乞曰:「不殺王, 不可.」乃劫(之)王如高府. 石乞從者屈固負楚惠王亡走昭夫人之宮. 葉公聞白公爲亂, 率其國人攻白公. 白公之徒敗, 亡走山中, 自殺. 而虜石乞, 而問白公尸處, 不言將亨. 石乞曰:「事成爲卿, 不成而亨, 固其職也.」終不肯告其尸處. 遂亨石乞, 而求惠王復立之.

太史公曰: 怨毒之於人甚矣哉! 王者尚不能行之於臣下, 況同列乎! 向令伍子胥從奢俱死, 何異螻蟻. 弃小義, 雪大恥, 名垂於後世, 悲夫! 方子胥窘於江上, 道乞食, 志豈嘗須臾忘郢邪? 故隱忍就功名, 非烈丈夫孰能致此哉? 白公如不自立爲君者, 其功謀亦不可勝道者哉!

V. 《國語》 관련자료

〈1〉 吳語

(1) 越王句踐命諸稽郢行成於吳

吳王夫差起師伐越, 越王句踐起師逆之.

大夫種乃獻謀曰: 「夫吳之與越, 唯天所援, 王其無庸戰. 夫申胥·華登簡服吳國之士於甲兵, 而未嘗有所挫也. 夫一人善射, 百夫決拾, 勝未可成也. 夫謀必素見成事焉, 而後履之, 不可以援命. 王不如設戎, 約辭行成, 以喜其民, 以廣侈吳王之心. 吾以卜之於天, 天若棄吳, 必許吾成而不吾足也, 將必寬然有伯諸侯之心焉. 旣罷弊其民, 而天奪之食, 安受其燼, 乃無有命矣.」

越王許諾, 乃命諸稽郢行成於吳, 曰: 「寡君句踐使下臣郢不敢顯然布幣行禮, 敢私告於下執事曰: 昔者越國見禍, 得罪於天王. 天王親趨玉趾, 以心孤句踐, 而又有赦之. 君王之於越也, 繄起死人而肉白骨也. 孤不敢忘天災, 其敢忘君王之大賜乎! 今句踐申禍無良, 草鄙之人, 敢忘天王之大德, 而思邊垂之小怨, 以重得罪於下執事? 句踐用帥二三之老, 親委重罪, 頓顙於邊.

今君王不察, 盛怒屬兵, 將殘伐越國. 越國固貢獻之邑也, 君王不以鞭箠使之, 而辱軍士使寇令焉. 句踐請盟: 一介嫡女, 執箕箒以晐姓於王宮;

一介嫡男, 奉槃匜以隨諸御; 春秋貢獻, 不解於王府. 天王豈辱裁之? 亦征
諸侯之禮也.

夫諺曰:『狐埋之而狐搰之, 是以無成功.』今天王旣封殖越國, 以明聞於
天下, 而又刈亡之, 是天王之無成勞也. 雖四方之諸侯, 則何實以事吳?
敢使下臣盡辭, 唯天王秉利度義焉!」

(2)吳王夫差與越荒成不盟

吳王夫差乃告諸大夫曰:「孤將有大志於齊, 吾將許越成, 而無拂吾慮.
若越旣改, 吾又何求? 若其不改, 反行, 吾振旅焉.」

申胥諫曰:「不可許也. 夫越非實忠心好吳也, 又非懾畏吾兵甲之彊也.
大夫種勇而善謀, 將還玩吳國於股掌之上, 以得其志. 夫固知君王之蓋
威以好勝也, 故婉約其辭, 以從逸王志, 使淫樂於諸夏之國, 以自傷也.
使吾甲兵鈍獘, 民人離落, 而日以憔悴, 然後安受吾燼. 夫越王好信以愛民,
四方歸之, 年穀時熟, 日長炎炎. 及吾猶可以戰也, 爲虺弗摧, 爲蛇將若何?」

吳王曰:「大夫奚隆於越? 越曾足以爲大虞乎? 若無越, 則吾何以春秋
曜吾軍士?」

乃許之成.

將盟, 越王又使諸稽郢辭曰:「以盟爲有益乎? 前盟口血未乾, 足以結
信矣. 以盟爲無益乎? 君王舍甲兵之威以臨使之, 而胡重於鬼神而自輕也?」

吳王乃許之, 荒成不盟.

(3)夫差伐齊不聽申胥之諫

吳王夫差旣許越成, 乃大戒師徒, 將以伐齊.

申胥進諫曰:「昔天以越賜吳, 而王弗受. 夫天命有反, 今越王句踐恐懼
而改其謀, 舍其愆令, 輕其征賦, 施民所善, 去民所惡, 身自約也, 裕其

衆庶, 其民殷衆, 以多甲兵. 越之在吳, 猶人之有腹心之疾也. 夫越王不
忘敗吳, 於其心也惄然, 服士以伺吾閒. 今王非越是圖, 而齊·魯以爲憂.
夫齊·魯譬諸疾, 疥癬也, 豈能涉江·淮而與我爭此地哉? 將必越實有吳土.

王其盍亦鑑於人? 無鑑於水. 昔楚靈王不君, 其臣箴諫以不入. 乃築臺
於章華之上, 闕爲石郭, 陂漢, 以象帝舜. 罷弊楚國, 以閒陳·蔡. 不修方
城之內, 踰諸夏而圖東國, 三歲於沮·汾以服吳·越. 其民不忍饑勞之殃,
三軍叛王於乾谿. 王親獨行, 屏營仿偟於山林之中, 三日乃見其涓人疇.
王呼之曰:『余不食三日矣.』疇趨而進, 王枕其股以寢於地. 王寐, 疇枕王
以墣而去之. 王覺而無見也, 乃匍匐將入於棘闈, 棘闈不納, 乃入芋尹申亥
氏焉. 王縊, 申亥負王以歸, 而土埋之其室. 此志也, 豈遽忘於諸侯之耳乎?

今王旣變鮌·禹之功, 而高高下下, 以罷民於姑蘇. 天奪吾食, 都鄙薦饑.
今王將很天而伐齊, 夫吳民離矣. 體有所傾, 譬如羣獸然, 一個負矢, 將百
羣皆奔, 王其無方收也. 越人必來襲我, 王雖悔之, 其猶有及乎?」

王弗聽.

十二年, 遂伐齊.

齊人與戰於艾陵, 齊師敗績, 吳人有功.

(4)夫差勝於艾陵使奚斯釋言於齊

吳王夫差旣勝齊人於艾陵, 乃使行人奚斯釋言於齊, 曰:「寡人帥不腆
吳國之役, 遵汶之上, 不敢左右, 唯好之故. 今大夫國子興其衆庶, 以犯
獵吳國之師徒, 天若不知有罪, 則何以使下國勝!」

(5)申胥自殺

吳王還自伐齊, 乃訊申胥曰:「昔吾先王體德明聖, 達於上帝, 譬如農夫
作耦, 以刈殺四方之蓬蒿, 以立名於荊, 此則大夫之力也. 今大夫老, 而又

不自安恬逸, 而處以念惡, 出則罪吾衆, 撓亂百度, 以妖孽吳國. 今天降衷於吳, 齊師受服. 孤豈敢自多, 先王之鍾鼓寔式靈之. 敢告於大夫.」

申胥釋劍而對曰:「昔吾先王世有輔弼之臣, 以能遂疑計惡, 以不陷於大難. 今王播棄黎老, 而孩童焉比謀, 曰:『余令而不達.』夫不違, 乃違也. 夫不違, 亡之階也. 夫天之所棄, 必驟近其小喜, 而遠其大憂. 王若不得志於齊, 而以覺寤王心, 而吳國猶世. 吾先君得之也, 必有以取之; 其亡之也, 亦有以棄之. 用能援持盈以沒, 而驟救傾以時. 今王無以取之, 而天祿亟至, 是吳命之短也. 員不忍稱疾辟易, 以見王之親爲越之擒也. 員請先死.」

遂自殺.

將死, 曰:「以懸吾目於東門, 以見越之入, 吳國之亡也.」

王慍曰:「孤不使大夫得有見也.」

乃使取申胥之尸, 盛以鴟鴺, 而投之於江.

(6)吳晉爭長未成句踐襲吳

吳王夫差既殺申胥, 不稔於歲, 乃起師北征, 闕爲深溝, 通於商·魯之間, 北屬之沂, 西屬之濟, 以會晉公午於黃池.

於是越王句踐乃命范蠡·舌庸, 率師沿海泝淮以絶吳路. 敗王子友於姑熊夷.

越王句踐乃率中軍泝江以襲吳, 入其郛, 焚其姑蘇, 徙其大舟.

吳·晉爭長未成, 邊遽乃至, 以越亂告.

吳王懼, 乃合大夫而謀曰:「越爲不道, 背其齊盟. 今吾道路修遠, 無會而歸, 與會而先晉, 孰利?」

王孫雒曰:「夫危事不齒, 雒敢先對. 二者莫利. 無會而歸, 越聞章矣, 民懼而走, 遠無正就. 齊·宋·徐·夷曰:『吳既敗矣!』將夾溝而㒹我, 我無生命矣. 會而先晉, 晉既執諸侯之柄以臨我, 將成其志以見天子. 吾須之不能, 去之不忍. 若越聞愈章, 吾民恐叛, 必會而先之.」

王乃步就王孫雒曰:「先之, 圖之將若何?」

王孫雒曰:「王其無疑, 吾道路悠遠, 必無有二命, 焉可以濟事.」

王孫雒進, 顧揖諸大夫曰:「危事不可以爲安, 死事不可以爲生, 則無爲貴智矣. 民之惡死而欲富貴以長沒也, 與我同. 雖然, 彼近其國, 有遷; 我絶慮, 無遷. 彼豈能與我行此危事也哉? 事君勇謀, 於此用之. 今夕必挑戰, 以廣民心. 請王勵士, 以奮其朋勢. 勸之以高位重畜, 備刑戮以辱其不勵者, 令各輕其死. 彼將不戰而先我, 我既執諸侯之柄, 以歲之不穫也, 無有誅焉, 而先罷之, 諸侯必悅. 既而皆入其地, 王安挺志, 一日惕, 一日留, 以安步王志. 必設以此民也, 封於江·淮之間, 乃能至於吳.」

吳王許諾.

(7)吳欲與晉戰得爲盟主

吳王昏乃戒, 令秣馬食士.

夜中, 乃令服兵擐甲, 係馬舌, 出火竈, 陳士卒百人, 以爲徹行百行. 行頭皆官師, 擁鐸拱稽, 建肥胡, 奉文犀之渠. 十行一嬖大夫, 建旌提鼓, 挾經秉枹. 十旌一將軍, 載常建鼓, 挾經秉枹. 萬人以爲方陣, 皆白裳·白旂·素甲·白羽之矰, 望之如荼. 王親秉鉞, 載白旗以中陣而立. 左軍亦如之, 皆赤裳·赤旃·丹甲·朱羽之矰, 望之如火. 右軍亦如之, 皆玄裳·玄旗, 黑甲·烏羽之矰, 望之如墨. 爲帶甲三萬, 以勢攻, 雞鳴乃定.

既陣, 去晉軍一里. 昧明, 王乃秉枹, 親就鳴鍾鼓·丁寧·錞于·振鐸, 勇怯盡應, 三軍皆嘩釦以振旅, 其聲動天地.

晉師大駭不出, 周軍飭壘, 乃命董褐請事, 曰:「兩君偃兵接好, 日中爲期. 今大國越錄, 而造於弊邑之軍壘, 敢請亂故.」

吳王親對之曰:「天子有命, 周室卑約, 貢獻莫入, 上帝鬼神而不可以告. 無姬姓之振也, 徒遽來告. 孤日夜相繼, 匍匐就君. 君今非王室不安是憂, 億負晉衆庶, 不式諸戎·狄·楚·秦; 將不長弟, 以力征一二兄弟之國. 孤欲守吾先君之班爵, 進則不敢, 退則不可. 今會日薄矣, 恐事之不集, 以爲諸侯笑. 孤之事君在今日, 不得事君亦在今日. 爲使者之無遠也, 孤用親

聽命於藩籬之外.」

董褐將還, 王稱左畸曰:「攝少司馬玆與王士五人, 坐於王前.」

乃皆進, 自剄於客前以酬客.

董褐既致命, 乃告趙鞅曰:「臣觀吳王之色, 類有大憂, 小則嬖妾·嫡子死, 不則國有大難; 大則越入吳. 將毒, 不可與戰. 主其許之先, 無以待危, 然則不可徒許也.」

趙鞅許諾.

晉乃令董褐復命曰:「寡君未敢觀兵身見, 使褐復命曰:『囊君之言, 周室既卑, 諸侯失禮於天子, 請貞於陽卜, 收文·武之諸侯. 孤以下密邇於天子, 無所逃罪, 訊讓日至, 曰: 昔吳伯父不失, 春秋必率諸侯以顧在與一人. 今伯父有蠻·荊之虞, 禮世不續, 用命孤禮佐周公, 以見我一二兄弟之國, 以休君憂. 今君掩王東海, 以淫名聞於天子. 君有短垣, 而自踰之, 況蠻·荊則何有於周室? 夫命圭有命, 固曰吳伯, 不曰吳王. 諸侯是以敢辭. 夫諸侯無二君, 而周無二王, 君若無卑天子, 以干其不祥, 而曰吳公, 孤敢不順從君命長弟!』許諾.」

吳王許諾, 乃退就幕而會. 吳公先歃, 晉侯亞之. 吳王既會, 越聞愈章, 恐齊·宋之爲己害也, 乃命王孫雒先與勇獲帥徒師, 以爲過賓於宋, 以焚其北郊焉而過之.

(8)夫差退于黃池使王孫苟告于周

吳王夫差既退于黃池, 乃使王孫苟告勞于周, 曰:「昔者楚人爲不道, 不承共王事, 以遠我一二兄弟之國. 吾先君闔廬不貰不忍, 被甲帶劍, 挺鈹搢鐸, 以與楚昭王毒逐於中原柏擧. 天舍其衷, 楚師敗績, 王去其國, 遂至于郢. 王總其百執事, 以奉其社稷之祭. 其父子·昆弟不相能, 夫概王作亂, 是以復歸於吳. 今齊侯壬不鑒於楚, 又不承共王命, 以遠我一二兄弟之國. 夫差不貰不忍, 被甲帶劍, 挺鈹搢鐸, 遵汶伐博, 簦笠相望於艾陵. 天舍其衷, 齊師還. 夫差豈敢自多? 文·武寔是舍其衷. 歸不稔於歲, 余沿江泝淮,

闕溝深水, 出於商·魯之間, 以徹於兄弟之國. 夫差克有成事, 敢使苟告於下執事.」

周王答曰:「苟, 伯父令女來, 明紹享余一人, 若余嘉之. 昔周室逢天之降禍, 遭民之不祥, 余心豈忘憂恤, 不唯下土之不康靖? 今伯父曰:『戮力同德.』伯父若能然, 余一人兼受而介福. 伯父多歷年以沒元身, 伯父秉德已侈大哉!」

(9)句踐滅吳夫差自殺

吳王夫差還自黃池, 息民不戒.

越大夫種乃唱謀曰:「吾謂吳王將遂涉吾地, 今罷師而不戒以忘我, 我不可以怠. 日臣嘗卜於天, 今吳民既罷, 而大荒薦饑, 市無赤米, 而囷鹿空虛, 其民必移就蒲蠃於東海之濱. 天占既兆, 人事又見, 我筴卜筮矣. 王若今起師以會, 奪之利, 無使夫悛. 夫吳之邊鄙遠者, 罷而未至, 吳王將恥不戰, 必不須至之會也, 而以中國之師與我戰. 若事幸而從我, 我遂踐其地, 其至者亦將不能之會也已, 吾用禦兒臨之. 吳王若愠而又戰, 奔遂可出. 若不戰而結成, 王安厚取名而去之.」

越王曰:「善哉!」

乃大戒師, 將伐吳.

楚申包胥使於越, 越王句踐問焉, 曰:「吳國為不道, 求踐我社稷宗廟, 以為平原, 弗使血食. 吾欲與之徼天之衷, 唯是車馬·兵甲·卒伍既具, 無以行之. 請問戰奚以而可?」

包胥辭曰:「不知.」

王固問焉, 乃對曰:「夫吳, 良國也, 能博取於諸侯. 敢問君王之所以與之戰者?」

王曰:「在孤之側者, 觴酒·豆肉·簞食, 未嘗敢不分也. 飲食不致味, 聽樂不盡聲, 以求報吳. 願以此戰.」

包胥曰:「善則善矣, 未可以戰也.」

王曰:「越國之中, 疾者吾問之, 死者吾葬之, 老其老, 慈其幼, 長其孤, 問其病, 求以報吳. 願以此戰.」

包胥曰:「善則善矣, 未可以戰也.」

王曰:「越國之中, 吾寬民以子之, 忠惠以善之. 吾修令寬刑, 施民所欲, 去民所惡, 稱其善, 掩其惡, 求以報吳. 願以此戰.」

包胥曰:「善則善矣, 未可以戰也.」

王曰:「越國之中, 富者吾安之, 貧者吾與之, 救其不足, 裁其有餘, 使貧富皆利之, 求以報吳. 願以此戰.」

包胥曰:「善則善矣, 未可以戰也.」

王曰:「越國南則楚, 西則晉, 北則齊, 春秋皮幣·玉帛·子女以賓服焉, 未嘗敢絕, 求以報吳. 願以此戰.」

包胥曰:「善哉, 蔑以加焉, 然猶未可以戰也. 夫戰, 智為始, 仁次之, 勇次之. 不智, 則不知民之極, 無以銓度天下之眾寡; 不仁, 則不能與三軍共饑勞之殃; 不勇, 則不能斷疑以發大計.」

越王曰:「諾.」

越王句踐乃召五大夫, 曰:「吳為不道, 求殘吳社稷宗廟, 以為平原, 不使血食. 吾欲與之徼之衷, 唯是車馬·兵甲·卒伍既具, 無以行之. 吾問於王孫包胥, 既命孤矣; 敢訪諸大夫, 問戰奚以而可? 句踐願諸大夫言之, 皆以情告, 無阿孤, 孤將以舉大事.」

大夫舌傭乃進對曰:「審賞則可以戰乎?」

王曰:「聖.」

大夫苦成進對曰:「審罰則可以戰乎?」

王曰:「猛.」

大夫種進對曰:「審物則可以戰乎?」

王曰:「辯.」

大夫蠡進對曰:「審備則可以戰乎?」

王曰:「巧.」

大夫皋如進對曰:「審聲則可以戰乎?」

王曰:「可矣.」

王乃命有司大令於國曰:「苟任戎者, 皆造於國門之外.」

王乃命於國曰:「國人欲諸來告, 告孤不審, 將爲戮不利, 及吾日必審之, 過吾日, 道將不行.」

王乃入命夫人. 王背屏而立, 夫人向屏.

王曰:「自今日以後, 內政無出, 外政無入. 內有辱, 是子也; 外有辱, 是我也. 吾見子於此止矣.」

王遂出, 夫人送王, 不出屏, 乃閹左闔, 塡地以土, 去笄側席以坐, 不掃.

王背檐而立, 大夫向檐.

王命大夫曰:「食土不均, 地之不修, 內有辱於國, 是子也; 軍士不死, 外有辱, 是我也. 自今日以後, 內政無出, 外政無入, 吾見子於此止矣.」

王遂出, 大夫送王, 不出檐, 乃閹左闔, 塡之以土, 側席而坐, 不掃.

王乃之壇列, 鼓而行之, 至於軍, 斬有罪者以徇, 曰:「莫如此以環瑱通相問也.」

明日徙舍, 斬有罪者以徇, 曰:「莫如此不從其伍之令.」

明日徙舍, 斬有罪者以徇, 曰:「莫如此不用王命.」

明日徙舍, 至於禦兒, 斬有罪者以徇, 曰:「莫如此淫逸不可禁也.」

王乃明有司大徇於軍, 曰:「有父母耆老而無昆弟者, 以告.」

王親命之曰:「我有大事, 子有父母耆老, 而子爲我死, 子之父母將轉於溝壑, 子爲我禮已重矣. 子歸, 歿而父母之世. 後若有事, 吾與子圖之.」

明日徇於軍, 曰:「有兄弟四五人皆在此者, 以告.」

王親命之曰:「我有大事, 子有昆弟四五人皆在此, 事若不捷, 則是盡也. 擇子之所欲歸者一人.」

明日徇於軍, 曰:「有眩瞀之病者, 以告.」

王親命之曰:「我有大事. 子有眩瞀之病, 其歸若已. 後若有事, 吾與子圖之.」

明日徇於軍, 曰:「筋力不足以勝甲兵, 志行不足以聽命者歸, 莫告.」

明日, 遷軍接龢, 斬有罪者以徇, 曰:「莫如此志行不果.」

於是人有致死之心.

王乃命有司大徇於軍, 曰:「謂二三子歸而不歸, 處而不處, 進而不進,

退而不退, 左而不左, 右而不右, 身斬, 妻子鬻.」

於是吳王起師.

軍至江北, 越王軍於江南. 越王乃中分其師以爲左右軍, 以其私卒君子六千人爲中軍, 明日將舟戰於江, 及昏, 乃令左軍銜枚泝江五里以須, 亦令右軍銜枚踰江五里以須. 夜中, 乃命左軍·右軍涉江鳴鼓中以須.

吳師聞之, 大駭, 曰:「越人分爲二師, 將以夾攻我師.」

乃不待旦, 亦中分其師, 將以禦越.

越王乃令其中軍銜枚潛涉, 不鼓不譟以襲攻之, 吳師大北. 越之左軍·右軍乃遂涉而從之, 又大敗之於沒, 又郊敗之, 三戰三北, 乃至於吳.

越師遂入吳國, 圍王臺.

吳王懼, 使人行成, 曰:「昔不穀先委制於越君, 君告孤請成, 男女服從. 孤無奈越之先君何, 畏天之祥, 不敢絶祀, 許君成, 以至於今. 今孤不道, 得罪於君王, 君以親辱於敝邑. 孤敢請成, 男女服爲臣御.」

越王曰:「昔天以越賜吳, 而吳不受. 今天以吳賜越, 孤敢不聽天之命, 而聽君之令乎?」

乃不許成.

因使人告於吳王曰:「天以吳賜越, 孤不敢不受. 以民生之不長, 王其無死! 民生於地上, 寓也. 其與幾何? 寡人其達王於甬句東. 夫婦三百, 唯王所安, 以沒王年.」

夫差辭曰:「天旣降禍於吳國, 不在前後, 當孤之身, 寔失宗廟社稷. 凡吳土地人民, 越旣有之矣, 孤何以視於天下!」

夫差將死, 使人說於子胥曰:「使死者無知, 則已矣. 若其有知, 吾何面目以見員也!」

遂自殺.

越滅吳, 上征上國, 宋·鄭·魯·衛·陳·蔡執玉之君皆入朝.

夫唯能下其羣臣, 以集其謀故也.

〈2〉 越語(上, 下)

(上) 句踐滅吳

越王句踐棲於會稽之上, 乃號令於三軍曰:「凡我父兄昆弟及國子姓, 有能助寡人謀而退吳者, 吾與之共知越國之政.」

大夫種進對曰:「臣聞之賈人, 夏則資皮, 冬則資絺, 旱則資舟, 水則資車, 以待乏也. 夫雖無四方之憂, 然謀臣與爪牙之士, 不可不養而擇也. 譬如蓑笠, 時雨既至必求之. 今君王既棲於會稽之上, 然後乃求謀臣, 無乃後乎?」

句踐曰:「苟得聞子大夫之言, 何後之有?」

執其手而與之謀.

遂使之行成於吳, 曰:「寡君句踐乏無所使, 使其下臣種, 不敢徹聲聞於天王, 私於下執事曰:『寡君之師徒不足以辱君矣, 願以金玉·子女賂君之辱, 請句踐女女於王, 大夫女女於大夫, 士女女於士. 越國之寶器畢從, 寡君帥越國之衆, 以從君之師徒, 唯君左右之. 若以越國之罪爲不可赦也, 將焚宗廟, 係妻孥, 沈金玉於江, 有帶甲五千人將以致死, 乃必有偶. 是以帶甲萬人事君也, 無乃卽傷君王之所愛乎? 與其殺是人也, 寧其得此國也, 其孰利乎?』」

夫差將欲聽與之成, 子胥諫曰:「不可. 夫吳之與越也, 仇讎敵戰之國也. 三江環之, 民無所移, 有吳則無越, 有越則無吳, 將不可改於是矣. 員聞之, 陸人居陸, 水人居水. 夫上黨之國, 我攻而勝之, 吾不能居其地, 不能乘其車. 夫越國, 吾攻而勝之, 吾能居其地, 吾能乘其舟. 此其利也, 不可失也已, 君必滅之. 失此利也, 雖悔之, 必無及已.」

越人飾美女八人納之太宰嚭, 曰:「子苟赦越國之罪, 又有美於此者將

進之.」

太宰嚭諫曰:「嚭聞古之伐國者, 服之而已. 今已服矣, 又何求焉?」

夫差與之成而去之.

句踐說於國人曰:「寡人不知其力之不足也, 而又與大國執讎, 以暴露百姓之骨於中原, 此則寡人之罪也, 寡人請更.」

於是葬死者, 問傷者, 養生者, 弔有憂, 賀有喜, 送往者, 迎來者, 去民之所惡, 補民之不足. 然後卑事夫差, 宦士三百人於吳, 其身親爲夫差前馬.

句踐之地, 南至於句無, 北至於禦兒, 東至於鄞, 西至於姑蔑, 廣運百里.

乃致其父母昆弟而誓之曰:「寡人聞, 古之賢君, 四方之民歸之, 若水之歸下也. 今寡人不能, 將帥二三子夫婦以蕃.」

令壯者無取老婦, 令老者無取壯妻. 女子十七不嫁, 其父母有罪; 丈夫二十不娶, 其父母有罪. 將免者以告, 公令醫守之. 生丈夫, 二壺酒, 一犬; 生女子, 二壺酒, 一豚. 生三人, 公與之母; 生二人, 公與之餼. 當室者死, 三年釋其政; 支子死, 三月釋其政. 必哭泣葬埋之, 如其子. 令孤子·寡婦·疾疹·貧病者, 納宦其子. 其達士, 絜其居, 美其服, 飽其食, 而摩厲之於義. 四方之士來者, 必廟禮之.

句踐載稻與脂於舟以行, 國之孺子之遊者, 無不餔也, 無不歠也, 必問其名. 非其身之所種則不食, 非其夫人之所織則不衣, 十年不收於國, 民俱有三年之食.

國之父兄請曰:「昔者夫差恥吾君於諸侯之國, 今越國亦節矣, 請報之.」

句踐辭曰:「昔者之戰也, 非二三子之罪也, 寡人之罪也. 如寡人者, 安與知恥? 請姑無庸戰.」

父兄又請曰:「越四封之內, 親吾君也, 猶父母也, 子而思報父母之仇, 臣而思報君之讎, 其敢不盡力者乎? 請復戰.」

句踐既許之, 乃致其眾而誓之曰:「寡人聞古之賢君, 不患其眾之不足也, 而患其志行之少恥也. 今夫差衣水犀之甲者億有三千, 不患其志行之少恥也, 而患其眾之不足也. 今寡人將助天滅之, 吾不欲匹夫之勇也, 欲其旅進旅退. 進則思賞, 退則思刑, 如此則有常賞. 進不用命, 退而無恥, 如此則有常刑.」

果行, 國人皆勸, 父勉其子, 兄勉其弟, 婦勉其夫, 曰:「孰是君也, 而可

無死乎?」

是故敗吳於囿, 又敗之於沒, 又郊敗之.

夫差行成, 曰:「寡人之師徒, 不足以辱君矣. 請以金玉·子女賂君之辱.」

句踐對曰:「昔天以越予吳, 而吳不受命; 今天以吳予越, 越可以無聽天之命, 而聽君之令乎! 吾請達王甬句東, 吾與君爲二君乎!」

夫差對曰:「寡人禮先壹飯矣, 君若不忘周室, 而爲弊邑宸宇, 亦寡人之願也, 君若曰:『吾將殘汝社稷, 滅汝宗廟.』寡人請死, 余何面目以視於天下乎! 越君其次也!」

遂滅吳.

(下-1) 范蠡進諫句踐持盈定傾節事

越王句踐卽位三年而欲伐吳, 范蠡進諫曰:「夫國家之事, 有志盈, 有定傾, 有節事.」

王曰:「爲三者, 奈何?」

對曰:「持盈者與天, 定傾者與人, 節事者與地. 王不問, 蠡不敢言. 天道盈而不溢, 盛而不驕, 勞而不矜其功. 夫聖人隨時以行, 是謂守時. 天時不作, 弗爲人客; 人事不起, 弗爲之始. 今君王未盈而溢, 未盛而驕, 不勞而矜其功, 天時不作而先爲人客, 人事不起而創爲之始, 此逆於天而不和於人. 王若行之, 將妨於國家, 靡王躬身.」

王弗聽.

范蠡進諫曰:「夫勇者, 逆德也; 兵者, 凶器也; 爭者, 事之末也. 陰謀逆德, 好用凶器, 始於人者, 人之所卒也; 淫佚之事, 上帝之禁也, 先行此者, 不利.」

王曰:「無是貳言也, 吾已斷之矣!」

果興師而伐吳, 戰於五湖, 不勝, 棲於會稽.

王召范蠡而問焉, 曰:「吾不用子之言, 以至於此, 爲之奈何?」

范蠡對曰:「君王其忘之乎? 持盈者與天, 定傾者與人, 節事者與地.」

王曰：「與人奈何?」

對曰：「卑辭尊禮. 玩好女樂, 尊之以名. 如此不已, 又身與之市.」

王曰：「諾.」

乃命大夫種行成於吳, 曰：「請士女女於士, 大夫女女於大夫, 隨之以國家之重器.」

吳人不許.

大夫種來而復往, 曰：「請委管籥屬國家, 以身隨之, 君王制之.」

吳人許諾.

王曰：「蠡為我守於國.」

對曰：「四封之內, 百姓之事, 蠡不如種也. 四封之外, 敵國之制, 立斷之事. 種亦不如蠡也.」

王曰：「諾.」

令大夫種守於國, 與范蠡入宦於吳.

三年, 而吳人遣之. 歸及至於國, 王問於范蠡曰：「節事奈何?」

對曰：「節事者與地. 唯地能包萬物以為一, 其事不失. 生萬物, 容畜禽獸, 然後受其名而兼其利. 美惡皆成, 以養其生. 時不至, 不可彊生；事不究, 不可彊成. 自若以處, 以度天下, 待其來者而正之, 因時之所宜而定之. 同男女之功, 除民之害, 以避天殃. 田野開闢, 府倉實, 民眾殷. 無曠其眾, 以為亂梯. 時將有反, 事將有間, 必有以知天地之恒制, 乃可以有天下之成利. 事無間, 時無反, 則撫民保教以須之.」

王曰：「不穀之國家, 蠡之國家也, 蠡其國之!」

對曰：「四封之內, 百姓之事, 時節三樂, 不亂民功, 不逆天時, 五穀睦熟, 民乃蕃滋, 君臣上下交得其志, 蠡不如種也. 四封之外, 敵國之制, 立斷之事, 因陰陽之恒, 順天地之常, 柔而不屈, 彊而不剛, 德虐之行, 因以為常；死生因天地之刑, 天因人, 聖人因天；人自生之, 天地形之, 聖人因而成之, 是故戰勝而不報, 取地而不反, 兵勝於外, 福生於內, 用力甚少而名聲章明, 種亦不如蠡也.」

王曰：「諾.」

令大夫種為之.

(下-2) 范蠡勸句踐無蚤圖吳

四年, 王召范蠡而問焉, 曰:「先人就世, 不穀卽位, 吾年旣少, 未有恒常,
出則禽荒, 入則酒荒, 吾百姓之不圖, 唯舟與車. 上天降禍於越, 委制於吳.
吳人之郍不穀, 亦又甚焉. 吾欲與子謀之, 其可乎?」

對曰:「未可也. 蠡聞之, 上帝不考, 時反是守, 彊索者不祥. 得時不成,
反受其殃. 失德滅名, 流走死亡. 有奪, 有予, 有不予, 王無蚤圖. 夫吳,
君王之吳也, 王若蚤圖之, 其事又將未可知也.」

王曰:「諾.」

(下-3) 范蠡謂人事至而天應未至

又一年, 王召范蠡而問焉, 曰:「吾與子謀吳, 子曰『未可也』. 今吳王淫
於樂而忘其百姓, 亂民功, 逆天時, 信讒喜優, 憎輔遠弼, 聖人不出, 忠臣
解骨, 皆曲相御, 莫適相非, 上下相偸, 其可乎?」

對曰:「人事至矣, 天應未也, 王姑待之.」

王曰:「諾.」

(下-4) 范蠡謂先爲之征其事不成

又一年, 王召范蠡而問焉, 曰:「吾與子謀吳, 子曰『未可也』. 今申胥驟
諫其王, 王怒而殺之, 其可乎?」

對曰:「逆節萌生. 天地未形, 而先爲之征, 其事是以不成, 雜受其刑.
王姑待之.」

王曰:「諾.」

(下-5) 范蠡謂人事與天地相參乃可以成功

又一年, 王召范蠡而問焉, 曰:「吾與子謀吳, 子曰『未可也』. 今其稻蟹不遺種, 其可乎?」

對曰:「天應至矣, 人事未盡也, 王姑待之.」

王怒曰:「道固然乎, 妄其欺不穀邪? 吾與子言人事, 子應我以天時; 今天應至矣, 子應我以人事. 何也?」

范蠡對曰:「王姑勿怪. 夫人事必將與天地相參, 然後乃可以成功. 今其禍新民恐, 其君臣上下, 皆知其資財之不足以支長久也, 彼將同其力, 致其死, 猶尚殆. 王其且馳騁弋獵, 無至禽荒; 宮中之樂, 無至酒荒; 肆與大夫觴飲, 無忘國常. 彼其上將薄其德, 民將盡其力, 又使之望而不得食, 乃可以致天地之殛, 王姑待之.」

(下-6) 越興師伐吳而弗與戰

至於玄月, 王召范蠡而問焉, 曰:「諺有之曰:『觥飯不及壺飧.』今歲晚矣, 子將奈何?」

對曰:「微君王之言, 臣故將謁之. 臣聞從時者, 猶救火, 追亡人也. 蹶而趨之, 唯恐弗及.」

王曰:「諾.」

遂興師伐吳, 至於五湖.

吳人聞之, 出而挑戰, 一日五反. 王弗忍, 欲許之.

范蠡進諫曰:「夫謀之廊廟, 失之中原, 其可乎? 王姑勿許也. 臣聞之:『得時無怠, 時不再來, 天予不取, 反爲之災.』嬴縮轉化, 後將悔之. 天節固然, 唯謀不遷.」

王曰:「諾.」

弗許.

范蠡曰:「臣聞古之善用兵者, 贏縮以爲常, 四時以爲紀, 無過天極, 究數而止. 天道皇皇, 日月以爲常, 明者以爲法, 微者則是行. 陽至而陰, 陰至而陽; 日困而還, 月盈而匡. 古之善用兵者, 因天地之常, 與之俱行. 後則用陰, 先則用陽; 近則用柔, 遠則用剛. 後無陰蔽, 先無陽察, 用人無藝, 往從其所. 剛彊以禦, 陽節不盡, 不死其野. 彼來我從, 固守勿與. 若將與之, 必因天地之災, 又觀其民之饑飽勞逸以參之. 盡其陽節, 盈吾陰節而奪之. 宜爲人客, 剛彊而力疾, 陽節不盡, 輕而不可取. 宜爲人主, 安徐而重固, 陰節不盡, 柔而不可迫. 凡陳之道, 設右以爲牝, 益左而爲牡, 蚤晏無失, 必順天道, 周旋無究. 今其來也, 剛彊而力疾, 王姑待之.」

王曰:「諾.」

弗與戰.

(下-7) 范蠡諫句踐勿許吳成卒滅吳

居軍三年, 吳師自潰.

吳王帥其賢良, 與其重祿, 以上姑蘇.

使王孫雒行成於越, 曰:「昔者上天降禍於吳, 得罪於會稽. 今君王其圖不穀, 不穀請復會稽之和.」

王弗忍, 欲許之.

范蠡進諫曰:「臣聞之, 聖人之功, 時爲之庸. 得時不成, 天有還形. 天節不遠, 五年復反. 小凶則近, 大凶則遠. 先人有言曰:『伐柯者其則不遠.』今君王不斷, 其忘會稽之事乎?」

王曰:「諾.」

不許.

使者往而復來, 辭愈卑, 禮愈尊, 王又欲許之.

范蠡諫曰:「孰使我蚤朝而晏罷者, 非吳乎? 與我爭三江·五湖之利者, 非吳耶? 夫十年謀之, 一朝而棄之, 其可乎? 王姑勿許, 其事將易冀已.」

王曰:「吾欲勿許, 而難對其使者, 子其對之.」

范蠡乃左提鼓, 右援枹, 以應使者, 曰:「昔者上天降禍於越, 委制於吳, 而吳不受. 今將反此義以報此禍, 吾王敢無聽天之命, 而聽君王之命乎?」

王孫雒曰:「子范子, 先人有言曰:『無助天爲虐, 助天爲虐者不祥.』今吳稻蟹不遺種, 子將助天爲虐, 不忌其不祥乎?」

范蠡曰:「王孫子, 昔吾先君固周室之不成子也, 故濱於東海之陂, 黿鼉魚鱉之與處, 而黿黽之與同渚. 余雖覥然而人面哉, 吾猶禽獸也, 又安知是諓諓者乎?」

王孫雒曰:「子范子將助天爲虐, 助天爲虐不祥. 雒請反辭於王.」

范蠡曰:「君王已委制於執事之人矣. 子往矣, 無使執事之人得罪於子.」

使者辭反, 范蠡不報於王, 擊鼓興師以隨使者, 至於姑蘇之宮, 不傷越民, 遂滅吳.

(下-8) 范蠡乘輕舟以浮於五湖

反至五湖, 范蠡辭於王曰:「君王勉之, 臣不復入越國矣.」

王曰:「不穀疑子之所謂者, 何也?」

對曰:「臣聞之, 爲人臣者, 君憂臣勞, 君辱臣死. 昔者君王辱於會稽, 臣所以不死者, 爲此事也. 今事已濟矣, 蠡請從會稽之罰.」

王曰:「所不掩子之惡, 揚子之美者, 使其身無終沒於越國. 子聽吾言, 與子分國; 不聽吾言, 身死, 妻子爲戮.」

范蠡對曰:「臣聞命矣. 君行制, 臣行意.」

遂乘輕舟以浮於五湖, 莫知其所終極.

王命工以良金寫范蠡之狀而朝禮之, 浹日而令大夫朝之, 環會稽三百里者以爲范蠡地, 曰:「後世子孫, 有敢侵蠡之地者, 使無終沒於越國, 皇天后土・四鄉地主正之.」

임동석(茁浦 林東錫)

慶北·榮州 上茁에서 출생. 忠北 丹陽 德尙골에서 성장. 丹陽初中 졸업. 京東高 서울 教大 國際大 建國大 대학원 졸업. 雨田 辛鎬烈 선생에게 漢學 배움. 臺灣 國立臺灣師範 大學 國文硏究所(大學院) 博士班 졸업. 中華民國 國家文學博士(1983). 建國大學校 敎授. 文科大學長 역임. 成均館大 延世大 高麗大 外國語大 서울대 등 大學院 강의. 韓國中國言語學會 中國語文學硏究會 韓國中語中文學會 會長 역임. 저서에《朝鮮 譯學考》(中文)《中國學術槪論》《中韓對比語文論》. 편역서에《수레를 밀기 위해 내린 사람들》《栗谷先生詩文選》. 역서에《漢語音韻學講義》《廣開土王碑硏究》《東北 民族源流》《龍鳳文化源流》《論語心得》〈漢語雙聲疊韻硏究〉등 학술 논문 50여 편.

임동석중국사상100

월절서 越絶書

袁康 撰 吳平 輯錄 / 林東錫 譯註
1판 1쇄 발행/2015년 1월 2일
발행인 고정일
발행처 동서문화사
창업 1956. 12. 12. 등록 16-3799
서울강남구도산대로163(신사동,1층) ☎546-0331~6 (FAX)545-0331
www.dongsuhbook.com
잘못 만들어진 책은 바꾸어 드립니다.

*

*

사업자등록번호 211-87-75330
ISBN 978-89-497-0900-0 04080
ISBN 978-89-497-0542-2 (세트)